信息技术基础与AI应用

XINXI JISHU JICHU YU AI YINGYONG

主　审　易　欣
主　编　刘　莹
副主编　叶小琴　郑　黎　郭武士
　　　　张衍志　冯媛媛

中国教育出版传媒集团
高等教育出版社·北京

内容提要

本教材是一本人工智能通识教材，系统地介绍了从信息技术基础到人工智能应用的相关内容，共分为 3 个模块、11 个章节。

模块一从信息与计算机基础入手，涵盖信息素养、信息技术发展、计算机系统组成、信息安全与伦理等内容，为读者筑牢信息技术根基。同时，深入剖析操作系统的核心功能与管理机制，讲述了计算机网络架构、协议及安全，重点介绍了 WPS 办公软件的高效应用。

模块二揭开人工智能的神秘面纱，阐述其发展历程、核心技术、研究方向及未来趋势。通过丰富案例，展示 AI 在教育、医疗、交通、智能制造、金融等领域的创新应用。同时，介绍了算法思想与 Python 编程基础，提供了 Python 与 AI 实践应用案例。

模块三紧跟时代前沿，介绍云计算与大数据、物联网与区块链、数字媒体及虚拟现实等新兴技术。探讨了新兴信息技术领域的核心概念、技术架构、应用场景及其相互关系。

为利教便学，本书配套有微课视频、操作演示等学习资源，在书中以二维码链接形式呈现，可扫码获取。

本教材适合作为普通高等学校、高等职业院校人工智能通识课程的教材，也适合对人工智能和信息技术感兴趣的读者自学使用。

图书在版编目(CIP)数据

信息技术基础与 AI 应用 / 刘莹主编. -- 北京：高等教育出版社，2025.8. -- ISBN 978-7-04-065164-5

Ⅰ. TP3；TP18

中国国家版本馆 CIP 数据核字第 2025L4M845 号

| 策划编辑 | 万宝春 | 责任编辑 | 程福平 | 万宝春 | 封面设计 | 张文豪 | 责任印制 | 高忠富 |

出版发行	高等教育出版社	网　　址	http://www.hep.edu.cn
社　　址	北京市西城区德外大街 4 号		http://www.hep.com.cn
邮政编码	100120	网上订购	http://www.hepmall.com.cn
印　　刷	上海华教印务有限公司		http://www.hepmall.com
开　　本	787mm×1092mm　1/16		http://www.hepmall.cn
印　　张	20.25		
字　　数	498 千字	版　　次	2025 年 8 月第 1 版
购书热线	010-58581118	印　　次	2025 年 8 月第 1 次印刷
咨询电话	400-810-0598	定　　价	48.00 元

本书如有缺页、倒页、脱页等质量问题，请到所购图书销售部门联系调换
版权所有　侵权必究
物　料　号　65164-00

配套学习资源及教学服务指南

二维码链接资源

本书配套微课视频、拓展阅读、动画及操作演示等学习资源,在书中以二维码链接形式呈现。手机扫描书中的二维码进行查看,随时随地获取学习内容,享受学习新体验。

打开书中附有二维码的页面　　扫描二维码　　查看相应资源

教师教学资源索取

本书配有课程相关的教学资源,例如,教学课件、教案、操作素材等。选用教材的教师,可扫描下方二维码,关注微信公众号"高职智能制造教学研究",点击"教学服务"中的"资源下载",或电脑端访问地址(101.35.126.6),注册认证后下载相关资源。

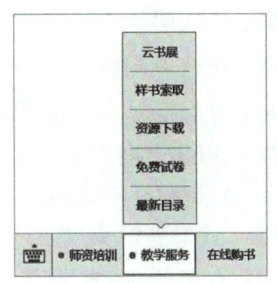

★如您有任何问题,可加入工科类教学研究中心QQ群:240616551。

二维码资源

页码	资源
004	微课视频：信息素养
009	微课视频：通用人工智能 AGI
010	微课视频：农业无人机
010	微课视频：鞍钢眼前山铁矿智慧管控
011	微课视频：腾讯觅影
011	微课视频：阿里云 ET 城市大脑
019	拓展阅读：信息安全相关法律法规及行业标准
019	微课视频：第一台电子计算机诞生背景
019	微课视频：计算机发展的 4 个阶段
043	微课视频：操作系统的发展
044	微课视频：常用的操作系统
045	微课视频：鸿蒙操作系统的发展
068	微课视频：计算机网络的发展
086	微课视频：绘制表格小技巧
092	微课视频：插入图片小技巧
103	微课视频：快速填充数字
113	微课视频：分类汇总常见错误
137	拓展阅读：WPS 中嵌入 AI（DeepSeek）实践
148	微课视频：AI 发展简史
149	微课视频：人工智能、机器学习、深度学习、神经网络
155	微课视频：人工智能伦理的挑战
162	微课视频：AI 在教育领域的应用
163	微课视频：AI＋教育能让学习更高效吗？
165	微课视频：人工智能赋能医疗领域
168	微课视频：人工智能医疗诊断案例
168	微课视频：AI 在交通领域的应用
171	微课视频：AI 在智能制造领域的应用
174	微课视频：AI 在金融服务领域的应用
175	微课视频：AI 应用——金融风险管理
191	动画演示：冒泡排序
192	动画演示：二分查找法
209	操作演示：Python 解释器的安装
211	操作演示：PyCharm 解释器的安装
215	操作演示：Python 验证及 IDLE 解释器的使用方法
215	操作演示：PyCharm 解释器的使用方法
226	操作演示：Python 库在 PyCharm 中的安装方法
272	微课视频：云计算的概念
276	微课视频：大数据的概念
287	微课视频：物联网技术介绍
288	微课视频：物联网的体系结构
290	微课视频：物联网的应用
293	微课视频：区块链基础知识
300	微课视频：数字媒体定义、特点以及应用
305	微课视频：VR 进化发展史

前　言

当今数字技术和应用飞速发展的时代,人工智能已成为全球科技竞争的焦点,深刻地改变着人类的生产生活方式。党的二十大报告明确提出"加快发展数字经济,促进数字经济和实体经济深度融合",强调"推进教育数字化,建设全民终身学习的学习型社会、学习型大国"。这不仅是国家发展的战略部署,也为教育领域人工智能教育的普及提供了明确的方向和强大的动力。编写这本人工智能通识课教材,正是为了贯彻落实党的二十大精神,助力教育数字化转型,推动全民数字素养提升,培养更多适应时代发展需求的创新型人才。

本教材共分为3个模块共11章,内容系统全面,涵盖了从信息技术基础到人工智能应用的相关内容,旨在为读者提供清晰的学习路径和实用的知识框架。

模块一——信息技术基础及应用(第1~第4章)

第1章:信息与计算机基础。本章从信息素养入手,介绍信息技术的发展历程及其对社会的深远影响,同时详细讲解计算机的基本组成、信息的存储与表示、计算思维等基础知识,为后续学习奠定坚实的理论基础。

第2章:操作系统。操作系统是计算机系统的核心组成部分。本章深入剖析操作系统的功能、分类以及管理机制,帮助读者理解计算机的运行环境,掌握操作系统在资源管理、进程调度、文件管理等方面的关键作用。

第3章:计算机网络基础。网络技术是现代信息技术的重要组成部分。本章聚焦计算机网络的基本架构、协议体系、网络安全等内容,让读者掌握网络通信的精髓,理解互联网的运行原理及其在信息社会中的重要地位。

第4章:信息技术应用。在数字化办公时代,掌握办公软件的高效应用是必备技能。本章通过实用技巧和案例分析,介绍WPS办公软件的功能与应用,帮助读者提升办公自动化能力,提高工作效率。

模块二——人工智能基础及应用(第5~第8章)

第5章:人工智能概述。人工智能作为当今科技领域的前沿热点,其发展速度令人瞩目。本章揭开人工智能的神秘面纱,阐述其发展历程、核心技术、研究方向、面临的挑战以及未来发展趋势,帮助读者建立对人工智能的宏观认知。

第6章:人工智能的应用。人工智能的应用已经渗透到社会的各个领域。本章通过丰富的案例,展示人工智能在教育、医疗、交通、智能制造、金融等领域的创新实践,让读者领略人工智能的强大魅力和广泛前景。

第7章:算法与程序设计。算法与程序设计是人工智能技术的核心基础。本章深入浅出地讲解算法思想、数据结构以及Python编程基础,培养读者的逻辑思维与编程能力,为后续的人工智能实践打下坚实基础。

第8章:Python编程与人工智能应用实践。实践是检验真理的唯一标准。本章通过

Python 相关实验和人工智能实践项目，让读者在动手实践中掌握人工智能技术的应用方法，提升实践技能，加深对人工智能技术的理解。

模块三——新兴数字技术（第 9～第 11 章）

第 9 章：云计算与大数据。云计算、大数据是人工智能的重要支撑。本章聚焦云计算的定义、特点、分类、关键技术和典型应用，帮助读者理解其在现代信息技术中的重要地位。通过大数据的存储、处理与分析技术，帮助读者掌握数据挖掘、数据分析的基本方法，学会从海量数据中提取有价值的信息，为人工智能应用提供数据支持。

第 10 章：物联网与区块链。本章紧跟时代前沿，介绍物联网与区块链技术的基本原理、关键技术及其在智能生活、金融安全等领域的应用前景。

第 11 章：数字媒体及虚拟现实技术。探讨数字媒体和虚拟现实技术的发展趋势及其在娱乐、教育等领域的创新应用，带领读者走进沉浸式体验的新时代。

在编写本教材的过程中，我们始终坚持以党的二十大精神为指引，努力将教育数字化的理念贯穿于教材建设的每一个环节。我们希望通过这本教材，不仅能够帮助读者系统地掌握人工智能及相关信息技术的基础知识和应用技能，更能够激发读者对科技创新的兴趣和热情，培养读者的创新思维和实践能力，为推动我国数字经济的发展贡献一份力量。

本教材由四川工程职业技术大学的刘莹担任主编，由四川工程职业技术大学的叶小琴、郑黎、郭武士、张衍志、冯媛媛担任副主编，由四川工程职业技术大学的易欣担任主审。刘莹和易欣负责整体结构设计，刘莹负责全书的统稿。本教材的第 1 章由郑黎编写，第 2 章、第 3 章由叶小琴编写，第 4 章的 WPS 文字和演示文稿部分由张衍志编写，WPS 表格部分由冯媛媛编写，第 5 章由郭武士编写，第 6 章由廖仁健编写，第 7 章由刘莹编写，第 8 章由刘莹、郭武士、王运编写，第 9 章由冯媛媛编写，第 10 章由汤璘编写，第 11 章由邹永艳编写。广东泰迪智能科技股份有限公司的王运参与了第 8 章部分实验的编写，并对本教材的框架结构和内容提出了宝贵的意见，在此表示感谢。

本教材适合作为普通高等学校、高等职业院校人工智能通识课程的教材，也可供对人工智能和信息技术感兴趣的读者自学使用。无论你是初学者还是有一定基础的学习者，我们都希望这本教材能够成为你探索人工智能世界的得力助手，帮助你构建全面的知识体系，提升信息技术和人工智能应用能力，更好地适应数字化时代的发展需求。

我们在编写过程中参考了大量国内外相关文献和研究成果，并力求将新的技术和理念融入其中。尽管我们全力以赴，但鉴于人工智能技术迭代日新月异，功能演进与智能化水平持续提升，读者在使用相关人工智能平台时，或会发现教材中描述与实际应用存在细微差别。同时，限于编者水平有限，书中难免存在不足之处，恳请广大读者批评指正。

编 者

目　录

模块一　信息技术基础及应用

第 1 章　信息与计算机基础 ··· 003
- 本章导读 ·· 003
- 本章要点 ·· 003
- 三维教学目标 ·· 003
- 本章知识点学习 ·· 004
  - 1.1　信息素养与社会责任 ·· 004
  - 1.2　计算机与计算思维 ·· 019
- 本章小结 ·· 039
- 课后习题 1 ·· 039

第 2 章　操作系统 ··· 042
- 本章导读 ·· 042
- 本章要点 ·· 042
- 三维教学目标 ·· 042
- 本章知识点学习 ·· 043
  - 2.1　操作系统概述 ·· 043
  - 2.2　Windows 10 桌面环境及基本操作 ·· 049
  - 2.3　Windows 10 其他操作 ·· 058
- 本章小结 ·· 061
- 课后习题 2 ·· 061

第 3 章　计算机网络基础 ··· 065
- 本章导读 ·· 065
- 本章要点 ·· 065
- 三维教学目标 ·· 065
- 本章知识点学习 ·· 066
  - 3.1　计算机网络基础知识 ·· 066
  - 3.2　Internet ··· 072
- 本章小结 ·· 078
- 课后习题 3 ·· 079

第 4 章　信息技术应用 ……………………………………………………… 082
- 本章导读 …………………………………………………………………… 082
- 本章要点 …………………………………………………………………… 083
- 三维教学目标 ……………………………………………………………… 083
- 本章知识点学习 …………………………………………………………… 083
  - 4.1　WPS 文字应用 …………………………………………………… 083
  - 4.2　WPS 表格应用 …………………………………………………… 102
  - 4.3　WPS 演示文稿应用 ……………………………………………… 125
  - 4.4　WPS 的未来发展方向与学习建议 ……………………………… 137
- 本章小结 …………………………………………………………………… 137
- 课后习题 4 ………………………………………………………………… 137

模块二　人工智能基础及应用

第 5 章　人工智能概述 ……………………………………………………… 147
- 本章导读 …………………………………………………………………… 147
- 本章要点 …………………………………………………………………… 147
- 三维教学目标 ……………………………………………………………… 147
- 本章知识点学习 …………………………………………………………… 148
  - 5.1　人工智能的发展历程 ……………………………………………… 148
  - 5.2　人工智能的核心技术 ……………………………………………… 148
  - 5.3　人工智能的研究方向 ……………………………………………… 151
  - 5.4　人工智能的挑战与未来发展趋势 ………………………………… 155
- 本章小结 …………………………………………………………………… 158
- 课后练习 5 ………………………………………………………………… 158

第 6 章　人工智能的应用 …………………………………………………… 161
- 本章导读 …………………………………………………………………… 161
- 本章要点 …………………………………………………………………… 161
- 三维教学目标 ……………………………………………………………… 161
- 本章知识点学习 …………………………………………………………… 162
  - 6.1　人工智能的行业应用场景 ………………………………………… 162
  - 6.2　未来应用趋势与职业能力需求 …………………………………… 178
- 本章小结 …………………………………………………………………… 185
- 课后练习 6 ………………………………………………………………… 185

第7章 算法与程序设计 ········· 187

本章导读 ········· 187
本章要点 ········· 187
三维教学目标 ········· 187
本章知识点学习 ········· 188
    7.1 算法的基础知识 ········· 188
    7.2 Python 简介 ········· 194
    7.3 Python 基础知识 ········· 196
    7.4 Python 控制结构 ········· 200
本章小结 ········· 205
课后练习 7 ········· 205

第8章 Python 编程与人工智能应用实践 ········· 208

本章导读 ········· 208
本章要点 ········· 208
三维教学目标 ········· 208
本章知识点学习 ········· 209
    8.1 Python 编程实践 ········· 209
    8.2 人工智能应用实践 ········· 231
本章小结 ········· 267
课后习题 8 ········· 267

模块三 新兴数字技术

第9章 云计算与大数据 ········· 271

本章导读 ········· 271
本章要点 ········· 271
三维教学目标 ········· 271
本章知识点学习 ········· 272
    9.1 云计算 ········· 272
    9.2 大数据 ········· 276
    9.3 云计算与大数据的关系 ········· 278
本章小结 ········· 283
课后练习 9 ········· 283

第10章 物联网与区块链 ········· 286

本章导读 ········· 286

本章要点 ……………………………………………………………… 286
三维教学目标 ……………………………………………………… 286
本章知识点学习 …………………………………………………… 287
　　10.1　物联网 …………………………………………………… 287
　　10.2　区块链 …………………………………………………… 293
本章小结 …………………………………………………………… 297
课后练习 10 ………………………………………………………… 297

第 11 章　数字媒体及虚拟现实技术 …………………………… 299

本章导读 …………………………………………………………… 299
本章要点 …………………………………………………………… 299
三维教学目标 ……………………………………………………… 299
本章知识点学习 …………………………………………………… 300
　　11.1　数字媒体与数字媒体技术 ……………………………… 300
　　11.2　虚拟现实技术 …………………………………………… 303
本章小结 …………………………………………………………… 311
课后练习 11 ………………………………………………………… 311

模块一 信息技术基础及应用

第1章 信息与计算机基础
第2章 操作系统
第3章 计算机网络基础
第4章 信息技术应用

第1章 信息与计算机基础

本 章 导 读

在数字化浪潮席卷全球的当下,信息与计算机技术已深度应用于社会各领域。本章聚焦信息技术与计算机核心知识,从信息技术概述切入,阐述信息素养的核心要素,梳理信息技术从古代文明到未来趋势的发展脉络,剖析其在产业发展中的赋能作用,详解信息安全与伦理规范。同时,深入讲解计算机技术发展、系统组成、信息表示,探讨量子计算、生物计算等前沿趋势,引入计算思维概念及应用。

本 章 要 点

- 信息素养与社会责任
- 信息技术基本知识
- 计算机与计算思维

三维教学目标

- **知识目标**
  - 理解信息素养的内涵。
  - 熟悉信息技术发展历程。
  - 了解信息安全基本概念。
  - 掌握计算机系统组成、熟悉计算机中信息的表示方法。
  - 认识计算与计算思维。
- **能力目标**
  - 具有信息检索与处理能力,能够运用信息素养中的知识,高效检索、评估和利用信息,解决实际问题。
  - 具有信息安全防护能力,能够识别常见的信息安全威胁,掌握基本的防护方法。
  - 具有计算思维与问题解决能力,通过学习计算思维的方法,能够将复杂问题分解为简单子问题,设计算法并编写程序解决问题。

● 素质目标

◇ 具备信息意识与社会责任感，培养对信息的敏感性和前瞻性，增强信息伦理意识。
◇ 具备计算思维与创新精神，通过学习计算思维，培养学生的逻辑思维能力、创新能力以及解决问题的能力。
◇ 具有良好的团队合作与沟通能力。
◇ 培养自主学习与终身学习能力，激发学生对信息技术和计算机技术的学习兴趣。
◇ 增强信息安全意识与法治观念。

本章知识点学习

1.1 信息素养与社会责任

1.1.1 信息素养

信息素养（Information Literacy）这一概念最初酝酿于图书检索技能的演变。1974年，国外专家提出了信息素养这一全新概念，主要指个体能够识别何时需要信息，并具备检索、评估和有效使用所需信息的能力，这是全球信息化时代人们所需具备的一种基本能力。随着信息技术的不断发展，信息素养这一概念逐渐得到丰富和完善，它不仅包括高效利用信息资源和信息工具的能力，还包括获取和甄别信息、加工处理信息、传递和创造信息的能力，更重要的是培养了独立自主学习的态度和方法、批判精神及强烈的社会责任感和参与意识，并将它们用于实际问题的解决中。具体来看构成信息素养的核心要素，如图1-1所示，主要包含以下几个方面。

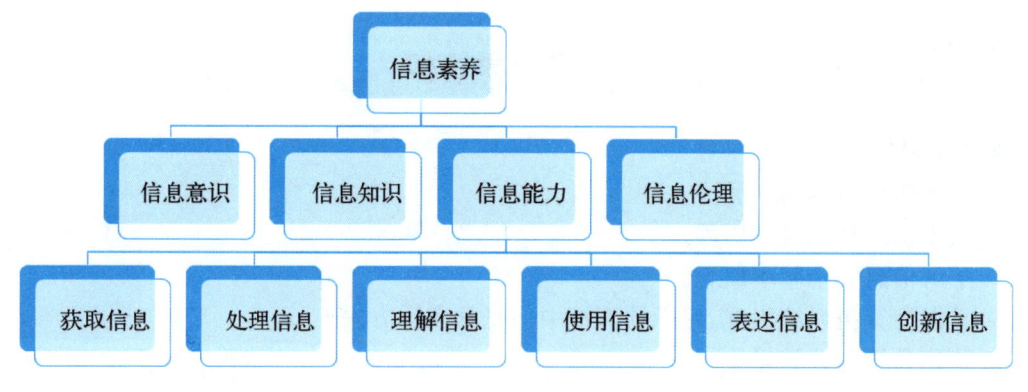

图1-1 信息素养的核心要素

1. 信息意识

信息意识是人对信息的敏感性和前瞻性，识别信息需求并判断信息价值的表现。例如，在智能制造中，工人需通过传感器获取的数据预判设备故障，以规避生产损失；在商业领域，企业家需从市场分析数据中捕捉消费趋势，以制定企业发展策略；大学生可通过关注国家发展战略、经济和民生发展需求等信息,积极投身国家建设,挖掘适合个人职业发展的新路径。

2. 信息知识

信息知识是指人们为了获取信息和利用信息而应该掌握和具有的与信息技术相关的知识,包括现代通信技术、计算机技术、网络技术、数据库技术、多媒体技术等多个方面。掌握这些信息知识有助于人们更有效地利用信息技术来检索、处理和利用信息。例如:我国信息与通信领域的工程师需掌握 5G 通信协议、芯片设计原理等知识,才能去进一步突破技术壁垒,研发出自主可控的国产芯片。

3. 信息能力

信息能力是指利用信息技术来解决实际问题或进行信息创造的能力,包括掌握计算机操作系统、常用工具软件等的使用能力,以及运用信息技术进行学习、合作、交流和解决问题的能力。信息能力是信息素养的核心部分,它决定了人们能否有效地利用信息来解决问题或创造价值。例如:敦煌研究院利用激光扫描、光谱分析与 AI 图像修复等技术来实现 3D 数字文物修复,数字化还原数千幅剥落壁画,建立了"数字敦煌·开放素材库",截至 2024 年 9 月,该素材库访问量超过 400 万次,素材下载量超过 3 万次。

4. 信息伦理

信息伦理是指在信息活动中应遵循的道德规范和法律法规,包括信息伦理道德、法律、文化等许多社会人文因素。加强互联网法律和道德意识,自觉抵制不健康的内容,不组织和参与非法活动是信息道德的重要体现。例如:某高校学生因非法售卖同学隐私数据被判处有期徒刑,滥用"人脸识别"技术侵犯他人权益,这些行为都违反了信息伦理,触犯了法律。

1.1.2 信息技术发展历程

1. 信息技术的起源与古代文明(公元 18 世纪以前)

(1) 信息传递的原始形态

人类信息技术的起源可追溯至原始社会的结绳记事与岩画符号。在中国,仰韶文化遗址出土的彩陶上刻有鱼纹、鹿纹等符号,被推测为早期信息记录方式。商代的甲骨文,如图 1-2 所示,其作为成熟的文字系统,通过龟甲与兽骨记录占卜信息,标志着信息存储技术的重大突破。

(2) 信息载体的革命性演进

人类信息记录技术经历了从竹简到纸张的跨越式发展。东汉蔡伦以树皮、麻头等废弃物改良造纸工艺,使信息存储成本骤降 90%,敦煌莫高窟藏经洞的千年麻纸文献印证了其对文明传承的革新价值,这项技术经丝绸之路西传阿拉伯世界,成为欧洲文艺复兴的知识桥梁;随后唐代雕版印刷术以梨木刻版实现《金刚经》等典籍的规模化复制,较手抄效率提升 50 倍,两者的效率对比见表 1-1。北宋毕昇发明胶泥活字印刷,单字复用率达 500 次以上,推动宋代图书产量激增 10 倍,《资治通鉴》等巨著得以广泛传播,其排版系统更蕴含早期工业化思维。在信息的传递、加密方面,秦汉时期构建的烽燧预警体系与驿站网络展现了军事通信的极致效率,实现日行 500 里的情报传递,汉代居延烽燧遗址的"封泥"密封技术更开创信息加密先河,驿吏考勤记录《居延汉简》则体现古代职业标准化管理智慧,这些技术突破不仅推动知识从精英走向大众,更彰显了中华民族在信息载体演进过程中的工匠精神与可持续发展理念,为当代数字中国建设提供了历史镜鉴。

图 1-2 甲骨文

表 1-1 雕版印刷较手抄本效率对比

指　　标	手　抄　本	雕版印刷本
单日产量	1～2 页	1 500～2 000 页
成本	1 两白银/万字	0.1 两白银/万字
错误率	5％～10％	1％～2％

2. 近代信息技术的工业革命(19 世纪至 20 世纪中叶)

(1) 电磁技术的突破

电磁技术的核心突破始于莫尔斯电码的发明与无线电广播的实现。1837 年,美国发明家塞缪尔·莫尔斯基于电磁感应原理发明了莫尔斯电码,通过"点"(·)与"划"(—)的二元组合将文字转化为电脉冲信号,首次实现了信息编码的标准化。例如字母"A"编码为·—,

数字"1"为·————,这种二进制雏形使信息传输效率提升300%。字母和数字的国际莫尔斯电码,如图1-3所示。1844年,莫尔斯通过从华盛顿至巴尔的摩的64 km电报线成功发送首条电文"上帝创造了何等奇迹!",标志着电磁通信从理论迈向实践,这一技术彻底改变了信息传递依赖物理载体的局限,为全球通信网络奠定了基础。1906年,加拿大发明家费森登首次实现无线电语音广播,通过调制载波频率传递人声,使电磁技术从"有线"迈向"无线"。中国于1923年1月23日在上海外滩架设首台无线电发射机,用莫尔斯电码与语音混合播出《大陆报》新闻,开启了国内大众传媒的电子时代。无线电广播的关键技术突破包括:调制技术[调幅(Amplitude Modulation,AM)与调频(Frequency Modulation,FM)显著提升信号保真度]、真空管应用(1904年弗莱明发明二极管,使设备小型化成为可能)和跨洋通信(1901年马可尼首次实现横跨大西洋的无线电报传输,验证了电离层反射原理)。莫尔斯电码为信息数字化编码提供范式,无线电广播则开创了电磁波无线传输的新纪元,这两项技术共同构成现代通信的基石,其影响深远。在军事领域,二战期间无线电报成为战略情报传递的核心工具;在民用层面,延安新华广播电台(1940年)通过无线电传播党的声音,覆盖半径达300 km,成为舆论动员的重要载体。从技术史视角看,电磁技术的突破不仅实现了"天涯若比邻"的通信愿景,更催生了互联网、移动通信等现代技术,其底层逻辑至今仍在5G、卫星通信等领域中延续。

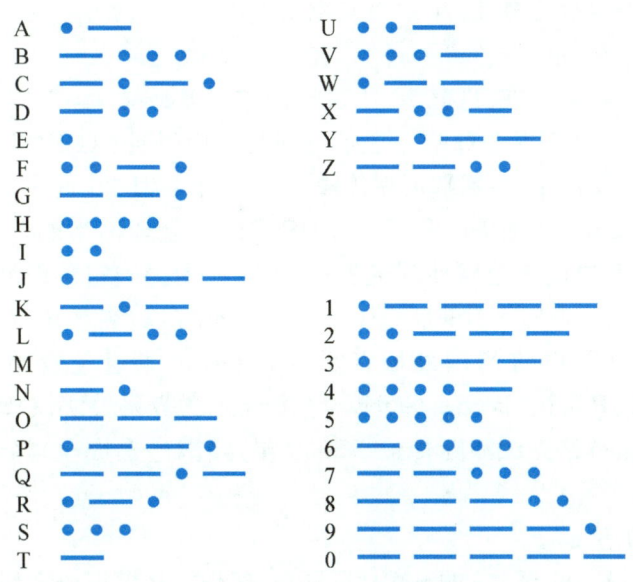

图1-3 字母和数字的国际莫尔斯电码

(2) 计算机的诞生

计算机是20世纪人类最重大的科学技术发明之一。计算机的出现,为人类发展科学技术、创造文化提供了新的现代化工具,它把人类带入了一个崭新的信息化社会。世界上第一台电子数值积分计算机(Electronic Numerical Integrator And Computer,ENIAC),如图1-4所示,诞生于1946年,数十年以来,计算机技术飞速发展。随着硬件和软件不断升级换代,计算机功能越来越强大,应用范围日益广阔,对人类社会的生产方式、工作方式、生活方式和学习方式都产生了极其深刻的影响。

图 1-4　第一台电子数值积分计算机

3. 数字革命与信息技术腾飞（20 世纪后期至今）

（1）互联网的全球互联

互联网的全球互联建立在 TCP/IP 协议族的技术基础之上，其核心在于 IP（Internet Protocol，网际互联协议）实现全球唯一地址分配与路由寻址，TCP（Transmission Control Protocol，传输控制协议）保障端到端可靠传输。1994 年 4 月 20 日，中国通过中科院计算机网络信息中心接入国际互联网，采用 TCP/IP 实现与全球网络的首次全功能连接。这一突破性进展依托 IP 协议将全球计算机统一编址（如中国国家顶级域名.CN 于 1994 年 5 月 21 日成功注册），并通过 DNS（Domain Name System，域名系统）实现域名与 IP 地址的智能解析，使我国用户访问国外服务器时，数据包能通过自治系统（Autonomons System，AS）间的 BGP 协议（Border Gateway Protocol，边界网关协议）动态选择最优路径，穿越海底光缆与卫星链路完成洲际传输。2025 年，我国已建成全球领先的最大规模 5G 网络。

（2）移动通信的迭代

移动通信技术历经 1G 至 5G 的五次代际跃迁，实现了从模拟语音传输到智能万物互联的革命性突破。

1G 时代（20 世纪 80 年代）以模拟信号为基础，仅支持语音通话。摩托罗拉"大哥大"的体积庞大（重达 1 kg 以上）且通信质量差（频段易受干扰），但并不妨碍其成为当时的奢侈品，中国 1987 年在广东开通首个 1G 网络时，用户不足百人。

2G 时代（20 世纪 90 年代）完成数字信号转型，GSM（Global System for Mobile Communications，全球移动通信系统）与 CDMA（Code Division Multiple Access，码分多址）这两个标准实现语音清晰化与短信功能，诺基亚功能机的普及推动移动用户突破 10 亿，中国 2000 年 2G 用户达 8 500 万，短信业务量年均增长 60%。

3G时代(21世纪初)引入高速数据传输(理论速率2 Mbps),TD-SCDMA(Time Division-Synchronous Code Division Multiple Access,时分同步码分多址)标准成为我国首个国际通信标准,苹果公司的手机产品iPhone(2007年开始发售)推动智能手机革命,视频通话与移动互联网应用初现,中国2009年3G商用后用户三年增长4倍。

4G时代(2010年以后)依托OFDM(Orthogonal Frequency Division Multiplexing,正交频分复用)技术与MIMO(Multiple-Input Multiple-Output,多进多出)技术实现百兆级速率(理论可达100 Mbps),催生短视频(抖音2016年上线)、移动支付(支付宝2013年推广)等新业态,中国2019年4G用户达12.8亿,约占全球总量的30%。

5G时代(21世纪20年代)以毫米波、大规模MIMO和网络切片技术为标志,理论峰值速率达到20 Gbps、时延1 ms,支撑了车联网(自动驾驶)、工业互联网(远程操控)等场景商业化应用,目前中国已建成全球领先的最大5G网络,华为等企业主导3GPP(3rd Generation Partnership Project,第三代合作伙伴计划)标准制定,"5G+北斗"融合应用在雄安新区实现厘米级定位。

1G到5G演进历程不仅体现技术从模拟到数字、从电路交换到全IP化的底层逻辑,更映射出中国从"跟跑"到"领跑"的跨越。从1G空白、2G跟随、3G突破、4G并跑到5G引领,每代技术突破均伴随产业生态重构,如3G时代TD-SCDMA专利占比40%、5G标准必要专利声明量全球占比38%,彰显了我国自主创新与开放协作的双重驱动。

4. 未来信息技术展望

(1) 人工智能驱动的信息技术体系重构

① 通用人工智能(Artifical General Intelligence,AGI)的突破:大模型将向多模态交互演进,实现文本、图像、视频的深度融合。例如,AI Agent(智能体)将具备自主决策能力,在医疗诊断、工业优化等领域提供个性化服务,预计2030年前后可能实现类人推理能力的突破。

通用人工智能 AGI

② AI与科学研究的深度融合:AI for Science(科学智能)将加速新材料研发(如DP-GEN工具预测材料性能)、药物发现(AlphaFold预测蛋白质的三维结构)等领域的突破,让材料研发周期缩短50%以上。

(2) 通信技术的代际跃迁

① 6G全域智能网络:6G将实现"空天地海"全域覆盖,通感一体化技术使网络具备环境感知能力。例如,通过动态频谱共享支持每秒百万级设备连接,时延降至0.1 ms以下,支撑全息通信、远程手术等场景。

② 算力网络与云网融合:构建"东数西算"国家枢纽,通过算力调度平台实现跨区域资源动态分配。算力规模逐年扩大,智能算力占比将超35%,以支撑AI大模型训练与自动驾驶实时决策。

(3) 量子技术的颠覆性应用

① 量子计算产业化:超导量子计算机将突破千比特级,应用于密码破解(如Shor算法威胁RSA加密)、药物分子模拟等领域。

② 量子通信网络:建成覆盖京津冀、长三角的量子密钥分发(Quantum Key Distribution,QKD)干线,金融、政务领域率先实现无条件安全通信,密钥分发速率大幅提升。

(4) 数据与网络空间的范式变革

① 数据要素市场化：构建"数联网"根服务体系，通过数据确权、隐私计算、联邦学习等实现跨行业数据流通。

② 网络架构智能化：6G 网络内生 AI 能力将使基站具备自主优化功能，动态调整资源分配。

(5) 终端与产业的智能化升级

① AI 终端普及：智能手机、汽车、家居设备全面搭载端侧大模型，实现本地化智能服务。

② 工业元宇宙与数字孪生：工厂通过数字孪生技术实现全生命周期仿真，预测设备故障准确率超 95%。

1.1.3　信息技术赋能产业发展

在数字经济与实体经济深度融合的浪潮下，中国正以人工智能、区块链、数字孪生等新一代信息技术为引擎，推动千行百业的高质量发展。

1. 第一产业：农业与资源开发

(1) 农业无人机（精准施药）

农业无人机

技术原理：基于多光谱传感器捕捉作物反射光谱（含近红外波段），通过归一化植被指数（Normalized Difference Vegetation Index，NDVI）识别病虫害区域；AI 算法结合历史数据生成施药路径。

应用流程：无人机飞行测绘→云端生成"病害热力图"→自动规划避障航线→变量喷洒药剂（减少药量 20%）。

现实应用：黑龙江北大荒集团使用大疆 T40 无人机管理万亩稻田，虫害识别准确率达 92%，农药成本降低 35%。

(2) 蚂蚁链农产品溯源（五常大米）

技术原理：区块链节点记录种植、加工、物流全流程数据（时间戳＋哈希值），消费者扫码验证区块链上加密存证，确保信息不可篡改。

应用流程：田间物联网设备采集数据→数据加密上传至蚂蚁链→包装赋唯一溯源码→消费者扫码查看全链条信息。

现实应用：五常市政府联合蚂蚁链打造"真五常大米"认证体系，2023 年假货投诉率下降 76%。

鞍钢眼前山铁矿智慧管控

2. 第二产业：制造业与能源

(1) 华为数字孪生矿山（内蒙古露天矿）

技术原理：5G＋北斗定位实现矿卡无人驾驶，数字孪生平台实时映射设备状态，AI 算法优化矿石运输路径。

应用流程：激光雷达扫描矿区并建模→云端孪生体同步运行数据→AI 动态调度无人驾驶矿卡→人工远程监控异常。

现实应用：国家能源集团准能煤矿应用华为方案后，矿卡作业效率提升 25%，安全事故归零。

(2) 宁德时代智能储能系统

技术原理：磷酸铁锂电池组集成 BMS（Battery Management System，电池管理系统），

AI预测电网负荷波动,自动调节充放电策略。

应用流程:气象数据预测风光发电量→电价信号触发储能→动态平衡区域电网→削峰填谷降低用电成本。

现实应用:青海省海南州光伏园区配备宁德时代1 GWh储能系统,2023年减少弃光率18%,日均收益增加50万元。

3. 第三产业:服务业与公共领域

(1) 腾讯觅影(AI辅助肺癌筛查)

技术原理:基于3D卷积神经网络(Convolution Neural Networks,CNN)分析肺部CT影像,定位微小结节并计算恶性概率。

应用流程:医院PACS系统上传影像→AI标注可疑病灶→生成结构化报告→医生复核确认诊断。

现实应用:广东省人民医院引入腾讯觅影后,早期肺癌检出率提升30%,平均诊断时间缩短至5 min。

微课视频

腾讯觅影

(2) 网易瑶台虚拟课堂(元宇宙教育)

技术原理:云端实时渲染3D场景,支持千人级Avatar同步互动,AI驱动虚拟助教自动答疑。

应用流程:教师上传课件→学生VR/PC端登录→虚拟场景授课/实验→互动数据记录分析。

现实应用:浙江大学2023年"数字考古"课程在网易瑶台复现良渚古城,学生参与度提升40%。

4. 新兴产业:数字文创与智慧城市

(1) 百度文心一格(AIGC绘画)

技术原理:文心大模型将文本描述转化为图像特征向量,通过扩散模型逐层去噪生成高清画作。

应用流程:输入提示词(如"水墨风格山水画")→调整风格参数→生成多版本图像→人工筛选优化。

现实应用:央视《中国诗词大会》使用文心一格生成诗句配图,创作效率提升10倍。

(2) 阿里云ET城市大脑(杭州交通优化)

技术原理:融合摄像头、地磁线圈、车载GPS数据,强化学习算法动态调整交通信号灯周期。

应用流程:实时监测路口流量→云端计算最优配时方案→下发指令至信号机→每15 min迭代优化。

微课视频

阿里云ET城市大脑

现实应用:杭州上城区试点路段通行效率提升25%,早高峰拥堵时间减少40%。

5. 传统行业转型:建筑业与法律

(1) 广联达BIM(北京大兴机场建设)

技术原理:建筑信息模型(Building Information Modeling,BIM)集成几何数据与工程属性,通过碰撞检测算法提前发现管线冲突。

应用流程:设计院建模→施工方加载进度数据→云端协同修改→AR眼镜现场比对施工误差。

现实应用：北京大兴机场使用广联达 BIM 减少设计变更 8 000 余次，节约成本超 3 亿元。

（2）杭州互联网法院（区块链存证）

技术原理：电子合同哈希值存储至"司法链"（法院、公证处、蚂蚁链共建），支持一键验证真伪。

应用流程：原告上传电子证据→系统自动核验哈希值→法官当庭确认有效性→快速判决侵权案件。

现实应用：2023 年某电商侵权案全程线上审理，举证时间从 30 天压缩至 10 分钟，判决效率提升 90%。

1.1.4 信息安全概述

在数字化浪潮席卷全球的今天，信息安全已成为守护个人隐私、企业数据乃至国家命脉的核心议题。大学生作为未来社会的中坚力量，了解信息安全知识不仅是守护个人隐私与财产安全的"必修课"，更是数字时代公民责任的重要体现。从日常的社交账号防护到学术研究的敏感数据管理，从抵御网络诈骗陷阱到维护关键信息基础设施安全，信息安全意识贯穿其学习、生活与职业发展的全场景。面对病毒传播、黑客攻击、结构隐患等风险，大学生需具备辨识钓鱼邮件、保护隐私数据、规范网络行为的能力，避免因安全漏洞导致学业成果受损或卷入法律纠纷。更深远的是，国民信息安全素养将直接影响国家关键领域的数据主权与网络空间安全防线建设，是构建网络强国、数字中国不可或缺的底层能力支撑。

1. 信息安全基本概念

信息安全是指信息系统（包括硬件、软件、数据、人、物理环境及其基础设施）受到保护，不受偶然的因素或者恶意的目的而遭到破坏、更改、泄露，系统连续可靠正常地运行，信息服务不中断，最终实现业务连续性。

2. 信息安全的特征

（1）**完整性和精确性**：指信息在存储或传输过程中保持不被改变、不被破坏和不丢失的特性。

（2）**可用性**：指信息可被合法用户访问并按要求的特性使用。

（3）**保密性**：指信息不泄露给非授权的个人和实体。

（4）**可控性**：指具有对信息的传播及存储的控制能力。

3. 信息安全威胁

信息安全所面临的威胁大致可分为自然威胁和人为威胁。自然威胁指那些来自自然灾害、恶劣的场地环境、电磁辐射和电磁干扰、网络设备自然老化等的威胁。自然威胁往往带有不可抗拒性，因此这里主要讨论人为威胁。

（1）人为攻击

人为攻击分为偶然事故和恶意攻击两种。偶然事故虽然没有明显的恶意企图和目的，但它仍会使信息受到严重破坏。恶意攻击是有目的地破坏，分为被动攻击和主动攻击两种。被动攻击是指在不干扰网络信息系统正常工作的情况下，进行侦收、截获、窃取、破译和业务流量分析及电磁泄漏等。主动攻击是指以各种方式，如修改、删除、伪造、添加、重放、乱序、冒充、制造病毒等有选择地破坏信息。

(2) 安全缺陷

现在所有的网络信息系统都不可避免地存在着一些安全缺陷,有些安全缺陷可以通过努力加以避免或者改进,但有些安全缺陷是考虑各种因素并折中所必须付出的代价。

(3) 软件漏洞

由于软件程序的复杂性和编程的多样性,在网络信息系统的软件中很容易有意或无意地留下一些不易被发现的软件漏洞。这些漏洞会影响网络信息的安全。

(4) 结构隐患

结构隐患一般指网络拓扑结构的隐患和网络硬件的安全缺陷。网络的拓扑结构本身有可能给网络的安全带来问题。作为网络信息系统的躯体,网络硬件的安全隐患也是网络结构隐患的重要方面。

(5) 线缆连接威胁

线缆连接造成的威胁主要包括3个方面:窃听、拨号进入和冒名顶替。

① 窃听。对通信过程进行窃听可达到收集信息的目的,这种电子窃听不一定需要将窃听设备安装在线缆上,可以通过检测从连线上发射出来的电磁辐射就能拾取所要的信号,为了使机构内部的通信有一定的保密性,可以使用加密手段来防止信息被解密。

② 拨号进入。拥有一个调制解调器和一个电话号码,每个人都可以试图通过远程拨号访问网络,尤其是拥有所期望攻击网络的用户账户时,就会对网络造成很大的威胁。

③ 冒名顶替。通过使用别人的账号和密码,获得对网络及其数据、程序的使用能力。这种办法实现起来并不容易,而且一般需要有机构内部的、了解网络和操作过程的人员参与。

(6) 信息诈骗

在互联网时代虹膜被视为比较安全的生物识别技术,然而现在的安全技术可以通过计算机扫描形成人类眼睛的副本文件,并在很短的时间内生成伪造的虹膜,从而达到欺骗商业虹膜识别技术的目的。指纹识别技术同样可以被伪造的指纹所欺骗,容易被不法分子用于信息诈骗。

4. 计算机病毒

(1) 计算机病毒的概念

《中华人民共和国计算机信息系统安全保护条例》中明确将计算机病毒定义为:计算机病毒是指编制或者在计算机程序中插入的破坏计算机功能或者毁坏数据,影响计算机使用,并能自我复制的一组计算机指令或者程序代码。

(2) 计算机病毒的特征

计算机病毒的特征见表1-2。

表1-2 计算机病毒的特征

特 征	描 述
传染性	计算机病毒具有很强的再生机制,一旦计算机病毒感染了某个程序,当这个程序运行时,病毒就能传染到这个程序有权访问的所有其他程序和文件
寄生性	病毒程序依附在其他程序内,当这个程序运行时,病毒就会通过自我复制得到繁衍,并一直生存下去

续表

特　征	描　述
隐蔽性	一是传染过程很快,在其传播时多数没有外部表现;二是病毒程序隐藏在正常程序中,当病毒发作时,实际病毒已经扩散,系统已经遭到不同程度的破坏
破坏性	不同的计算机病毒的破坏情况表现不一,有的干扰计算机工作,有的占用系统资源,有的破坏计算机硬件等
潜伏性	病毒程序入侵后,病毒的触发是由发作条件确定的。在发作条件满足前,病毒可能在系统中没有表现症状,不影响系统的正常运行
不可预见性	计算机病毒种类繁多,新的变种不断出现,所以病毒对反病毒软件来说是不可预见的、超前的

(3) 计算机病毒的分类

计算机病毒的分类方式很多,主要列举以下几种:

① 按照计算机病毒的寄生方式进行分类,可以划分为复合型病毒、文件型病毒和引导型病毒。

② 按照计算机病毒的发作条件进行分类,可以划分为定时发作型、定数发作型和随机发作型。

③ 按照计算机病毒的破坏后果进行分类,可以划分为良性病毒和恶性病毒。

(4) 常见的计算机病毒

常见的计算机病毒,主要有以下几种:

① 蠕虫病毒:蠕虫病毒是一种通过网络进行传播的恶性病毒,具有一般病毒的传染性、隐蔽性和破坏性等特点。蠕虫实质上是一种计算机程序,能够通过网络连接,不断传播自身的复制品(或蠕虫的某些部分)到其他的计算机,这样不仅消耗了大量的本机资源,而且占用了大量的网络带宽,导致网络堵塞而使网络拒绝服务,最终造成整个网络系统的瘫痪。蠕虫病毒主要通过系统漏洞、电子邮件、在线聊天和局域网下的文件夹共享等方式进行传播。

② 木马病毒:木马病毒实质上是一段计算机程序,木马程序由两部分组成:客户端(一般由黑客控制)和服务端(隐藏在感染了木马病毒的用户机器上)。服务端的木马程序会在用户机器上打开一个或多个端口与客户端进行通信,这样黑客就可以窃取用户机器上的账号和密码等机密信息,甚至可以远程控制用户的计算机,如删除文件、修改注册表、更改系统配置等。木马病毒一般是通过电子邮件、在线聊天工具和恶意网页等方式进行传播,多数都是利用了操作系统中存在的漏洞。

(5) 常见的病毒防控方法

计算机病毒的出现向计算机安全性提出了严峻挑战,解决问题最重要的一点是树立"预防为主,防治结合"的思想,牢固树立计算机安全意识,防患于未然,积极地预防计算机病毒的侵入。通常可采取以下几方面的措施进行防范:

① 对外来的计算机、存储介质(软盘、硬盘、闪盘等)或软件要进行病毒检测,确认无毒后才可使用。

② 对于重要的系统盘、数据盘以及磁盘上的重要信息应经常备份,以便遭到破坏后能

及时得到恢复。

③ 网络计算机用户要遵守网络软件的使用规定,不能随便下载和使用网上的软件,也不要打开来历不明的电子邮件。

④ 在网络中的文件系统、数据库系统、设备管理系统及信息网络等中,利用访问控制权限技术规定主体(如用户)对客体(如文件、数据库、设备)的访问权限。

⑤ 安装计算机防病毒卡或防病毒软件,时刻监视系统的各种异常并及时报警,以防病毒的侵入。

⑥ 对于网络环境,应设置"病毒防火墙"。常用的杀毒软件和防火墙有瑞星、金山毒霸、360杀毒等。使用这些工具,可以有效地清除一些病毒和防止病毒入侵,使系统得以正常工作。

5. 黑客攻防

(1) 黑客的定义

黑客就是利用计算机技术、网络技术,非法侵入、干扰、破坏他人的计算机系统;或擅自操作、使用、窃取他人的计算机信息资源,对电子信息交流和网络实体安全具有威胁性和危害性的人。黑客攻击网络的方法是不停地寻找Internet上的安全缺陷,以便乘虚而入。

(2) 黑客常用攻击手段

① 获取口令。这种攻击手段通常有三种方法:缺省的登录界面攻击法;通过网络监听,非法得到用户口令;在知道用户的账号后(如电子邮件"@"前面的部分)利用一些专门软件强行破解用户口令。

② 电子邮件攻击。电子邮件攻击一般是采用电子邮件炸弹(E-mail Bomb)进行攻击,是黑客常用的一种攻击手段。电子邮件炸弹指的是用伪造的IP地址和电子邮件地址向同一信箱发送数以千计、万计甚至无穷多次的内容相同的恶意邮件,也可称之为大容量的垃圾邮件。由于每个人的邮件信箱容量是有限的,当庞大的邮件垃圾到达信箱的时候,就会挤满信箱并把正常的邮件给覆盖。同时,因为它们占用了大量的网络资源,常常导致网络阻塞,使用户不能正常工作,严重时可能会给电子邮件服务器操作系统带来危险,甚至造成其瘫痪。

③ 特洛伊木马攻击。"特洛伊木马程序"技术是黑客常用的攻击手段。它通过在计算机系统中隐藏一个会在Windows启动时运行的程序,采用服务器/客户机的运行方式,从而达到在客户机上网时控制其计算机的目的。黑客利用它可进行窃取口令、浏览驱动器、修改文件、登录注册表等操作。

④ 诱导法。诱导法是指黑客编写一些看起来"合法"的程序,上传到一些FTP站点或是放置在某些个人主页,诱导用户下载。当用户下载该软件时,黑客的软件被一起下载到用户的机器上。该软件可能会跟踪用户的操作,记录用户输入的每个口令,然后把它们发送到黑客指定的电子邮件信箱。

⑤ 寻找系统漏洞。许多系统都有安全漏洞(Bugs),其中某些是操作系统或应用软件本身具有的,这些漏洞在补丁未被发布出来之前一般很难防御黑客的破坏。黑客正是寻找这些漏洞来进行攻击。

(3) 防止黑客攻击的策略

① 身份认证。通过密码、指纹、面部特征等特征信息来认证用户身份的真实性,只对认证了的用户给予相应的访问权限。

② 访问控制。系统应当设置入网访问权限、网络共享资源的访问权限、目录安全等级控制、防火墙的安全控制策略等,通过各种安全控制机制的相互配合,才能最大限度地保护系统免遭黑客的攻击。

③ 审计。记录网络上用户的注册信息,当遭到黑客攻击时,这些数据可以用来帮助调查黑客来源,并作为证据来追踪黑客,也可以通过对这些数据的分析来了解黑客攻击的手段以找出应对的策略。

④ 监视 IP 地址。通过路由器可以监视局域网内数据包的 IP 地址,可以选择只将带有外部 IP 地址的数据包通过路由器发送到外网中,其余数据包被限制在局域网内,减少潜在风险。

6. 常用的信息安全技术

(1) 防火墙技术

在网络系统中,防火墙是位于计算机和外部网络之间或内部网络与外部网络之间的一道安全屏障,其实质就是一个软件或者是软件与硬件设备的组合。用户通过设置防火墙提供的应用程序和服务以及端口访问规则,达到过滤进出内部网络或计算机的不安全访问,从而提高网络和计算机系统的安全性和可靠性。

① 防火墙的功能。保证内部网络的安全性、保证内部网络与外部网络之间的连通性是网络对防火墙系统的基本需求,因此,一个良好的防火墙系统应具有如下功能:

- 监控进出内部网络或计算机的信息,保护内部网络或计算机的信息不被非授权访问、非法窃取或破坏。
- 过滤不安全的服务,提高内部网络或计算机的安全。
- 记录内部网络或计算机与外部网络进行通信的安全日志。
- 限制内部网络用户访问某些特殊站点,防止内部网络的重要数据外泄等。

② Windows 防火墙。在 Windows 操作系统中自带了一个 Windows 防火墙,用于阻止未授权用户通过网络访问用户计算机,从而帮助保护用户的计算机,Windows 防火墙默认处于启用状态,时刻监控计算机的通信信息。

Windows 防火墙能阻止从网络传入的"未经允许"的尝试连接。当用户运行的程序(如即时消息程序或多人网络游戏)需要从网络接收信息时,那么防火墙会询问用户是否取消"阻止连接",若取消"阻止连接",Windows 防火墙将创建一个"例外",即允许该程序访问网络,以后该程序需要从网络接收信息时,防火墙就不会再询问用户了。

③ 防火墙的局限性

- 不能检测计算机是否感染了病毒或清除已有病毒。
- 无法监控内部用户或已授权用户的恶意操作。
- 不能防范全部攻击。
- 不能完全阻止垃圾邮件或未经请求的电子邮件。

为了更全面地保护用户的计算机,用户除了启用防火墙,还应该采取一些其他相应的防范措施,如安装防病毒软件、定期更新操作系统、安装系统补丁等。

(2) 数据加密技术

网络安全的一个重要的手段就是加密技术,数据加密技术是防止网络传输泄密的最有效方式,其核心是由于网络本身不安全可靠,所有重要信息就必须全部通过加密处理。发送方要发送的消息称为明文,明文被转换成看似无意义的随机信息,称为密文。明文到密文的转换过程称为加密,其逆过程称为解密。非法接收者试图从密文分析出明文的过程称为破译。对明文加密采用加密算法,对密文解密采用解密算法。加密算法和解密算法是在一组仅有合法用户知道的秘密信息的控制下进行的,该信息称为密钥。

① 对称加密技术。对称加密采用了对称密码编码技术,它的特点是文件加密和解密使用相同的密钥,即加密密钥也可以用作解密密钥,这种方法在密码学中称为对称加密算法,对称加密算法使用起来简单快捷,密钥较短,且破译困难。

② 非对称加密技术。与对称加密算法不同,非对称加密算法需要两个密钥:公开密钥(Public Key)和私有密钥(Private Key)。公开密钥与私有密钥是一对的,如果用公开密钥对数据进行加密,只有用对应的私有密钥才能解密;如果用私有密钥对数据进行加密,那么只有用对应的公开密钥才能解密。因为加密和解密使用的是两个不同的密钥,所以这种算法称为非对称加密算法。

非对称加密的优点:由于公钥是公开的,而私钥由用户自己保存,所以对于非对称密钥,其保密管理相对比较简单。

非对称加密的缺点:因为复杂的加密算法,使得非对称密钥加密和解密的速度较慢,成本更高。

(3) 数字证书技术

数字证书(Digital Certificate)技术是目前国际上最成熟并得到广泛应用的信息安全技术。数字证书以密码学为基础,采用数字签名、数字信封、时间戳服务等技术,在 Internet 上建立起有效的信任机制。它是一种电子身份证,以保证互联网网上银行和电子交易及支付的双方都必须拥有合法的身份,并且在网上能够有效、无误地进行验证。数字证书是包含用户身份信息的一系列数据,是一种由权威机构证书授权(Certificate Authority,CA)中心发行的权威性的电子文档。

认证机构 CA 是采用公开密钥基础技术的,专门提供网络身份认证服务,负责签发和管理数字证书,且具有权威性和公正性的第三方信任机构。随着 Internet 的普及,各种电子商务活动和电子政务活动飞速发展,数字证书具有安全性、保密性等特点,可有效防范电子交易过程中的欺诈行为,已经广泛地应用到各个领域之中。

(4) 身份认证技术

身份认证是指验证某个通信参与者的身份与所申明的一致,确保该通信参与者不是冒名顶替。身份认证是安全系统应具备的最基本功能。

传统的身份认证方法一般是靠用户的登录密码来对用户身份进行认证,但用户的密码在登录时是以明文的方式在网络上传播的,很容易被攻击者在网络上截获,进而仿冒用户的身份,使身份认证机制被攻破。

目前,在很多应用场合中,身份认证方式是基于"RSA 公钥密码体制"的加密机制,用户必须通过数字签名信息和登录密码检验,只有全部通过,服务器才承认该用户的身份。

身份认证时,设置一个安全有效的口令是至关重要的,对预防"黑客"破解密码相当有用。一个安全有效的口令,要遵循以下规则:

① 选择较长的口令,口令越长,被破解的概率就越低。

② 采用英文字母和数字等的组合。

③ 用户若访问多个系统,则不要使用相同的口令。

④ 避免使用自己不容易记的口令,以免遗忘而无法通过认证。

7. 入侵检测技术

入侵检测系统(Intrusion Detection System,IDS)指的是一种硬件或者软件系统,该系统对系统资源的非授权使用能够及时做出判断、记录和报警。

入侵检测是一种增强系统安全的有效方法,能检测出系统中违背系统安全性规则或者威胁到系统安全的活动。检测时,通过对系统中用户行为或系统行为的可疑程度进行评估,并根据评价结果来鉴别系统中行为的正常性,从而帮助系统管理员进行安全管理或对系统所受到的攻击采取相应的对策。

1.1.5 信息伦理与职业行为自律

1. 信息伦理的定义

信息伦理又称信息道德,是指在信息活动中应遵循的道德规范和法律法规,包括信息伦理道德、法律、文化等许多社会人文因素。加强互联网法律和道德意识,自觉抵制不健康的内容,不组织和参与非法活动,是信息伦理的重要体现。它是调整人与人之间及个人与社会之间信息关系的行为规范总和。应对信息化深入发展导致的伦理风险要遵循以下道德原则。

(1) 服务人类原则。要确保人类始终处于主导地位,始终将人造物置于人类的可控范围,避免人类的利益、尊严和价值主体地位受到损害,确保任何信息技术特别是具有自主性意识的人工智能机器持有与人类相同的基本价值观。始终坚守不伤害人自身的道德底线,追求造福人类的正确价值取向。

(2) 安全可靠原则。新一代信息技术必须是安全、可靠、可控的,要确保民族、国家、企业和各类组织的信息安全、用户的隐私安全及与此相关的政治、经济、文化安全。如果某一项科学技术可能危及人的价值主体地位,那么无论它具有多大的功用性价值,都应果断叫停。对于科学技术发展,应当进行严谨审慎的权衡与取舍。

(3) 以人为本原则。信息技术必须为广大人民群众带来福祉、便利和享受,而不能为少数人所专享。要把新一代信息技术作为满足人民基本需求、维护人民根本利益、促进人民长远发展的重要手段。同时,保证公众参与和个人权利行使,鼓励公众提出质疑或有价值的反馈,从而共同促进信息技术产品性能与质量的提高。

(4) 公开透明原则。新一代信息技术的研发、设计、制造、销售等各个环节,以及信息技术产品的算法、参数、设计目的、性能、限制等相关信息,都应当是公开透明的,不应当在开发、设计过程中给智能机器提供过时、不准确、不完整或带有偏见的数据,以避免人工智能机器对特定人群产生偏见和歧视。

2. 有效辨别虚假信息

信息技术已渗透到人们的日常生活中,也深度融入国家治理、社会治理的过程中,对实现美好生活、提升国家治理能力、促进社会道德进步发挥着越来越重要的作用。由于网络信息爆炸式增长,造成信息传递的无序和失控,出现了信息超载和信息垃圾等信息污染问题。人们观察和认识到的信息通常有一定的局部性和暂时性,在因特网上得到的信息往往是零散、不系统的,只有有价值的信息才能帮助了解和认识世界。倘若判断和决定是根据无效的,甚至是错误的信息做出的,后果将无法想象。因此,需要对信息进行辨别。

辨别信息的方法通常有：根据信息来源途径辨别，不要盲目地相信得到的信息；多渠道地获取信息，根据原有的经验辨别，向权威机构核实，对于暂时无法辨别的信息，请留存不做评价。

3. 信息安全相关法律法规

为了维护网络空间的正常秩序，保障信息网络的安全，维护公民的合法权益，我国制定了若干保护信息安全的法律，例如《中华人民共和国网络安全法》《中华人民共和国电子签名法》和《中华人民共和国个人信息保护法》。保护信息安全的法律是指维护信息安全，预防信息犯罪的法律规范的总称。

拓展阅读

信息安全相关法律法规及行业标准

4. 职业行为自律要求

现代社会人与人之间的交往日益突破传统的熟人交往范围，基于强大信息技术的互联网打破传统交往的时空限制，成为普遍性的社会交往方式。快速发展的信息技术让人们的生活更便捷、通信交流更畅通、信息获取更方便，但也带来了不同形式、不同程度的诚信缺失问题。有效地应对信息技术带来的伦理挑战，需要深入研究思考并树立正确的道德观、价值观和法治观。这就要求人们具备更高程度的道德自律、宽容与尊重，从而促进形成以普遍的诚实、守信为价值基础的现代社会公德。

1.2 计算机与计算思维

在当今信息时代，计算机已成为推动社会进步的核心力量。本节将系统地介绍计算机的发展历程、系统组成、未来趋势以及计算思维的重要性。

1.2.1 计算机的发展与分类

1. 计算机的发展

世界上第一台电子计算机 ENIAC 诞生于 1946 年，半个多世纪以来，计算机的飞速发展。随着硬件和软件不断升级换代，计算机功能越来越强大，应用范围日益广阔，对人类社会的生产方式、工作方式、生活方式和学习方式都产生了极其深刻的影响。计算机的发展历史可以清晰地划分为 4 个主要阶段，每个阶段都有其核心技术作为标志，推动了计算机在性能、体积、功耗以及应用领域等方面都有巨大的飞跃，具体介绍见表 1-3。

微课视频

第一台电子计算机诞生背景

微课视频

计算机发展的 4 个阶段

表 1-3　计算机的发展阶段

计算机发展阶段	第一阶段 (1946—1958 年)	第二阶段 (1959—1964 年)	第三阶段 (1965—1971 年)	第四阶段 (1972 年到现在)
计算机采用器件	采用电子管	采用晶体管。主存储器采用磁芯存储器，外存储器开始使用磁盘，并配备了较多的外部设备	采用了小规模和中规模集成电路	全面采用大规模集成电路(Large Scale Integration, LSI)和超大规模集成电路(Very Large Scale Integration, VLSI)

续 表

计算机发展阶段	第一阶段（1946—1958年）	第二阶段（1959—1964年）	第三阶段（1965—1971年）	第四阶段（1972年到现在）
计算机特点	体积十分庞大,成本很高,可靠性低,运算速度慢	体积缩小,重量减轻,成本降低,容量扩大,功能增强,可靠性大大提高	计算机的体积大大缩小,成本进一步降低,耗电量更省,可靠性更高,功能更加强大	计算机的存储容量、运算速度和功能都有极大的提高,提供的硬件和软件更加丰富和完善。在这个阶段,计算机向巨型和微型两极发展,出现了微型计算机
计算机运算速度	每秒几千至几万次	每秒几万至几十万次	每秒几十万至几百万次,且内存容量大幅增加	巨型计算机每秒上亿至1千多万亿次；微型计算机每秒几百万至几千万次
软件系统	软件概念局限在程序设计上,尚无系统软件可言。软件主要使用机器语言,编写程序必须用二进制编码的机器语言	出现了高级程序设计语言。这类语言主要使用英文字母及人们熟悉的数字符号,接近于自然语言,使用者能够方便地编写程序	出现了多种高级语言,并开始使用操作系统,使计算机的管理和使用更加方便。但开发软件的能力未能与硬件提供的机会保持同步	多种高级语言深入发展,操作系统多样化；各种系统软件和应用软件得到广泛开发；软件形成产业化。这一阶段软件发展的里程碑分别是：20世纪70年代的程序设计方法学、结构化分析和设计、抽象数据类型、软件工具；80年代的软件开发方法学、软件工程环境、面向对象技术；90年代的软件复用技术和软件构件技术、软件过程、需求工程
应用领域	仅限于科学计算	应用领域扩大到数据处理、事务管理和工业控制等方面	广泛用于科学计算、文字处理、自动控制与信息管理等方面,开始进入更多的家庭和办公室	应用领域已深入到社会、生产、军事和生活的各个方面,彻底改变了人类的生活和工作方式,计算机技术进入了全民普及的时代。同时,计算机技术与通信技术、多媒体技术等不断融合,催生了人工智能、大数据、云计算等新兴技术领域

2．计算机的分类

根据不同的分类标准可以将计算机分为不同类型。以下介绍两种常见的分类方式。

（1）按照规模和性能分,可将计算机分为巨型计算机、大型计算机、小型计算机、工作站、微型计算机等类型。

① 巨型计算机。巨型计算机又称为超级计算机,具有极高的运算速度和强大的处理能力,存储量巨大,结构复杂,价格昂贵。主要用于尖端的科学研究、如气象预测、航空航天、分子建模、油气勘探等高性能计算领域,是国家科技实力的重要象征。我国是世界上少数几个能够生产超级计算机的国家之一。银河系列、天河系列、神威系列、曙光系列和深腾系列是我国超级计算机的代表系列。神威系列超级计算机如图1-5所示。

图 1-5 神威系列超级计算机

② 大型计算机。又称为大型机，性能仅次于巨型机，具有比较完善的指令系统和丰富的外形设备，以及强大的处理能力和较高的可靠性，主要应用于大型企业、金融机构、政府部门、高校、科研院所等，承担着大量的数据处理和关键业务的运行，如银行的核心业务系统、航空公司的订票系统等，如图 1-6 所示。

图 1-6　大型计算机　　　　　　图 1-7　小型计算机

③ 小型计算机。又称为小型机，结构简单，成本较低，具有一定的处理能力和较好的性能，主要用于中小企业、部门级应用，如部门级的文件服务器、数据库服务器、科学计算等，如图 1-7 所示。

④ 工作站。这里所说的工作站和网络中用作站点的工作站是两个完全不同的概念，这里的工作站是计算机中的一个类型，实际上是一种配备了高分辨率大屏幕显示器和大容量内、外存储器，并且具有较强数据处理能力与高性能图形功能的高档微型计算机。图形设计师、工程师、科研人员经常使用工作站来完成复杂的图形处理和计算任务，如图 1-8 所示。

⑤ 微型计算机。也就是常说的个人计算机（Personal Computer，PC），其体积小、价格低、灵活、性能好、使用方便，广泛应用于家庭、办公、教育等领域，包括台式机、笔记本电脑、平板电脑等多种形式，如图 1-9 所示。

图 1-8 工作站

图 1-9 微型计算机

(2) 按用途分,可将计算机分为通用计算机和专用计算机。

① 通用计算机(General-Purpose Computer):用途广泛,能够完成科学计算、数据处理、信息管理、娱乐等多种任务,可以运行各种类型的软件,满足不同用户的需求。大多数个人计算机和服务器都属于通用计算机。

② 专用计算机(Special-Purpose Computer):针对特定领域或特定任务设计,具有高效、专用等特性。例如,银行的自动取款机(Automated Teller Machine,ATM)、用于汽车电子系统、工业自动化设备等中的嵌入式计算机、军事领域的雷达控制计算机等,它们在特定任务上能够发挥出极高的性能和效率。

1.2.2 计算机系统组成

一个完整的计算机系统是由硬件系统和软件系统两大部分组成的,如图 1-10 所示。计算机是依靠硬件和软件的协同工作来执行给定任务的,主要用于执行计算、存储和处理数据。

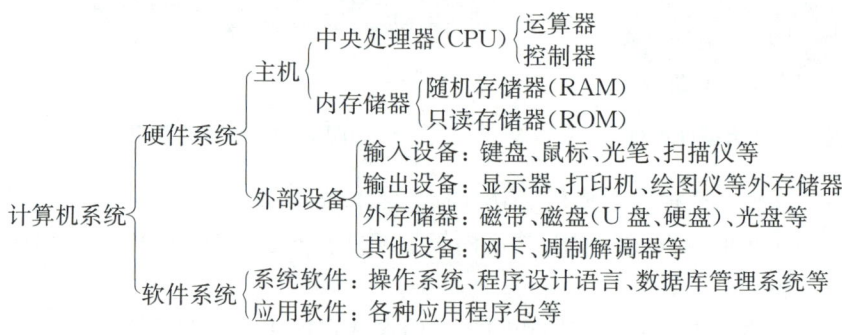
图 1-10 计算机系统组成

1. 硬件系统

硬件系统是指计算机系统中由各种电子的、机械的、磁性的、光的器件或装置组成的看得见、摸得着的物理实体部分。硬件也称硬设备,它是计算机的"躯体"。有五大基本组成部分,运算器、控制器、存储器、输入设备和输出设备。其中,中央处理器和内存储器组成主机,输入设备、输出设备、外存储器等组成外部设备,它们通过总线和接口相互连接、协同工作。

(1) 主机：包括中央处理器和内存储器两部分。

① 中央处理器（Central Processing Unit，CPU）是计算机的核心部件，负责执行程序中的指令。由大规模集成电路构成，集成在小硅片上。它由硬件五大部分中的运算器和控制器组成。运算器的主要功能是完成各种算术运算和逻辑运算；控制器负责读取并分析指令，做出相应的控制，使计算机各部分协同工作，以完成计算机的各种操作。其性能直接决定了计算机的运行速度和效率，是现代计算机技术发展的重要标志之一。CPU 如图 1-11 所示。

图 1-11　CPU

② 内存储器（简称内存，主存）是计算机的核心组成部分，如图 1-12 所示。内存主要用于存储正在运行的程序和数据。内存一般采用半导体存储器，由主存储器和高速缓冲存储器（Cache）组成。

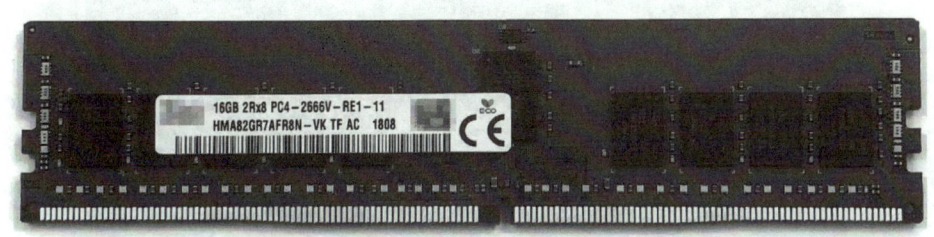

图 1-12　内存

a. 内存储器分类

内存储器分类如图 1-13 所示。

在内存中，有一小部分用于存放特殊的专用数据，对它们只取不存，这部分称为只读存储器，简称 ROM（Read Only Memory）。ROM 是一种只能读出不能写入的存储器，其中的信息被永久写入，即使切断计算机电源，ROM 中的信息也不会丢失。因此，它常用于永久地存放一些固定的系统程序和数据。只读存储器从制造工艺和功能上分，可以分为 5 类，分别是 PROM（Programmable ROM，可编程的只读存储器）、EPROM（Erasable Programmable ROM，可擦除可编程的只读存储器）、EEPROM（Elecrically Erasable Programmable ROM，电可擦除可编程的只读存储器）、FLASH（Flash Memory，闪存）和 MROM（Mask-programmed ROM，掩膜编程的只读存储器）。

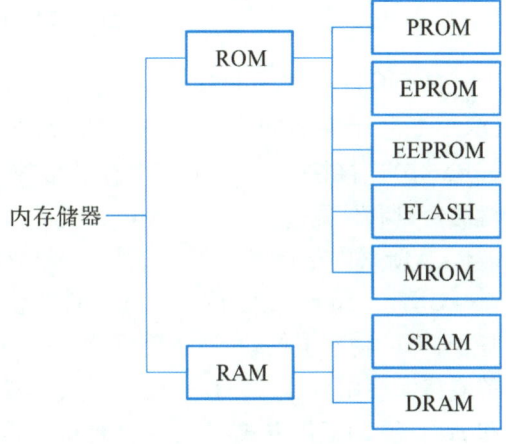

图 1-13　内存储器分类

计算机中大部分对信息可存可取的内存称为随机存储器，简称 RAM（Random Access Memory）。RAM 是易失性存储器，其中存放的信息是临时性的，可随时读出和写入信息。

当计算机工作时,RAM用于存放系统程序和用户的程序及数据。RAM的空间越大,处理能力越强。计算机工作时,RAM能准确地保存数据,但这种保存功能需要电源的支持,一旦切断电源,其中的所有数据立即完全消失,不可恢复。随机存储器又可分为静态随机存储器(SRAM)和动态随机存储器(DRAM)两类。

b. 当前主流内存技术

DDR5(Double Data Rate 5):第五代双倍数据速率同步动态随机存储器,其核心改进包括Bank Group架构和双通道设计。DDR5较DDR4带宽翻倍,功耗更低,单条容量更大可达128 GB,支持更大规模数据处理。

LPDDR5X(Low Power DDR5 Extended):低功耗DDR5的扩展版本,专为移动设备设计,较LPDDR5功耗更低,带宽提升至25%,使得使用LPDDR5X的设备在性能上更强,电池续航时间更长。LPDDR几代性能对比如图1-14所示。

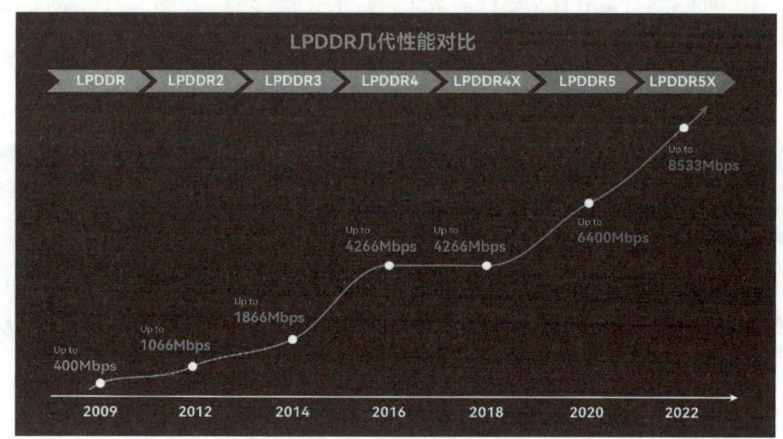

图1-14 LPDDR几代性能对比

HBM(High Bandwidth Memory):高带宽内存,它采用独特的3D堆叠设计,将多层DRAM芯片垂直堆叠在一起,通过硅通孔(Through Silicon Via,TSV)和微型凸点(uBump)连接在一起,形成一个存储堆栈,不仅提升了存储密度,也大幅增加了每个存储堆栈的容量和位宽。

c. 新兴内存技术

CXL(Compute Express Link,计算快速链接)内存:是一种革命性的高速互联技术,它基于PCIe物理层构建,通过创建统一的内存地址空间,让CPU、GPU、FPGA等不同计算设备能够像使用自己的内存一样高效共享资源。这种创新的内存架构正在彻底改变数据中心和AI计算的工作方式,在显著降低硬件成本的同时,也为需要处理海量并行计算的任务提供了前所未有的高效内存支持。

(2) 外部设备:包括输入设备、输出设备和外存储器等。

① 输入设备用来把计算机外部的程序、数据等信息送入到计算机内部的设备。常用的输入设备有键盘、鼠标、光笔、扫描仪等。

② 输出设备负责将计算机的内部信息传递出来(称为输出)在屏幕上显示,或在打印机上打印,或在外存储器上存放的设备。常用的输出设备有显示器、打印机、绘图仪等。

③ 外存储器设置在主机外部,又称外存储器,简称外存。由于价格和技术方面的原因,内存的存储容量会受到限制。为了存储大量的信息,就需要采用价格便宜的外存储器。常用的外存储器有磁盘(U盘、硬盘)、光盘和磁带等,如图1-15所示。

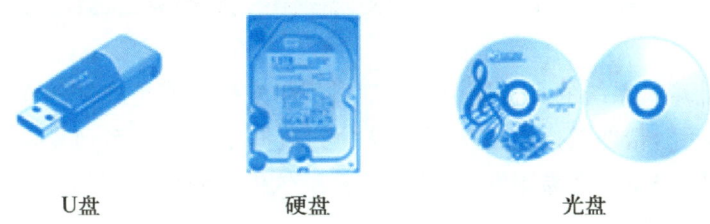

图 1-15　常用的外存储器

外存用来存放"暂时不用"的程序或数据。外存容量要比内存容量大得多,但它存取信息的速度比内存慢。通常外存不和计算机内其他装置直接交换数据,它只和内存交换数据,并且不是按单个数据进行存取,而是以成批数据进行交换。

外存和内存有许多不同之处。一是外存不怕停电,磁盘上的信息可保存数年甚至更久;二是外存的容量不像内存那样受多种限制,可以很大;三是外存价格较为便宜。

2. 软件系统

计算机软件系统是指控制、管理和指挥计算机工作并解决各类应用问题的所有程序和技术资料的总和,包括系统软件和应用软件。

软件系统的核心作用包括以下几点。
- 资源管理:协调硬件资源(如CPU、内存、外部设备等)的高效使用。
- 人机交互:提供用户界面(如图形界面、命令行等),简化操作流程。
- 功能扩展:通过安装不同软件赋予计算机新的能力(如办公、设计、游戏等)。

(1) 系统软件

系统软件是计算机系统的核心软件,它为计算机的运行提供基本的管理和支持功能,是计算机硬件和应用软件之间的桥梁。系统软件包括操作系统、实用程序、语言处理程序、数据库管理系统等。

① 操作系统

操作系统(Operating System,OS)是系统软件的核心,它管理和控制计算机硬件资源,为用户提供操作界面和运行环境。它具有以下功能:
- 进程管理(即处理机管理)——在多用户、多任务的环境下,主要管理对CPU进行资源的分配调度,有效地组织多个作业同时运行。
- 存储管理——主要是管理内存资源,合理地为程序的运行分配内存空间。
- 文件管理——有效支持文件的存储、检索和修改等操作,并管理文件的共享、保密与保护。
- 设备管理——负责外部设备的分配、启动和故障处理,让用户方便地使用外设。
- 作业管理——提供使用系统的良好环境,使用户能有效地组织自己的工作流程。

操作系统可以增强系统的处理能力,使系统资源得到有效利用,为应用软件的运行提供支撑环境,让用户方便地使用计算机。

操作系统可以分为单用户操作系统、批处理操作系统、分时操作系统、实时操作系统、网络操作系统、分布式操作系统等六种类型。

常见操作系统:Windows、Linux、macOS、云操作系统、鸿蒙、麒麟、方得桌面等。

② 实用程序

实用程序在计算机系统的日常使用与管理过程中发挥着不可或缺的作用。它们就像是计算机的"得力助手",帮助用户完成从系统维护到数据处理等一系列复杂任务。旨在提升计算机系统的性能、安全性和易用性,是计算机系统软件中极为重要的组成部分。实用程序主要包括以下几种类型:

- 系统维护类实用程序——包括磁盘管理工具(分区与格式化、磁盘清理、磁盘碎片整理等)、系统备份与恢复工具(系统备份、系统恢复)等。
- 数据处理类实用程序——包括文件压缩与解压缩工具、数据转换工具等。
- 安全防护类实用程序——包括杀毒软件、防火墙等。
- 通信程序——用于实现不同设备或系统之间的通信与数据交换。
- 支持程序运行的程序——为程序的运行提供必要的环境和支持,确保程序能正确、高效地运行。
- 文件管理程序——负责文件的创建、删除、修改、复制、移动等操作,以及文件属性的设置和查询。

③ 语言处理程序

在计算机系统中,人们编写的程序需要被计算机理解和执行。然而,计算机只能直接理解由0和1组成的机器语言指令。对于人类来说,使用机器语言编程既困难又低效。因此,人们开发了汇编语言和各种高级语言来进行编程。但这些语言编写的程序不能直接被计算机执行,需要通过语言处理程序将其转换为机器语言。语言处理程序在计算机软件系统中起着至关重要的作用,它使得程序员能够使用更方便、更高效的编程语言进行开发。

按照处理方式的不同,语言处理程序可以分为汇编程序、编译程序和解释程序三大类。

- 汇编程序——是一种用助记符表示的面向机器的程序设计语言。汇编程序的作用是将用汇编语言编写的源程序翻译成机器语言程序(目标程序),通常用于底层硬件操作和高要求的程序优化。
- 编译程序——编译程序是将高级语言编写的源程序整个翻译成目标程序(机器语言程序或汇编语言程序),然后再由计算机执行目标程序。编译程序的优点是生成的目标程序执行速度快;缺点是编译过程相对较长,开发效率在某些情况下可能较低。
- 解释程序——解释程序是对高级语言编写的源程序逐句进行解释并执行,即翻译一句执行一句,不生成目标程序。解释程序的优点是开发调试方便,程序员可以立即看到代码执行的结果,修改代码后可以直接重新运行;缺点是执行效率相对较低,因为每次运行都需要进行解释,而且解释器需要在运行时动态分配资源。

④ 数据库管理系统

数据库管理系统(DataBase Management System,DBMS)是一种用于创建、管理、维护和使用数据库的软件系统。用户可以通过 DBMS 访问数据库中的数据,数据库管理员也可以通过 DBMS 进行数据库的维护工作。

DBMS 主要有以下功能:

- 数据存储与管理——组织和存储数据(包括查询、插入、修改、删除等),提供高效的数据访问和检索功能,同时提供数据控制功能来保证数据的安全性、完整性并实现并发控制等。
- 数据建立与维护——包括数据库初始数据的装入、数据库的转储、恢复、系统性能监视、分析等。
- 数据传输——实现用户程序与 DBMS 之间正常通信。

常见数据库管理系统:MySQL、Oracle、SQL Server、达梦、GaussDB、OceanBase 等。

(2) 应用软件

应用软件是为满足用户特定需求而开发的软件,广泛应用于各个领域。在办公方面,如文字处理软件 Word 可撰写文档,电子表格软件 Excel 能高效处理数据;对于创意工作者,图形设计软件 Adobe Photoshop 可助其编辑图像,视频编辑软件 Adobe Premiere Pro 能助其剪辑视频;在教育领域,有丰富的在线学习平台和教学软件,助力教学与学习;在娱乐领域,游戏软件丰富多样;在医疗领域,医院信息系统(Hospital Information System,HIS)能提高医疗服务效率;在金融领域,网上银行系统可提供便捷金融服务。如今,应用软件还融入了智能语音助手等新技术,借助云计算实现便捷的云服务模式,不断拓展功能边界,为人们的生活、学习和工作提供极大便利,推动社会数字化发展。

1.2.3 计算机中的信息表示

在计算机系统中,无论是数值、文字、图像,还是声音、视频等信息,都需要以特定的形式进行表示,才能被计算机识别、存储和处理。信息表示是计算机科学的重要基础内容,了解计算机中信息的表示方法,有助于深入理解计算机的工作原理,并进一步掌握数据处理和编程等相关知识。本节将围绕进位记数制、进位记数制之间的转换、计算机采用二进制的原因,以及各类信息编码技术开展介绍。

1. 进位记数制

进位记数制是一种用有限的数字符号,通过不同的位置来表示不同数值大小的记数方法。它包含数码、基数和位权三个重要概念。

数码——进位记数制中各数位上所允许的有限的几个数字符号。例如,十六进制数的数字符号分别为 0,1,2,3,4,5,6,7,8,9,A,B,C,D,E,F。

基数——指记数制中所使用的数字符号的个数。例如,十进制使用 0—9 这 10 个数字符号,其基数为 10;二进制使用 0 和 1 两个数字符号,其基数为 2。

位权——在一个多位数中,每一位数字所代表的数值大小,等于该数字乘以一个固定的数,这个固定的数就是位权。位权的值与该数字所在的位置有关,即以基数为底,以该数字所在位置的序号为指数。例如,在十进制数 123 中,3 的位权是 10^0,2 的权是 10^1,1 的位权

是 10^2。

常见的进位记数制包括十进制(用 D 表示)、二进制(用 B 表示)、八进制(用 O 表示)、十六进制(用 H 表示),具体介绍见表 1-4。

表 1-4 常见的进位记数制

进位记数制	基 数	数 码	进位规则
十进制	10	0,1,2,3,4,5,6,7,8,9	逢十进一
二进制	2	0,1	逢二进一
八进制	8	0,1,2,3,4,5,6,7	逢八进一
十六进制	16	0,1,2,3,4,5,6,7,8,9,A,B,C,D,E,F	逢十六进一

2. 不同进位记数制之间的转换

虽然在计算机内部广泛采用二进制数,但用二进制数表示一个较大数时,由于位数多,书写不方便,容易出错。为了弥补二进制数的不足,在计算机科学中常常使用八进制与十六进制来表示数据。学习与了解不同数制之间的转换,可以加深了解计算机的工作过程以及在今后的计算机应用中能够更好地与计算机工作者沟通与交流。

当使用八进制表示一个位数较多的二进制数时,位数最多可以减少到原来的三分之一,当使用十六进制表示一个位数较多的二进制数时,位数最多可以减少到原来的四分之一。表 1-5 列出二进制数、八进制数、十六进制数与十进制数之间的对应关系。

表 1-5 二进制数、八进制数、十六进制数与十进制数值的对应关系

十进制	0	1	2	3	4	5	6	7
二进制	0	1	10	11	100	101	110	111
八进制	0	1	2	3	4	5	6	7
十六进制	0	1	2	3	4	5	6	7
十进制	8	9	10	11	12	13	14	15
二进制	1000	1001	1010	1011	1100	1101	1110	1111
八进制	10	11	12	13	14	15	16	17
十六进制	8	9	A	B	C	D	E	F

(1) 二进制数转换为十进制数

转换规则:整数部分从右到左用二进制数的每位上的数字乘以 2 的相应次方,小数部分是小数点后从左到右。

例如：$(110111)_2 = 1\times 2^5 + 1\times 2^4 + 0\times 2^3 + 1\times 2^2 + 1\times 2^1 + 1\times 2^0 = 55$。

(2) 十进制数转换为二进制数

转换规则如下。

整数部分：除 2，取余数，倒排；

小数部分：乘 2，取整数，顺排。

例如：把 25.125 转换为二进制数。

① 对于整数部分：

```
2| 25  …… 取余数 1    ↑ 低位
2| 12  …… 取余数 0    │ 倒
2|  6  …… 取余数 0    │ 排
2|  3  …… 取余数 1    │
2|  1  …… 取余数 1    │ 高位
    0
```

② 对于小数部分：

```
0.125×2=0.250 …… 取整数 0   │ 高位
0.250×2=0.500 …… 取整数 0   │ 顺排
0.500×2=1.000 …… 取整数 1   ↓ 低位
```

最后转换结果为 $25.125 = (11001.001)_2$。

注：八进制、十六进制与十进制的转换方式和二进制与十进制的转换方式类似，这里就不再介绍。

(3) 二进制数转换为八进制数

转换规则：从二进制数的小数点位置开始，分别向前及向后每三位划分为一组，末尾不足三位补 0；再把各组数（每组三位）分别转换为相应的八进制数，小数点照写。

例如：把 $(1101.0011)_2$ 转换为八进制数。

```
      001  101 . 001  100
向前分组 ←———————→ 向后分组
        1    5 .   1    4
```

转换结果为 $(1101.0011)_2 = (15.14)_8$。

(4) 八进制数转换为二进制数

转换规则：把八进制数的每一位数转换为相应的三位二进制数，小数点照写。

例如：把 $(10576.24)_8$ 转换为二进制数。

```
  1    0    5    7    6  .  2    4
001  000  101  111  110 . 010  100
```

转换结果为 $(10576.24)_8 = (001000101111110.010100)_2$。

(5) 二进制数转化为十六进制数

转换规则：从二进制数的小数点位置开始，分别向前及向后每四位划分为一组，末尾不足四位补 0；再把各组数（每组四位）分别转换为相应的十六进制数，小数点照写。

例如：把 $(111011.0110101)_2$ 转换为十六进制数。

```
                    0011  1011 . 0110  1010
向前分组  ←─────────────────→  向后分组
                      3    B  .  6    A
```

转换结果为$(111011.0110101)_2=(3B.6A)_{16}$。

(6) 十六进制数转换为二进制数

转换规则：把十六进制数的每一位数转换为相应的四位二进制数,小数点照写。

例如：把$(20E.4C)_{16}$转换为二进制数。

```
   2     0    E  .  4    C
 0010  0000 1110 . 0100 1100
```

转换结果为$(20E.4C)_{16}=(001000001110.01001100)_2$。

3. 在计算机内部采用二进制的原因

在计算机内部采用二进制的主要原因如下：

(1) 易于用电子元件实现

计算机由电子元件组成,计算机内部的电子元件之间的通信是利用晶体管的物理特性来表示的。晶体管具有两种稳定状态,导通用"1"表示,断开用"0"表示。二进制数只有0,1两个数码。用二进制数表示电子元件的导通或断开最经济、性能最可靠,也最容易实现,而对于其他进制数,例如十进制数,很难找到用十进制数表示10种稳定状态的电子器件。

(2) 二进制数运算简便

二进制数运算简便,大大简化了计算机实现运算的线路,由于设备状态少,既节省了计算机的存储设备,又使得线路设计可靠、稳定。

二进制运算规则：

加法规则：$0+0=0$　　　$1+0=1$　　　　$1+1=10$

乘法规则：$0\times0=0$　　　$1\times0=0\times1=0$　　　$1\times1=1$

(3) 易于实现逻辑运算

二进制的0,1与逻辑代数中的逻辑量0,1吻合,可以实现逻辑运算,方便地利用逻辑代数来综合分析逻辑电路,使逻辑代数成为计算机电路设计的数学基础。

逻辑运算有以下几种。

逻辑加法(或运算"$\vee$")：$0\vee1=1\vee0=1\vee1=1$　　$0\vee0=0$

逻辑乘法(与运算"$\wedge$")：$0\wedge0=0\wedge1=1\wedge0=0$　　$1\wedge1=1$

逻辑否定(非运算"$^{-}$")：$\bar{1}=0$　　$\bar{0}=1$

逻辑异或(异或运算"$\odot$")：$0\odot0=1\odot1=0$　　$0\odot1=1\odot0=1$

4. 计算机信息编码方法

在计算机中信息常用的编码方法有：数值型数据的编码、字符编码(ASCII 码)和汉字编码。

(1) 数值型数据的编码

数值型数据是按数字尺度测量的观察值,其结果具体表现为数值,是计算机处理和分析的重要数据类型。计算机科学中把以编码形式表示的一个数,称为"机器数"。机器数有以下两个特征：

① 机器数的位数固定,能表示的数值范围受到位数限制。例如,字长为8位的计算机

能表示的无符号整数的范围为 0 至 255(2^8-1)。由于机器数受字长的限制,当计算机运算结果超过机器数所能表示的范围,就会产生"溢出(Overflow)"。

② 用"0"表示正数,用"1"表示负数。在计算机中通常是把最高位(左边第一位)作为符号位,其余作为数值位。因此,机器数是连同数据符号一起数字化了的数据。机器数所对应的原值称为"真值"。例如,如图 1-16 所示,+79 和 -79 可分别表示为:

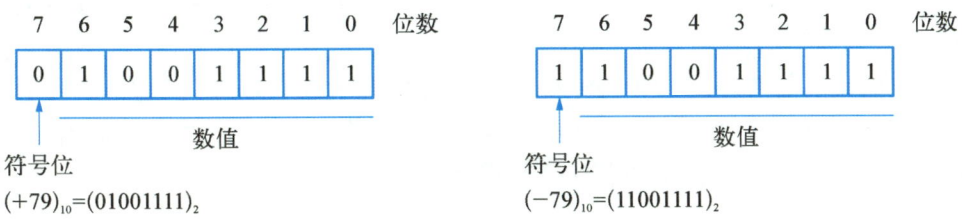

图 1-16 机器数与数据符号

在计算机中数的符号被数值化后,为了便于对机器数进行算术运算,提高运算速度,人们设计了符号数的各种编码方案,最常见的有原码、反码和补码。

原码——一种直观的二进制表示形式,是用最高位(左边第一位)表示数值的符号位,其余各位表示该数值的绝对值。其中符号位为 0 时,表示该数值为正,符号位为 1 时,表示该数值为负。

但在计算机运算器中,符号位也要参与运算,若用原码表示负数直接参与运算将引起运算结果错误,因此,在表示负数的编码时,需要对原码进行修正,计算机内存放的是修正后的编码,称为补码。

反码——一种中间过渡的编码,是对一个数求反。其中,正数的反码与原码相同;对于负数,反码保持原码的符号位不变,其余各位全部取反。

补码——计算机中表示有符号数的实际常用编码。

正数的补码与原码相同;对于负数,补码保持原码的符号位不变,其余各位全部取反,然后在反码最低位加 1。原码、反码、补码的编码规则见表 1-6,其中 X 表示数值的绝对值。

表 1-6 原码、反码和补码的编码规则

真值	原码	反 码	补 码
+X	0X	0X	0X
-X	1X	符号位不变,X 取反,即 0 变 1,1 变 0	符号位不变,X 取反后最低位加 1

(2) 字符编码

在计算机中通常把字母、标点符号、特殊符号以及数字符号,通称为"字符"。字符首先要转换成二进制编码形式(如 ASCII 码)后,计算机才能对其处理。

ASCII 码(American Standard Code for Information Interchange,美国标准信息交换码)是目前广泛采用的一种字符统一编码方案。ASCII 码分为基本 ASCII 码和扩充 ASCII 码(EASCII 码)。

许多国家采用 EASCII 码来表示本国语言字符编码,我国采用两个扩充 ASCII 码表示一个汉字,即一个汉字用两个高位为 1 的字节表示。

① 基本 ASCII 码

基本 ASCII 码用 7 位二进制数(或最高位为 0 的 8 位二进制数)来表示字符。

8 位二进制数中的最高位(左边第一位)用于奇偶校验位,检查信息传递过程中是否出错。所以,基本 ASCII 码采用其余 7 位并从 0~7 位进行编码组合,用 7 个二进制位表示一个字符。

0~7 位的编码范围为 00000000~01111111,相应的十进制数为 0~127,共表示 128 个字符,基本 ASCII 码字符如图 1-17 所示。其中十进制值 0~31、127 为不可显示、不可打印的控制代码;32~126 为可显示、可打印字符代码。

数值		字符	数值		字符	数值		字符
十进制	十六进制		十进制	十六进制		十进制	十六进制	
00	0x00	'\0'	20	0x14	DC4	40	0x28	(
01	0x01	SOH	21	0x15	NAK	41	0x29	)
02	0x02	STX	22	0x16	SYN	42	0x2A	*
03	0x03	ETX	23	0x17	ETB	43	0x2B	+
04	0x04	EOT	24	0x18	CAN	44	0x2C	,
05	0x05	ENQ	25	0x19	EM	45	0x2D	-
06	0x06	ACK	26	0x1A	SUB	46	0x2E	.
07	0x07	'\a'	27	0x1B	ESC	47	0x2F	/
08	0x08	'\b'	28	0x1C	FS	48	0x30	0
09	0x09	'\t'	29	0x1D	GS	49	0x31	1
10	0x0A	'\n'	30	0x1E	RS	50	0x32	2
11	0x0B	'\v'	31	0x1F	US	51	0x33	3
12	0x0C	'\f'	32	0x20	SPACE	52	0x34	4
13	0x0D	'\r'	33	0x21	!	53	0x35	5
14	0x0E	SO	34	0x22	EOT	54	0x36	6
15	0x0F	SI	35	0x23	#	55	0x37	7
16	0x10	DLE	36	0x24	$	56	0x38	8
17	0x11	DC1	37	0x25	%	57	0x39	9
18	0x12	DC2	38	0x26	&	58	0x3A	:
19	0x13	DC3	39	0x27	'	59	0x3B	;
60	0x3C	<	83	0x53	S	106	0x6A	j
61	0x3D	=	84	0x54	T	107	0x6B	k
62	0x3E	>	85	0x55	U	108	0x6C	l
63	0x3F	?	86	0x56	V	109	0x6D	m
64	0x40	@	87	0x57	W	110	0x6E	n
65	0x41	A	88	0x58	X	111	0x6F	o
66	0x42	B	89	0x59	Y	112	0x70	p
67	0x43	C	90	0x5A	Z	113	0x71	q
68	0x44	D	91	0x5B	[	114	0x72	r
69	0x45	E	92	0x5C	\	115	0x73	s
70	0x46	F	93	0x5D	]	116	0x74	y
71	0x47	G	94	0x5E	^	117	0x75	u
72	0x48	H	95	0x5F	_	118	0x76	v
73	0x49	I	96	0x60	`	119	0x77	w
74	0x4A	J	97	0x61	a	120	0x79	x
75	0x4B	K	98	0x62	b	121	0x70	y
76	0x4C	L	99	0x63	c	122	0x7A	z
77	0x4D	M	100	0x64	d	123	0x7B	{
78	0x4E	N	101	0x65	e	124	0x7C	|
79	0x4F	O	102	0x66	f	125	0x7D	}
80	0x50	P	103	0x67	g	126	0x7E	~
81	0x51	Q	104	0x68	h	127	0x7F	DEL
82	0x52	R	105	0x69	i			

图 1-17 基本 ASCII 码表

一个字符所在列代码的前三位接所在行代码的后四位,就是该字符的 ASCII 码。例如,字符"K"的 ASCII 码为 01001011,字符"k"的 ASCII 码为 01101011。各类字符的 ASCII 码

值大小比较一般有如下规律:

空格＜标点符号＜数字＜大写字母＜小写字母

② 扩展 ASCII 码表(EASCII)

EASCII(Extended ASCII,扩充美国标准信息交换码)是将 ASCII 码由 7 位扩充为 8 位。

EASCII 的内码由 0 到 255 共 256 个字符组成,可表示 $2^8=256$ 种字符和图形符号。

EASCII 码采用 8 个二进制位数表示一个字符,最高位为 1,扩充部分编码范围为 10000000～11111111,相应的十进制数为 128～255。

用 ASCII 码组成的文件,称为"文本文件",其扩展名为.TXT。

(3) 汉字编码

汉字信息处理过程包括 3 个阶段,即汉字的输入、处理和输出。从汉字代码转换的角度,可以把汉字信息处理系统抽象为一个结构模型,如图 1-18 所示。

图 1-18 汉字信息处理过程

① 汉字输入码

汉字输入码又称"外码",是用户进行汉字输入操作时使用的代码。在计算机系统中是利用西文键盘输入汉字的。由于汉字数以万计,计算机键盘不可能为每一个汉字创造一个按键。因此,必须对每个汉字编制一个西文键盘输入码,用多个键来输入一个汉字。

目前汉字输入法有上千种之多,按照编码规则,汉字输入编码的种类有:

音码输入——按照汉字读音对声母符号和韵母符号进行编码,其重码率较高。常用的输入法有"全拼""搜狗拼音""微软拼音"等。

形码输入——根据汉字字形的各部分特性和它们之间的结构特征进行编码。常用的输入法有"五笔字型"等。

音形码输入——根据汉字的声母、韵母、部首及笔形、字义等结合进行编码。常用的输入法有"自然码"等。

数字码输入——采用 GB2312—80 对汉字和符号编码,使用 4 个数字键(0～9)的组合输入汉字、字符、数字、图形符号等。

② 汉字内码

汉字内码是指汉字在计算机内部进行存储、传递和运算所使用的数字代码。汉字的输入方式不同,但是对于每一个汉字,它的内码是固定的,即每个汉字有唯一的内码。

国标码是国家标准代码的简称,是用于不同的具有汉字处理功能的计算机系统间交换汉字信息时使用的编码。GB2312—1980 是一个简体中文字符集的中国国家标准,由中国国家标准总局发布,1981 年 5 月 1 日实施。几乎所有的中文系统和国际化的软件都支持 GB2312—1980,共收录有一级汉字 3 755 个,二级汉字 3 008 个,各种全角中文符号 682 个,共计 7 445 个。于 1995 年制定了《汉字内码扩展规范》,它完全兼容 GB2312,共收录了

21 886个汉字和图形、符号,其中汉字21 003个,图形和符号883个。

西文字符在计算机内部采用一个字节,每个字节用7位,该字节最高位(b_7)是用作奇偶校验,一般置0,如图1-19所示。汉字国标码采用两个字节表示一个汉字,每个字节用7位,最高位(b_7)一般置0,如图1-20所示。

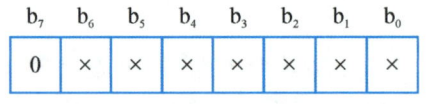

图1-19 西文字符的表示

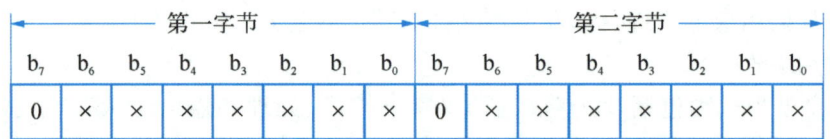

图1-20 汉字国标码的表示

机内码——汉字机内码又称"汉字内码"或"汉字储存码",是汉字在计算机内部存储、处理和传输用的信息代码。要求它与ASCII码兼容但又不能相同,以便实现汉字与西文的并存兼容。机内码使得众多不同的汉字外码在计算机内部实现了统一表示,即一个汉字可以有多种输入码,但在计算机内部只有一种储存形式。每个汉字及符号用两个字节表示。第一个字节称为"高位字节",第二个字节称为"低位字节"。目前我国采用双字节的"变形国标码"作为机内码,最高位置1,以区别于西文字符机内码,如图1-21所示。国标码转换为机内码等于国标码加80H。

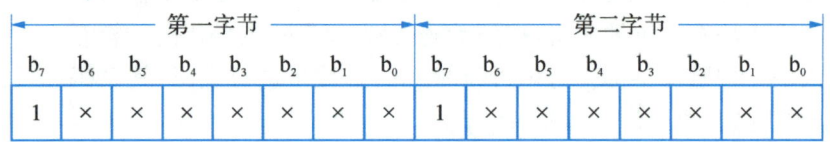

图1-21 汉字内码的表示

区位码——GB2312—1980对所收录汉字进行"分区"处理,把汉字或图形符号存放在一个"图形字符代码表"中。

"图形字符代码表"由94个区组成,每个区含有94个汉字/符号。这种表示方式也称为区位码。

区的编号为01~94,位的编号为01~94。"位"表示某个汉字在所属"区"中的具体位置。"区"与"位"构成一个二维坐标,一旦找到一个汉字在表中的坐标,就能找到该汉字的编码;或根据一个"区号"和"位号"就可以唯一确定一个汉字或图形符号。将某个汉字的区码和位码分别转换成十六进制后再分别加20H,即可得到相应的国标码。

③ 字形码

汉字字形码是对汉字的形状进行二进制编码,主要用来显示或打印汉字。汉字是一种方块字,每个字占据同样的空间。汉字包括独体字和合体字。独体字指不能再分割的字,如,"文""中"等。合体字由基础部件组合而成,如,"话""汉"等,占汉字的90%以上。

在计算机科学中是使用"点阵"来描述图形符号和汉字形状的。一个汉字可以看作一个二维图形,把一个汉字离散成若干个网点,每一个网点用一个二进制位表示,从而构成了该汉字的一个点阵。

利用点阵描述一个汉字可以用 24×24 点阵表示,每行 24 个位(3 字节),共 24×3＝72 字节;可以用 16×16 点阵表示,每行 16 个位(2 字节),共 16×2＝32 字节。

例如,汉字"中"的 16×16 点阵的字形及字形编码如图 1-22 所示。

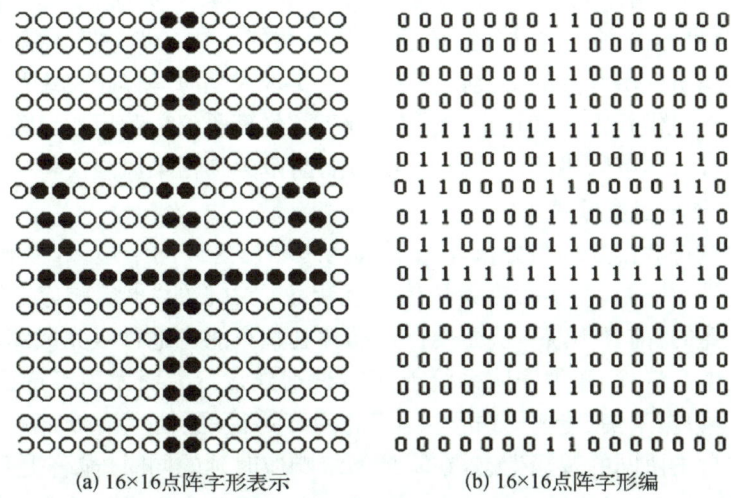

(a) 16×16点阵字形表示　　　　(b) 16×16点阵字形编

图 1-22　汉字字形码

1.2.4　计算机技术发展趋势

未来计算机技术的发展将呈现"量子跃迁、生物融合、边缘智能、绿色革命"四大核心趋势,同时伴随技术伦理与全球协作的深度博弈。

1. 量子计算将从实验室走向产业应用

量子计算正加速从实验室走向产业应用,其核心在于利用量子比特的叠加与纠缠特性,突破经典计算的算力极限,解决传统计算机难以处理的复杂问题。随着量子硬件稳定性提升、量子纠错技术突破及算法优化,全球科技巨头与初创企业已开始布局金融建模、药物研发、材料设计、物流优化等场景。例如,量子计算可加速新药分子筛选,优化金融组合风险或模拟高温超导机制。尽管规模化应用仍需突破成本与工程化瓶颈,但产学研协同创新正推动量子计算从理论验证迈向实际产业价值创造,未来十年有望在特定领域实现商业化突破,重塑科技与产业竞争格局。

目前,我国"九章三号"光量子计算原型机在特定问题上已实现比超级计算机快亿亿倍的运算能力,可支撑气象预测、石油勘探等复杂场景;药物研发中通过模拟分子量子态加速新药开发,如药明康德与本源量子联合构建的量子化学计算平台,将阿尔茨海默病靶点蛋白模拟效率提升百倍。

2. 生物计算将模糊生命科学与信息技术的边界

生物计算通过融合生命科学的底层逻辑与信息技术的运算范式,正在重塑两个学科的交融边界——DNA 存储技术将生物分子转化为数据载体,神经形态芯片模仿人脑神经元构建计算架构，而基因编辑与人工智能的结合则让生命体成为可编程的智能载体。这种双向赋能不仅催生了从生物体内提取算力、用算法解析生命规律的新范式，更揭示了生命系统与信息系统在信息处理、自我优化等本质层面的共通性，使得传统上泾渭分明的学科框架逐渐消融于跨领域的创新实践中。

我国在DNA存储与类脑芯片领域也取得突破性进展。中国科学院深圳先进技术研究院等联合设计出一种名为"EDS"的DNA存储方法，实现了医学数据在生物DNA分子中的存储。类脑芯片方面，清华大学研发的类脑计算芯片"天机芯"成功在无人驾驶汽车上进行了实验，其中包括目标探测、目标追踪、语音控制等功能在内的跨模态类脑信息处理实验。北京脑科学与类脑研究所开发的脑类器官芯片，已实现人脑海马体记忆编码的动态模拟，为阿尔茨海默病治疗提供新工具，但也引发"人工意识"伦理争议。我国也已发布《脑机接口研究伦理指引》等文件，规范脑机接口的研发与应用，防范生物污染风险。

3. 边缘智能将重塑实时决策体系

边缘智能通过将数据处理与分析能力下沉至终端设备或网络边缘，突破传统云端集中式架构的延迟与带宽限制，使实时决策从依赖远程数据中心的"事后响应"转变为基于本地化感知与即时计算的"前置判断"，从而使得自动驾驶汽车能在毫秒级完成路况预判，工业机器人可自主优化生产流程，智慧安防系统能实时识别异常行为而无须等待云端指令。边缘智能不仅重构了"数据采集-传输-分析-决策"的闭环路径，更催生出分布式决策网络，让万亿终端节点形成自主协同的智能生态，在降低系统响应时延的同时，显著提升数据隐私安全与业务连续性，标志着实时决策体系从中心化控制向边缘侧自主进化的范式转移。

4. 绿色计算将推动可持续发展革命

绿色计算通过融合节能技术创新、可再生能源应用与循环经济模式，正在重塑数字时代的可持续发展路径——它以低功耗芯片设计、数据中心余热回收、AI能效优化等技术降低数字产业碳足迹，同时推动电子废弃物资源化与绿色供应链建设，不仅使算力供给与能源约束达成动态平衡，更催生出"计算赋能环保"的新范式，从基础设施变革到社会生产生活方式转型，这场静默的技术革命正为全球碳中和目标提供关键支撑，标志着人类首次通过数字工具系统性重构发展与自然的关系。

我国一直以绿色低碳发展赋能美丽中国建设，促进经济结构的优化升级与生态环境的持续改善。利用低功耗芯片设计结合可再生能源，中科曙光硅立方液冷数据中心PUE(Power Usage Effectiveness，电能利用效率)值降至1.04，有效减少碳排放，支撑"东数西算"工程西部枢纽的低碳运行；在碳中和目标驱动下，百度云计算(阳泉)数据中心应用自身开发的相变冷却系统，实现数据中心级大相变制冷循环，制冷能耗比传统水冷精密空调方案降低40%。

1.2.5　计算与计算思维

在当今数字化时代，计算无处不在，从手机支付、智能导航到复杂的气象预测、人工智能应用，都离不开计算的支持。而计算思维作为一种解决问题的思维方式，能够帮助人们更好地理解和处理这些与计算相关的问题。了解计算与计算思维的相关知识，有助于提升分析问题和解决问题的能力，适应数字化社会的发展需求。

1. 计算

(1) 计算的定义。从广义上讲，计算是指对信息进行处理和变换的过程。它不仅包括传统意义上的数值计算,如加、减、乘、除等算术运算,还涵盖了逻辑判断、数据处理、符号操作等多种形式。例如,在计算机中,对文本的编辑、对图像的处理、对数据库的查询等操作,本质上都是计算过程。计算通过一系列明确的规则和步骤,将输入信息转换为期望的输出结果。

(2) 计算的发展历程,经历了古代计算工具、机械计算时代和电子计算时代三个阶段,如图 1-23 所示。

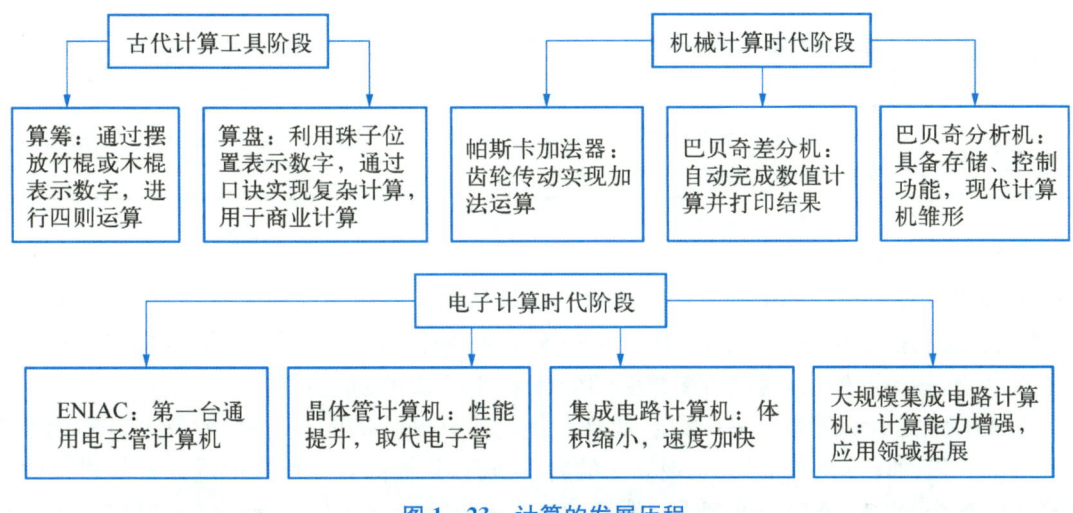

图 1-23 计算的发展历程

2. 计算思维

(1) 计算思维的定义

计算思维又称为构造思维,是运用计算机科学的基础概念进行问题求解、系统设计以及人类行为理解等涵盖计算机科学之广度的一系列思维活动。它是一种建立在计算和建模之上的逻辑思维,能够将复杂的问题分解为多个简单的子问题,并通过设计算法、构建模型等方式找到解决问题的方案。

(2) 计算思维的特征

计算思维不是计算机科学家独有的思维方式,而是每个人的基本技能,其基本特征如下:

① 计算思维是人的思维,而非计算机或其他计算设备的思维。

② 计算思维的过程可由人执行,也可由计算机执行。

③ 计算思维具有双向运动性。计算思维属于思维的一种,具有归纳和演绎的双向运动性。但计算思维中的归纳和演绎更多地表现为抽象和分解。

④ 计算思维具有可计算的特性。

(3) 计算思维中的思维方式

计算思维中的思维方式主要包括数学思维、工程思维以及科学思维中的逻辑思维、算法思维、网络思维和系统思维等。其中,运用逻辑思维可以准确地描述计算过程,运用算法思维可以有效地构造计算过程,运用网络思维可以有效地组合多个计算过程,运用系统思维可以全面地规划和整合计算过程,确保各个部分协同工作,从而实现高效、稳定的计算系统运行,见表 1-7。

表 1-7　计算思维中的思维方式

思维方式	阐　　述
逻辑思维	运用概念、判断、推理等思维类型反映事物本质与规律的认识过程
算法思维	使用算法来求解问题的方法
网络思维	强调网络构成的核心是对象之间的互动关系,包括人机互动、因特网、物联网、云计算、大数据等
系统思维	把认识对象作为系统,从系统与要素、要素与要素、系统与环境的相互联系、作用中综合地考察认识对象的一种思维方式

（4）计算思维的本质

① 抽象：计算思维的核心之一是抽象。它是从具体问题中提取关键信息,忽略无关细节,形成问题的抽象模型。例如,在研究交通流量问题时,可以将道路、车辆等具体事物抽象为节点和边,构建图模型,通过对图模型的分析来研究交通流量的规律。

② 自动化：计算思维的另一核心是自动化。抽象以后就是自动化,抽象是自动化的前提和基础。借助计算机等工具,实现算法的自动执行,从而高效地解决问题。计算机能够按照算法的指令,快速、准确地处理大量数据,完成复杂的计算任务。计算机通过程序实现自动化,而程序的核心是算法。因此,对于常见的简单问题,自动化分为两步：设计算法和编写程序。

（5）计算思维解决问题的步骤

① 问题分析。首先要明确问题的目标和要求,理解问题的背景和相关条件。例如,对于一个图书管理系统的开发问题,需要分析系统要实现哪些功能,如图书的借阅、归还、查询,读者信息的管理等,以及系统的使用对象、使用场景等因素。

② 抽象建模。根据问题分析的结果,对问题进行抽象,建立合适的数学模型或逻辑模型。比如,将图书、读者等实体抽象为数据对象,将借阅、归还等操作抽象为方法或函数,构建出图书管理系统的数据模型和操作模型。

③ 算法设计。针对模型设计具体的算法。以图书查询功能为例,可以设计二分查找算法（如果图书信息按照某种规则有序存储）,通过不断将查询范围缩小一半的方式,快速定位到目标图书,提高查询效率。

④ 实现与测试。使用编程语言或工具将算法实现为程序,并对程序进行测试。检查程序是否能够正确地解决问题,是否满足性能要求等。在测试过程中,发现问题并及时进行调试和修改。

⑤ 优化与完善。根据测试结果和实际使用情况,对算法和程序进行优化和完善。例如,优化算法的时间复杂度和空间复杂度,提高程序的运行效率；增加新的功能,提升用户体验。

（6）计算思维的应用

计算思维在科学研究、工程技术、商业管理、日常生活等多领域中均有重要应用,从不同角度为各领域带来变革与创新。具体应用表现在如下领域。

① 科学研究领域：用于构建数学模型模拟复杂现象,如在气象预测中,通过建立大气运

动模型分析数据,预测天气变化;在生物信息学中,利用算法分析基因序列,探索生命奥秘。

②**工程技术领域**:辅助产品设计与开发,将复杂系统分解为子模块,如在汽车制造中划分动力、传动等模块分别设计;在软件开发中,通过算法实现功能,如搜索引擎利用排序算法优化搜索结果。

③**商业管理领域**:助力数据分析与决策,如通过抽象和建模处理大量商业数据,挖掘市场规律;运用算法优化供应链管理,合理规划库存与物流。

④**日常生活领域**:方便问题解决,如出行时用地图软件规划路线,其背后是计算思维对交通数据的处理和路径算法规划;购物时根据历史数据推荐商品,也是计算思维在数据处理与分析中的应用。

3. 计算与计算思维在现代社会中的地位和作用

计算与计算思维已经成为现代社会不可或缺的一部分。在科学研究领域,计算方法和计算思维帮助科学家们进行复杂的模拟实验和数据分析,推动科学的发展;在工业生产中,计算技术应用于自动化控制、生产调度等环节,提高生产效率和产品质量;在日常生活中,计算思维帮助大家更好地利用各种数字化工具和服务,解决实际问题。同时,培养计算思维能力有助于提高个人的逻辑思维能力、创新能力和问题解决能力,以适应未来社会的发展需求。

本章小结

本章全面介绍了信息与计算机基础的相关知识,从信息素养的培养到信息技术的演变,从计算机系统的组成到信息安全的重要性,再到计算思维的应用,为读者构建了一个完整的知识框架。通过本章的学习,读者不仅能够理解信息与计算机技术的基本原理,还能够将其应用于实际问题的解决中,提升自身的数字素养和信息安全意识。

课后习题 1

1. 单选题

(1) 信息素养的核心要素不包括(　　)。
　　A. 信息意识　　B. 信息知识　　C. 信息娱乐　　D. 信息伦理

(2) 世界上第一台电子计算机 ENIAC 诞生于(　　)年。
　　A. 1946　　B. 1958　　C. 1964　　D. 1971

(3) 下列属于计算机软件系统的是(　　)。
　　A. CPU　　B. 内存　　C. 操作系统　　D. 硬盘

(4) 计算机内部采用二进制的主要原因不包括(　　)。
　　A. 易于器件实现　　B. 运算规则复杂　　C. 便于逻辑运算　　D. 硬件设计简单

(5) 信息安全的特征不包括(　　)。
　　A. 完整性　　B. 可用性　　C. 保密性　　D. 娱乐性

(6) 下列属于计算机病毒特征的是(　　)。

A. 传染性　　　　B. 有益性　　　　C. 公开性　　　　D. 确定性

(7) 十进制数 25 转换为二进制是(　　)。
　　A. 10101　　　　B. 11001　　　　C. 11100　　　　D. 10011

(8) 下列属于人工智能应用的是(　　)。
　　A. 区块链溯源　　B. 量子计算　　　C. 自动驾驶　　　D. 机械手表

(9) 计算机硬件系统的 5 大组成部分是(　　)。
　　A. 主机、显示器、键盘、鼠标、打印机
　　B. CPU、内存、硬盘、显卡、主板
　　C. 运算器、控制器、存储器、输入设备、输出设备
　　D. 服务器、客户端、路由器、交换机、防火墙

(10) 信息伦理的原则不包括(　　)。
　　A. 服务人类　　　B. 安全可靠　　　C. 利益至上　　　D. 以人为本

(11) 计算机发展的第四阶段主要采用(　　)器件。
　　A. 电子管　　　　B. 晶体管　　　　C. 集成电路　　　D. 大规模集成电路

(12) ASCII 码采用(　　)位二进制表示一个字符。
　　A. 4　　　　　　B. 7　　　　　　C. 8　　　　　　D. 16

(13) 下列属于网络安全威胁的是(　　)。
　　A. 自然灾难　　　B. 人为攻击　　　C. 硬件老化　　　D. 以上都是

(14) 计算思维的本质是(　　)。
　　A. 抽象与自动化　B. 归纳与演绎　　C. 分析与综合　　D. 观察与实验

2. 多选题

(1) 信息素养的核心要素包括(　　)。
　　A. 信息意识　　　B. 信息知识　　　C. 信息能力　　　D. 信息伦理

(2) 信息技术的发展阶段包括(　　)。
　　A. 古代文明时期　B. 工业革命时期　C. 数字革命时期　D. 未来展望时期

(3) 计算机软件系统包括(　　)。
　　A. 系统软件　　　B. 应用软件　　　C. 硬件驱动　　　D. 开发工具

(4) 信息安全的特征包括(　　)。
　　A. 完整性　　　　B. 可用性　　　　C. 保密性　　　　D. 可控性

(5) 计算机病毒的特征包括(　　)。
　　A. 传染性　　　　B. 寄生性　　　　C. 隐蔽性　　　　D. 破坏性

(6) 计算思维的特征包括(　　)。
　　A. 人的思维　　　B. 可由计算机执行　C. 双向运动性　　D. 可计算性

(7) 信息伦理的原则包括(　　)。
　　A. 服务人类　　　B. 安全可靠　　　C. 以人为本　　　D. 公开透明

(8) 信息技术的应用场景包括(　　)。
　　A. 农业无人机　　B. 数字孪生矿山　C. AI 辅助医疗　　D. 元宇宙教育

3. 判断题

(1) 信息素养仅指使用计算机的能力。　　　　　　　　　　　　　　（　）
(2) 第一台电子计算机采用晶体管作为核心器件。　　　　　　　　　（　）
(3) 计算机软件系统由系统软件和应用软件组成。　　　　　　　　　（　）
(4) 二进制数 1101 转换为十进制是 13。　　　　　　　　　　　　　（　）
(5) 信息安全的特征包括完整性、可用性、保密性和可控性。　　　　（　）
(6) 计算机病毒不具有传染性。　　　　　　　　　　　　　　　　　（　）
(7) 计算思维的本质是抽象与自动化。　　　　　　　　　　　　　　（　）
(8) ASCII 码用 8 位二进制表示一个字符,其中最高位必为 1。　　　　（　）
(9) 信息伦理的原则包括服务人类、安全可靠、以人为本和公开透明。（　）
(10) 计算机硬件系统由 CPU、内存和硬盘组成。　　　　　　　　　（　）

4. 填空题

(1) 信息素养的核心要素包括信息意识、信息知识、信息能力和_____。
(2) 世界上第一台电子计算机的名称是_____。
(3) 二进制数转换为十进制的方法是按_____展开求和。
(4) 信息安全的特征包括完整性、可用性、保密性和_____。
(5) 计算机病毒的特征包括传染性、寄生性、隐蔽性、破坏性和_____。
(6) 信息伦理的原则包括服务人类、安全可靠、_____和公开透明。
(7) 计算机发展的第四阶段主要采用_____作为核心器件。
(8) 计算机硬件系统的五大组成部分是运算器、控制器、存储器、输入设备和_____。
(9) 信息技术发展的近代阶段以_____技术和计算机诞生为标志。
(10) 计算思维解决问题的步骤包括问题分析、抽象建模、_____、实现与测试、优化与完善。
(11) 信息安全威胁包括自然威胁和_____威胁。

5. 计算题

(1) 二、八、十六进制转换为十进制。
　　二进制：1010,111001010.01；
　　八进制：253,16.5；
　　十六进制：168,AB.5。
(2) 十进制转换为二进制、八进制、十六进制。
　　17,255.25,356.5,2546。
(3) 二进制转换为八进制、十六进制。
　　10101111,1010110101.101101,1011011010011.11101,1101011101。
(4) 八进制转换为二进制。
　　125,76,156.5,1 025.3。
(5) 十六进制转换为二进制
　　14A.5,125.CD,2586,52.45B。

第2章 操作系统

本 章 导 读

在信息技术飞速发展的今天,操作系统如同计算机的"大脑",默默协调着硬件与软件的运行,为用户提供高效、稳定的数字体验。无论是智能手机的流畅触控、笔记本电脑的多任务处理,还是企业服务器的数据管理,操作系统始终是底层技术的核心支撑。本章将以 Windows 10 为例,深入探索操作系统的核心概念与实际应用。

通过学习,将了解操作系统如何充当"桥梁"连接用户与计算机硬件,探索 Windows 10 的桌面环境、窗口操作及个性化设置,同时掌握文件与文件夹的高效管理方法。这些知识不仅是职业场景中的必备技能,也为后续学习高级信息技术应用奠定基础。

本 章 要 点

- 操作系统概述
- Windows 10 桌面环境及基本操作
- Windows 10 其他操作

三维教学目标

- **知识目标**
  - 掌握操作系统的定义、发展历程及常用操作系统的类型。
  - 理解操作系统的五大功能及其相互关系。
  - 熟悉 Windows 10 桌面环境的组成及窗口管理的基本操作。
  - 掌握文件与文件夹管理的基本方法,包括新建、删除、复制、粘贴等操作。
  - 了解程序的安装与卸载方法,掌握常用工具的使用技巧。
- **能力目标**
  - 能够熟练操作 Windows 10 系统,进行日常的文件管理、窗口操作及程序安装与卸载。
  - 能够根据实际需求,灵活运用操作系统的功能,解决实际问题。

◎ 能够使用系统工具进行系统优化与维护,确保系统的稳定运行。
- **素质目标**
◎ 培养规范操作计算机的习惯。
◎ 增强信息安全意识,遵守计算机使用道德。
◎ 提升利用信息技术解决实际问题的能力。
◎ 形成自主学习和适应新技术发展的意识。

本章知识点学习

2.1 操作系统概述

操作系统(Operating System,OS)是计算机系统的核心软件,它管理和控制计算机硬件与软件资源,充当计算机硬件与上层软件之间的桥梁,为用户和应用程序提供统一的交互接口。

2.1.1 操作系统的发展

操作系统的发展与计算机硬件技术进步和用户需求演变紧密相连。以下是操作系统发展的几个重要阶段。

微课视频

操作系统的发展

1. 早期的批处理系统(20世纪50年代)

计算机操作主要依靠批处理系统,用户将程序和数据写在穿孔卡片上,交给操作员统一处理。虽然该系统缺乏交互性,效率较低,但为后续操作系统的发展奠定了基础。IBM的早期计算机系统(如IBM 704)使用简单的批处理程序来管理作业。

2. 多道批处理系统(20世纪60年代初)

多道批处理系统允许多个作业同时驻留在内存中,通过时间片轮转技术共享CPU时间,提高了资源利用率。但用户仍无法直接与系统交互。IBM的OS/360是这一时期的典型代表,它支持多道程序运行,被广泛应用于大型机。

3. 分时操作系统(20世纪60年代中期)

分时操作系统允许多个用户通过终端同时访问计算机资源,每个用户感觉像是独占计算机。因为引入了交互式操作,所以用户可以通过键盘输入命令,系统即时响应。由麻省理工学院、贝尔实验室和通用电气公司合作开发的Multics是最早的分时操作系统之一。由贝尔实验室的Kenneth Thompson和Dennis Ritchie开发的Unix系统,具有多用户、多任务的特性,对后续操作系统影响深远。

4. 个人计算机操作系统(20世纪70年代末至80年代)

个人计算机(Personal Computer,PC)逐渐普及,操作系统开始注重用户友好性和单用户操作。图形用户界面(GUI)开始出现,但早期系统仍以字符界面为主。微软为IBM PC及其兼容机开发的MS-DOS操作系统,以命令行界面为主,简洁高效。苹果公司开发的简单操作系统Apple II,支持图形界面,但功能有限。

5. 图形用户界面时代(20世纪80年代末至90年代)

图形用户界面(Graphical User Interface,GUI)成为主流,用户可以通过鼠标操作窗口、图标和菜单,操作更加直观。操作系统支持多任务处理,用户可以在多个程序之间快速切换。微软推出的早期图形界面操作系统 Windows 3.x,基于 DOS 运行,支持多任务处理。苹果公司的操作系统 macOS 以其图形用户界面和易用性著称,并且能够不断更新以支持更多功能。

6. 网络化与多媒体时代(20世纪90年代末至21世纪初)

互联网的普及推动了操作系统对网络功能的支持,如 TCP/IP 协议栈、浏览器集成等。多媒体功能成为操作系统的重要组成部分,支持音频、视频和图形处理。微软的 Windows 系列操作系统 Windows 95/98/2000/XP 不断优化网络和多媒体功能,成为个人计算机市场的主流。开源的 Unix 类操作系统 Linux,以其稳定性和灵活性在服务器和嵌入式领域被广泛应用。

7. 移动设备与智能操作系统(21世纪初至今)

随着智能手机和平板电脑的普及,操作系统专为移动设备优化,支持触摸屏操作、低功耗管理和丰富的应用程序生态系统。云服务集成,用户可以通过云存储和同步功能访问数据。苹果公司开发的移动操作系统 iOS,以其简洁的用户界面和强大的安全性能著称。谷歌开发的开源移动操作系统 Android,支持大量应用程序,占据全球智能手机市场的大部分份额。

8. 云计算与物联网时代(21世纪10年代至今)

云计算技术推动了操作系统对云资源的管理,如虚拟化技术等。物联网设备的普及促使轻量级操作系统的发展,这些系统专为资源受限的设备设计,支持低功耗和高效通信。谷歌开发的基于云的操作系统 Chrome OS 主要依赖在线应用和服务。轻量级的开源物联网操作系统 Zephyr 适用于资源受限的设备。

9. 人工智能与未来操作系统(21世纪20年代及以后)

操作系统将与人工智能技术深度融合,支持智能语音助手、自动资源管理、自适应用户行为等功能。安全性将成为核心特性,操作系统将采用更强的加密技术和访问控制机制。操作系统将更加注重跨平台和多设备协同,支持在不同设备上无缝切换。微软将继续优化 Windows 系列 Windows 11 并开发其后续版本,以支持更多人工智能功能和跨平台特性。华为开发的分布式操作系统 HarmonyOS,支持多种设备协同工作,强调跨平台和多设备协同。

操作系统的演变历程反映了计算机技术的不断进步和用户需求的日益多样化。从早期的批处理系统到现代的智能操作系统,操作系统不断进化以满足用户的期望和技术的发展。未来,随着人工智能、物联网和云计算等新兴技术的发展,操作系统将继续朝着更加智能化、高效化和安全化的方向发展。

2.1.2 常用的操作系统

1. DOS

DOS(Disk Operating System,磁盘操作系统)由微软公司(Microsoft)开发,1981年首次推出。它是基于字符界面的单用户、单任务操作系统,主要用于 IBM PC 及其兼容机。DOS 通过命令行操作,简单实用,为早期个人电脑提供了基本的文件管理和程序运行功能。

随着图形界面的兴起，DOS逐渐被取代，但在早期的个人电脑中发挥了重要作用，为后续操作系统的发展奠定了基础。DOS如今主要用于一些嵌入式系统或特定的工业控制领域。

2. Unix

Unix于1969年开发，它是一种多用户、多任务操作系统，具有强大的稳定性和灵活性。经过多年发展，Unix衍生出多种版本，如AIX、Solaris等，成为企业级应用和网络服务的重要基础。Unix主要部署于服务器、工作站和大型计算机系统，常用于企业级应用、网络服务和科研计算。

3. Linux

Linux是由芬兰学生Linus Torvalds于1991年编写，基于GPL(General Public License,通用性公开许可协议)开源。它是一种类Unix操作系统，具有高度的稳定性和可定制性。Linux最初在服务器领域崭露头角，逐渐成为云计算和数据中心的主流选择。广泛应用于服务器、云计算、嵌入式系统和桌面计算。Linux是开源社区的重要成果，支持多种硬件平台。

4. Windows

Windows由微软公司开发，1985年推出第一个版本(Windows 1.0)。它是一种图形界面操作系统，从Windows 95开始逐渐普及。Windows不断更新，推出了多个版本，如Windows XP、Windows 7、Windows 10等。凭借友好的用户界面和广泛的应用程序支持，Windows成为全球最流行的桌面操作系统之一。主要用于个人电脑、工作站和服务器。Windows在办公软件、游戏开发和多媒体应用方面占据主导地位。

5. macOS

macOS由苹果公司开发，它是一种图形界面操作系统，最初基于Macintosh系统(1984年推出的Macintosh电脑的首个操作系统)，后来采用基于BSD(Berkeley Software Distribution,伯克利软件套件)的内核。macOS以其简洁美观的界面和良好的用户体验著称，不断更新优化。它仅配置于苹果公司的Mac电脑上，被广泛应用于创意设计、视频编辑、音乐制作等领域，与iOS设备有良好的协同性。

6. iOS

iOS由苹果公司开发，2007年随iPhone发布。它是一种移动操作系统，以简洁直观的用户界面和严格的应用审核机制著称。iOS不断更新，支持新的设备和功能，如iPad、iPod touch等。iOS仅用于苹果的iPhone、iPad和iPod touch等移动设备，凭借与苹果硬件的深度集成和丰富的应用生态，iOS成为全球最受欢迎的移动操作系统之一。

7. Android

Android由安迪·鲁宾创立的Android公司开发，2008年推出第一个版本(Android 1.0)。2005年Android公司被谷歌收购后，Android迅速发展成为全球最大的移动操作系统。Android是一种开源的移动操作系统，基于Linux内核，具有高度的开放性和可定制性，吸引了大量开发者和设备制造商。Android设备的市场份额不断扩大，成为全球最大的移动操作系统。Android广泛应用于智能手机、平板电脑、智能电视等移动设备，支持丰富的应用程序生态。

8. Harmony OS

Harmony OS由华为公司开发，2019年首次发布。它是一种分布式操作系统，旨在实现多种设备之间的无缝协同。Harmony OS采用微内核设计，具有高性能和高安全性。它不

微课视频

鸿蒙操作系统的发展

断更新,逐步应用于华为的手机、平板、智能穿戴设备等,支持设备间的互联互通,是华为应对未来智能物联网的重要布局。

9. Kylin OS

Kylin OS(麒麟操作系统)由麒麟软件开发,2002年首次发布。它是基于Linux内核的国产操作系统,具有高安全性和稳定性。Kylin OS主要面向政府、国防、金融等关键领域,支持服务器和桌面应用。经过多年发展,Kylin OS不断完善,逐步拓展应用范围,成为国产操作系统的重要代表。

为保障国家信息安全,近年来国产操作系统在技术、生态和用户体验等方面取得了显著进步,逐渐打破国外操作系统的垄断地位。这些国产操作系统在各自的领域中发挥着重要作用,为我国信息技术产业的自主可控发展和国家信息安全提供了坚实保障。

常用操作系统比较见表2-1。

表2-1 常用操作系统比较

操作系统	开发公司	首发时间	主要特点	应用领域
DOS	微软	1981	单用户、单任务,字符界面	早期个人计算机,嵌入式系统
Unix	贝尔实验室	1969	多用户、多任务,稳定可靠	服务器、工作站、大型计算机
Linux	全球开发者	1991	开源、可定制,基于Unix	服务器、嵌入式系统、桌面
Windows	微软	1985	图形界面,应用丰富	个人计算机、工作站、服务器
macOS	苹果	1984	图形界面,美观易用	Mac计算机、创意设计领域
iOS	苹果	2007	移动操作系统,封闭生态	iPhone、iPad等移动设备
Android	谷歌	2008	开源移动操作系统	智能手机、平板电脑等
Harmony OS	华为	2019	分布式设计,设备协同	华为智能设备、物联网等
Kylin OS	麒麟软件	2002	国产操作系统,高安全性	政府、国防、金融等关键领域

2.1.3 操作系统的功能

操作系统是计算机系统的核心软件,它管理计算机的硬件资源和软件资源、提供用户接口并协调程序运行。其五大功能包括用户接口、处理器管理、内存管理、设备管理和文件管理。用户接口让用户与系统交互,处理器管理调度CPU资源,内存管理优化存储使用,设备管理控制硬件运行,文件管理组织数据存储。这些功能相互协作,确保计算机高效、稳定运行,为用户提供便捷的使用体验。

1. 用户接口

用户接口(User Interface,UI)是操作系统与用户交互的桥梁,它让用户能够方便地操作计算机系统。用户接口分为两类：命令行界面(Command-Line Interface，CLI)和图形用户界面(GUI)。命令行界面通过输入命令来执行操作，如图2-1所示，适合高级用户和专业人员，因为它提供了强大的功能和灵活性。例如，DOS和早期的Unix系统主要依赖命令行操作。而图形用户界面则采用图形元素(如窗口、图标、菜单)让用户通过鼠标和键盘进行操作，如图2-2所示，更加直观易用，适合普通用户。Windows和macOS的桌面环境就是典型的图形用户界面。用户接口的设计直接影响用户体验和操作效率。

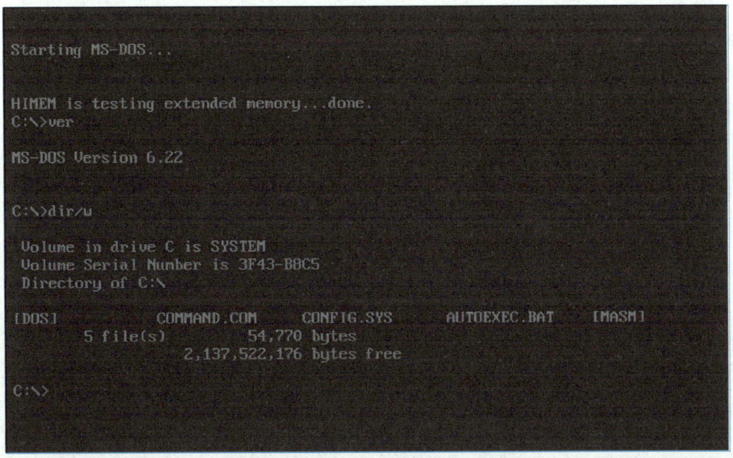

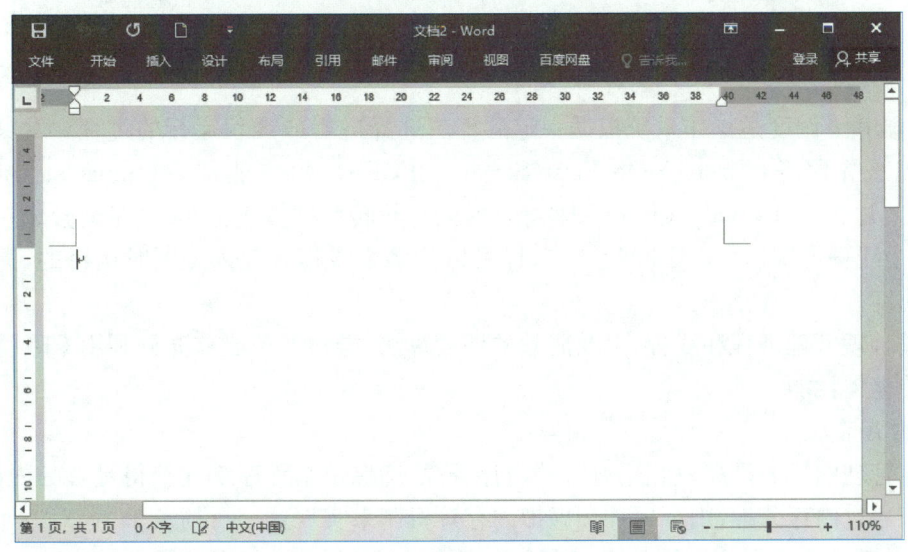

图2-1 命令行界面

图2-2 图形用户界面

2. 处理器管理

处理器管理的核心任务是合理分配CPU资源，确保系统高效运行。它主要涉及进程、线程和调度。

（1）进程：进程是程序的运行实例，是操作系统进行资源分配和调度的基本单位。每个进程都有自己的地址空间、数据和程序代码。例如，当打开一个浏览器窗口时，就启动了一个浏览器进程。

（2）线程：线程是进程内部的执行单元，是 CPU 调度的最小单位。一个进程可以包含多个线程，它们共享进程的资源，但可以独立执行。Windows 10 任务管理器的窗口进程及其线程信息如图 2-3 所示，可见 WeChat 进程包含了 88 个线程。

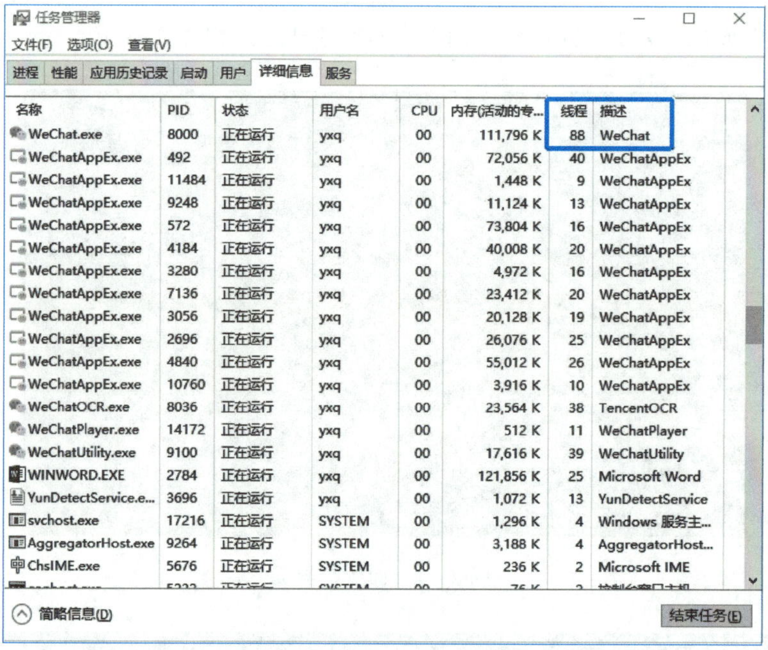

图 2-3　Windows 10 任务管理器窗口的进程及其线程信息

（3）调度：调度是操作系统根据一定的算法选择进程或线程运行的过程。常见的调度算法有先来先服务（First Come First Service，FCFS）、短作业优先（Shortest Job First，SJF）、时间片轮转（Round-Robin，RR）等。时间片轮转调度算法将 CPU 时间分成一个个时间片，每个线程依次运行一个时间片，这样可以让多个线程看起来是同时运行的，提高系统的响应速度。

通过合理管理进程和线程，以及高效的调度算法，操作系统能够充分利用 CPU 资源，提高系统的整体性能。

3. 内存管理

内存管理的目的是高效利用有限的内存资源，确保每个程序都能获得足够的内存空间。操作系统通过内存分配、内存保护和虚拟内存等机制来实现这一目的。

（1）内存分配：操作系统负责将内存分配给运行的进程。它可以采用静态分配（程序运行前分配固定内存）或动态分配（程序运行时根据需要分配内存）的方式。动态分配更加灵活，能够更好地利用内存资源。

（2）内存保护：操作系统通过设置内存访问权限，防止进程访问不属于自己的内存区域。例如，一个进程不能随意读取或修改另一个进程的内存数据，这样可以避免程序之间的相互干扰，提高系统的稳定性。

（3）虚拟内存：虚拟内存是一种扩展内存的技术。当物理内存不足时，操作系统会将部分硬盘空间作为虚拟内存使用。它通过分页或分段的方式,将程序的逻辑地址映射到物理地址,让程序可以访问比实际物理内存更大的地址空间。

通过以上这些机制,操作系统能够高效地管理内存资源,确保系统运行流畅。

4. 设备管理

设备管理是操作系统对计算机硬件设备的管理和控制。它通过设备驱动程序、I/O(Input/Output,输入/输出)操作和设备分配来实现。

(1) 设备驱动程序:设备驱动程序是操作系统与硬件设备之间的桥梁。它为操作系统提供了一种与硬件设备通信的接口,使得操作系统能够控制设备的运行。例如,打印机驱动程序可以让操作系统知道如何与打印机通信,如何发送打印任务等。

(2) I/O 操作:I/O 操作是设备管理的核心。操作系统负责管理设备的输入与输出操作,包括数据的读取和写入。它通过缓冲区来优化 I/O 操作,减少 CPU 的等待时间。例如,当从硬盘读取数据时,操作系统会先将数据读入缓冲区,然后再逐步传递给应用程序,这样可以提高数据传输的效率。

(3) 设备分配:操作系统根据设备的类型和状态,合理分配设备给需要的进程。它可以采用静态分配(程序运行前分配设备)或动态分配(程序运行时根据需要分配设备)的方式。动态分配更加灵活,能够更好地利用设备资源。

通过设备管理,操作系统能够确保硬件设备的高效运行,提高系统的整体性能。

5. 文件管理

文件管理是操作系统对文件和目录的管理和组织。它通过文件系统、文件存储和文件访问来实现。

(1) 文件系统:文件系统是操作系统用于组织和管理文件的一种机制。它定义了文件的存储结构、访问方式和命名规则。常见的文件系统有 FAT、NTFS、ext4 等。文件系统将硬盘划分为一个个存储单元,用于存储文件和目录。

(2) 文件存储:操作系统负责将文件存储在硬盘或其他存储介质上。它通过文件系统的索引结构(如目录树)来组织文件,方便用户查找和管理。例如,Windows 的文件系统会将文件存储在不同的文件夹中,用户可以通过路径来访问文件。

(3) 文件访问:操作系统提供了多种文件访问方式,包括顺序访问、随机访问等。它还设置了文件访问权限,用于控制用户对文件的读写操作。例如,一个文件可以设置为只读,这样用户只能查看文件内容,而不能修改它。

通过文件管理,操作系统能够高效地组织和存储文件,方便用户使用和管理数据。

2.2 Windows 10 桌面环境及基本操作

2.2.1 桌面环境

Windows 10 桌面环境是微软公司开发的 Windows 10 操作系统中用于提供图形用户界面(GUI)和用户交互功能的组件。它为用户提供了直观、易用的操作体验,支持多任务处理、个性化设置和丰富的应用程序支持。Windows 10 桌面环境为用户提供了高效、便捷和个性化的操作体验,是 Windows 10 操作系统的核心组成部分。

以下是 Windows 10 桌面环境的组成部分：

（1）桌面图标

Windows 10 默认情况下，其桌面上只有一个系统图标"回收站"。为方便操作，在桌面上还可以放置或新建其他应用程序、文件、文件夹的图标或者它们的快捷方式图标，如图 2-4 所示。

图 2-4　Windows 10 的桌面

（2）"开始"菜单

Windows 10 的"开始"菜单是操作系统的核心用户界面组件之一，它为用户提供了快速访问应用程序、系统设置和常用功能的入口。单击桌面左下角的"开始"菜单按钮或按 Win 键或按组合键 Ctrl+Esc 即可打开"开始"菜单，方便用户访问计算机中的大部分系统程序和应用程序。

（3）任务栏

任务栏一般位于桌面的底部，用于显示和切换当前已打开的应用程序，由"开始"菜单按钮、搜索框、程序按钮区、语言栏及通知区域、时钟区域、"显示桌面"按钮等组成。在任务栏空白处右击，在弹出的快捷菜单中选择"任务栏设置"命令，弹出"任务栏"设置窗口。在该窗口中可以进行锁定任务栏、选择任务栏在屏幕上的位置等设置。

①"固定到任务栏"操作。右键单击需要快速启动的程序图标，在弹出的快捷菜单中选择"固定到任务栏"命令，也可以通过左键拖曳程序图标至任务栏空白处，即可完成"固定到任务栏"操作。

② 语言栏。语言栏通常位于任务栏的右下角，用于在不同输入法之间切换。单击语言栏中的输入法图标按钮，在弹出的输入法选择菜单中选择所需要的输入法。语言栏中会显示相应的输入法图标按钮。

③ 通知区域。通知区域位于任务栏的右侧，主要用于显示系统通知图标和应用程序的通知图标，如扬声器（声卡）的图标、网络图标、杀毒软件图标等。当通知区域中的图标过多时，系

统会自动将一些不常用的图标折叠起来,形成一个向上的小箭头,需要单击该箭头才能展开查看所有图标。

④ 时钟区域。时钟区域位于任务栏的右侧,主要用于显示系统当前的日期和时间。可以通过右击时钟区域,在弹出的快捷菜单中选择调整日期和时间的相应命令,在"日期和时间"设置窗口中进行修改设置。

2.2.2 窗口管理

Windows 10 提供了强大的窗口管理和多任务操作功能。Windows 10 窗口是 Windows 10 系统最重要的对象,当用户打开程序、文件或者文件夹时,都会在屏幕上出现一个窗口,它是用户与计算机进行交互的重要界面。在 Windows 10 系统中,屏幕上可以同时显示多个窗口,但同一时间只有一个窗口是活动的,这个窗口称为"活动窗口",用户可以在该窗口中进行操作。通过合理管理窗口和高效切换任务,用户可以在多个应用程序之间流畅切换,同时进行多项工作。

1. 窗口的组成

Windows 10 的窗口组成如图 2-5 所示。

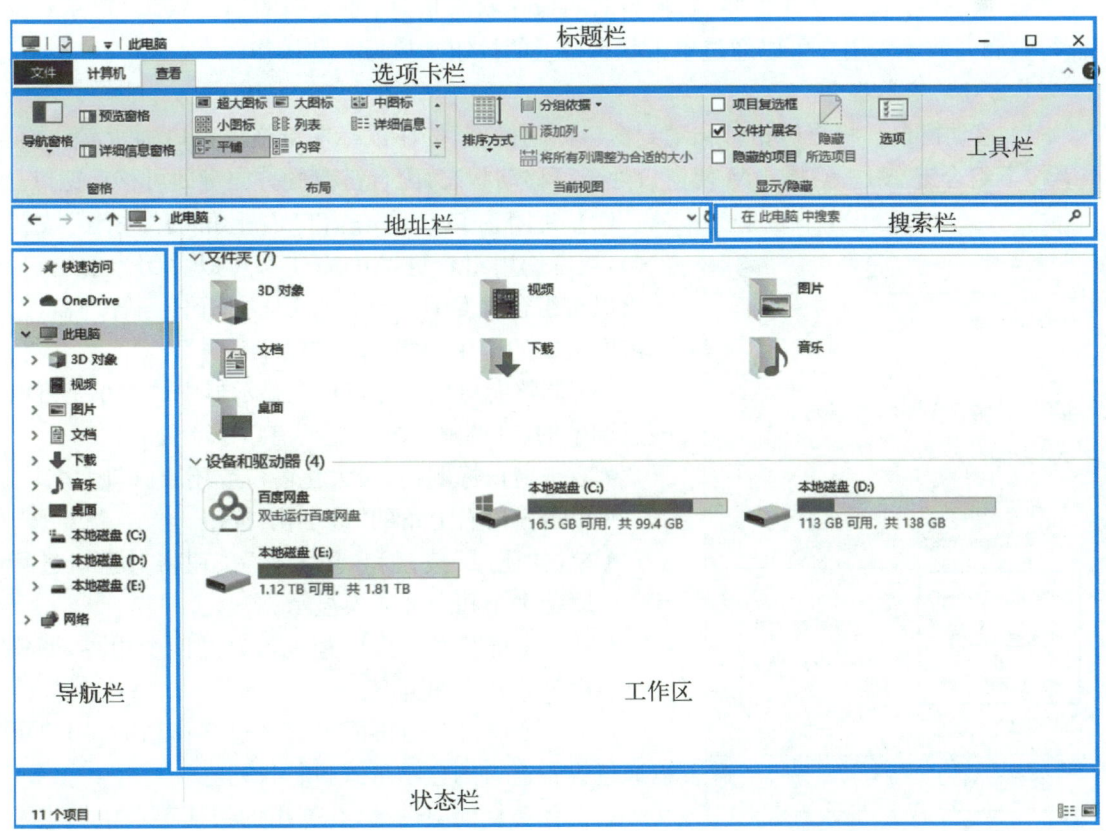

图 2-5 Windows 10 的窗口组成

(1) 标题栏。位于窗口顶部,显示窗口名称或当前应用程序的图标。右侧通常有"最小化""最大化""关闭"等按钮。用户可以通过拖曳标题栏来移动窗口,双击标题栏则可最大化或还原窗口。

(2) 选项卡栏。位于标题栏下方,包含窗口提供的所有可操作命令,是用户与窗口交互的主要方式。通常包含"文件""查看"等选项。可通过 Alt 键临时唤出选项卡及功能区的快捷键提示。

(3) 功能区。位于选项卡栏下方,界面特征为图形化命令组织方式,选项卡式分类(如"主页""共享"等),上下文敏感显示(根据操作对象变化),提供快速访问常用功能的按钮和工具,方便用户快速执行操作。

(4) 地址栏和搜索栏。地址栏位于标题栏下方,用户可以直接输入网址或文件路径。搜索栏位于地址栏右侧,用户可以在此输入搜索内容。

(5) 导航窗格。位于窗口左侧,提供树状结构的文件夹列表,方便用户快速定位目标位置。例如,"快速访问""此电脑"等选项。

(6) 工作区。位于窗口的右侧,是窗口中的主要显示区域,用于展示窗口中的内容。不同的窗口,其工作区内容各不相同,例如设备管理器窗口显示计算机中的设备,记事本窗口显示文本内容。当窗口内容超出可视范围时,用户可通过滚动条上下或左右滚动窗口内容。滚动条是否显示取决于窗口尺寸和内容多少。

(7) 状态栏:位于窗口底部,显示当前的操作状态信息,如文档的当前状态、光标的位置、行数和列数等。用户可以通过单击状态栏上的按钮来执行一些操作。

2. 窗口的基本操作

(1) 移动窗口。将鼠标指针移动到窗口标题栏上,按住鼠标左键拖曳窗口到所需位置。或者按下组合键 Alt+空格+M 使窗口处于可移动状态,配合键盘的方向键即可移动窗口。

(2) 关闭窗口。单击窗口右上角的"关闭"按钮(×),或者使用组合键 Alt+F4 都可以关闭当前窗口。还可以按组合键 Ctrl | Shift+Esc 打开任务管理器,选择需要关闭的应用程序,单击"结束任务"。

(3) 调整窗口大小。窗口在显示器中的大小是可以随意调整的,其调整的方法主要有以下 4 种。

- 双击窗口标题栏,最大化窗口或还原窗口大小。
- 单击窗口右上角的"最小化"按钮。
- 单击"还原"按钮和"最大化"按钮将对窗口进行原始大小和全屏切换显示。
- 在非全屏状态下可以拖曳窗口的四个边界,调整窗口的高度和宽度。

(4) 排列窗口。当桌面上打开过多窗口时,用户可以通过设置窗口的显示形式进行排列。

右击任务栏的空白处,在弹出的快捷菜单中提供了快速排列窗口的三种形式,即层叠窗口、堆叠显示窗口和并排显示窗口,如图 2-6 所示,用户可以根据需要选择一种窗口的排列方式,对桌面上的窗口进行排列。

将窗口拖曳到屏幕左侧或右侧边缘,松开鼠标左

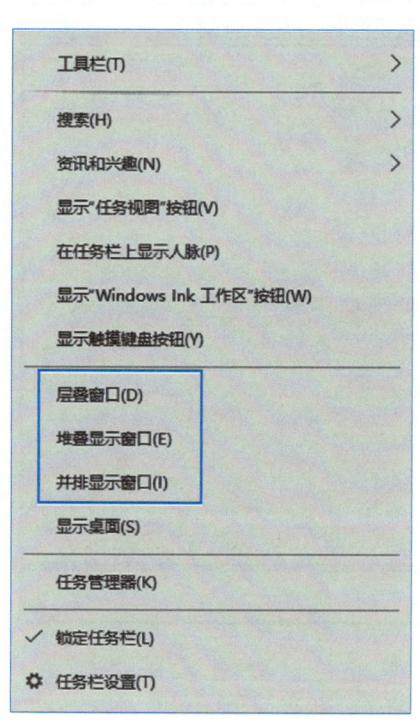

图 2-6 Windows 10 快速排列窗口的三种形式

键,窗口会自动分屏显示。

将窗口拖曳到屏幕的左上角、右上角、左下角或右下角,可实现四分屏显示。

(5) 切换窗口。Windows 10 系统环境下可以同时打开多个窗口,但是当前活动窗口只能有一个。系统提供了多种快速且便捷的方法来切换到活动窗口,帮助用户高效地在不同应用程序之间切换。以下是几种常见的切换窗口的方法。

- 直接单击任务栏上的应用程序图标,可以快速切换到相应的应用程序窗口。
- Alt+Tab:按住 Alt 键,反复按 Tab 键,可以在打开的窗口之间循环切换。松开 Alt 键后,即切换到当前选中的窗口。
- Win+Tab:按组合键 Win+Tab,打开任务视图,以显示所有打开的窗口和虚拟桌面。在任务视图中,可以通过鼠标单击或方向键来选择需要切换的窗口。

2.2.3 文件与文件夹管理

在计算机日常使用中,文件与文件夹管理是基础且重要的技能。无论是新建、删除,还是剪切、复制、粘贴,以及全选、多选、重命名和搜索,Windows 10 都提供了简洁易用的操作方式。掌握这些操作,不仅能轻松整理电脑中的文件与文件夹,还能大幅提升工作效率,让文件与文件夹管理变得更加高效和便捷。接下来,将详细介绍这些操作的具体方法。

1. 新建文件或文件夹

(1) 使用右键菜单

在桌面或文件资源管理器的空白处右击,在弹出的快捷菜单中选择"新建"选项,然后从子菜单中选择"文件夹"或所需的文件类型(如文本文档、Word 文档等),如图 2-7 所示。新建的文件夹或文件,系统会为其提供一个默认名称(如"新建文件夹"),此时名称处于可编辑状态,可直接输入自定义名称。

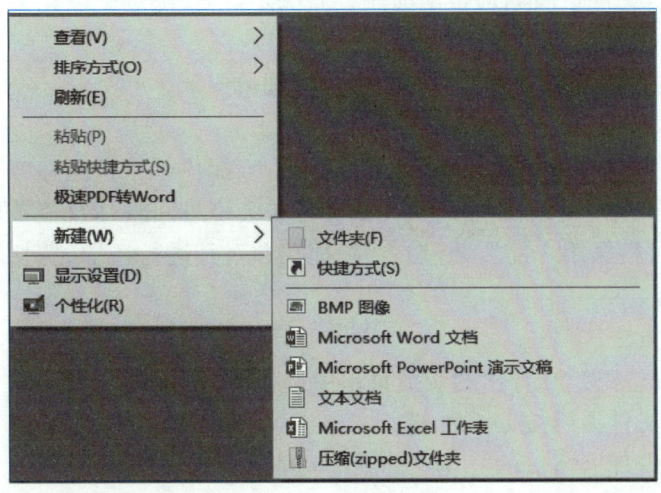

图 2-7 使用右键菜单新建文件或文件夹

(2) 使用文件资源管理器功能区

打开文件资源管理器,在"主页"选项卡的功能区中单击"新建文件夹"按钮,如图 2-8 所示。此方法仅适用于创建文件夹,不能直接创建特定类型的文件。

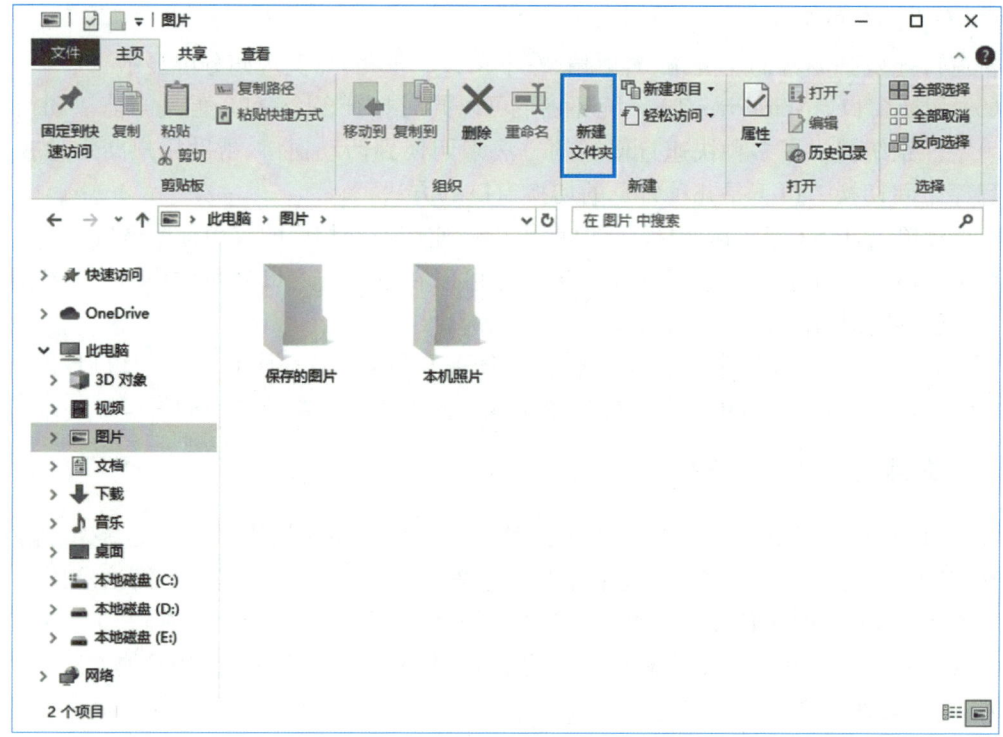

图 2-8 使用文件资源管理器功能区新建文件夹

(3) 快捷键方式

在文件资源管理器窗口中,按组合键 Ctrl+Shift+N 可快速新建文件夹。

注意事项:
- 新建文件时,文件扩展名通常由应用程序决定,不要随意更改;
- 在同一目录下不能有同名文件或文件夹;
- 新建系统文件或特殊类型文件可能需要管理员权限。

2. 删除文件或文件夹

删除操作是文件管理中的重要环节,Windows 10 提供了多种删除方式。被删除的文件通常先暂时放入回收站。永久删除的文件或文件夹会绕过回收站直接被删除。在回收站中的文件或文件夹,可根据用户需要通过右键快捷菜单对其进行还原、剪切、删除等操作,如图 2-9 所示。

(1) 基本删除方法
- 右击文件或文件夹,在弹出的快捷菜单中选择"删除";
- 选中文件或文件夹后按 Delete 键;
- 在文件资源管理器窗口的"主页"选项卡功能区中单击"删除"按钮。

(2) 永久删除方法
- 选中文件或文件夹后按组合键 Shift+Delete;
- 在回收站中选中文件或文件夹后按 Delete 键或通过右键快捷菜单进行删除。

注意事项:
- 系统文件或某些受保护文件可能无法直接删除;

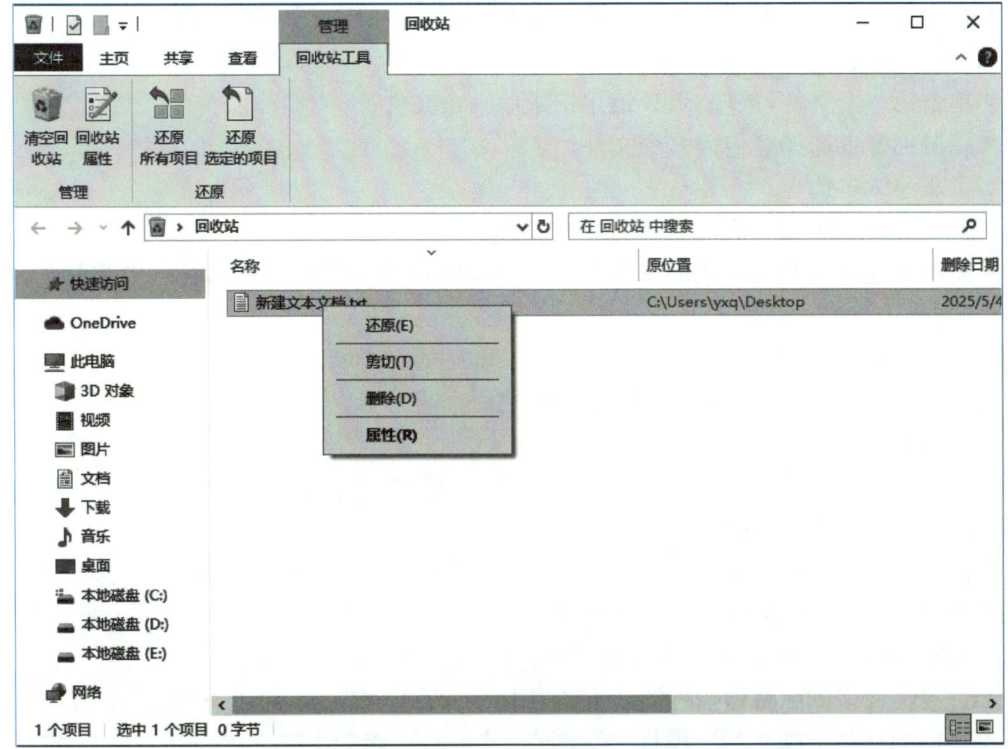

图 2-9 回收站中对文件或文件夹的操作

➢ 删除大型文件夹可能需要较长时间；
➢ 网络位置和可移动存储设备上的文件删除后通常不经过回收站。

3. 剪切、复制和粘贴文件或文件夹

文件或文件夹的移动和复制是日常管理的核心操作之一。

(1) 剪切操作(Cut)

● 右键单击文件或文件夹，在弹出的快捷菜中选择"剪切"选项(或按组合键 Ctrl+X)；
● 在文件资源管理器窗口的"主页"选项卡功能区中单击"剪切"按钮。

注意事项：剪切后文件图标会变淡，直到粘贴操作完成。

(2) 复制操作(Copy)

右键单击文件或文件夹，在弹出的快捷菜中选择"复制"选项(或按组合键 Ctrl+C)；

● 在文件资源管理器窗口的"主页"选项卡功能区中单击"复制"按钮；
● 长按 Ctrl 键拖曳文件或文件夹可实现复制。

(3) 粘贴操作(Paste)

● 右键单击文件或文件夹，在弹出的快捷菜中选择"粘贴"选项(或按组合键 Ctrl+V)；
● 在文件资源管理器窗口的"主页"选项卡功能区中单击"粘贴"按钮。

4. 全选、多选文件或文件夹

高效地选中文件或文件夹能极大提升工作效率。

(1) 全选方法

● 按组合键 Ctrl+A 可选中当前目录中的所有内容；

- 在文件资源管理器窗口的"主页"选项卡功能区中单击"全选"按钮。

(2) 连续多选
- 单击第一个文件,长按 Shift 键单击最后一个文件;
- 用鼠标拖曳选择框包围多个文件。

(3) 非连续多选
- 长按 Ctrl 键并逐个单击需要选中的文件;
- 使用复选框功能(在文件资源管理器窗口的"查看"选项卡功能区中启用"项目复选框")。

5. 重命名文件或文件夹

重命名是文件与文件夹管理的基本操作之一。

(1) 基本重命名方法
- 右键单击文件或文件夹,弹出的快捷菜单中选择"重命名";
- 选中文件或文件夹后按 F2 键;
- 在文件资源管理器窗口的"主页"选项卡功能区中单击"重命名"按钮;
- 缓慢双击文件或文件夹名(非图标部分)。

(2) Windows 10 操作系统中文件/文件夹命名规则与限制

文件或文件夹的名称(包括路径)允许使用字母(A~Z)、数字(0~9)、汉字以及大多数标点符号(如空格、下画线"_"、模杠"-"、圆点"."等),不能包含"\""/"":""*""?"""""<"">""|"这些特殊字符。英文字母不区分大小写,最多可以包含 260 个字符。如果路径过长,可能会导致某些操作失败。

Windows 10 禁止使用某些保留的设备名称作为文件或文件夹名,例如:CON、PRN、AUX、NUL、COM1 到 COM9、LPT1 到 LPT9 等。这些名称是系统保留的设备名,用于特定的硬件设备或功能,不能用作普通文件或文件夹的名称。

6. 文件名的显示

(1) 隐藏扩展名

默认情况下,Windows 10 会隐藏已知文件类型的扩展名。用户可以在文件资源管理器窗口的"查看"选项卡功能区中,单击"选项",打开"文件夹选项"窗口,在"查看"选项卡的"高级设置"下拉列表框中勾选"隐藏已知文件类型的扩展名"复选框来启用或禁用此功能。

(2) 显示隐藏文件或文件夹

某些文件或文件夹默认是隐藏的(如系统文件或隐藏属性的文件)。用户可以在文件资源管理器窗口的"查看"选项卡功能区中设置是否显示隐藏文件或文件夹。

7. 文件系统限制

Windows 10 支持多种文件系统,如 NTFS、FAT32 和 exFAT。不同的文件系统可能有不同的命名规则和限制。

- NTFS:支持长文件名,最大路径长度为 260 个字符,支持 Unicode 字符。
- FAT32:支持较短的文件名(最多 255 个字符),不支持 Unicode 字符。
- exFAT:支持长文件名,最大路径长度为 260 个字符,支持大文件存储。

8. 搜索文件

Windows 10 提供了强大的文件搜索功能。

(1) 基本搜索方法

打开文件资源管理器,定位到要搜索的目录,在右上角搜索框中输入关键词,如图 2-10 所示,搜索结果会实时显示。

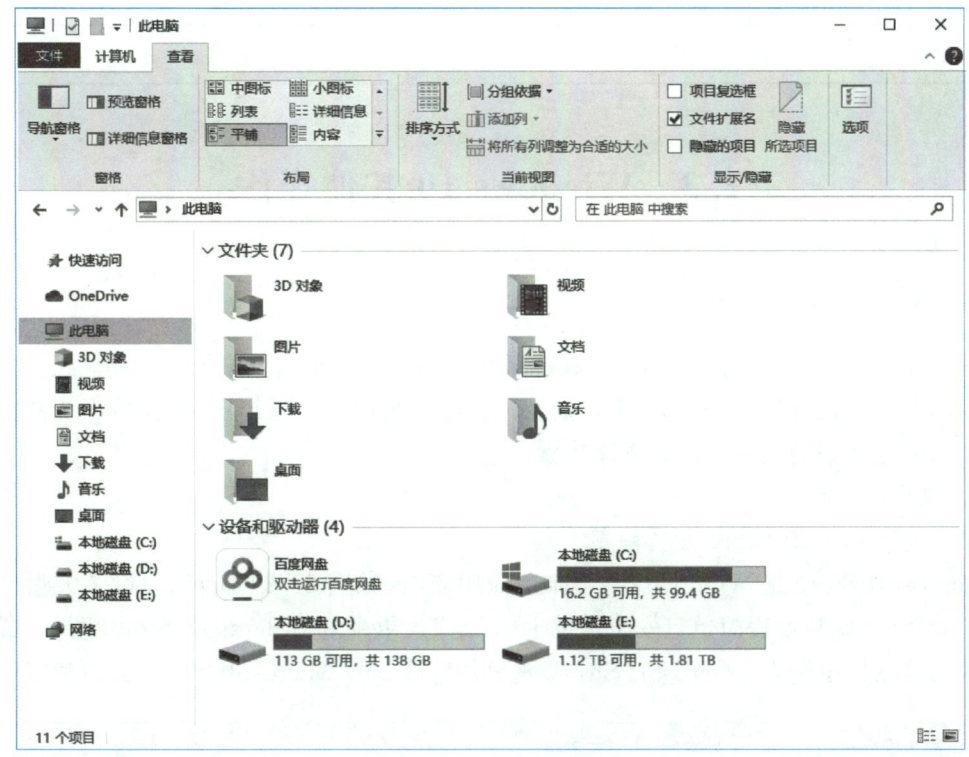

图 2-10　基本搜索方法

(2) 高级搜索技巧

在文件名类似、文件类型相同或根本不清楚文件名等情况下,可以使用通配符来进行搜索,常用的通配符有星号"*"(代替多个字符)或问号"?"(代替单个字符)进行搜索。例如"*.docx"可以搜索到指定位置所有扩展名为".docx"的文件。Windows 10 操作系统中常见的文件扩展名见表 2-2。

表 2-2　Windows 10 操作系统中常见的文件扩展名

文 件 类 型	扩 展 名
文档文件	.txt,.doc,.docx,.xls,.xlsx,.ppt,.pptx,.pdf
图形文件	.jpg,.jpeg,.png,.gif,.bmp
音频文件	.mp3,.wav,.wma,.aac,.flac
视频文件	.mp4,.avi,.mkv,.mov,flv
压缩文件	.zip,.rar

续　表

文 件 类 型	扩 展 名
可执行文件	.exe,.com
批处理文件	.bat

2.3　Windows 10 其他操作

2.3.1　程序的安装与卸载

在 Windows 10 操作系统中，安装和卸载程序是用户经常需要进行的操作。正确安装程序可以确保软件正常运行，而卸载不再需要的程序则可以释放系统资源，保持系统的整洁和高效。以下是详细的安装与卸载操作步骤。

1. 程序的安装

（1）从 Microsoft Store 安装程序

Microsoft Store 是 Windows 10 自带的应用商店，如图 2-11 所示，提供了大量经过微软审核的软件，安装过程简单且安全。单击"开始"菜单中的"Microsoft Store"图标，或者在任务栏的搜索框中输入"Microsoft Store"搜索并打开。在 Microsoft Store 的搜索框中输入

图 2-11　Microsoft Store 应用商店

需要安装的程序名称,例如"微信"或"Photoshop",从搜索结果中找到需要安装的程序,单击进入程序详情页面,单击页面上的"安装"按钮即可。

(2) 从官方网站下载并安装程序

如果需要的程序不在 Microsoft Store 中,或者用户需要安装特定版本的程序,可以从程序的官方网站下载其安装包。通过浏览器访问程序的官方网站,找到下载页面。根据系统版本(如 32 位或 64 位)选择合适版本的安装包进行下载。下载完成后,双击下载的安装包文件(通常是.exe 或.msi 文件),启动安装向导,根据提示进行安装。

2. 程序的卸载

控制面板是 Windows 10 中管理程序安装和卸载的传统方式,适用于大多数程序。在"开始"菜单中单击"设置"图标,然后打开的"设置"窗口中选择"应用",打开"应用和功能"设置页面,如图 2-12 所示,在已安装的程序列表中单击需要卸载的程序名称,然后单击"卸载"按钮即可。

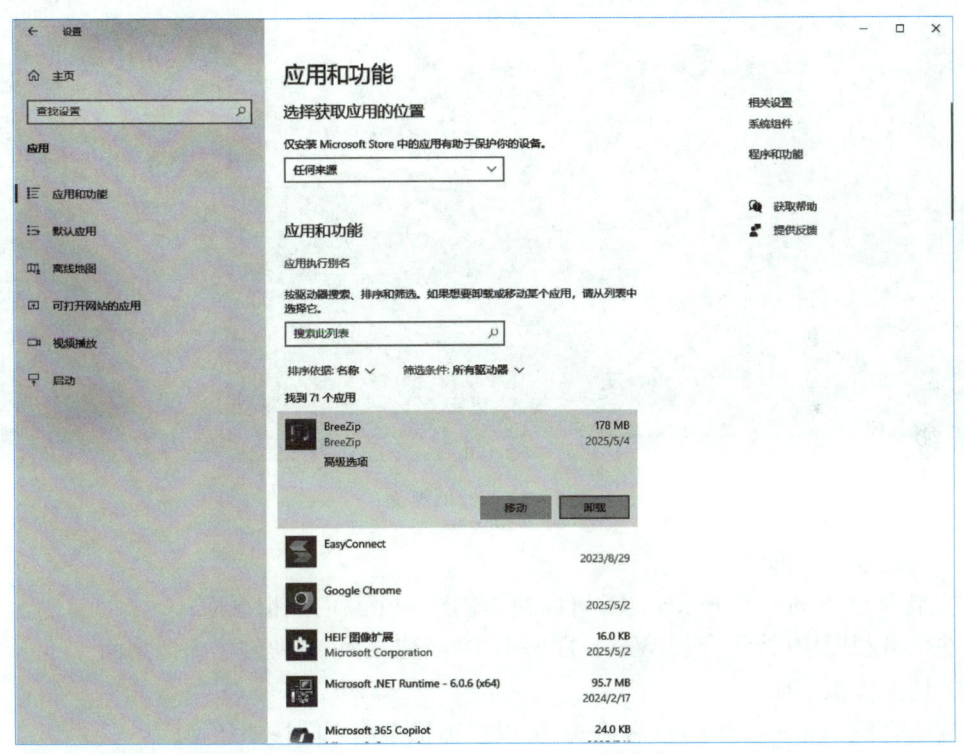

图 2-12 "应用和功能"设置页面

注意事项:

在安装程序之前,确保计算机满足程序的系统要求,如处理器、内存、硬盘空间等;尽量从官方网站或可信的来源下载安装程序,避免下载带有恶意软件的安装包;如果需要卸载的程序包含重要数据,建议提前备份相关文件;安装或卸载某些程序后,系统可能会提示重启计算机,重启是为了确保系统注册表和文件系统更新生效。

通过以上步骤,用户可以轻松地在 Windows 10 中安装和卸载程序,确保系统的稳定运行和高效管理。

2.3.2 常用工具使用

1. 虚拟桌面

Windows 10 虚拟桌面是一种功能,允许用户创建多个独立的桌面环境,每个桌面可以运行不同的应用程序和窗口,如图 2-13 所示。用户可以在这些虚拟桌面之间快速切换,从而更好地组织和管理多任务操作。虚拟桌面帮助用户将不同类型的任务分隔在不同的桌面中,例如将工作相关应用放在一个桌面,个人娱乐应用放在另一个桌面。虚拟桌面不仅使桌面更加整洁,还能减少干扰,提高工作效率。此外,虚拟桌面还能让用户在不同任务之间快速切换,无须频繁最小化和最大化窗口,提升操作的流畅性。

图 2-13 虚拟桌面

(1) 创建虚拟桌面
- 按组合键 Windows+Ctrl+D,可以快速创建一个新的虚拟桌面;
- 在任务视图中(按组合键 Win+Tab)单击"新建桌面"按钮创建虚拟桌面。

(2) 切换虚拟桌面
- 按组合键 Win+Ctrl+左/右箭头,可以在虚拟桌面之间快速切换;
- 在任务视图中选择需要切换的虚拟桌面。

(3) 关闭虚拟桌面

在任务视图中,单击虚拟桌面缩略图右下角的"关闭"按钮,可以关闭当前虚拟桌面。

2. 截屏工具

Windows 10 自带截屏工具,可以帮助用户快速捕获屏幕上的图像,便于记录、分享和编辑屏幕内容。

(1) 截屏(快捷键)
- 按 PrtScr 键可将整个屏幕截图并保存到剪贴板,之后可将截图粘贴到图像编辑、文档编辑等软件中。

- 按组合键 Win+PrtScr：将整个屏幕截图保存到系统"图片"→"截图"文件夹中。
- 按组合键 Alt+PrtScr：仅截取当前活动窗口并保存到剪贴板。

（2）截图工具

单击"开始"菜单的应用列表中，单击"Windows 附件"→"截图工具"，打开截图工具进行截图，如图 2-14 所示。

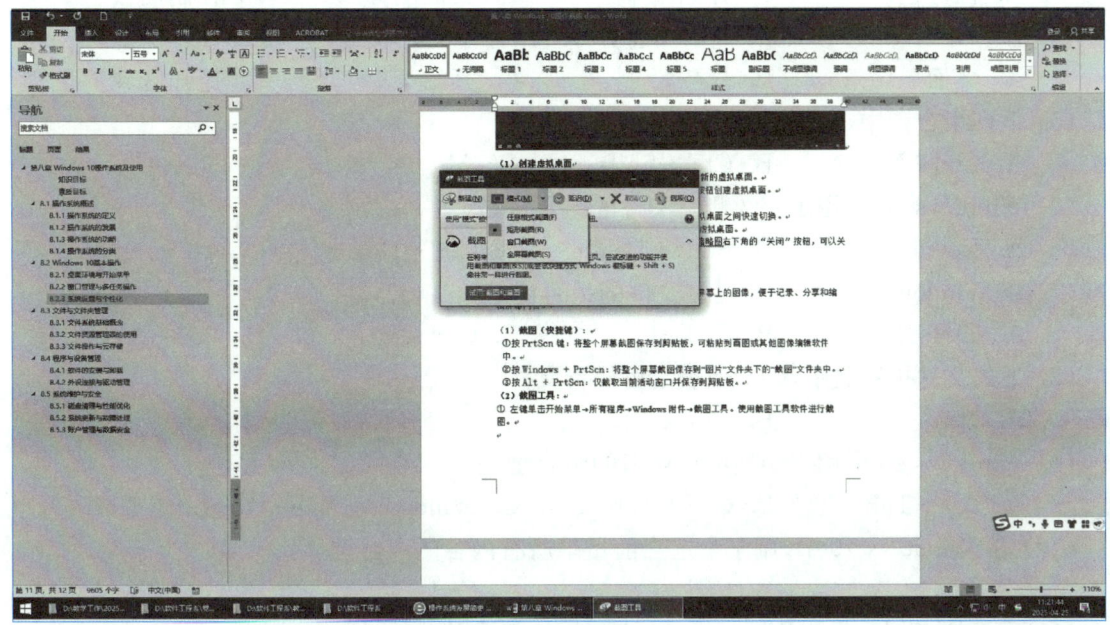

图 2-14　截图工具

也可按组合键 Win+Shift+S 来直接打开截图工具的截图界面，有矩形截图、任意形状截图、窗口截图或全屏幕截图等截图方式可供选择。截图后，截图内容会自动保存到剪贴板，可粘贴到图像编辑、文档编辑等软件中。

本章系统性地介绍了 Windows 10 操作系统的核心知识与操作技能，包括操作系统的基本功能、桌面环境、窗口管理、文件与文件夹管理、程序安装与卸载以及常用工具使用等，这些知识与技能的学习既提升了学习者日常计算机使用效率，又为其后续更深入的计算机学习奠定了坚实基础，同时强调实践操作与持续学习的重要性，以适应信息技术的快速发展。

课后习题 2

1. 单选题

（1）操作系统的主要功能是（　　）。

A. 控制和管理计算机硬件与软件资源　　B. 提供图形用户界面
C. 运行应用程序　　　　　　　　　　　D. 存储数据文件

(2) 下列操作系统中,(　　)是开源的。
A. Windows　　B. macOS　　C. Linux　　D. iOS

(3) Windows 10 中用于快速访问应用程序和系统设置的组件是(　　)。
A. 任务栏　　B. 开始菜单　　C. 桌面图标　　D. 控制面板

(4) 在 Windows 10 中,用于显示当前打开应用程序的区域是(　　)。
A. 桌面　　B. 任务栏　　C. 开始菜单　　D. 通知区域

(5) 下列组合键中,(　　)可以快速新建文件夹。
A. Ctrl+N　　B. Ctrl+Shift+N　　C. Alt+N　　D. Shift+N

(6) Windows 10 中用于永久删除文件的组合键是(　　)。
A. Delete　　B. Shift+Delete　　C. Ctrl+Delete　　D. Alt+Delete

(7) 在 Windows 10 中,用于复制文件的组合键是(　　)。
A. Ctrl+X　　B. Ctrl+C　　C. Ctrl+V　　D. Ctrl+A

(8) 下列文件扩展名中,(　　)表示可执行文件。
A. .txt　　B. .docx　　C. .exe　　D. .jpg

(9) Windows 10 中用于切换活动窗口的组合键是(　　)。
A. Alt+Tab　　B. Ctrl+Tab　　C. Windows+Tab　　D. Shift+Tab

(10) 在 Windows 10 中,用于全选当前目录所有内容的组合键是(　　)。
A. Ctrl+A　　B. Ctrl+C　　C. Ctrl+V　　D. Ctrl+X

(11) 下列选项中,不是 Windows 10 桌面环境组成部分的是(　　)。
A. 开始菜单　　B. 任务栏　　C. 命令行界面　　D. 桌面图标

(12) Windows 10 中用于打开任务管理器的组合键是(　　)。
A. Ctrl+Alt+Delete　　　　B. Ctrl+Shift+Esc
C. Windows+R　　　　　　D. Alt+F4

(13) 下列操作系统中,(　　)是华为公司开发的。
A. Android　　B. Harmony OS　　C. Kylin OS　　D. iOS

(14) Windows 10 中用于截取当前活动窗口并保存到剪贴板的组合键是(　　)。
A. PrtScn　　　　　　　　B. Windows+PrtScn
C. Alt+PrtScn　　　　　　D. Shift+PrtScn

(15) 下列选项中,(　　)不是操作系统的五大功能之一。
A. 用户接口　　B. 处理器管理　　C. 网络连接　　D. 文件管理

(16) Windows 10 中用于创建新虚拟桌面的组合键是(　　)。
A. Windows+Ctrl+D　　　　B. Windows+Ctrl+N
C. Windows+D　　　　　　D. Windows+N

(17) 下列文件系统中,(　　)是 Windows 10 支持的。
A. NTFS　　B. HFS+　　C. APFS　　D. EXT4

(18) Windows 10 中用于打开搜索功能的组合键是(　　)。
A. Windows+S　　B. Windows+F　　C. Windows+Q　　D. Windows+E

(19) 下列选项中,不是 Windows 10 窗口组成部分的是(　　)。
　　A. 标题栏　　　B. 菜单栏　　　C. 命令行　　　D. 状态栏
(20) Windows 10 中用于重命名文件或文件夹的快捷键是(　　)。
　　A. F1　　　　B. F2　　　　C. F3　　　　D. F4

2. 多选题

(1) 下列哪些是操作系统的功能？(　　)
　　A. 用户接口　　B. 处理器管理　　C. 内存管理　　D. 设备管理
　　E. 文件管理
(2) 下列哪些是 Windows 10 支持的窗口排列方式？(　　)
　　A. 层叠窗口　　B. 堆叠窗口　　C. 并排显示窗口　　D. 圆形排列窗口
(3) 下列哪些方法可以在 Windows 10 中卸载程序？(　　)
　　A. 通过控制面板　　　　　　　B. 通过设置中的"应用和功能"
　　C. 直接删除程序文件夹　　　　D. 使用第三方卸载工具
(4) 下列哪些是 Windows 10 中常见的文件扩展名？(　　)
　　A. .docx　　　B. .jpg　　　C. .mp3　　　D. .exe
　　E. .zip
(5) 下列哪些是 Windows 10 中切换窗口的方法？(　　)
　　A. 单击任务栏上的应用程序图标　　B. 按组合键 Alt+Tab
　　C. 按组合键 Windows+Tab　　　　　D. 按组合键 Ctrl+Tab

3. 判断题

(1) 操作系统是计算机硬件与软件资源的管理者。　　　　　　　　　　(　　)
(2) Linux 是微软公司开发的操作系统。　　　　　　　　　　　　　　(　　)
(3) Windows 10 的桌面默认只有一个"回收站"图标。　　　　　　　　(　　)
(4) 在 Windows 10 中,Ctrl+C 是复制操作的快捷键。　　　　　　　　(　　)
(5) Windows 10 不支持虚拟桌面功能。　　　　　　　　　　　　　　(　　)
(6) 文件名可以包含以下字符：\ / : * ? " < > |。　　　　　　　　　(　　)
(7) Windows 10 中,Shift+Delete 组合键可以永久删除文件。　　　　(　　)
(8) macOS 是苹果公司开发的移动操作系统。　　　　　　　　　　　(　　)
(9) Windows 10 中,F2 键可以重命名文件或文件夹。　　　　　　　　(　　)
(10) Android 是谷歌公司开发的开源移动操作系统。　　　　　　　　(　　)
(11) Windows 10 中,Alt+F4 可以关闭当前窗口。　　　　　　　　　(　　)
(12) 在 Windows 10 中,所有被删除的文件都会先进入回收站。　　　(　　)
(13) Windows 10 中,Ctrl+A 可以全选当前目录的所有内容。　　　　(　　)
(14) UNIX 是多用户、多任务的操作系统。　　　　　　　　　　　　(　　)
(15) Windows 10 中,按 PrtScn 键可以将整个屏幕截图保存到剪贴板。(　　)
(16) 操作系统的发展经历了从批处理系统到图形用户界面的过程。　　(　　)

(17) Windows 10 中,任务管理器只能通过按组合键 Ctrl+Alt+Delete 打开。（   ）

(18) Kylin OS 是基于 Linux 内核的国产操作系统。（   ）

(19) Windows 10 中,文件扩展名是必须显示的。（   ）

(20) Windows 10 支持 NTFS、FAT32 和 exFAT 文件系统。（   ）

4. 填空题

(1) 操作系统是计算机系统的_____软件,它管理和控制计算机硬件与软件资源。

(2) Windows 10 中用于永久删除文件的组合键是_____。

(3) 在 Windows 10 中,按_____键可以重命名文件或文件夹。

(4) Windows 10 中用于创建新虚拟桌面的组合键是_____。

(5) 操作系统发展的第一个阶段是_____系统。

(6) Windows 10 中用于全选当前目录所有内容的组合键是_____。

(7) 华为公司开发的操作系统是_____。

(8) Windows 10 中用于切换活动窗口的组合键是_____。

(9) Windows 10 中用于打开任务管理器的组合键是_____。

(10) Windows 10 中用于截取当前活动窗口并保存到剪贴板的组合键是_____。

第3章 计算机网络基础

本章导读

在信息化社会中,计算机网络已成为日常生活和工作的核心支撑。无论是浏览网页、发送邮件,还是在线购物、远程办公,等等,都离不开网络的支持。作为信息技术的基础,计算机网络连接了全球众多设备,推动了信息的高效传输与共享。掌握其基本原理和技术,对当代大学生至关重要,既是学习信息技术的基础,也是未来职业发展的关键技能之一。本章将系统介绍计算机网络的基础知识及其应用,帮助大家全面理解网络的工作原理与相关技术。

本章要点

- 计算机网络概述
- 网络设备与介质
- IP 地址与域名系统
- Internet 接入方式
- Internet 服务
- Web 技术

三维教学目标

- **知识目标**
  ◎ 理解计算机网络的基本概念和术语。
  ◎ 掌握网络分类方法,包括地域范围和拓扑结构。
  ◎ 了解常见的网络设备和传输介质的类型及其功能。
  ◎ 学习 IP 地址和域名系统的工作原理。
  ◎ 熟悉不同的 Internet 接入方式及其特点。
  ◎ 理解 Internet 服务的类型和应用场景。
  ◎ 掌握 Web 技术的基础知识,包括 HTML、CSS、JavaScript 等。

● **能力目标**
◎ 能够识别和解释网络中的不同设备和介质。
◎ 能够描述和区分不同的网络类型和接入技术。
◎ 能够使用IP地址和域名系统进行网络资源定位。
◎ 能够选择和应用合适的Internet接入方式。
◎ 能够利用Web技术创建基本的网页和网站。

● **素质目标**
◎ 培养对计算机网络技术的兴趣和持续学习的态度。
◎ 发展解决问题的能力,能够在网络环境中应用所学知识。
◎ 增强团队合作精神,理解网络技术在协作中的作用。
◎ 提升信息素养,对网络信息进行有效获取、分析和利用。
◎ 形成良好的网络安全意识,保护个人和组织的信息安全。

本章知识点学习

3.1 计算机网络基础知识

3.1.1 计算机网络的概念及分类

1. 计算机网络的概念

计算机网络是通过通信线路和通信设备将分布在不同地理位置的多台具有独立功能的计算机及其外部设备连接起来,在网络操作系统、网络管理软件及网络通信协议的管理和协调下实现资源共享和信息传递,从而提高资源利用效率和信息交互的便捷性。

计算机网络由通信子网和资源子网构成。通信子网负责网络中的数据传输与通信控制,包括通信线路、交换设备和通信协议等,确保数据能够高效、可靠地传输;资源子网则侧重于资源的共享与管理,涵盖了主机、服务器、终端设备以及各种软件和硬件资源,为用户提供实际的计算、存储和应用服务。两者协同工作,实现网络的高效运行和资源共享。

(1) 网络协议

网络协议是计算机网络中用于规范数据传输和通信行为的一组规则和标准。它确保了不同计算机之间能够正确地发送、接收和理解数据。网络协议定义了数据的格式、传输速率、错误检测与纠正机制、通信过程的同步方式等关键要素。

(2) 网络协议的层次结构

为了更好地管理和实现复杂的通信功能,网络协议通常采用分层结构。最著名的分层模型是国际标准化组织ISO在1985年研究的网络互连模型OSI(Open System Interconnect,开放式系统互连)。OSI参考模型示意图如图3-1所示,它将网络通信功能划分为7个层次,从下到上依次为物理层、数据链路层、网络层、传输层、会话层、表示层和应用层。每一层都有特定的功能,并通过接口向上一层提供服务。

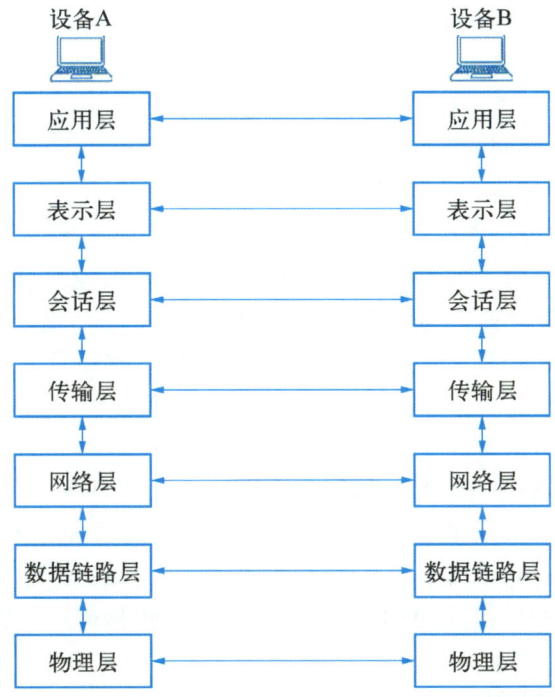

图 3-1　OSI 参考模型示意图

- 应用层(Application Layer)直接面向用户,提供各种网络应用程序所需的通信服务。应用层协议包括 HTTP(Hyper Text Transfer Protocol,超文本传输协议)、FTP(File Transfer Protocol,文件传输协议)、SMTP(Simple Mail Transfer Protocol,简单邮件传输协议)等,这些协议支持网页浏览、文件传输、电子邮件等常见的网络应用。
- 表示层(Presentation Layer)负责数据的格式化、加密和压缩。它将数据从应用层的格式转换为适合网络传输的格式,或者将网络传输的数据转换为应用层能够理解的格式。表示层还负责数据的加密和解密,以确保数据的安全性。
- 会话层(Session Layer)负责建立、管理和终止会话。会话是指两个或多个设备之间的通信连接。会话层通过同步点机制,确保数据传输的完整性,并在通信中断时能够恢复会话。
- 传输层(Transport Layer)负责在源节点和目标节点之间提供端到端的可靠数据传输服务。传输层的主要协议是 TCP(Transmission Control Protocol,传输控制协议)和 UDP(User Datagram Protocol,用户数据报协议)。TCP 提供可靠的字节流服务,而 UDP 提供无连接的、不可靠的数据报服务。
- 网络层(Network Layer)负责在不同网络之间路由数据包。它通过逻辑地址(如 IP 地址)来标识网络中的设备,并选择最佳路径将数据包从源节点传输到目标节点。网络层的主要协议是 IP(Internet Protocol,因特网协议)。
- 数据链路层(Data Link Layer)负责将物理层传输的原始比特流封装成数据帧,并在相邻节点之间传输。它通过差错检测和纠正机制,确保数据帧的完整性和可靠性。
- 物理层(Physical Layer)负责在物理介质上传输原始比特流。它定义了物理连接的电气、机械和功能特性,如电缆类型、插头规格、信号电平等。物理层主要任务是确保数据能够在物理介质上可靠传输。

（3）计算机网络的发展

微课视频
计算机网络的发展

计算机网络的发展历程可以追溯到20世纪50年代，经历了从早期的简单网络到现代复杂、高速、全球化的互联网的巨大变革。

① 萌芽阶段（20世纪五六十年代）

计算机网络的雏形可追溯至20世纪50年代的批处理系统，当时计算机体积庞大且昂贵，用户通过终端机以分时方式共享主机资源。1958年，美国国防部建立半自动地面防空系统（SAGE），首次实现计算机与终端的远程通信。1960年，航空公司引入订票系统（如SABRE），通过电话线连接终端与中央计算机。此阶段的网络仅是"终端-主机"模式，缺乏真正的互联互通。

② ARPANET与分组交换技术（1969—1983年）

1969年，美国国防部高级研究计划局（ARPA）建成ARPANET，标志着现代计算机网络的诞生。保罗·巴兰和唐纳德·戴维斯提出分组交换技术，替代传统的电路交换，成为互联网核心技术。1974年，文顿·瑟夫和罗伯特·卡恩设计TCP/IP，1983年成为ARPANET标准协议。1973年，ARPANET扩展至挪威和英国。奠定了互联网的架构基础，实现了异构网络的互联。

③ 互联网民用化与万维网（1980—1990年）

1980年代，TCP/IP被广泛应用，计算机网络从军事科研走向民用。1986年，美国国家科学基金会建立骨干网NSFNET，连接大学和研究机构，成为互联网早期主干。1991年，万维网（WWW）的出现使得互联网的使用更加便捷和直观。通过浏览器，用户可以轻松地访问各种网页，获取丰富的信息资源。互联网的商业化推动了电子商务、在线教育、社交媒体等新兴行业的快速发展，计算机网络逐渐渗透到人们生活的方方面面，成为现代社会不可或缺的一部分。

④ 宽带与移动互联网（2000—2010年）

21世纪初，网络技术向高速化和无线化发展。宽带普及，ADSL、光纤技术取代拨号上网，支持视频流媒体（如YouTube）、在线游戏等应用。无线网络技术Wi-Fi（IEEE 802.11标准）和移动通信（3G/4G）实现随时随地上网。Web 2.0发展，用户生成内容（UGC）成为主流，社交网络（微信、微博）重塑信息传播方式。网络带宽提升至百兆级，智能手机成为主要终端。

⑤ 云计算与物联网时代（2010年至今）

近年来，网络技术向智能化与泛在化演进。随着云计算技术发展，AWS、阿里云等平台提供弹性计算资源，推动企业数字化转型。物联网（IoT）技术发展推动5G网络支持海量设备连接，智能家居、工业互联网应用落地。数据处理向网络边缘迁移，降低延迟（如自动驾驶、远程医疗）。同时网络安全、数据隐私和算力需求成为焦点问题。

⑥ 未来方向

随着5G/6G网络技术发展，超低延迟（1 ms以下）、超大带宽（TB级）支持元宇宙、全息通信等场景。利用量子纠缠实现无条件安全的信息传输。AI与网络融合，智能路由、自修复网络提升运维效率。

计算机网络的发展史是技术创新与社会需求共同驱动的结果。在技术层面来看，从分组交换到TCP/IP，再到光通信与无线技术，每一次突破都扩展了网络的能力边界。应用层面从科研工具到生活必需品,网络已渗透至经济、文化、政治各领域。随着5G、AI和量子技术的成熟,网络将更智能、更安全,成为数字社会的核心基础设施。这一演进过程不仅改变了信息传递的方式,更重塑了人类社会的组织形态和交互模式。

2. 计算机网络的分类

计算机网络可以根据不同的标准进行分类,其中最常见的分类方式是按照网络覆盖的地域范围和网络拓扑结构进行分类。这两种分类方式有助于更好地理解网络的特性和适用场景。

(1) 按网络覆盖的地域范围分类

按网络覆盖的地域范围,计算机网络可以分为局域网、城域网和广域网。

- 局域网(Local Area Network,LAN):局域网是指覆盖范围较小的网络,通常局限于一栋建筑物或一个校园内。局域网的特点是其数据传输速率高,一般在10 Mbps到10 Gbps之间,延迟低,可靠性高。局域网常用于企业、学校、家庭等环境,连接计算机、打印机、服务器等设备。
- 城域网(Metropolitan Area Network,MAN):城域网的覆盖范围比局域网大,通常覆盖一个城市或一个较大的地理区域。城域网的数据传输速率通常在1 Gbps以上,可以连接多个局域网,实现更广泛的资源共享和信息传递。城域网的建设成本相对较高,需要专业的网络设备和技术。
- 广域网(Wide Area Network,WAN):广域网的覆盖范围最广,可以跨越城市、国家甚至覆盖全球。广域网的特点是连接距离远,数据传输速率相对较低,延迟较大。广域网主要用于连接远程的计算机系统,实现跨地区的数据通信和资源共享。互联网是最大的广域网,它连接了全球数以亿计的计算机和网络设备。

(2) 按照网络拓扑结构分类

拓扑一词源于19世纪形成的几何拓扑学,它只考虑物体间的位置关系而不考虑它们的形状和大小。计算机网络拓扑结构是运用几何学研究计算机网络,把网络中的计算机和通信设备抽象为节点,把传输介质抽象为连线,这样就可得到计算机网络的几何图形。按网络拓扑结构,计算机网络又可以分为星形、环形、树形、总线型和网状等,如图3-2所示。

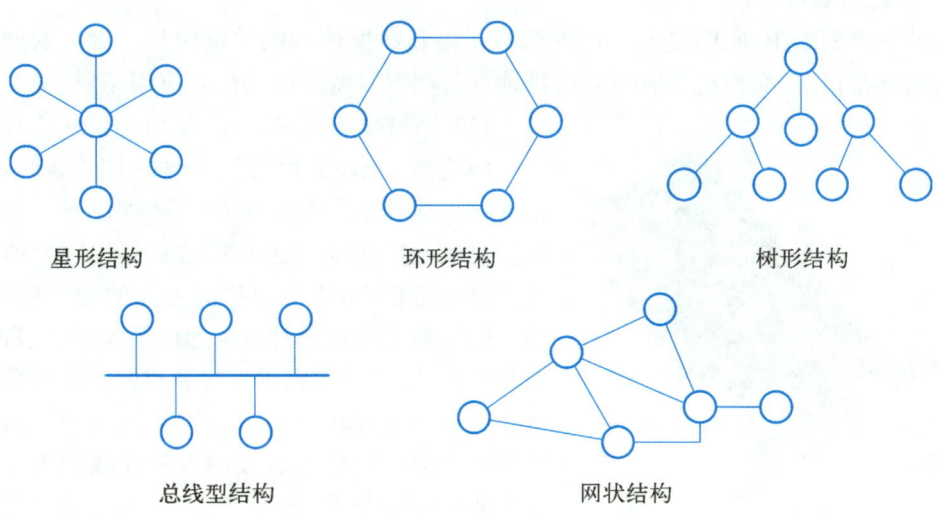

图3-2 按网络拓扑结构分类

- 星形拓扑(Star Topology):星形拓扑是最常见的网络拓扑结构,所有节点都直接连接到一个中心节点(如交换机或路由器),中心节点负责管理和控制整个网络的通信。星形拓扑的优点是结构简单,易于安装和维护,单点故障不会影响整个网络;缺点是中心节点的故障会导致整个网络瘫痪。
- 环形拓扑(Ring Topology):环形拓扑中,所有节点通过通信线路连接成一个闭合的环。数据在环中按固定方向传输,每个节点依次处理数据。环形拓扑的优点是结构简单,数据传输有序,避免了数据冲突;缺点是单点故障会影响整个网络,节点的加入和移除较为困难。
- 总线型拓扑(Bus Topology):总线型拓扑中,所有节点共享一条通信总线,数据在总线上广播传输。总线型拓扑的优点是结构简单,成本低,易于扩展;缺点是数据传输易冲突,故障诊断困难,不适合大型网络。
- 树形拓扑(Tree Topology):树形拓扑是星形拓扑的扩展,由多个层次的星形结构组成。树形拓扑的优点是结构清晰,易于管理和维护,可以方便地扩展网络;缺点是单点故障可能影响多个节点,需要更多的中间设备。
- 网状拓扑(Mesh Topology):网状拓扑中,每个节点都与其他节点直接连接,形成一个网状结构。网状拓扑的优点是可靠性高,即使某个节点或连接发生故障,数据也可以通过其他路径传输;缺点是结构复杂,成本高,适用于对可靠性要求极高的网络环境。

掌握计算机网络的分类方法有助于更好地理解网络的特性和适用场景。按网络覆盖的地域范围,可以将网络分为局域网、城域网、广域网和个人区域网,以满足不同规模和范围的通信需求;按网络拓扑结构,可以将网络分为星形、环形、总线型、树形和网状等,以适应不同的网络设计和应用需求。随着网络技术的不断发展,未来的网络分类可能会更加多样化和精细化。

3.1.2 常见的联网设备和传输介质

1. 常见的联网设备

在计算机网络中,联网设备是实现网络连接和数据传输的关键组件。常见的网络连接设备有网络接口卡、交换机、路由器等,每种设备都有其特定的功能和应用场景。

(1) 网络接口卡(Network Interface Card,NIC)网络接口卡,也称为网卡,如图 3-3 所示,是连接计算机或其他设备到网络的硬件设备。它负责在计算机和网络之间发送和接收数据。网卡通常内置于计算机主板中,也可以作为独立的硬件模块安装。网卡的主要功能是处理网络通信协议,实现数据的封装和解封装,以及数据的发送和接收。它还负责将计算机的数字信号转换为适合网络传输的电信号或光信号。网卡可以分为有线网卡和无线网卡。有线网卡主要用于以太网连接,而无线网卡则支持 Wi-Fi 连接。

图 3-3 网络接口卡

(2) 交换机

交换机是一种网络设备,如图3-4所示,用于在局域网(LAN)中连接多个设备,并在它们之间转发数据。交换机可以提高网络的效率和性能,减少数据传输的延迟。交换机的主要功能是根据MAC地址表来决定数据包的转发路径。它可以识别连接到每个端口的设备的MAC地址,并将数据包准确地发送到目标设备。交换机可以分为二层交换机、三层交换机和多层交换机。二层交换机主要工作在OSI模型的第二层(数据链路层),而三层交换机则可以处理网络层(第三层)的路由功能。交换机广泛应用于企业网络、数据中心和家庭网络中,用于构建局域网和实现设备间的高速数据传输。

图3-4　交换机　　　　　　　　图3-5　路由器

(3) 路由器

路由器是一种网络设备,用于在不同网络之间转发数据包。它连接多个网络,并选择最佳的路径来转发数据,从而实现不同网络之间的通信。路由器的主要功能是路由选择,即确定数据包从源到目的地的最佳路径。它使用路由协议(如 RIP、OSPF、BGP 等)来维护网络拓扑信息,并根据这些信息来决定数据包的转发路径。路由器可以分为家用路由器、企业级路由器和核心路由器。家用路由器通常用于家庭网络,如图3-5所示即为家用路由器;企业级路由器则用于构建大型企业网络;核心路由器则用于互联网服务提供商(Internet Service Provider,ISP)的网络中,处理大量的数据流量。路由器在互联网中扮演着至关重要的角色,它们连接了全球数以亿计的网络,实现了跨地区的数据通信。

2. 常见的传输介质

传输介质是计算机网络中用于传输数据信号的物理基础。它们可以分为有线传输介质和无线传输介质两大类。

(1) 有线传输介质

有线传输介质是指通过物理导线传输数据信号的介质。常见的有线传输介质有如下几种。

- 双绞线(Twisted Pair)由两根或多根相互缠绕的铜线组成,如图3-6所示。常见的有CAT5、CAT5e、CAT6、CAT6a等标准。双绞线广泛用于以太网连接,适用于局域网中的短距离数据传输,其成本较低,易于安装和维护。
- 同轴电缆(Coaxial Cable)由一个中心导体、绝缘层、金属屏蔽层和外护套组成,如图3-7所示。同轴电缆曾广泛用于有线电视和早期的以太网连接,现在主要用于有线电视和某些特定的网络环境。同轴电缆抗干扰能力强,传输距离较远。

- 光纤(Optical Fibler)：由玻璃或塑料制成的纤维，用于传输光信号，如图 3-8 所示。光纤适用于高速、长距离的数据传输，广泛应用于广域网和数据中心。光纤传输速度快，带宽大，抗电磁干扰，传输距离远。

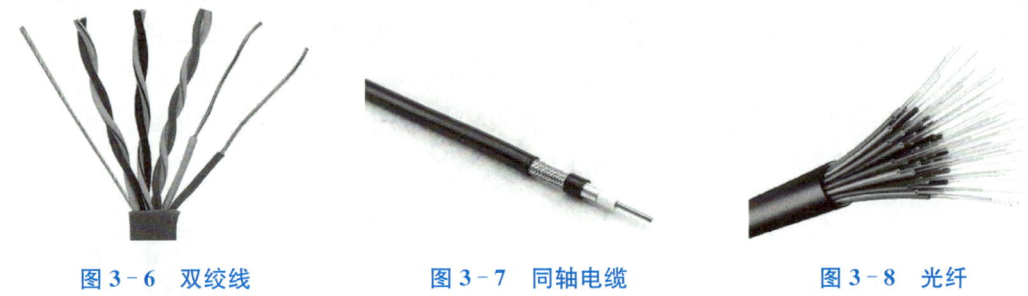

图 3-6 双绞线　　　　图 3-7 同轴电缆　　　　图 3-8 光纤

(2) 无线传输介质

无线传输介质是指通过无线电波、微波、红外线或激光等无线方式传输数据信号的介质。常见的无线传输介质有如下几种。

- 无线电波(Radio Waves)广泛应用于 Wi-Fi、蓝牙、Zigbee 等无线通信技术中。无线电波无须物理连接，安装方便，适用于移动设备和难以布线的场合。
- 微波(Microwave)主要用于点对点的无线通信，如微波中继链路和卫星通信。微波传输速度快，带宽大，适用于长距离的无线通信。
- 红外线(Infrared)主要用于短距离的无线通信，如遥控器和某些早期的无线网络设备。红外线成本低，易于实现，但传输距离短，易受障碍物影响。
- 激光(Laser)主要用于高速的无线通信，如自由空间光通信(Free Space Optical Communications，FSO)。激光传输速度快，带宽大，但需要直线传输，易受天气条件影响。

3.2 Internet

随着计算机网络技术的持续进步，互联网已经深入到社会的各个角落，广泛渗透至各行各业。它不仅极大地丰富了人们的生活，也为学习、工作带来了前所未有的便利，成为现代社会不可或缺的基础设施。

3.2.1 Internet 及其服务

1. Internet 的概念

Internet，即因特网，是一个全球性的计算机网络，由众多网络通过标准的通信协议连接而成。它的起源可追溯到 20 世纪 60 年代末的 ARPANET 项目，该项目旨在创建一个即使部分网络受损也能保持通信的系统。随着时间的推移，互联网已成为一个连接全球数十亿设备的巨大网络。互联网的核心是开放性和互连性，允许任何遵守其协议的网络加入。它极大地促进了信息的快速获取和传播，推动了全球化交流和合作，成为现代社会获取新闻、学习、社交、购物和娱乐的重要平台。

互联网提供多种服务,包括电子邮件、万维网(World Wide Web,WWW)、文件传输协议(FTP)、即时通信(Instant Messaging,IM)、远程登录(Telnet)、域名系统(Domain Name System,DNS)等。这些服务已融入日常生活,成为经济发展、文化交流和社会进步的关键驱动力。随着技术进步,互联网服务不断扩展,为人类生活带来更多便利。

2. TCP/IP

TCP/IP 是互联网上使用最广泛的通信协议,全称为传输控制协议/互联网协议。它定义了计算机如何通过网络互联以及数据如何在网络间传输的标准。TCP/IP 由两个主要部分组成:TCP 和 IP。

- TCP(传输控制协议)位于传输层,负责确保数据的可靠传输。它通过三次握手建立连接,提供数据分段、重组、确认和重传机制,以确保数据正确无误地从源头传输到目的地。TCP 还提供流量控制和拥塞控制机制,以防止网络过载。
- IP(互联网协议)位于网络层,负责数据包的寻址和路由。IP 协议定义了数据包的格式,包括源 IP 地址和目的 IP 地址,确保数据包可以从一个网络传输到另一个网络,并最终到达目的地。

TCP/IP 的设计具有模块化和层次化的特点,这使得网络设计和管理变得更加灵活和可扩展。TCP/IP 通常包括 4 个层次:应用层、传输层、网络层和链路层,与 OSI 7 层参考模型的各层间的对应关系如图 3-9 所示。每一层都有特定的功能,下一层为上一层提供服务。

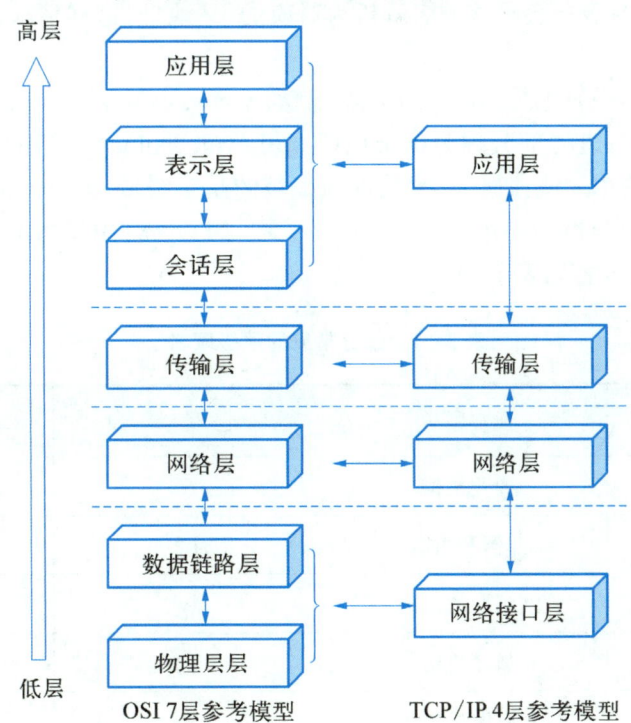

图 3-9　OSI 7 层参考模型与 TCP/IP 4 层参考模型各层间对应关系

3. IP 地址

IP 地址,全称为互联网协议地址(Internet Protocol Address),是互联网协议(IP)的核心组成部分,它为网络中的每个设备提供了一个独一无二的数字标签。IP 地址不仅确保了数据能够在网络中正确地寻址和传输,而且是实现网络通信的基础。IP 地址的设计使得不同网络和设备之间能够相互识别和通信,这是 TCP/IP 体系中网络层的关键功能。为了便于寻址以及层次化构造网络,每个 IP 地址都包括网络地址和主机地址两个部分,同一个物理网络上的所有主机都使用同一个网络地址,不同主机拥有不同的主机地址。

IP 地址包含 IPv4 和 IPv6 两大类。IPv4 地址由 32 位二进制数组成,通常被分割为 4 个"8 位二进制数"(也就是 4 字节)。IPv4 地址通常用"点分十进制"表示成"a.b.c.d"的形式,其中,a,b,c,d 都是 0~255 的十进制整数。例如 IPv4 地址 100.4.5.6,实际上是 32 位二进制数(01100100.00000100.00000101.00000110)。

随着 IPv4 地址的逐渐耗尽,IPv6 地址的开发和推广变得尤为重要。IPv6 地址由 128 位二进制数组成,通常被分割为 8 组,每组用 4 个十六进制数表示,并用冒号分隔,例如 IPv6 地址 2001:0db8:85a3:0000:0000:8a2e:0370:7334。IPv6 地址不仅极大地扩展了地址空间,还引入了包括改进的路由效率、内置的安全性和对移动设备支持等新特性。这些改进使得 IPv6 地址能够更好地适应现代网络的需求,支持更多的设备连接和更复杂的网络环境。

4. 主机域名

在互联网的世界中,每台计算机都可能拥有一个或多个 IP 地址,但这些数字对于人类记忆来说并不友好。域名系统(DNS)允许使用易于记忆的名称来代替复杂的 IP 地址,这些名称就是域名,它们为网络中的主机提供了一种人类可读的标识方式。当用户在浏览器中输入一个域名时,DNS 服务会将该域名解析为对应的 IP 地址,这样请求才能被发送至正确的服务器。

域名通常由多个部分组成,用点(.)分隔,例如 www.example.com。域名的各个部分具有特定的含义:最右边的部分称为顶级域(Top-LeveL Domain,TLD),如.com,.org 或.net,它指示了域名的用途或注册地;紧挨着顶级域的是二级域,如 example,通常代表拥有该域名的组织或公司名称;最左边的部分可以是子域,如 www,用于指示特定的服务器或服务。部分常见的顶级域名见表 3-1。

表 3-1 部分常见的顶级域名

机 构 域	通常用途	地 理 域	通常用途
.com	商业机构	.cn	中国
.org	非营利组织	.hk	中国香港
.net	网络服务机构	.tw	中国台湾
.edu	教育机构	.au	澳大利亚
.gov	政府机构	.jp	日本
.mil	军事机构	.uk	英国
.info	信息服务机构	.fr	法国

5. Internet 接入方式

Internet 接入方式指的是终端用户连接到互联网的方法,这些方法随着技术的发展而不断演进。以下是几种常见的接入方式。

(1) 拨号上网(Dial-up)

拨号上网是最早的互联网接入方式之一,通过电话线和调制解调器(Modem)连接到互联网服务提供商(ISP)。用户通过拨打 ISP 提供的接入号码建立连接,数据传输速度较慢,通常在 56 kbps 左右。随着宽带技术的发展,拨号上网因其速度慢、费用高等缺点,已经逐渐被淘汰。

(2) ISDN(Integrated Services Digital Network,综合业务数字网)接入

ISDN 是一种数字电话网络,提供比传统拨号上网更快的连接速度。ISDN 可以提供 128 kbps 的传输速率,支持语音和数据同时传输。然而,ISDN 的部署成本较高,且速度仍然无法与现代宽带技术相比,因此在很多地区也逐步被更先进的技术所取代。

(3) ADSL(Asymmetric Digital Subscriber Line,非对称数字用户线路)接入

ADSL 是一种利用现有电话线提供宽带互联网接入的技术。它能够在不影响电话通话的情况下,提供最高可达 24 Mbps 的下载速度和 1 Mbps 的上传速度。ADSL 特别适合家庭用户,因为它提供了足够的带宽来满足日常的上网需求,如浏览网页、观看视频和下载文件。

(4) 光纤接入

光纤接入是目前最快的互联网接入方式之一,通过光纤线路直接连接到用户家中或企业。光纤提供极高的带宽和极低的延迟,下载速度可以达到几百兆位每秒(Mbps)甚至几吉位每秒(Gbps)。光纤接入适合对网络速度和稳定性要求极高的用户,如大型企业、数据中心和高端家庭用户。

(5) 无线网络(Wireless Networks)

无线网络,尤其是 Wi-Fi,已经成为家庭和公共场所接入互联网的主要方式。Wi-Fi 通过无线路由器广播信号,允许用户在一定范围内无线连接到互联网。随着 Wi-Fi 技术的发展,如 Wi-Fi 6 和 Wi-Fi 6E 的出现,无线网络的速度和覆盖范围都有了显著提升。此外,移动数据网络(如 4G 和 5G)也为移动设备提供了便捷的互联网接入。

6. Internet 服务

Internet 服务是指通过互联网提供的各种功能和服务,它们极大地丰富了人们的工作和生活方式。以下是一些常见的互联网服务。

(1) Web 服务

Web 服务通常指的是通过万维网(WWW)提供的服务。用户可以通过统一资源定位器(Uniform Resource Locator,URL)系统访问网站上的信息和资源。Web 服务使得用户能够浏览网页、观看视频、下载文件、在线购物、参与社交媒体互动等。Web 服务主要基于超文本标记语言(Hyper Text Markup Language,HTML)、层叠样式表(Cascading Style Sheets,CSS)和 JavaScript 等技术构建。Web 服务广泛应用于电子商务、在线教育、新闻发布、个人博客、企业宣传等领域。

(2) FTP 服务

文件传输协议(FTP)服务允许用户在网络上进行文件的上传和下载。FTP 服务支持双

向文件传输,用户可以通过 FTP 客户端连接到 FTP 服务器,管理远程文件系统。FTP 服务可以是匿名的,也可以要求用户进行认证。为了提高安全性,通常使用 FTPS(FTP Secure)或 SFTP(SSH File Transfer Protocol)。FTP 服务常用于网站内容管理、软件分发、数据备份等场景。

(3) E-mail 服务

E-mail(电子邮件)服务是互联网上最古老的服务之一,它允许用户发送和接收文本、图像、音频和视频等格式的邮件。E-mail 服务提供了一种快速、方便的远程通信方式。用户可以通过邮件客户端或 Web 邮件服务访问自己的邮箱。常用的电子邮件协议包括简单邮件传输协议(SMTP)用于发送邮件,邮局协议版本 3(Post Office Protocol Version 3,POP3)或互联网消息访问协议(Internet Message Access Protocol,IMAP)用于接收邮件。E-mail 服务不仅用于个人通信,也是企业内部沟通和客户服务的重要工具。

(4) 电子公告板

电子公告板(Bulletin Board System,BBS)是一种在线论坛,用户可以在其中发布消息、讨论话题和分享信息。BBS 提供了一个信息交流的平台,用户可以创建主题、回复帖子、上传附件等。BBS 的互动性强,用户可以实时交流意见,形成社区。BBS 在早期互联网中非常流行,现在多被更先进的社交媒体平台所取代,但在某些特定领域(如技术论坛、爱好者社区)仍然活跃。

(5) 网格计算

网格计算是一种分布式计算模式,它将多个计算资源(如计算机、存储设备、网络带宽)整合成一个虚拟的超级计算机,以提供强大的计算能力。网格计算可以处理大规模的计算任务,如科学研究、气象预测、生物信息学等。网格计算在科研领域有着广泛的应用,它使得跨机构、跨地域的资源共享和协作成为可能。

(6) P2P 服务

点对点(peer-to-peer,P2P)服务是一种网络通信架构,它允许网络中的每个节点(peer)既是客户端又是服务器。P2P 服务可以实现文件共享、即时通信、网络会议等功能,无须中央服务器。P2P 服务具有高扩展性和容错性,因为网络中的每个节点都可以独立工作。P2P 技术广泛应用于文件共享(如 BitTorrent)、流媒体服务(如 Spotify、Netflix)、分布式数据库等。

互联网服务是现代社会的重要组成部分,它们使得信息的获取和交流变得更加便捷和高效。从 Web 服务到 P2P 服务,这些服务不仅改变了人们的工作和生活方式,也推动了社会的进步和发展。随着技术的不断进步,未来的互联网服务将更加多样化和智能化,为用户带来更多便利和可能性。例如,随着物联网(Internet of Things,IoT)和人工智能(Artificial Intelligence,AI)技术的发展,互联网服务将更加个性化和智能化,能够更好地满足用户的个性化需求。同时,随着 5G 网络的普及,互联网服务的响应速度和可靠性也将得到显著提升,为远程工作、在线教育、远程医疗等应用提供更好的支持。总之,互联网服务的发展将为人类社会带来更多的机遇和挑战。

3.2.2 Web 技术

Web 全称为 World Wide Web(万维网),是由网页、网站和 Web 应用程序组成的一个庞大的信息空间。它通过互联网进行访问,使用统一资源定位器(URL)来标识和检索网页。Web技术基于超文本传输协议(HTTP)进行数据传输,网页内容通常由HTML编写,并通过CSS进行样式设计,JavaScript添加交互功能。Web的普及也催生了各种Web服务,如在线购物、电子邮件、社交媒体、在线教育等,极大地改变了人们的工作和生活方式。随着技术的进步,Web不断进化,将提供更加丰富和动态的用户体验。

Web技术是构建互联网上网页和网站的基础,它涉及从前端展示到后端处理的一系列技术和标准。Web技术涉及的内容很多,以下仅介绍一些基本的概念。

1. HTML(超文本标记语言)

HTML即超文本标记语言,是构建网页和网上信息展示的标准标记语言。它通过一系列的标签(tags)和元素(elements)来定义网页的结构和内容,使得网页开发者能够创建文本、图片、链接、列表和其他多媒体内容的布局。

HTML文档由开始标签<html>和结束标签</html>包围,其中包含头部(<head>)和主体(<body>)两部分。头部通常包含文档的元数据,如页面标题(<title>)和字符集(<meta charset="UTF-8">),而主体则包含网页的可见内容。

HTML5是HTML的最新版本,它引入了新的标签和功能,如<header>、<footer>、<article>、<video>和<audio>等,以支持更丰富的网页设计和交互。HTML与CSS以及JavaScript一起,构成了Web前端开发的三大核心技术,使得网页不仅结构化,而且样式美观、交互性强。随着Web技术的发展,HTML也在不断进化,以适应新的网络应用需求。

2. 网页与网站

网页是构成网站的基本单元,它是通过HTML、CSS和JavaScript等技术创建的单个文档。网站则是由多个相互关联的网页组成的集合。一个网页可以包含文本、图片、视频、音频等多媒体内容,以及超链接、表单等交互元素。一个网站通常包含多个网页,它们通过导航菜单相互连接,形成一个有机的整体。网站可以用于个人展示、企业宣传、在线销售、信息发布等多种目的。

3. URL(统一资源定位器)

URL是互联网上用来标识信息资源位置和访问方法的字符串。URL为用户访问网站、网页或其他在线资源提供了一个直观的地址。它通常由协议、域名、端口号(可选)、路径和查询字符串(可选)组成,例如:https://www.example.com/page.html?name=example。URL的协议部分(如http或https)指定了访问资源所使用的网络协议;域名部分(如www.example.com)标识了资源所在的服务器;路径和查询字符串(如/page.html?name=example)则进一步指定了服务器上的文件位置和请求参数。URL使得用户无须记忆复杂的数字IP地址,就能方便地访问和检索互联网上的资源。

4. HTTP(超文本传输协议)

HTTP是互联网上应用最广泛的协议之一,用于在Web浏览器和Web服务器之间传输数据的协议。它定义了客户端请求和服务器响应的格式和方法。HTTP是无状态的协议,意味着每个请求都是独立的,服务器不会保存任何两个请求之间的信息。

HTTP的工作原理是当用户在浏览器中输入一个网址或单击一个链接时,浏览器会向服务器发送一个HTTP请求。这个请求包含了想要访问的资源的URL、请求方法(如GET、

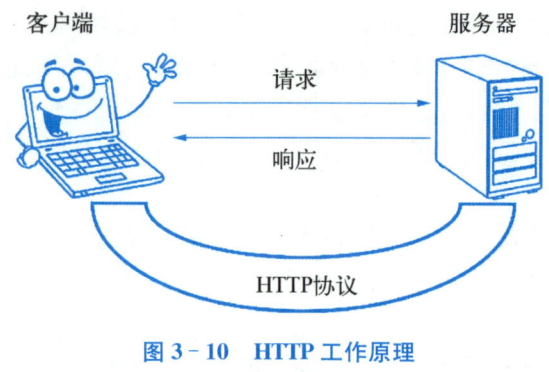

图 3-10 HTTP 工作原理

POST 等)、请求头信息以及可能的请求体(对于 POST 请求)。服务器接收到请求后,会根据请求的 URL 找到对应的资源,处理请求,并返回一个 HTTP 响应,如图 3-10 所示。

HTTP 是互联网通信的基石,它为客户端和服务器之间的数据交换提供了一种简单、灵活和高效的机制。随着技术的进步,HTTP 将继续发展,以支持更加丰富和动态的网络应用。

5. Web 服务器端技术

Web 服务器端技术涉及处理客户端请求、生成动态内容、管理服务器资源等方面的技术。常见的 Web 服务器软件包括 Apache、Nginx 和 Microsoft IIS。它们负责监听客户端的请求,并将请求转发给相应的处理程序。服务器端脚本语言,如 PHP、Ruby、Python 和 Node.js 等,可以用来生成动态内容。这些语言可以在服务器上运行,根据请求生成定制化的响应。Web 应用常常需要与数据库交互来存储和检索数据。常见的数据库系统包括 MySQL、PostgreSQL、MongoDB 和 Microsoft SQL Server。

6. Web 客户端技术

Web 客户端技术主要指的是在用户浏览器中运行的技术,用于增强用户体验和提供交互功能。CSS(层叠样式表)用于控制网页的外观和布局。它允许开发者定义字体、颜色、间距、对齐方式等视觉样式。JavaScript 是一种脚本语言,用于在客户端实现交互功能。它可以响应用户事件(如单击、输入),动态修改网页内容,与服务器进行异步通信(如 Ajax)。为了简化开发流程和提高开发效率,出现了许多 JavaScript 框架和库,如 React、Angular、Vue.js 和 jQuery。这些工具提供了丰富的组件和功能,使得 Web 开发更加高效和模块化。

本章全面介绍了计算机网络的基础知识,从网络的基本概念到具体的技术实现,为读者构建了一个完整的知识框架。首先介绍网络的分类,包括按照地域范围和拓扑结构的划分,这有助于理解不同网络的特点和应用场景。接着,深入介绍网络中的关键设备,如交换机和路由器,以及传输介质,包括有线介质和无线介质,这些都是构建网络的基石。此外,本章还介绍了 IP 地址和域名系统,这些是网络通信的基础。互联网服务部分则展示了网络如何服务于日常生活,包括 Web 服务、FTP、电子邮件等。最后,对 Web 技术和 HTTP 进行了详细解释,这些都是现代互联网应用的核心技术。通过本章的学习,读者能够对计算机网络有一个全面而深入的理解,为进一步的学习和实践打下坚实的基础。

课后习题 3

1. 单选题

   (1) 计算机网络的主要功能是（   ）。
      A. 资源共享和信息传递　　　　　　B. 提供图形用户界面
      C. 运行应用程序　　　　　　　　　D. 存储数据文件

   (2) 下列选项中，（   ）是 OSI 参考模型的最高层。
      A. 物理层　　　　B. 传输层　　　　C. 应用层　　　　D. 网络层

   (3) 覆盖一个校园的网络通常属于（   ）。
      A. 局域网（LAN）　B. 城域网（MAN）　C. 广域网（WAN）　D. 个人网（PAN）

   (4) 在星形拓扑结构中，中心节点通常是（   ）。
      A. 计算机　　　　B. 交换机或集线器　C. 路由器　　　　D. 调制解调器

   (5) 下列传输介质中，（   ）的传输速度最快。
      A. 双绞线　　　　B. 同轴电缆　　　C. 光纤　　　　　D. 无线电波

   (6) 负责在不同网络之间转发数据包的设备是（   ）。
      A. 交换机　　　　B. 路由器　　　　C. 集线器　　　　D. 网卡

   (7) IPv4 地址由（   ）位二进制数组成。
      A. 16　　　　　　B. 32　　　　　　C. 64　　　　　　D. 128

   (8) 下列选项中，（   ）是中国的国家顶级域名。
      A. .com　　　　　B. .org　　　　　C. .cn　　　　　D. .net

   (9) 目前最快的家庭互联网接入方式是（   ）。
      A. 拨号上网　　　B. ADSL　　　　　C. 光纤接入　　　D. ISDN

   (10) HTTP 默认使用的端口号是（   ）。
      A. 21　　　　　　B. 25　　　　　　C. 80　　　　　　D. 443

   (11) 构建网页内容的主要标记语言是（   ）。
      A. CSS　　　　　B. JavaScript　　C. HTML　　　　　D. XML

   (12) 下列选项中，（   ）不是 Web 服务的组成部分。
      A. URL　　　　　B. HTTP　　　　　C. FTP　　　　　　D. HTML

   (13) 负责将域名解析为 IP 地址的系统是（   ）。
      A. HTTP　　　　　B. FTP　　　　　　C. DNS　　　　　　D. SMTP

   (14) TCP 协议的主要特点是（   ）。
      A. 无连接　　　　B. 不可靠　　　　C. 提供可靠传输　D. 速度快

   (15) 下列选项中，（   ）是无线传输介质。
      A. 双绞线　　　　B. 同轴电缆　　　C. 光纤　　　　　D. 微波

   (16) 在 OSI 参考模型中，负责路由选择的是（   ）。
      A. 物理层　　　　B. 数据链路层　　C. 网络层　　　　D. 传输层

   (17) 下列选项中，（   ）是 P2P 服务的典型应用。
      A. 电子邮件　　　B. 网页浏览　　　C. 文件共享　　　D. 远程登录

(18) HTML5 新增的用于播放视频的标签是（　　）。
　　　A. <media>　　B. <video>　　C. <movie>　　D. <play>
(19) 下列选项中,（　　）不是常见的网络拓扑结构。
　　　A. 星形　　　B. 总线型　　　C. 环形　　　D. 线型
(20) 用于发送电子邮件的协议是（　　）。
　　　A. HTTP　　　B. FTP　　　C. SMTP　　　D. TCP

2. **多选题**

(1) 下列哪些是 OSI 参考模型的层次？（　　）
　　　A. 物理层　　B. 数据链路层　　C. 网络层　　D. 传输层
　　　E. 应用层
(2) 下列哪些是有线传输介质？（　　）
　　　A. 双绞线　　B. 同轴电缆　　C. 光纤　　D. 无线电波
　　　E. 微波
(3) 下列哪些是 TCP/IP 的特点？（　　）
　　　A. 分层结构　　B. 可靠性高　　C. 全球通用　　D. 仅用于局域网
　　　E. 速度慢
(4) 下列哪些是常见的 Internet 服务？（　　）
　　　A. Web 服务　　B. FTP 服务　　C. 电子邮件服务　　D. P2P 服务
　　　E. 网格计算
(5) 下列哪些是 Web 技术的核心组成部分？（　　）
　　　A. HTML　　B. CSS　　C. JavaScript　　D. FTP
　　　E. SMTP

3. **判断题**

(1) 计算机网络的主要功能是资源共享和信息传递。　　　　　　　　　　（　　）
(2) OSI 参考模型有 5 层。　　　　　　　　　　　　　　　　　　　　　（　　）
(3) 局域网(LAN)的覆盖范围通常是一个城市。　　　　　　　　　　　　（　　）
(4) 路由器工作在网络层。　　　　　　　　　　　　　　　　　　　　　（　　）
(5) IPv6 地址比 IPv4 地址更长。　　　　　　　　　　　　　　　　　　（　　）
(6) 光纤传输速度比双绞线慢。　　　　　　　　　　　　　　　　　　　（　　）
(7) DNS 负责将域名转换为 IP 地址。　　　　　　　　　　　　　　　　（　　）
(8) HTTP 是用于文件传输的协议。　　　　　　　　　　　　　　　　　（　　）
(9) TCP 提供可靠的传输服务。　　　　　　　　　　　　　　　　　　　（　　）
(10) 星形拓扑结构中,中心节点故障会导致整个网络瘫痪。　　　　　　　（　　）
(11) ADSL 是一种无线接入技术。　　　　　　　　　　　　　　　　　　（　　）
(12) HTML 用于定义网页的结构。　　　　　　　　　　　　　　　　　　（　　）
(13) CSS 用于控制网页的样式。　　　　　　　　　　　　　　　　　　　（　　）

(14) JavaScript 是一种服务器端脚本语言。　　　　　　　　　(　　)
(15) URL 是统一资源定位符的缩写。　　　　　　　　　　　(　　)
(16) SMTP 用于发送电子邮件。　　　　　　　　　　　　　(　　)
(17) 无线网络的安全性通常高于有线网络。　　　　　　　　　(　　)
(18) 网络接口卡(NIC)是计算机连接网络的必备设备。　　　　(　　)
(19) P2P 网络需要中心服务器才能工作。　　　　　　　　　(　　)
(20) Web 服务器端技术包括 PHP 和 Python 等语言。　　　　(　　)

4. 填空题

(1) OSI 参考模型共有_____层。
(2) 覆盖全球的网络称为_____。
(3) 负责在不同网络之间转发数据包的设备是_____。
(4) IPv4 地址由_____位二进制数组成。
(5) 将域名转换为 IP 地址的系统是_____。
(6) 构建网页内容的标记语言是_____。
(7) 控制网页样式的技术是_____。
(8) 用于在浏览器中实现交互功能的脚本语言是_____。
(9) 目前最快的家庭互联网接入方式是_____。
(10) 用于发送电子邮件的协议是_____。

信息技术应用

本章导读

WPS Office 是由北京金山办公软件股份有限公司自主研发的办公软件套装,于 1989 年 9 月推出初代版本,2011 年 5 月推出移动端。其市场定位为一站式办公服务平台,主要面向学生、职场群体等具有现代化学习和办公需求的用户。

WPS Office 提供文字编辑、幻灯片制作、表格处理等基础功能。同时,其支持跨平台使用、设备协同、多人协作和文档云存储等基础服务,并搭载了基于大语言模型的智能办公助手 WPS AI,辅助用户使用主流组件,旨在帮助用户提升办公效率。外观界面上,WPS Office 拥有公文模式等本土化风格设计、稻壳功能等资源平台,契合主流市场的审美偏好与使用习惯。

WPS Office 在国内及海外具有巨大的影响力。截至 2025 年 1 月,其用户覆盖全球 220 余个国家和地区,PC 端在国内的日活设备数超过 1 亿;2021 年 3 月,WPS Office 在中国大陆 Windows 平台的安装率达 60.6%。2020 年 11 月 25 日,教育部考试中心宣布将 WPS Office 作为全国计算机等级考试的二级考试科目之一,于 2021 年起在全国实施。

WPS 软件的高级应用价值

1. 提升工作效率

WPS 软件提供了丰富的功能,如宏编辑器、批量转换、PDF 编辑等,能够帮助用户快速完成复杂任务。

依托云同步功能支持多人协作编辑,团队成员可以实时协作,避免重复工作,显著提高团队效率。

2. 满足多样化需求

WPS 文字、表格和演示模块具备强大的功能,能够满足从文档编辑、数据分析到演示制作的多种需求。

提供多种专业模板和主题,用户可以快速创建符合需求的文档和演示文稿。

3. 数据安全保障

提供文档权限管理功能,用户可以设置查看、编辑、下载等权限,保护文档安全。

支持历史版本管理,用户可以随时查看、恢复文档的历史版本,避免数据丢失。

4. 跨平台支持

WPS 支持多平台同步,用户可以在电脑、平板和手机之间无缝切换,随时随地处理文档。

5. 成本效益

WPS 专业版提供了更强大的功能,同时价格相对较低,适合预算有限的个人和企业用户。

本章要点

- 通过模拟大学生活求职场景,利用文字、表格和图片进行排版,完成求职简历的制作。
- 通过模拟毕业论文撰写,掌握长文档的排版技巧,提升毕业论文撰写能力。
- 高级文字编辑功能:通过邮件合并等能力的训练,达到全国计算机等级考试二级 WPS Office 文字编辑考核标准。
- 通过表格的基本操作,掌握表格的编辑和美化,能够处理简单的表格数据。
- 进一步深入表格的公式与函数,表格数据的综合管理,图表编辑等,能够处理复杂的表格。
- 以"家国情怀""文化自信"为核心,通过"我的家乡"和"中国传统节日主题班会"两个案例,培养美学鉴赏能力,厚植爱国情怀。

三维教学目标

- 知识目标
  ◎ 掌握 WPS 文字、图片、表格和演示的基本功能。
  ◎ 了解 WPS 的高级功能,如邮件合并、数据分析、演示播放等。
- 能力目标
  ◎ 能够高效使用 WPS 进行文档编辑、数据处理和演示制作。
  ◎ 学会利用云协作功能进行团队合作。
- 素质目标
  ◎ 培养用户的信息素养和团队协作能力。
  ◎ 提升用户的职业技能和工作效率。
  ◎ 通过学习 WPS 软件的高级应用,可以在不同场景下高效完成任务,提升个人和团队的办公能力。

本章知识点学习

4.1 WPS 文字应用

WPS 文字是 WPS Office 套件中的核心组件,具备强大的文档编辑、排版、审阅和输出功能。在编辑方面,它支持文本输入、复制粘贴、查找替换等操作,以及丰富的字体和段落格式设置,还能插入图片、表格、形状等多种元素。排版功能包括页面设置、分栏和页眉页脚调整,可满足多样化的布局需求。审阅功能则提供批注、修订和文档比较,便于团队协作和校对。输出功能支持打印预览和格式转换(如导出为 PDF),确保文档在不同场景下的使用需求。WPS 文字以其便捷的操作和丰富的功能,广泛应用于办公、学习和创作场景,是高效处理文档的得力工具。

实验 1　WPS 文字 1(求职简历)

实验目的

1. 掌握文本输入及格式化的方法。
2. 掌握插入分隔符的方法。
3. 掌握制作表格的方法。
4. 掌握插入和设置图片、艺术字的方法。
5. 掌握设置页面边框的方法。

实验任务及要求

1. 实验任务

(1) 格式化文本和段落

利用"字体"组设置字体格式。

使用"段落"组中的对话框设置段落对齐方式。

使用"段落"组上的对话框设置段落缩进。

(2) 使用分隔符功能

在对 WPS 文档进行排版时,利用分节符对同一文档中的不同部分采用不同的版面设置。

(3) 制作表格。

(4) 图片、艺术字的插入和设置。

(5) 借助标尺完成制表位定位。

(6) 学习应用不同类型页面边框。

2. 实验要求

(1) 在一个文档内完成 3 页求职简历,包括封面、自荐信、个人简历。

(2) 图文混排美观、简洁。

(3) 自荐信和表格占用页面合理,大小比例适当。

(4) 熟练应用分节符、页面边框、定位符等功能。

实验内容及操作指导

本实验制作求职简历。

1. 制作"自荐信",输入文字内容并排版

(1) 输入文字内容,如图 4-1 所示。

(2) 标题"自荐信",设置字符格式为:华文行楷、二号、加粗,字符间距设置为加宽 10 磅。

(3) 称谓和落款设置字符格式为:黑体、四号。

(4) 其余正文内容设置字符格式为:新宋体、小四。

(5) 标题"自荐信"居中对齐。

(6) 正文设置段落格式为:两端对齐、首行缩进 2 个字符、行距为固定值 25 磅。

(7) 落款设置段落格式为:右对齐;"自荐人:××"设置段前间距 25 磅。

(8) 借助标尺取消"敬礼!"的首行缩进。

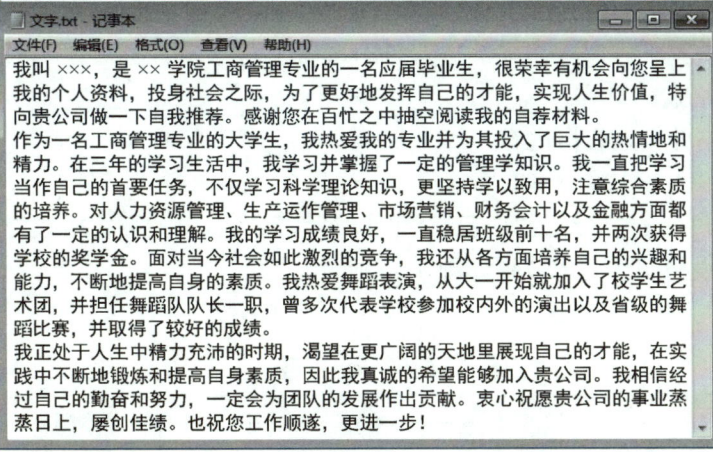

图 4-1 文字内容

(9) 自荐信完成的效果如图 4-2 所示。

图 4-2 排版完成效果

2. 制作"个人简历"表格

(1) 将插入点置于"自荐信"尾部位置,插入"分节符",输入标题"个人简历",并用格式刷复制"自荐信"格式。

(2) 创建表格并输入表格内容。

表格文字格式:新宋体、小四、左对齐。

表格标题格式:设置底纹为"白色,背景1,深色25%",设置字符格式为加粗、居中。

"个人简历"表格制作完成效果如图4-3所示。

微课视频

绘制表格小技巧

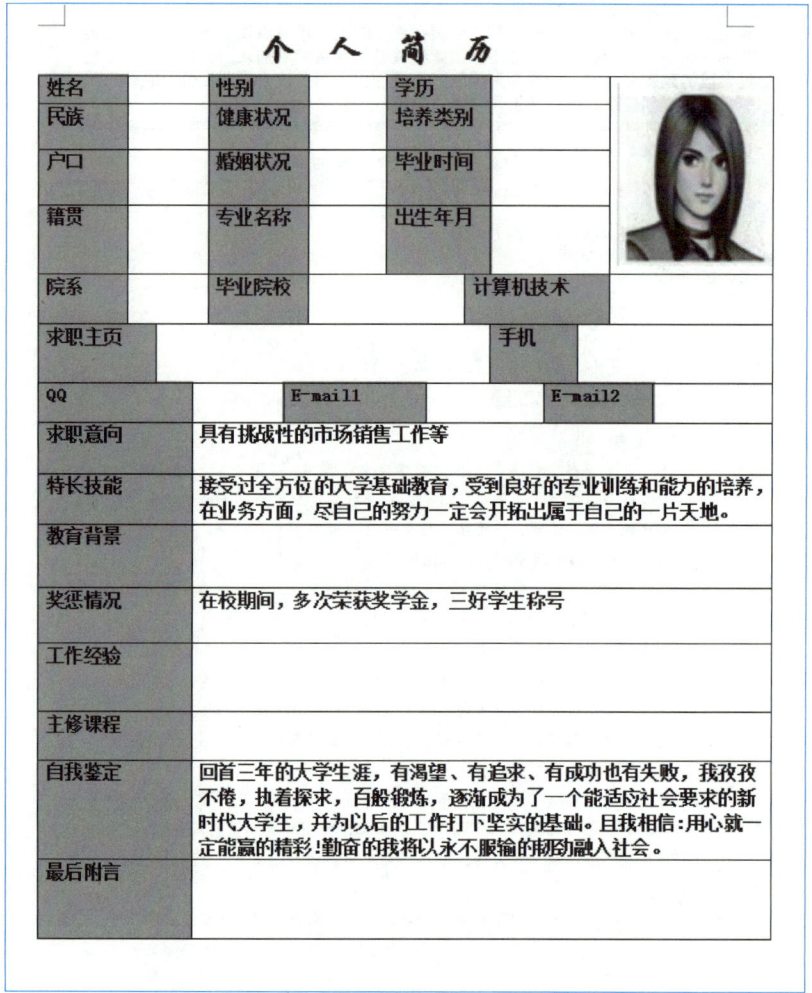

图4-3 "个人简历"表格完成效果

3. 制作"求职简历"封面

(1) 将插入点置于文档首部,插入分节符:页面布局→分隔符。

(2) 插入图片并调整图片大小和位置。

(3) 插入艺术字"求职简历"并调整艺术字大小和位置。

(4) 使用制表位定位,输入学生信息。

(5) "求职简历"封面完成的效果如图4-4所示。

图 4-4　求职简历封面完成效果

4. 为自荐信页面添加页面边框

(1) 将插入点置于自荐信页面。

(2) 打开"边框和底纹"对话框,为自荐信页面添加"方框"样式的页面边框,在"应用于"下拉列表中选择"本节"项(如图 4-5 所示)。

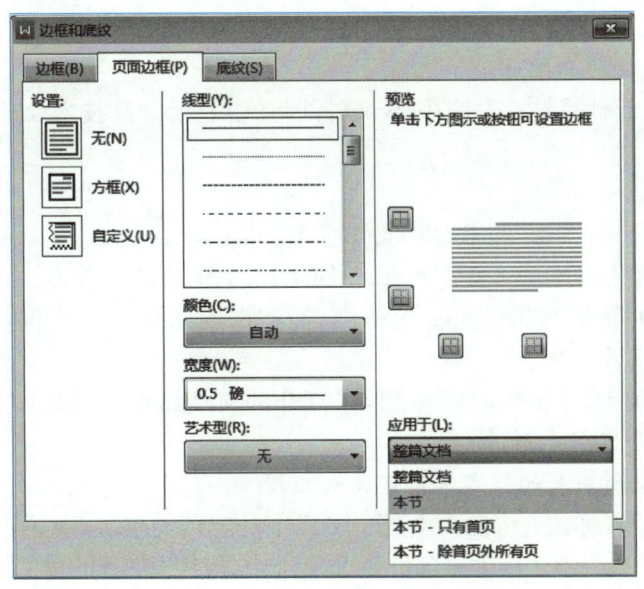

图 4-5　"页面边框"选项卡

实验 2　WPS 文字 2(长文档)

实验目的

1. 掌握设置文档属性的方法。
2. 掌握创建和应用样式的方法。
3. 掌握提取目录的方法。
4. 掌握插入和设置页眉的方法。
5. 掌握插入题注的方法。

实验任务及要求

1. 实验任务

(1) 文档属性设置。
(2) 样式的使用。
(3) 插入目录。
(4) 学习分节符的另一种使用方法。
(5) 页眉页脚的使用。
(6) 题注和创建图表目录。

2. 实验要求

(1) 能独立完成系统自带样式和自定义样式的操作。
(2) 会在页眉中绘制多边形。
(3) 正确插入域。
(4) 理解分节符的功能和用法。
(5) 灵活使用图文混排。
(6) 实现插入题注、图表目录、目录等功能。

实验内容及操作指导

本实验完成长文档排版。

1. 设置页面与文档属性

(1) 新建文档"云计算技术及应用.wps",并将文档"云计算技术及应用(原文).wps"的文字内容复制到其中。

(2) 页面设置

纸张大小：自定义,宽 19 厘米、高 26.5 厘米。

页边距：上下左右分别为 2.5 厘米、2.5 厘米、2.4 厘米、1.6 厘米。

在"页面设置"对话框的"版式"选项卡中,勾选"奇偶页不同"复选框,如图 4-6 所示。

(3) 文档属性设置

选择"文件"选项卡,单击"属性"按钮,在打开的文档属性对话框中切换到"摘要"选项卡,按图 4-7 设置信息。

2. 对章节、正文所用到的样式进行定义和应用

(1) 应用系统内置样式：将插入点置于文章中的红色文字处,单击"选择"按钮,再单击"选择格式相似的文本",将文档中全部红色文字选中,应用"标题 2"样式；用同样操作将文章中的蓝色文字应用"标题 3"样式。

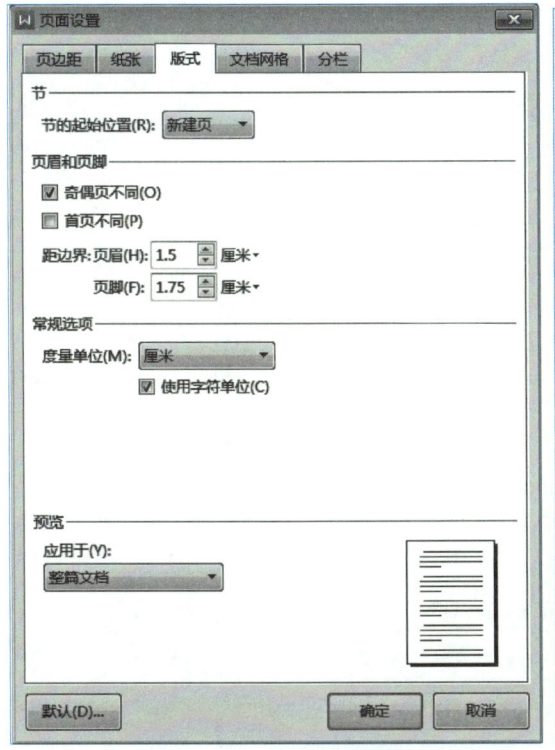

图 4-6 页面设置对话框

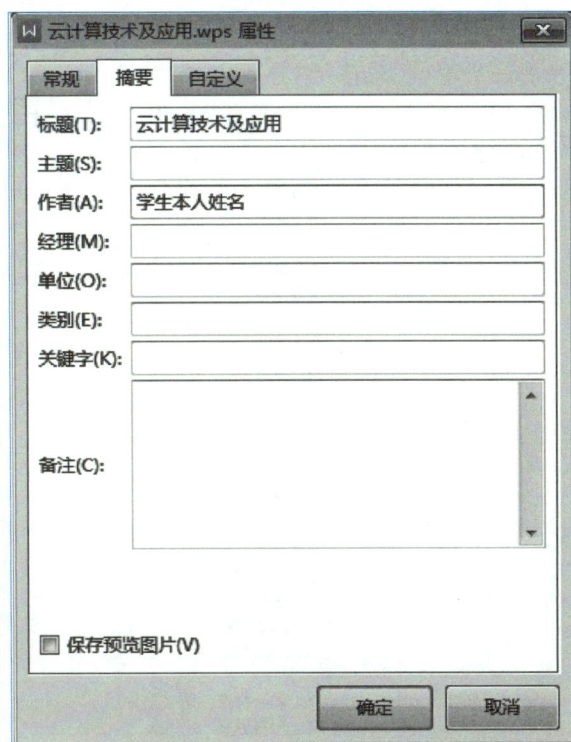

图 4-7 文档属性设置

(2) 新建样式"正文",设置格式为:仿宋、五号,多倍行距为 1.25,首行缩进 2 个字符。并将样式"正文"应用于文章的正文。

3. 利用标题样式为文章创建目录

完成样式设置和应用后,确认样式"标题 2"和"标题 3"已关联大纲的第二级和第三级级别,在此基础上提取目录。

(1) 将插入点置"简介"段前,输入文字"目录"(设置格式:居中、小二、黑体)并回车。

(2) 选择"引用"选项卡,单击"目录"按钮,选择"自定义目录"项,打开"目录"对话框,选择"目录"选项卡,单击"选项":按图 4-8 把标题 2 和标题 3 的目录级别设置为 1 级和 2 级。

创建的目录如图 4-9 所示。

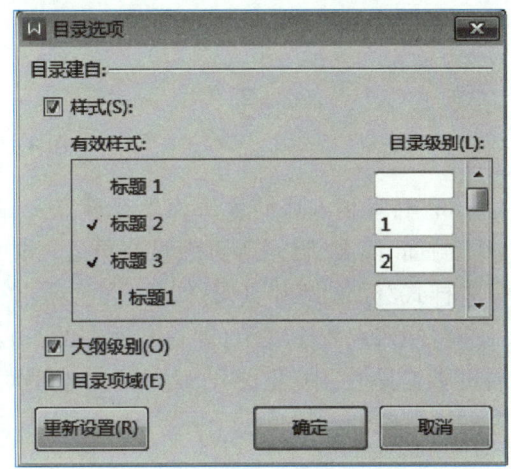

图 4-8 设置目录选项

4. 插入分节符

在摘要(即第一段文字)、目录、"1. 简介"前分别插入分节符(类型为"奇数页"),使"摘要"、目录、文章正文成为三个不同的节,以便设置不同的页眉属性。

选择"页面布局"选项卡,单击"分隔符"按钮,插入"奇数页分节符"分隔符。

提示:分节符中包含的格式化信息:页面方向、页边距、分栏情况、页眉页脚样式、纸张大小等。

目录

```
目录 ............................................................. 1
1. 简介 ........................................................... 3
    1.1 概念 ...................................................... 3
    1.2 背景 ...................................................... 3
    1.3 简史 ...................................................... 4
2. 发展演变 ....................................................... 6
    2.1 发展阶段分析 .............................................. 6
    2.2 演变 ..................................................... 12
3. 特征应用 ...................................................... 14
    3.1 特征 ..................................................... 14
    3.2 特点 ..................................................... 14
    3.3 云物联应用 ............................................... 15
    3.4 云安全 ................................................... 15
    3.5 云存储应用 ............................................... 16
    3.6 云呼叫应用 ............................................... 16
    3.7 私有云应用 ............................................... 16
    3.8 云游戏应用 ............................................... 17
    3.9 云教育应用 ............................................... 17
    3.10 云会议应用 .............................................. 17
    3.11 云社交应用 .............................................. 18
4 技术服务 ....................................................... 18
    4.1 核心技术 ................................................. 18
    4.2 服务形式 ................................................. 18
5. 发展启碍 ...................................................... 20
6. 核心特性 ...................................................... 22
7. 相关问题 ...................................................... 22
8. 服务器 ........................................................ 24
9. 解决方案 ...................................................... 24
    9.1 云呼叫中心 ............................................... 24
    9.2 VIS 加速部署 ............................................. 25
    9.3 模型的优势 ............................................... 25
    9.4 VIS 架构组件 ............................................. 26
    9.5 服务 ..................................................... 26
```

图 4-9　创建的目录

5. 利用插入域的方法设置页眉

封面、摘要、目录等页面没有页眉。文章正文有页眉,其中:奇数页的页眉在右侧,为文章中样式"标题 2"和页码;偶数页的页眉在左侧,为文章标题和页码。

将插入点置于底节(即正文所在的节),选择"插入"选项卡,单击"页眉页脚"按钮,在"页眉页脚工具栏"中(见图 4-10 所示)取消对"同前节"按钮的选择,确保"文章正文"节与前面节的链接断开。

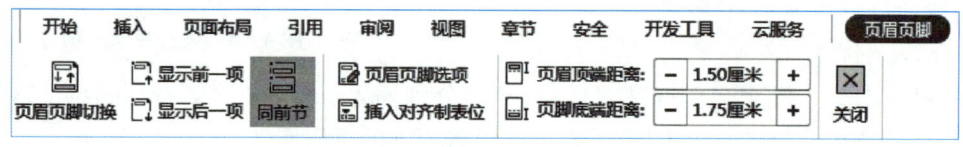

图 4-10　取消与前一节的链接

(1)奇数页的页眉设置:页眉修饰图案绘制多边形,填充为"蓝色";图形上文字用样式"标题 2"。选择"插入"→"文档部件"→"域",打开"域"对话框,按图 4-11 设置。

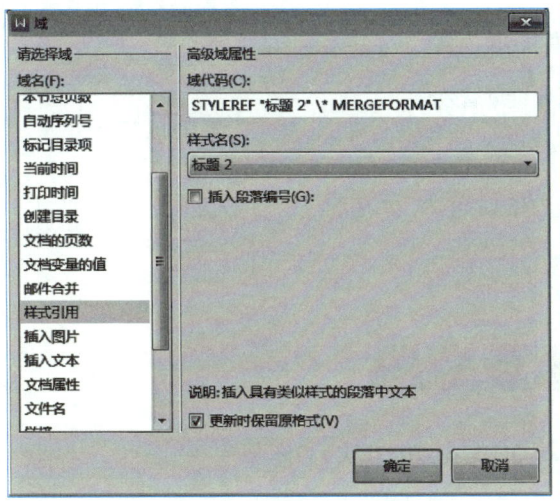
图 4-11 奇数页"域"设置

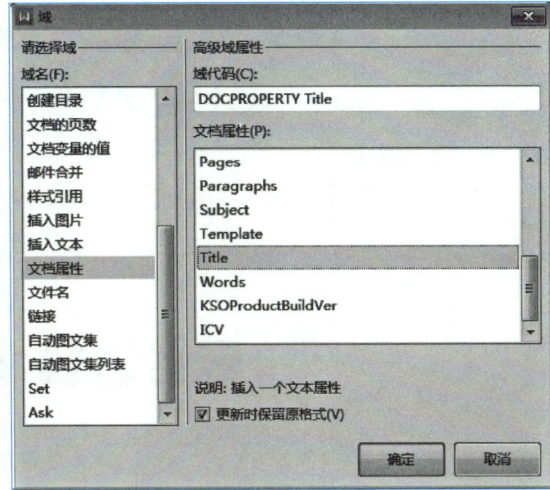
图 4-12 偶数页"域"设置

（2）偶数页的页眉设置：选择"显示后一项"按钮，参照图 4-10 取消偶数页与前一节链接（"同前节"）；将奇数页上的图案复制并做"水平翻转"，选择图片，添加文字；"页眉页脚"插入"域"，打开"域"对话框，按图 4-12 设置。

（3）页码的设置：在"页眉页脚组"中选择"页码"，按图 4-13 设置页码格式。删除添加的页码，选择"域"，按图 4-14 插入页码。

修改"页眉"文字为"幼圆"，四号。

页眉设置效果见图 4-15 和图 4-16 所示。做完页眉页脚相关工作后，单击"关闭"按钮。

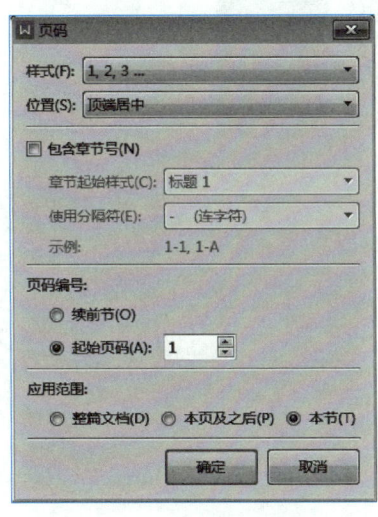
图 4-13 设置页码格式

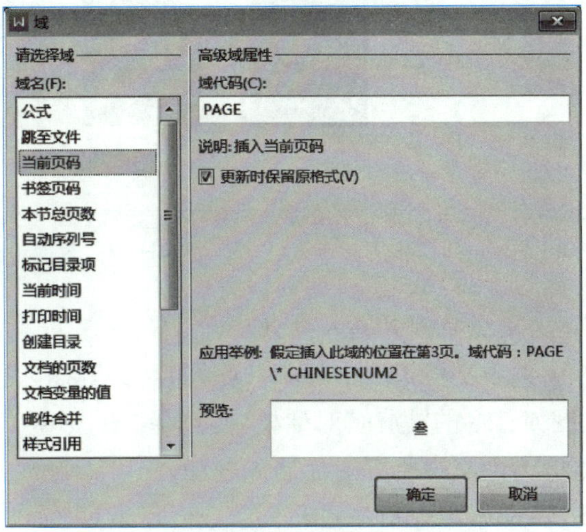

图 4-14 域插入页码

图 4-15 奇数页页眉效果

图 4-16　偶数页页眉效果

6. 设置封面

绘制 2 行 4 列的表格并填充图片，将表格边框设置为"无边框"。效果见图 4-17 所示。

微课视频

插入图片小技巧

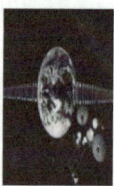

图 4-17　封面设计效果

7. 为文章中图片插入题注

（1）选中文档正文中的第一张图片，为其插入题注：选择"引用"选项卡，单击"题注"按钮，在图 4-18 的"题注"对话框中，选择"图"标签。

（2）为论文中所有图片插入题注。

8. 在文章尾部创建图表目录

为图片插入题注后，可快速创建图表目录。

（1）按 Ctrl+End 键，将插入点置于文档尾部，输入文字"图片列表"（设置格式：居中、小二、黑体）并回车。

（2）选择"引用"→"插入表目录"按钮，按图 4-19 所示设置图表目录。

（3）创建的图表目录见图 4-20 所示。

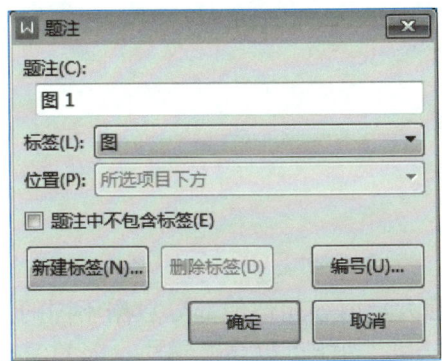

图 4-18 "题注"对话框

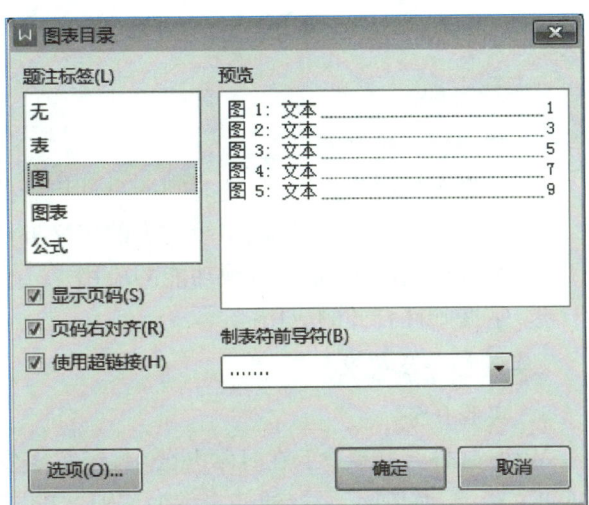

图 4-19 设置图表目录

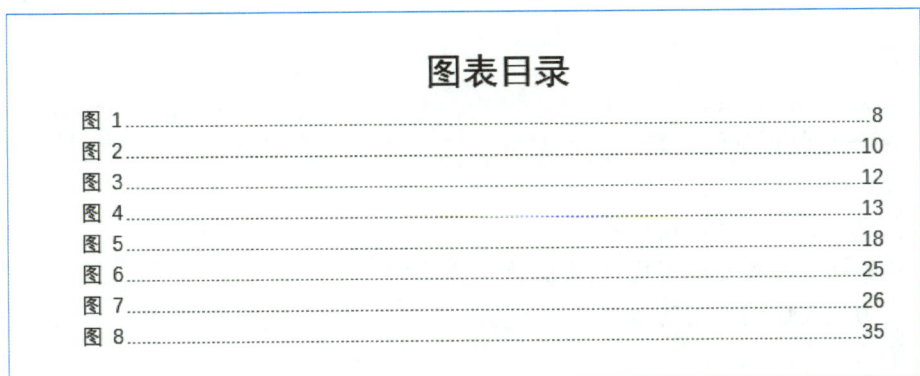

图 4-20 图片目录效果

(4) 对"目录"和"图表目录"进行更新。
(5) 文章"云计算技术及应用"排版完成的最终效果如图 4-21 所示。

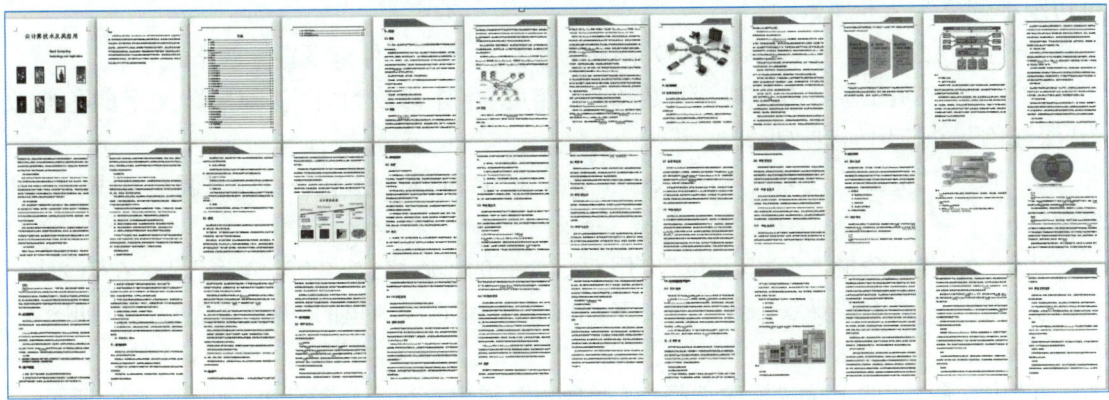

图 4-21 "云计算技术及应用"排版完成的最终效果

实验3　WPS文字3(员工绩效考核)

实验目的

1. 掌握页面边框的设置。
2. 掌握表格制作方法、日期时间的自动更新的方法。
3. 掌握页眉页脚的设置、多级列表的定义方法。
4. 掌握样式应用、查找替换功能的应用。
5. 掌握邮件合并的应用。

实验任务及要求

1. 实验任务

WPS邮件合并概念：在日常办公中，经常需要处理大量内容相似但部分数据不同的文件(如工资条、邀请函、录取通知书等)。WPS的"邮件合并"功能可以高效解决这类重复性工作：用户只需创建一个固定模板(主文档)，再关联一个包含变量信息的数据源(如表格)，即可批量生成个性化文档，既节省时间，又能确保格式统一，支持灵活排版和打印。

(1) 页面格式设置。

(2) 表格格式设置。

(3) 长文档格式设置。

(4) WPS中使用邮件合并。

2. 实验要求

(1) 独立完成页面设置新功能。

(2) 表格格式设置要求美观，与页面比例合适。

(3) 复习长文档的样式功能。

(4) 练习插入对象功能。

(5) 正确生成综合成绩和员工考核数据。

实验内容及操作指导

作品参考效果如图4-22所示。

(1) 将素材文件夹中的"文字素材"文档打开，设置文档纸张方向为横向，上、下、左、右页边距都调整为2.5厘米。

(2) 在"文字素材"中，参照样例效果("参考效果.tiff"文件)，设置标题格式：

① 将文字"员工绩效考核成绩报告2025年度"字体修改为"微软雅黑"，文字颜色修改为"深红色"，并应用加粗效果；

② 在文字"员工绩效考核"后插入一个竖线符号：插入→形状→直线→调整直线长短和轮廓；

③ 对文字"成绩报告2025年度"应用双行合一的排版格式，"2025年度"显示在第2行；

双行合一：选中需要双行合一的文字，单击"开始"选项卡里的"中文版式"按钮，如图4-23所示。

在"中文版式"的下拉选框中选择"双行合一"，弹出双行合一对话框，如图4-24所示。

最终效果如图4-25所示。

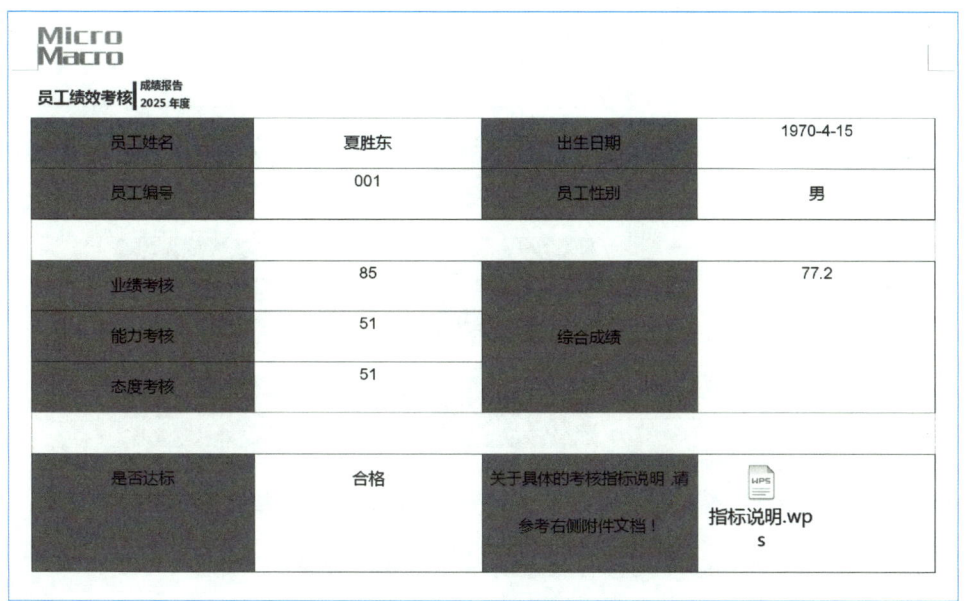

图 4‑22　作品参考效果

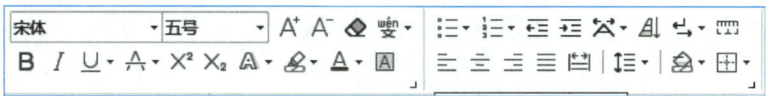

图 4‑23　"双行合一"所在位置

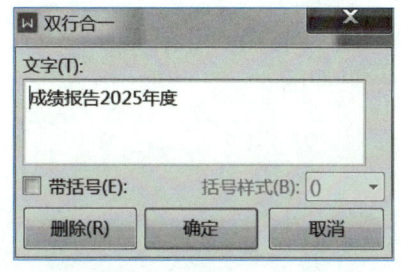　　　　　

图 4‑24　"双行合一"对话框　　　图 4‑25　"双行合一"效果

适当调整标题字体的大小。

（3）在"文字素材"中，参照样例效果（"参考效果.tiff"文件），修改表格样式：

① 设置表格宽度为页面宽度的 100%，表格可选文字属性的标题为"员工绩效考核成绩单"。

表格宽度为页面宽度的 100% 的设置方法：选中表格，右击，在弹出的快捷菜单中选择"表格属性"选项，打开"表格属性"对话框，"表格"选项中选择"尺寸"→"指定宽度"并改成"100%"，"度量单位"选择"百分比"，确定即可。如图 4‑26 所示。

② 合并第 3 行和第 7 行的单元格，设置其垂直框线为无；合并第 4～6 行第 3 列的单元格以及第 4～6 行第 4 列的单元格。

图4-26　表格宽度设置

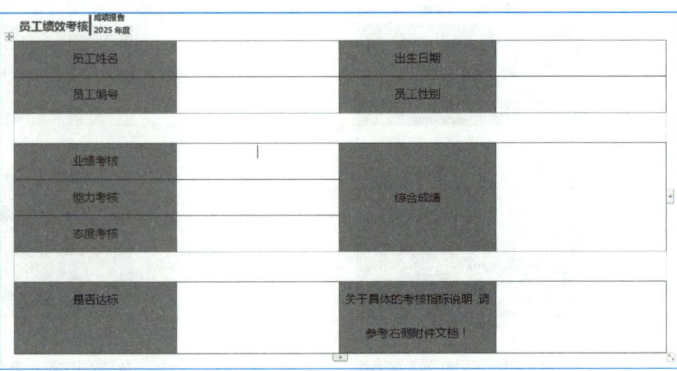

图4-27　表格调整后效果

③ 将表格中第1列和第3列包含文字的单元格底纹设置为"浅蓝"。

④ 将表格中所有单元格内容都设置为水平居中对齐。

⑤ 适当调整表格中文字的大小、段落格式以及表格行高,使其能够在一个页面中显示。设置完成后的效果如图4-27所示。

(4) 在"文字素材",为文档左侧插入文字为"MicroMacro"(左对齐),中间文字为"电话:010-12345678"(居中),右侧文字为可自动更新的当前日期(右对齐);在页眉的左侧插入图片"logo.png",适当调整图片大小,使所有内容保持在一个页面中,如果页眉中包含水平横线应删除。

页脚中最右侧日期的自动更新方法:在"插入"选项卡中选择"文本"功能中的"日期和时间"选项,打开"日期和时间"对话框进行设置,如图4-28所示。

页眉设置方法:插入点移动到页眉的左端,插入图片"logo.png",调整环绕方式为"浮于文字上方",再调整图片的大小,删除页眉中的横线,效果如图4-29所示。

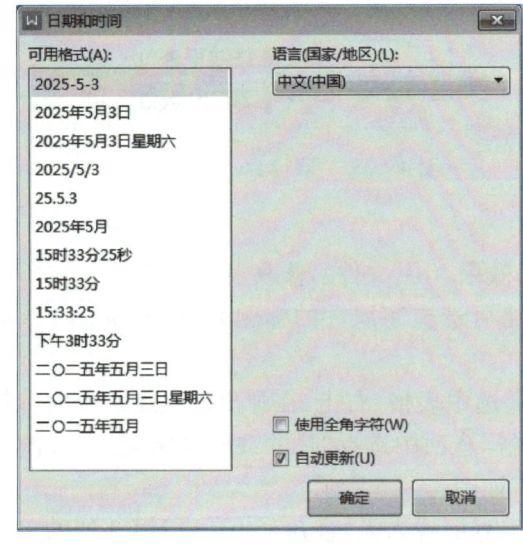

图4-28　日期自动更新设置

图4-29　页眉设置效果

(5) 打开素材文件夹中的"员工绩效考核管理办法.wps"文件,进行下列操作:

① 将"员工绩效考核管理办法.wps"重命名为"管理办法.wps",设置"MicroMacro 公司人力资源部文件"文字颜色为标准红色,字号为 32,中文字体为微软雅黑,英文字体为 Time New Roman,并应用加粗效果;在该文字下方插入水平横向(注意:不要使用形状中的直线),将横线设置为标准红色,将以上文字和下方横线都设置为左侧和右侧各缩进-1.5 字符。

文字和横线的左侧、右侧的缩进设置方法:"段落"对话框中"缩进"选项区中设置选项,如图 4-30 所示。

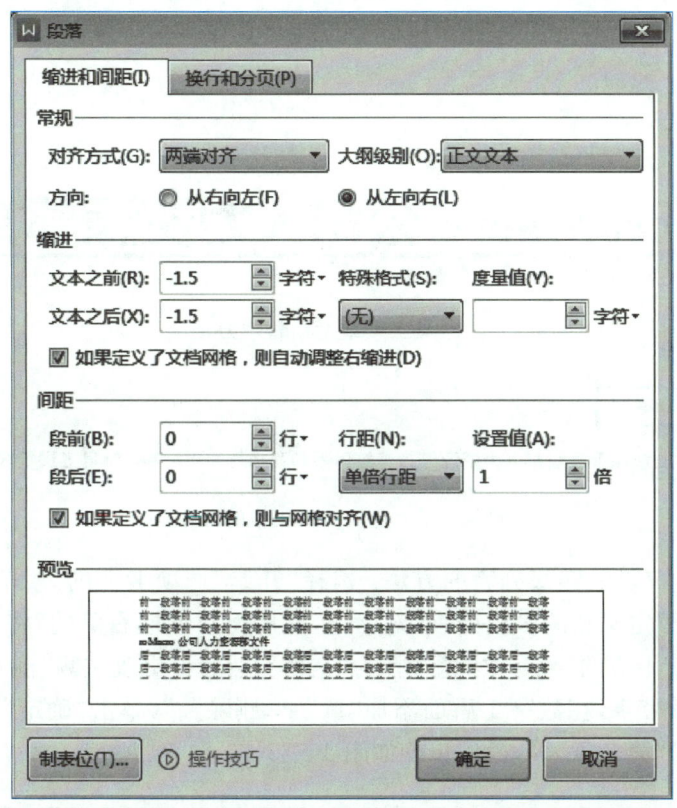

图 4-30　缩进设置

设置后的效果如图 4-31 所示。

MicroMacro 公司人力资源部文件

图 4-31　文章标题调整后效果

② 设置标题文字"员工绩效考核管理办法"为黑体、居中、加粗、小二号字体。

③ 设置所有蓝色的文本为"标题 1"样式,将手工输入的编号(如:"第一章")替换为自动编号(如:"第 1 章");设置所有绿色的文字为"标题 2"样式,并修改样式字号为小四,将手工输入的编号(如:"第一条")替换为自动编号(如:"第 1 条"),在每一章中重新开始编号。

所有蓝色文本应用"标题1"样式的方法：首先，选中任一蓝色文本，然后在"开始"选项的"编辑"功能区中选择"选择——选择格式相似的文本"，选择之后就可以立即选中当前文档中所有蓝色文本，如图4-32所示。选中蓝色文本后，在"开始"选项卡中的"样式"功能区中选择"标题1"样式，即所有蓝色文本应用了"标题1"样式。

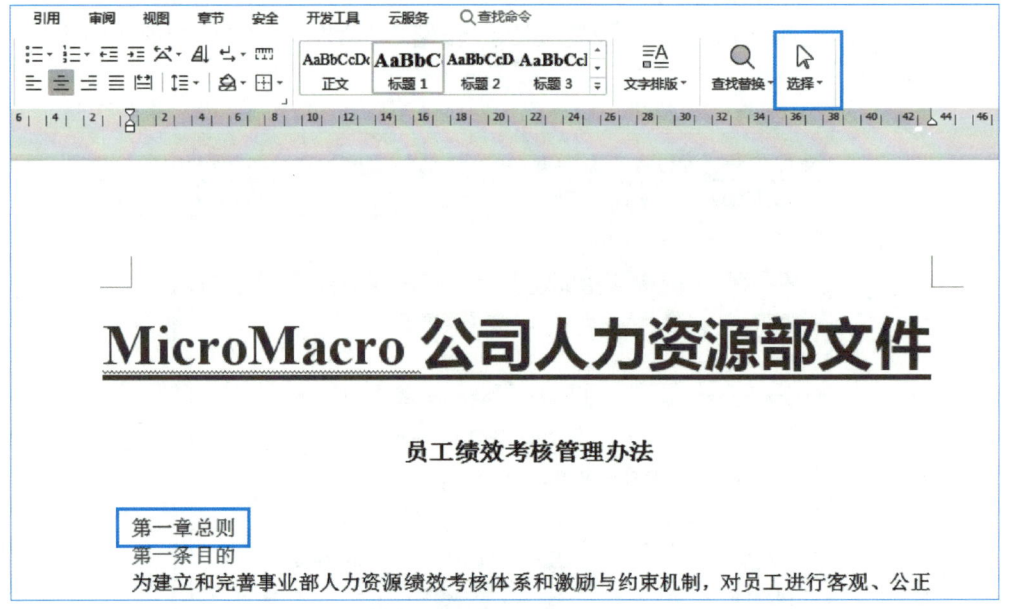

图4-32 选择格式相似的文本

应用样式后定义新的多级列表的方法：选择"开始"选项卡下的"段落"→"多级列表"，在下拉菜单中打开"定义新的多级列表"对话框，然后将对话框右侧的"将级别链接到样式"选择为"标题1"，将下方的"编号之后"选择为"空格"，然后再更改左侧"输入编号的格式"，在数字①前面添加"第"字，在数字1后面添加"章"字，删除"."，单击"确定"按钮，即可添加上自动编号"第1章""第2章"等，操作步骤如图4-33、图4-34所示。

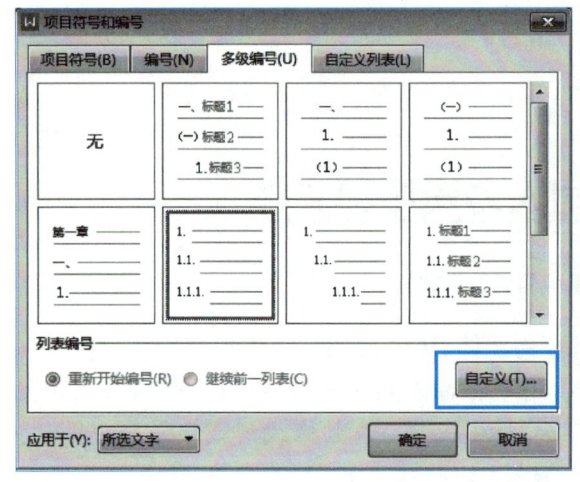

图4-33 自定义多级列表　　　　　图4-34 定义新多级列表

在定义新的多级列表后,需要把原来的编号"第一章""第二章"等删除,删除的方法如下:选择编号"第一章",然后选择"开始"选项卡下的"编辑"功能区中的"替换"功能,打开"查找和替换"对话框,在"查找内容"处输入:"第?章","替换为"这里留白不填,选择左下角"更多"选项,在"搜索选项"中把"使用通配符"前面的复选框勾上,最后选择"全部替换"即可。操作步骤如图 4-35 所示。

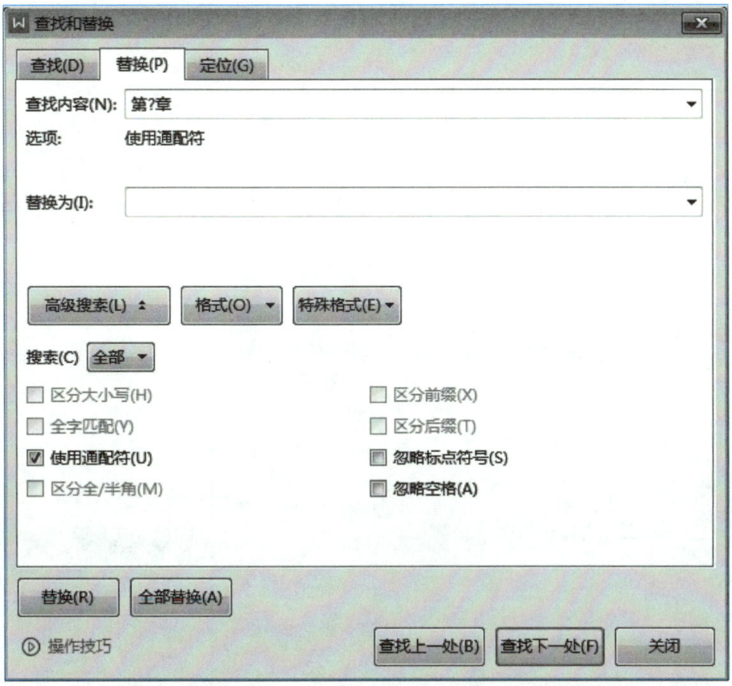

图 4-35　替换原有编号

同理,绿色文字的更改方法与蓝色文字更改方法相同。

④ 将文中第一处标记为红色的文本转换为 4 行 3 列的表格,并合并最右一列 2~4 行的三个单元格;将文中第二处标记为红色的文本转换为 2 行 6 列的表格;将两个表格中的文字颜色都设置为"黑色,文字 1"。

文本转换成表格方法:首先选中要转换成表格的文本,选择"插入"选项中的"表格"功能,在"表格"功能下拉选项中选择"文本转换成表格",打开"将文字转换成表格"对话框,根据要求更改"表格尺寸"中的"列数",单击确定即可,如图 4-36 所示。

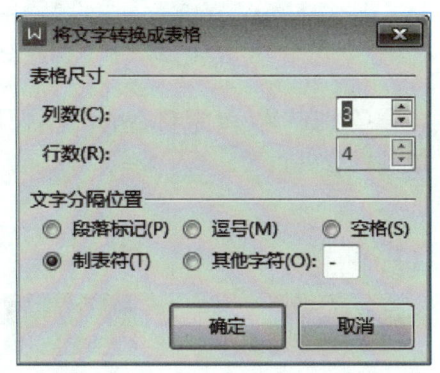

图 4-36　文本转换成表格对话框

⑤ 删除文档中所有空行。

Ctrl+A 全选文字,打开"开始"选项中的"文字排版"的"删除"选项,在弹出的二级菜单中单击"删除空段"。

(6) 将"管理办法.wps"作为对象,插入到"Word 素材.wps"文件中表格右下角单元格,并显示为图标,图标下方的题注文字为"指标说明"。

具体操作为:首先将插入点放在"Word素材.wps"文件中表格右下角的单元格中,选择"插入"选项中的"文本"功能区中的"对象"选项,打开"对象"对话框,然后在"对象"对话框中选择"由文件创建"选项,在下方的"浏览"中选择文件所在的位置,然后再勾选"显示为图标"复选框,勾选后,在下方会出现一个"更改图标",单击打开"更改图标"对话框,在对话框的"标题"后填写文字"指标说明",确定即可,如图4-37~图4-39所示。

图4-37 插入对象位置

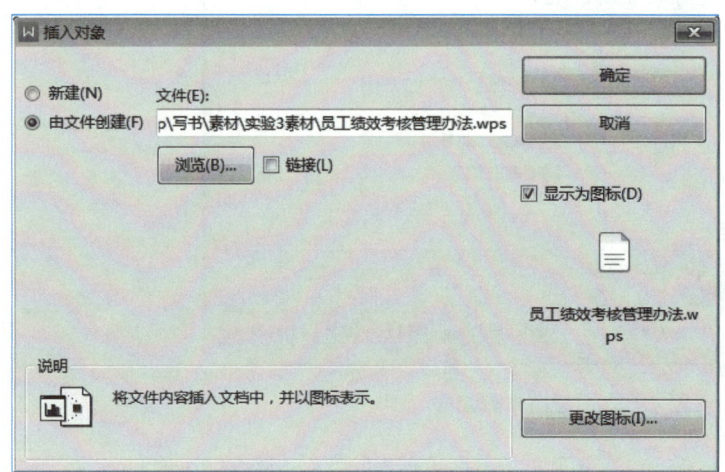

图4-38 插入对象设置方法

图4-39 更改图标

(7) 在"Word素材.wps"中,使用文件"员工考核成绩.et"中的数据,根据以下要求,完成邮件合并。

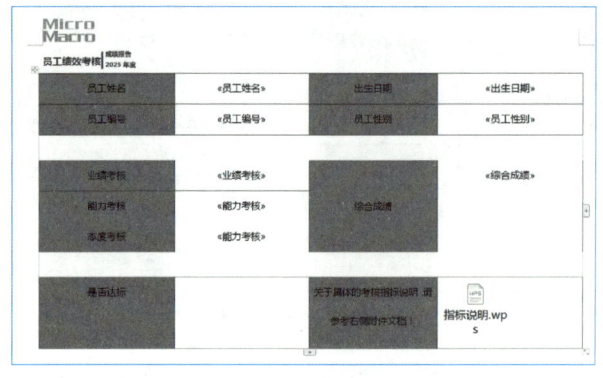

图4-40 邮件合并插入域

① 在"员工姓名""员工编号""员工性别""出生日期""业绩考核""能力考核""态度考核""综合成绩"右侧的单元格中插入对应的合并域,其中"综合成绩"保留1位小数。

依次单击"引用""邮件","打开数据源"选择对应数据表格,在"员工姓名""员工编号""员工性别""出生日期""业绩考核""能力考核""态度考核""综合成绩"右侧的单元格中"插入合并域",操作后如图4-40所示。

② 将"综合成绩"保留1位小数的方法：首先选中合并域"综合成绩"，右击，在弹出的快捷菜单中选择"切换域代码"选项。切换后在"{MERGEFIELD 综合成绩}"里为综合成绩加上一对英文双引号，变为"{MERGEFIELD "综合成绩"}"，再在综合成绩的后面添加"\#"两个符号，最后输入"0.0"（包括双引号）（如想保留2位小数，则输入"0.00"，以此类推）。将鼠标的光标放在该域中，右击，在出现的对话框中选择"更新域"，单击"预览效果"，可以看到保留1位小数后的文本，如图4-41、图4-42所示。

图4-41 切换后的操作设置

图4-42 预览效果

③ 在"是否达标"右侧单元格中插入域，判断成绩是否达到标准，如果综合成绩大于或等于70分，则显示"合格"，否则显示"不合格"。

利用"邮件"选项中"规则"下的"如果……那么……否则……"规则来完成（低版本WPS无此功能）。

④ 编辑单个文档，完成邮件合并，将合并的结果文件另存为"合并文档.wps"。

完成邮件合并方法：在"邮件"选项中选择"合并到新文档"，在对话框中，选择"合并记录"为"全部"，生成一个名为"信函1"的Word文档，此时，将生成的文档另存为"合并文档.wps"即可完成操作。如图4-43、图4-44所示。

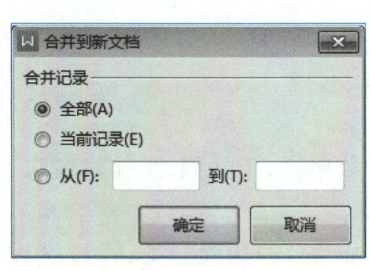

图4-43 完成合并

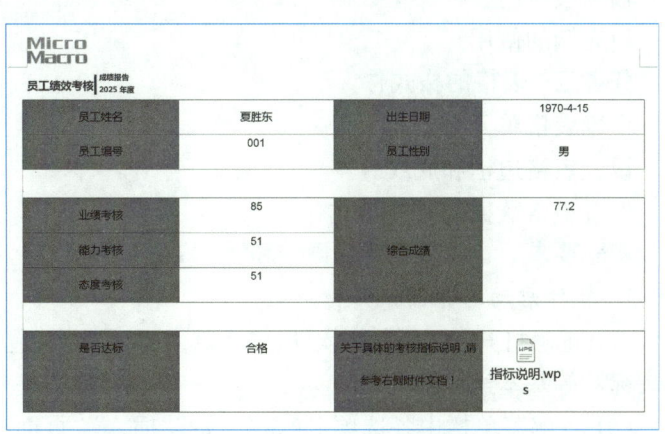

图4-44 合并文档效果

4.2 WPS 表格应用

在之前的课程中,我们深入学习了 WPS 的文字功能,掌握了文字编辑、排版以及文档管理等技巧,为高效处理文字信息打下了坚实基础。接下来,将开启一段新的学习旅程,探索 WPS 表格功能。

WPS 表格是一款功能强大的数据处理工具,它以表格形式呈现数据,能够方便地进行数据的录入、计算、分析和可视化展示。通过表格,可以快速完成各种复杂的数学运算,利用公式和函数实现数据的自动处理,还能通过图表直观地呈现数据趋势和关系。无论是财务数据统计、销售数据分析,还是项目进度跟踪,表格都能轻松应对。

在后续的学习中,我们将通过一系列实际案例来深入学习 WPS 表格的使用方法。从简单的数据录入和基础公式应用,到复杂的数据分析和图表制作,逐步掌握表格的核心功能,并将其应用于实际工作场景中,让数据处理变得更加高效、准确和直观。

实验 4　表格操作(1)

实验目的

1. 掌握数据的录入与编辑的方法。
2. 掌握条件格式设置的方法。
3. 掌握边框与底纹的设置方法。

实验任务及要求

任务一:熟悉表格的操作环境

打开 WPS 表格软件。

熟悉工作簿、工作表、单元格的关系。

掌握单元格及单元格区域的选择。

任务二:数据的输入操作

新建学生成绩表表格。

输入表格内各种类型数据。

填充柄的使用。

任务三:表格的格式件

设置表格单元格格式。

设置表格边框和底纹。

设置表格数据的条件格式化。

实验要求一:熟悉表格的操作环境

1. 软件启动与界面认知

(1) 正确打开 WPS 表格软件,熟悉其主界面布局,包括菜单栏、工具栏、工作簿窗口、工作表标签等基本组成部分。

(2) 了解菜单栏中各选项卡(如"开始""插入""页面布局"等)的功能分类,通过鼠标指针悬停查看其功能简介。

2. 工作簿、工作表、单元格的关系理解

(1) 创建一个新的工作簿,观察默认生成的工作表数量及命名规则(如 Sheet1、Sheet2 等)。

(2) 通过鼠标单击、双击等操作,熟悉工作表的切换与重命名方法,理解工作表是工作簿的基本组成部分,一个工作簿可以包含多个工作表。

(3) 在工作表中,观察单元格的排列规律,明确单元格是由行和列交叉形成的最小数据存储单位,其地址由列标和行号组成(如 A1 表示第 1 列第 1 行的单元格)。通过输入数据验证单元格是存储和处理数据的基本单元,工作表是由众多单元格组成的二维表格结构,工作簿则是容纳多个工作表的集合体。

3. 单元格及单元格区域的选择操作

(1) 掌握单个单元格的选择方法,包括使用鼠标单击单元格和使用键盘方向键移动光标定位单元格。

(2) 学会选择连续单元格区域,包括通过鼠标拖动、按住 Shift 键配合方向键等方式选择矩形区域。

(3) 学会选择不连续单元格区域,通过按住 Ctrl 键依次单击需要选择的单元格或单元格区域来实现。

(4) 尝试使用名称框输入单元格地址或区域范围(如 A1:C3)来快速定位和选择对应的单元格或区域。

实验要求二:数据的输入操作

1. 新建表格与数据输入

(1) 新建一个空白工作簿,创建学生成绩表表格,明确表格的结构,包括表头(如学生姓名、学号、科目成绩等)和数据区域。

(2) 在表头单元格中输入文本数据,如"学生姓名""语文成绩""数学成绩"等,注意输入时的字体、字号等格式默认设置,并根据需要进行简单调整。

(3) 在数据区域输入各种类型的数据,包括文本(如学生姓名)、数字(如学号、成绩)、日期(如考试日期)等,确保输入的数据格式正确,例如学号为纯数字,日期按照"年/月/日"等标准格式输入。

2. 填充柄的使用技巧

(1) 了解填充柄的位置(位于单元格右下角的小黑点),掌握其基本功能,包括数据的填充和序列的生成。

(2) 尝试使用填充柄进行简单数据的填充,如在单元格中输入"1"后,拖动填充柄向下填充,观察单元格中数据的变化规律,生成连续的数字序列。

(3) 对于文本数据,输入如"学生 1"后,拖动填充柄,观察是否能生成"学生 2""学生 3"等序列,理解填充柄对文本和数字组合数据的智能填充规则。

(4) 利用填充柄生成日期序列,如输入"2025/05/01"后,拖动填充柄,查看日期是否按照天数递增的规律进行填充,同时尝试设置不同的填充步长(如每月、每年等)来生成不同间隔的日期序列。

实验要求三:表格的格式化

1. 单元格格式的设置

(1) 选中需要设置格式的单元格或单元格区域,通过"开始"选项卡中的"字体"功能组

快速填充数字

对字体进行设置,包括字体类型(如宋体、黑体等)、字号(如 10 号、12 号等)、字体颜色(如黑色、红色等)、加粗、斜体、下画线等格式调整。

(2) 对数字格式进行设置,如将成绩数据设置为"数字"格式,并指定小数点位数(如保留两位小数),对于学号等纯数字文本数据,设置为"文本"格式,避免数字被错误识别和处理。

(3) 设置单元格的对齐方式,包括水平对齐(如左对齐、居中对齐、右对齐)和垂直对齐(如靠上、居中、靠下),并通过"自动换行"功能调整单元格内文本的显示效果,使表格内容更加美观、易读。

2. 表格边框和底纹的设置

(1) 选中整个表格或指定的单元格区域,通过"开始"选项卡中的"边框"按钮,为表格添加边框,包括设置边框的线条样式(如实线、虚线等)、颜色和粗细,能够根据需要为表格添加外边框、内边框或特定位置的边框,如仅添加水平边框或垂直边框。

(2) 为表格设置底纹,选择合适的底纹颜色和填充模式(如纯色填充、渐变填充等),通过底纹增强表格的视觉效果,但需注意底纹颜色与字体颜色的搭配,确保表格内容清晰可读。

3. 条件格式化的应用

(1) 掌握条件格式的设置方法,包括选择数据范围、设置条件规则(如大于、小于、介于等)、选择格式效果(如字体颜色、填充颜色等),并能够根据需要添加多个条件规则,实现复杂的条件格式化效果。

(2) 学会查看和管理已设置的条件格式,通过"条件格式"对话框中的"管理规则"功能,查看条件格式的详细信息,对规则进行修改、删除或调整优先级等操作,确保条件格式能够正确地反映数据的变化。

实验内容及操作指导

(1) 启动 WPS 表格,单击"文件选项卡"→"文件"→"新建"新的工作簿"实验 4"。

(2) 双击 Sheet1 工作表标签,重命名为"成绩表"。

(3) 录入数据。

(4) 设置单元格格式,数据全部居中,如图 4-45 所示。

	A	B	C	D	E	F	G	H	I
1	24级学生成绩表								
2	学号	姓名	系部	政治面貌	高数	计算机	英语	总分	平均分
3	24041007	张海洋	机电系	团员	55	65	50	170	57
4	24041008	黄天航	电气系	团员	67	65	53	185	62
5	24041009	张明	管理系	团员	78	65	85	228	76
6	24041010	向隅	机电系	群众	78	77	66	221	74
7	24041011	李晓环	机电系	党员	78	87	85	250	83
8	24041012	王磊	计算机系	团员	85	78	77	240	80
9	24041013	刘书华	管理系	群众	85	78	75	238	79
10	24041014	王小丫	计算机系	党员	88	85	90	263	88
11	24041015	赵红梅	电气系	党员	89	85	80	254	85
12	24041016	陶谦	机电系	党员	90	85	88	263	88

图 4-45 "成绩表"数据清单

(5) 工作簿"实验 4.et"的"成绩表"工作表进行格式设置,如图 4-46 所示。

	A	B	C	D	E	F	G	H	I
1	*24级学生成绩表*								
2	学号	姓名	系部	政治面貌	高数	计算机	英语	总分	平均分
3	24041007	张海洋	机电系	团员	55	65	50	170	57
4	24041008	黄天航	电气系	团员	67	65	53	185	62
5	24041009	张明	管理系	团员	78	65	85	228	76
6	24041010	向隅	机电系	群众	78	77	66	221	74
7	24041011	李晓环	机电系	党员	78	87	85	250	83
8	24041012	王磊	计算机系	团员	85	78	77	240	80
9	24041013	刘书华	管理系	群众	85	78	75	238	79
10	24041014	王小丫	计算机系	党员	88	85	90	263	88
11	24041015	赵红梅	电气系	党员	89	85	80	254	85
12	24041016	陶谦	机电系	党员	90	85	88	263	88

图 4-46 "成绩表"效果

① 标题设置。

选中单元格 A1:I1,选中"开始"选项卡,单击"合并"下拉式菜单中的"合并居中"按钮。设置单元格的字体格式为:宋体、20 号、加粗、倾斜、下画线。

② 字段设置。

选中单元格 A2:I2,设置单元格的字体格式为:居中、加粗,填充为第二排第一种颜色。

③ 边框设置。

选中单元格 A3:I12,右击并选择"单元格格式设置",调出"单元格格式设置"对话框,选中"边框"设置选项,单击"内部",给表格内部添加默认黑色实线,再自左向右依次选择线条样式"第二列第六行",颜色为"紫色",单击"外边框",添加设置好的外边框。如图 4-47 所示。

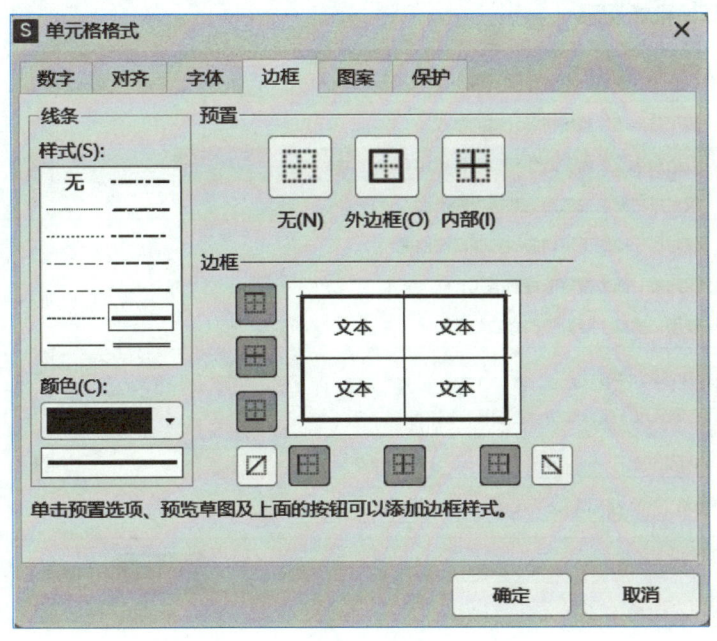

图 4-47 "成绩表"的边框设置

提示：在设置边框时，一定要先设置好线条的样式颜色，最后单击"外边框"或"内部"按钮。

④ 条件格式的设置。

选中单元格 E3:G12，所有单科成绩，选择"开始"选项卡，单击"条件格式"下的"管理规则"命令，调出"条件格式规则管理器"对话框，如图 4-48 所示。

图 4-48 "条件格式规则管理器"对话框

单击"新建规则"按钮，调出"新建格式规则"对话框，如图 4-49 所示。选择第二选项"只为包含以下内容的单元格设置格式"，设置下方的规则为"小于 60"，"60"为手动填写，单击下方的"格式"按钮，会调出"设置单元格格式设置"对话框，如图 4-50 所示。设置字体是红字字体加粗，黄色底纹。单击"确定"完成新规则的设置，用同样的方法对另一个条件即大于等于 80 分的设置字体颜色为蓝色。最后设置的条件如图 4-51 所示。

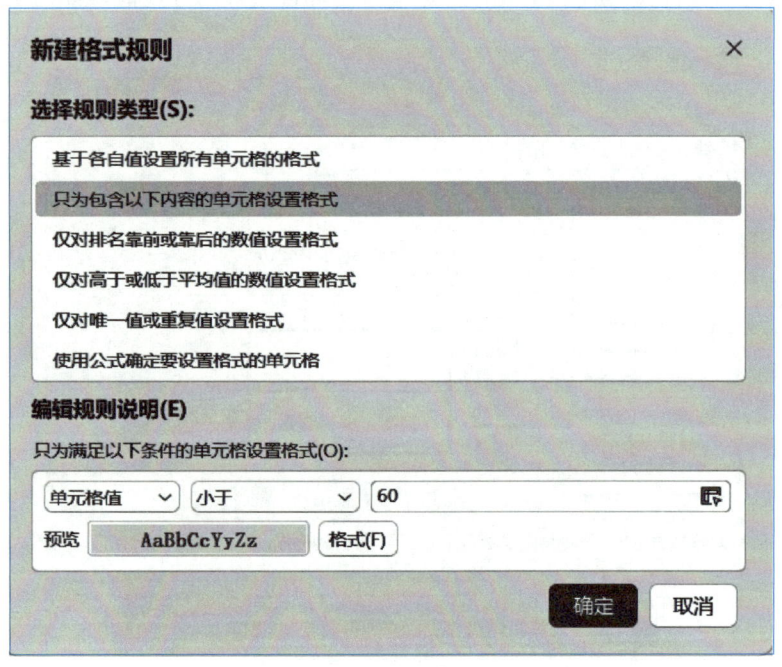

图 4-49 "编辑格式规则"对话框

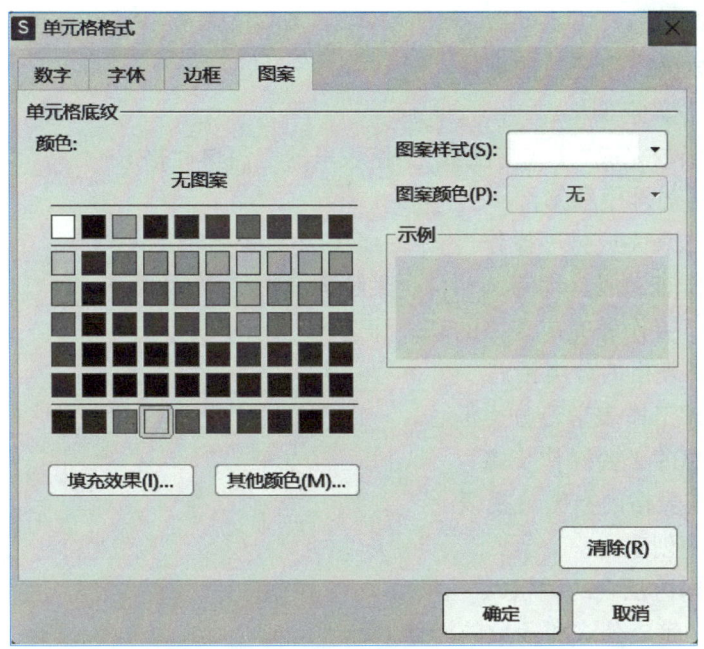

图 4-50 "设置单元格格式"对话框

图 4-51 "成绩表"的条件格式的设置

提示：对错误规则可进行"编辑规则"操作，或是"删除规则"。
⑤ "附加练习"表中"差旅费报销单"的制作要点
● "交通费金额"和"出差事由"的格式需要设置为"对齐"方式为"自动换行"。
● "附件　张"需要合并单元格并设置"对齐"方向为"纵向"。

实验 5　表格操作(2)

实验目的

1. 掌握常见公式与函数的使用方法。
2. 掌握数据表的排序与筛选的方法。
3. 掌握分类汇总的操作。
4. 掌握数据透视表的使用。

实验任务及要求

任务一：完成公式和函数的操作

打开素材表格实验5。

利用公式和函数完成"公式与函数"工作表里的空白单元格。

任务二：表格的排序和筛选

在"排序"工作表完成排序操作。

在"筛选"工作表完成自动筛选和自定义筛选。

在"高级筛选"工作表完成表格的高级筛选。

任务三：完成表格的分类汇总

在"分类汇总"工作表学习分类汇总。

总结分类汇总的必要操作步骤。

任务四：完成表格的数据透视表

数据透视表的创建。

建成后的数据透视表的编辑。

实验要求一：完成公式和函数的操作

（1）打开名为"实验5"的素材表格文件。

（2）定位到"公式与函数"工作表。

（3）仔细查看工作表中的数据和已有的公式或函数示例，理解每个空白单元格需要计算的内容。

（4）根据需要，使用适当的公式和函数（如 SUM、AVERAGE、MAX、MIN、IF、VLOOKUP 等）来填充空白单元格。

（5）确保公式和函数的使用正确，计算结果准确无误。

（6）完成公式和函数的填充后，逐个检查每个单元格的计算结果是否符合逻辑和预期。

（7）如果发现错误，重新检查公式和函数的语法和引用范围，修正错误。

实验要求二：完成表格的排序和筛选

（1）定位到"排序"工作表。

（2）根据实验要求或工作表中的提示，选择合适的排序字段（如某列数据）。

（3）确定排序方式（升序或降序）。

（4）使用表格软件的排序功能，对选定的字段进行排序操作。

（5）检查排序后的结果是否符合要求，确保数据顺序正确。

（6）定位到"筛选"工作表。

（7）选中需要进行筛选的数据区域。

（8）使用自动筛选功能，根据实验要求或工作表中的提示，设置筛选条件（如筛选特定值、筛选大于/小于某个值等）。

（9）观察筛选后的结果，确保符合筛选条件的数据被正确显示，不符合条件的数据被隐藏。

（10）在"筛选"工作表中，继续使用筛选功能。

（11）选择"自定义筛选"选项，设置更复杂的筛选条件（如同时满足多个条件或满足特定范围的条件)。

(12) 检查自定义筛选后的结果,确保筛选条件被正确应用,数据筛选结果准确。

(13) 定位到"高级筛选"工作表。

(14) 选中需要进行高级筛选的数据区域。

(15) 设置高级筛选的条件区域(通常需要在工作表中单独设置一个区域,用于输入筛选条件)。

(16) 使用高级筛选功能,根据设置的条件区域进行筛选。

(17) 检查高级筛选的结果,确保筛选出的数据完全符合设置的条件。

实验要求三:完成表格的分类汇总

(1) 定位到"分类汇总"工作表。

(2) 确保数据已经按照分类汇总的需要进行了排序(通常按分类字段排序)。

(3) 选中需要进行分类汇总的数据区域。

(4) 使用表格软件的"分类汇总"功能,选择分类字段(如某列数据作为分类依据)。

(5) 设置汇总方式(如求和、计数、平均值等)和汇总字段(需要汇总的数据列)。

(6) 生成分类汇总结果。

(7) 在完成分类汇总后,回顾操作过程,总结分类汇总的必要步骤。

(8) 将总结的操作步骤记录下来,确保清晰、准确。

实验要求四:完成表格的数据透视表

(1) 定位到包含数据的工作表(可能是"数据透视表"工作表或其他指定工作表)。

(2) 选中需要创建数据透视表的数据区域。

(3) 使用表格软件的"数据透视表"功能,创建一个新的数据透视表。

(4) 在创建过程中,选择数据透视表的放置位置(新工作表或现有工作表的指定位置)。

(5) 根据实验要求或数据的特点,将数据字段拖放到数据透视表的行、列、值和筛选区域,生成初步的数据透视表。

(6) 在创建好的数据透视表中,根据需要进行编辑操作。

(7) 检查编辑后的数据透视表,确保其满足实验要求,数据展示清晰、准确。

实验内容及操作指导

1. 工作表数据计算

打开工作簿"实验5.et",选中"公式与函数的使用"工作表,进行计算:

(1) 计算总分:选中单元格H4,编辑函数"=SUM(E4,F4,G4)"或"=SUM(E4:G4)",按下Enter键确认,从H4处拖动填充柄至单元格H18,完成总分的计算。

(2) 计算平均分:选中单元格I4,编辑函数"=AVERAGE(E4:G4)"或"=SUM(E4:G4)/3",按下Enter键确认,从I4处拖动填充柄至单元格I18,完成平均分的计算。

(3) 计算名次:选中单元格J4,编辑函数"=RANK(I4,I$4:I$18)",按Enter键确认,从J4处拖动填充柄至单元格J18,完成名次的计算。

(4) 判断评语:如果"平均分"大于或等于90,"评语"显示"优秀",否则什么都不显示。选中单元格K4,编辑函数"=IF(I4>=90,"优秀","")",按下Enter键确认,从K4处拖动填充柄至单元格K18,完成评语的判断。

(5) 计算单科最高分：选中单元格 E21，编辑函数“=MAX(E4:E18)”，按下 Enter 键确认，从 E21 处拖动填充柄至单元格 G21，计算出各单科最高分。

(6) 算单科最低分：选中单元格 E22，编辑函数“=MIN(E4:E18)”，按下 Enter 键确认，从 E22 处拖动填充柄至单元格 G22，计算出各单科最低分。

(7) 统计各系部人数：选中单元格 D26，编辑函数“=COUNTIF(D$4:D$18,B26)”，按下 Enter 键确认，从 D26 处拖动填充柄至单元格 D29，统计出各系部的人数。

(8) 计算出各系部单科平均分：选中单元格 E26，编辑函数“=AVERAGEIF($D$4:$D$18,$B26,E4$:E$18)”“=SUMIF($D$4:$D$18,$B26,E$4:E$18)/$D26”，按下 Enter 键确认，从 E26 处按下鼠标左键拖动填充柄至单元格 G26，再用上述方法依次计算出各个系部的单科平均分。

提示：公式中的各种标点符号都必须采用英文输入法进行输入。

编辑完成后的工作表，效果图如图 4-52 所示。

期末成绩表

2024年7月1日

学号	姓名	出生日期	系部	高数	计算机	英语	总分	平均分	名次	等级
12041001	王小丫	1993-3-1	计算机系	88	85	78	173	83.7	6	
12041002	王磊	1994-4-9	计算机系	85	78	77	163	80.0	7	
12041003	张明	1995-8-7	管理系	78	65	85	143	76.0	11	
12041004	刘书华	1995-3-14	管理系	85	78	75	163	79.3	10	
12041005	李晓环	1994-5-20	机电系	78	76	85	154	79.7	8	
12041006	赵红梅	1995-12-9	电气系	89	85	80	174	84.7	5	
12041007	张海洋	1994-11-8	机电系	55	65	50	120	56.7	15	
12041008	陶谦	1993-1-23	机电系	90	85	88	175	87.7	4	
12041009	向隅	1994-4-14	机电系	78	77	66	155	73.7	12	
12041010	黄天航	1994-5-12	电气系	67	65	53	132	61.7	13	
12041011	张天宇	1993-2-8	电气系	78	76	85	154	79.7	8	
12041012	李玲玲	1993-10-9	电气系	92	85	95	177	90.7	3	优秀
12041013	周薇	1994-3-8	电气系	95	90	93	185	92.7	1	优秀
12041014	温馨	1993-12-7	计算机系	90	88	96	178	91.3	2	优秀
12041015	吴鹏杰	1994-3-15	计算机系	60	65	50	125	58.3	14	

	高数	计算机	英语
单科最高分	95	90	96
单科最低分	55	65	50

公式与函数的使用　排序　筛选　高级筛选　分类汇总　透视表

图 4-52　“公式与函数的使用”工作表

2. 数字(字符)排序

完成“排序”工作表，按照表中的商品名来排序，顺序为“处理器、硬盘、主板、光驱、显卡”。

(1) 选中“排序”工作表。

(2) 选中单元格 A3:G18，单击“数据”选项卡中的“排序”按钮，在下拉式列表里面选择“自定义排序”按钮，调出“排序”对话框，如图 4-53 所示。设置“主关键字”为“商品名”，次序方式选择“自定义”，调出“自定义序列”对话框，如图 4-54 所示。在新序列中输入排序的顺序“处理器、硬盘、主板、光驱、显卡”，单击右侧的“添加”，即可把用户要求的序列添加到系统中，如图 4-55 所示。单击“确定”按钮即可。自定义排序后的工作表，效果如图 4-56 所示。

提示：输入的新序列内容需一个一个换行输入。在录入过程中可参考系统中已定义了的序列的输入方式。

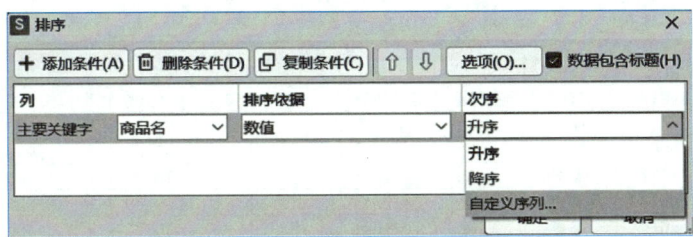

图 4-53 "排序"对话框

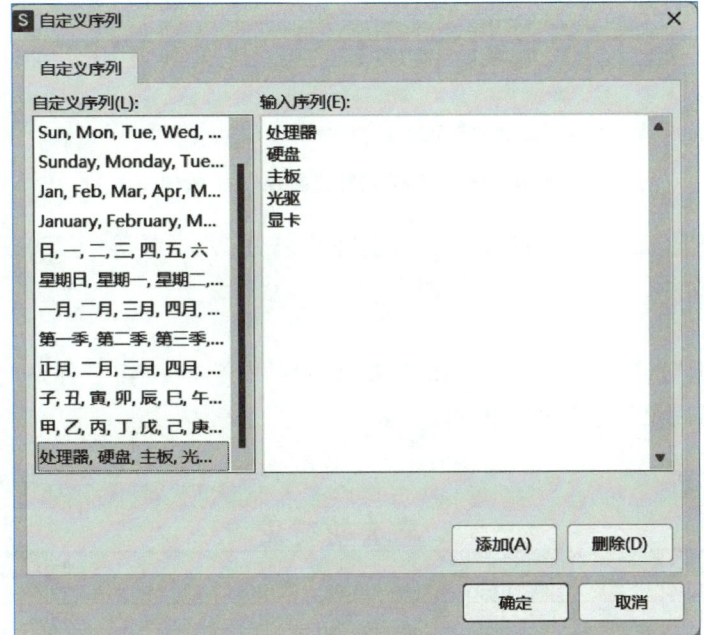

图 4-54 "自定义序列"对话框

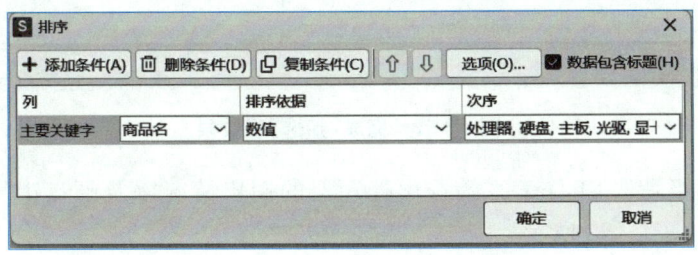

图 4-55 自定义排序后的"排序"对话框

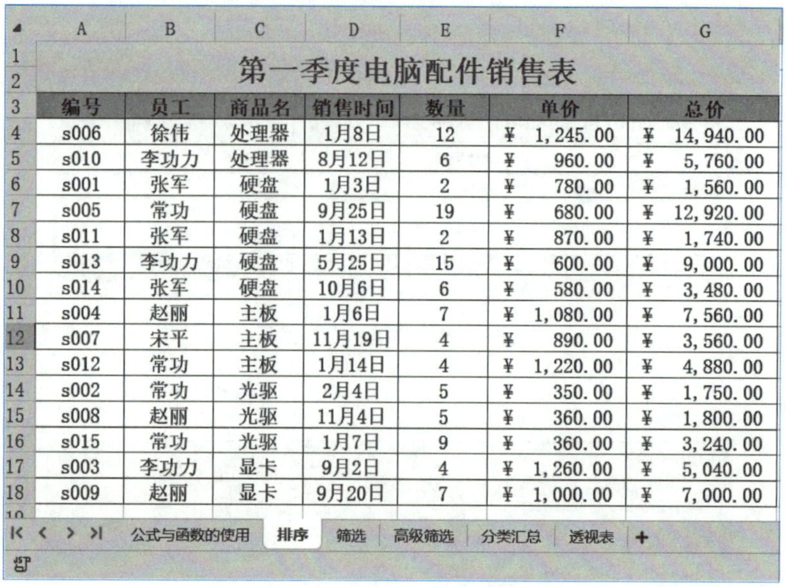

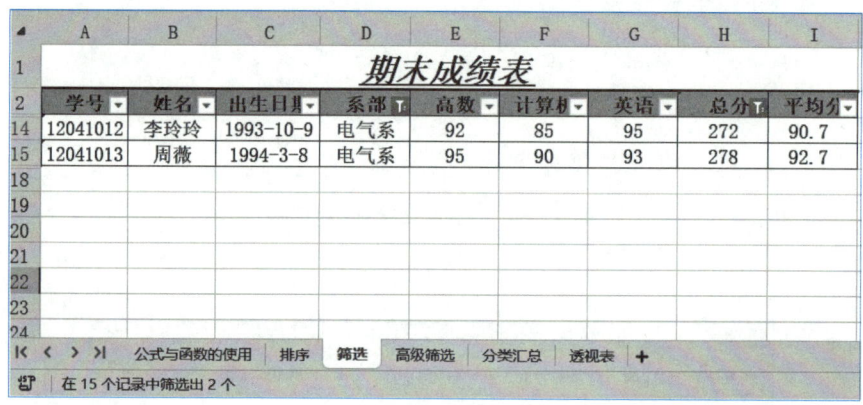

图 4-56　完成"自定义排序"后的效果

（3）完成"筛选"工作表，筛选出"电气系"的"总分"大于或等于 270 分的同学的记录。效果如图 4-57 所示。

① 选中 A2:I2。

② 单击"数据"选项卡中的"排序和筛选"组中的"筛选"按钮。分别对"电气系"和"总分"两个字段进行满足以上条件的筛选。

图 4-57　完成"筛选"后效果

（4）完成"高级筛选"工作表，"筛选出处理器的销售情况以及硬盘销售数量在 10 以上的信息"。效果如图 4-58 所示。

① 设置筛选条件，在 A21:B23 中根据题的要求设置好如图 4-59 所示的"条件区域"。

② 单击"数据"选项卡中的"筛选"按钮，在下拉式列表里面单击"高级筛选"按钮。调出"高级筛选"对话框，设计好"筛选区域"和"筛选条件"即可，如图 4-59 所示。"高级筛选"的结果如图 4-60 所示。

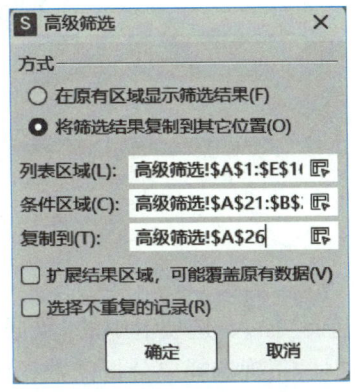

图4-58 "高级筛选"条件区域　　图4-59 "高级筛选"对话框

图4-60 完成"高级筛选"后效果

提示：单击"在原有区域显示筛选结果"按钮，表格可把不符合筛选条件的数据行在原数据区域暂时隐藏起来；单击"清除"命令隐藏数据重新可见。单击"将筛选结果复制到其他位置"→在"复制到"编辑框中单击→单击粘贴区域的左上角，可把符合条件的数据行复制到工作表的其他位置。

（5）完成"分类汇总"工作表，分类汇总出各系部的单科平均分。

① 选中 A2:I17。

② 对"系部"字段进行排序（升序、降序都可以）。

③ 单击"数据"选项卡中的"分类汇总"按钮。调出"分类汇总"对话框，如图4-61所示，对相关选项进行设置即可。完成"分类汇总"后，结果如图4-62所示。

注意：如果要取消分类汇总，重复上述操作，在打开的如图4-61所示的"分类汇总"对话框中单击"全部删除"按钮即可。

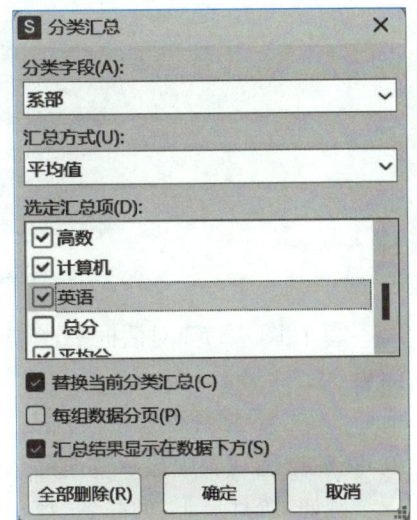

图4-61 "分类汇总"对话框

微课视频

分类汇总常见错误

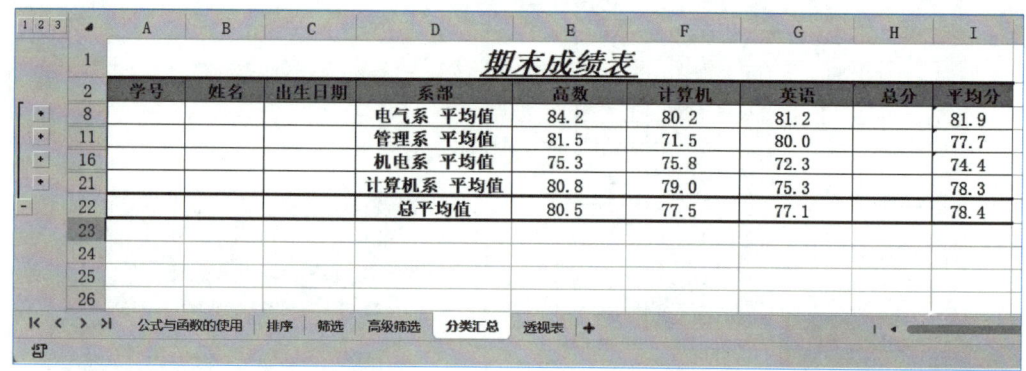

图 4-62 完成"分类汇总"后效果

(6) 完成"透视表"工作表。

① 选择"插入"选项卡中的"数据透视表"按钮,出现如图 4-63 所示的"创建数据透视表"对话框。正确选择要分析的数据区域及透视表放置的位置。

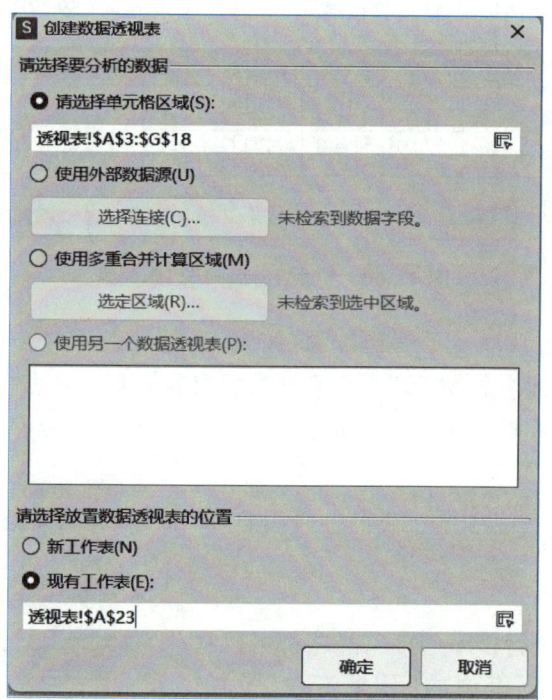

图 4-63 "创建数据透视表"对话框

② 在图 4-63 对话框中,单击"确定"按钮,打开如图 4-64 所示的"数据透视表字段"面板。

③ 在"数据透视表字段列表"对话框中,用户可选定"选择要添加到报表的字段"中的选项,在数据透视表中显示快速筛选的结果。

例如,统计员工、商品名、数量、单价和总价数据,可选定"员工""商品名""数量""单价"和"总价"等列数据,显示透视表分析结果,如图 4-65 所示。

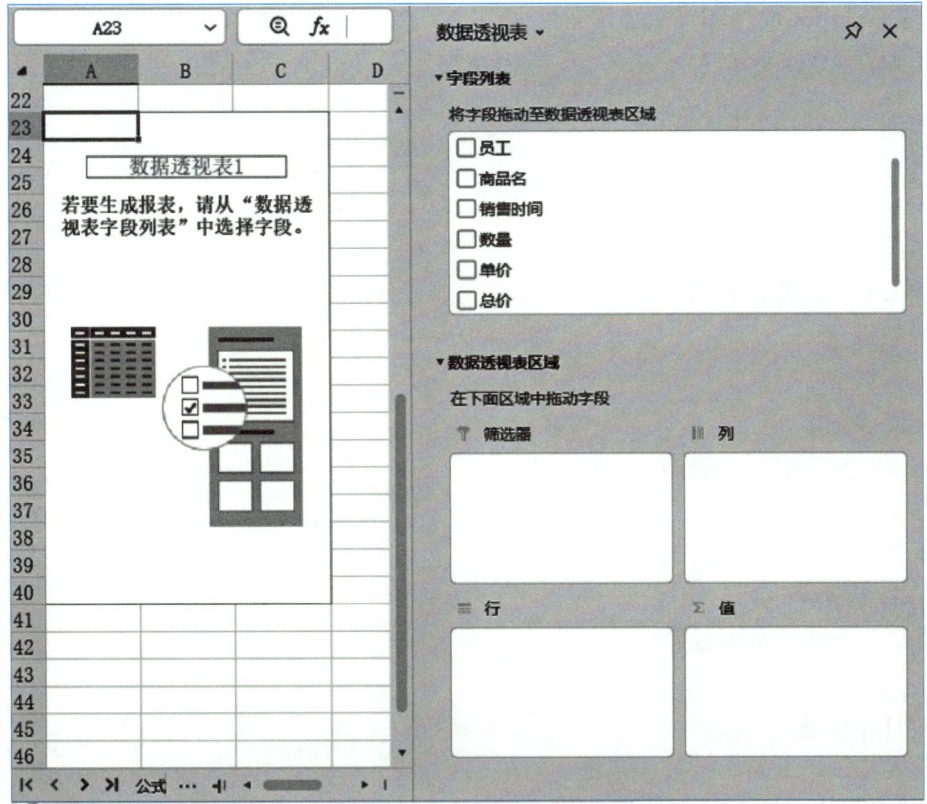

图 4-64 "数据透视表字段"面板

图 4-65 完成后的"透视表"

实验 6　表格操作(3)

实验目的

1. 掌握图表的创建与编辑方法。
2. 掌握工作表的页面设置方法。

3. 掌握工作表的打印设置方法。

实验任务及要求

任务一：表格图表的柱形图

选择数据范围

插入柱形图

调整图表样式

任务二：表格图标的折线图

选择数据范围

插入折线图

优化图表细节

任务三：表格图标的饼图

选择数据范围

插入饼图

编辑图表细节

任务四：表格的页面设置

调整页边距

设置打印标题

实验要求一：正确选择数据范围

（1）打开表格文件，定位到包含需要绘制图表或进行页面设置的数据的工作表。

（2）确保数据区域的第一列是类别标签或时间序列标签，后续列为对应的数值数据。

（3）选中包含类别标签和数值数据的完整区域，避免选中无关的空白单元格或额外数据。

实验要求二：仔细调整图表样式

（1）修改图表标题，使其简洁明了地反映图表的主题或分析目的。

（2）调整坐标轴标题，确保横轴和纵轴的标签清晰易懂。

（3）根据需要更改柱形的颜色、样式和间距，使图表更加美观。

（4）添加数据标签，显示各柱形的具体数值，并调整数据标签的格式和位置，使其清晰可读。

实验要求三：正确调整页边距

（1）在 Excel 中，单击"页面布局"选项卡，在"页面设置"组中单击"页边距"按钮。

（2）选择预设的页边距（如窄、中、宽）或自定义页边距，确保内容能够完整显示在页面内，同时避免内容过于拥挤。

实验要求四：熟悉设置打印标题

（1）在"页面布局"选项卡中，单击"打印标题"按钮。

（2）在弹出的"页面设置"对话框中，切换到"工作表"选项卡。

（3）在"打印标题"区域中，设置需要重复打印的标题行（如表头）。可以通过拖动鼠标光标选择需要重复打印的行，确保打印时每页都能显示表头。

（4）单击"确定"按钮，完成打印标题的设置。

实验内容及操作指导

(1)"柱形图"的制作,根据表中的数据创建"柱形图"图表。

① 打开工作簿"实验6",选择"柱形图"工作表。选择"柱形图"工作表中"期末成绩表"中的"姓名"和"高数""计算机""英语"四列数据。单击"插入"选项卡下面的"全部图表"按钮,出现如图4-66的"图表"对话框。

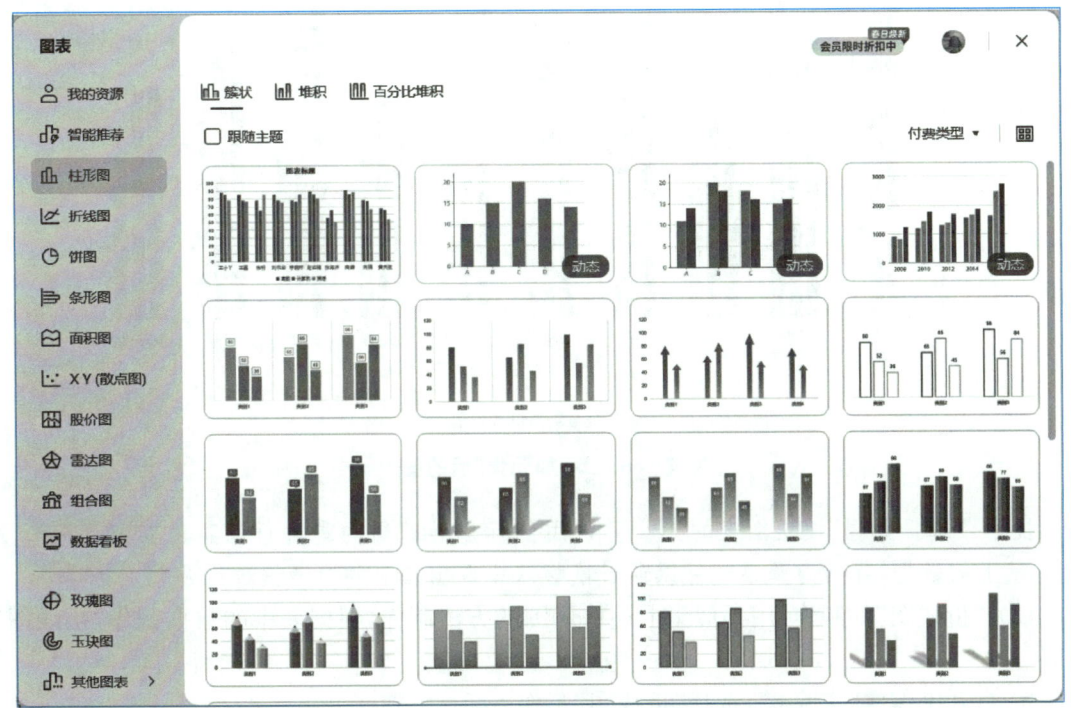

图 4-66 "图表"对话框

② 选择"图表"→"柱形图"→"簇状柱形图",生成如图4-67所示的图表。

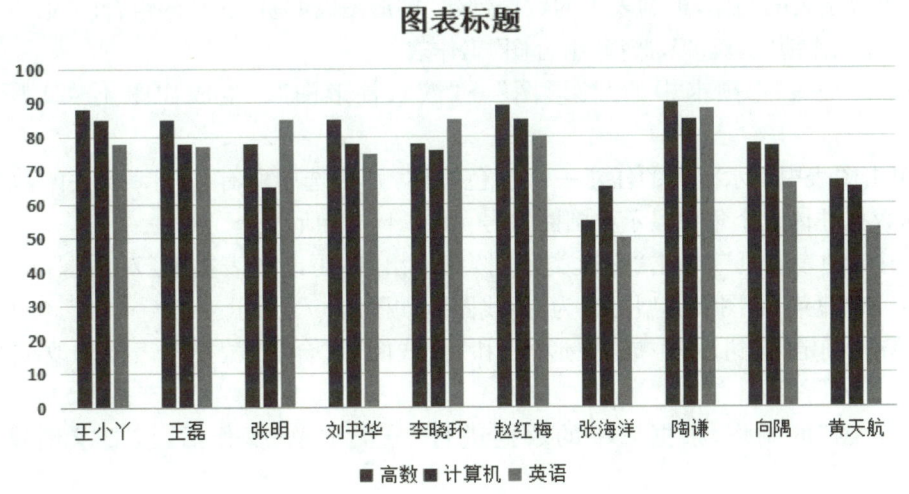

图 4-67 簇状柱形图

③ 选择"图表工具"→"添加元素"下拉列表中的"轴标题"→"主要横向坐标轴",将"主要横向坐标轴"设为"姓名","主要纵向坐标轴"设为"分数","图表标题"设为"成绩表",完成后如图 4-68 所示。

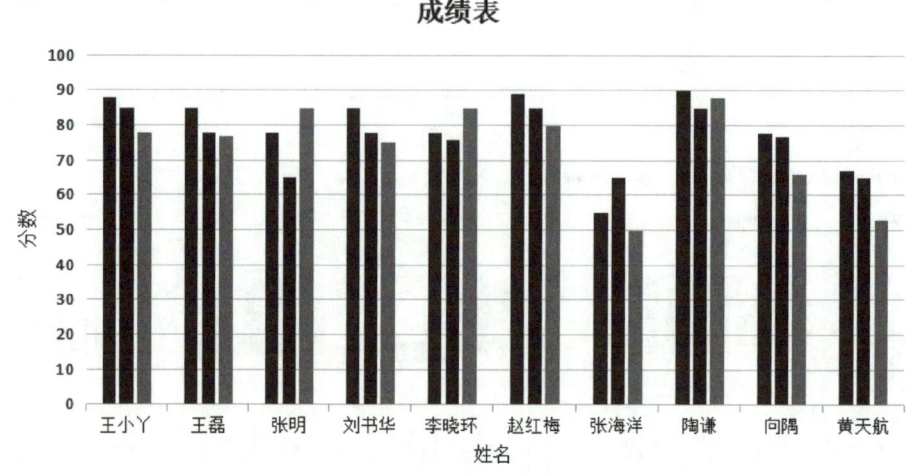

图 4-68 "添加元素"后的图表

提示:"选择数据"按钮图表的大小可以用鼠标拖动四周的脚进行调整。其他部分如 X 轴 Y 轴上的数据,背景的调整都可以通过鼠标双击调出相应的对话框进行调整。

(2)"折线图"的制作,用类似于上述柱形图的方法制作,根据表中的数据制作"折线图"图表。

① 打开工作簿"实验 6",选择"折线图"工作表。
② 选择"产品类别"和"销售额"两列数据。单击"插入"选项卡下面的"全部图表"按钮。
③ 选择"折线图"按钮。出现如图 4-69 所示的对话框。
④ 选择第一排第一列折线图,图表就建立好了,如图 4-70 所示。

(3)组合图表的制作,根据表中的数据创建"柱形图"和"折线图"的组合图表。

① 打开工作簿"实验 6",选择"组合图"工作表。
② 选择"插入"选项卡中的"柱形图"→"簇状柱形图"。生成如图 4-71 所示的柱形图。
③ 单击图表中表示"米"的任意一个蓝色柱体,则会选中所有与"米"相关的数据柱体,被选中的数据柱体 4 个角上显示小圆圈符号,如图 4-72 所示。
④ 选择"图表工具",单击"更改类型"按钮。出现"更改图表类型"对话框,选择"自定义"把"面"和"蔬菜"的图表类型更改为"折线图",如图 4-73 所示。
⑤ 单击"确定"按钮后,生成"柱形图"和"折线图"组合图表,把图表标题改成"消费统计"如图 4-74 所示。

(4)"饼图"的制作,根据表中的数据进行"分类汇总"操作后,按要求创建"饼图"图表。

① 打开工作簿"实验 6",选择"饼图"工作表。

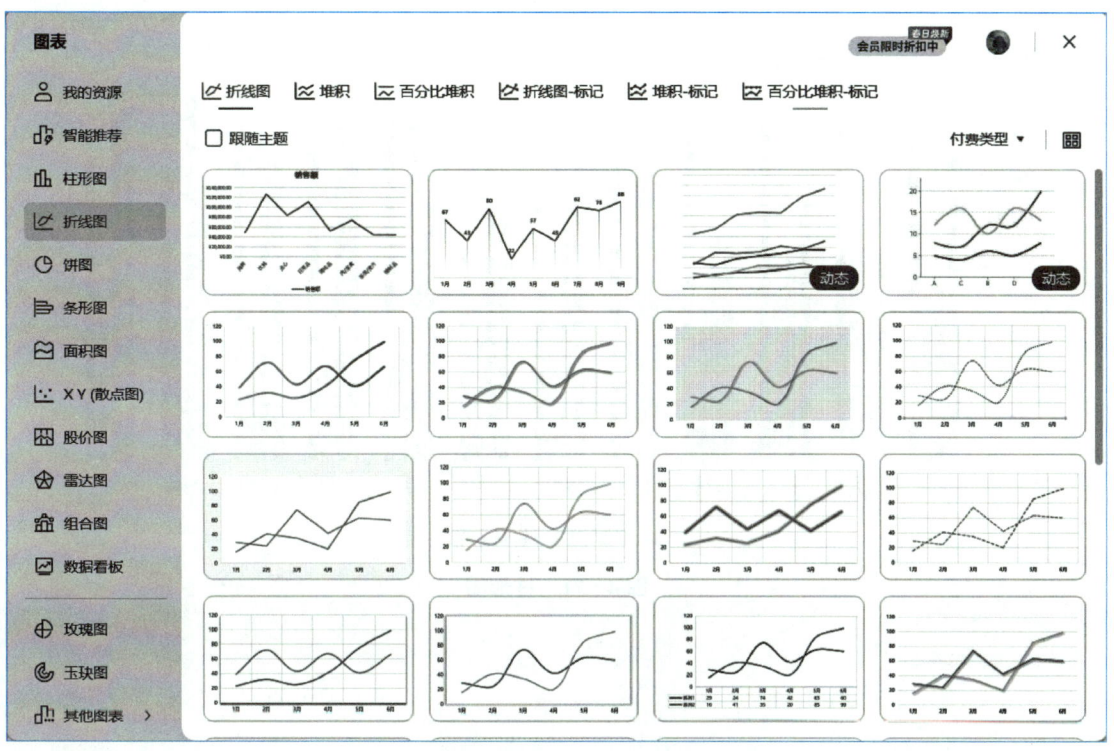

图 4‑69 "折线图"对话框

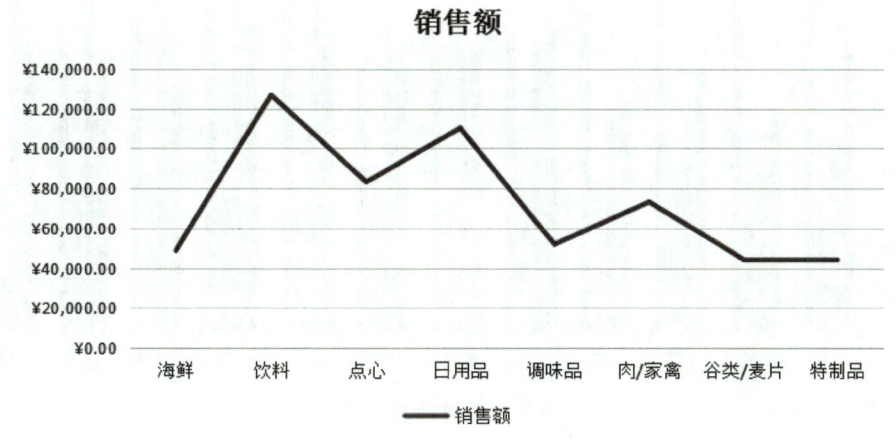

图 4‑70 "折线图"效果

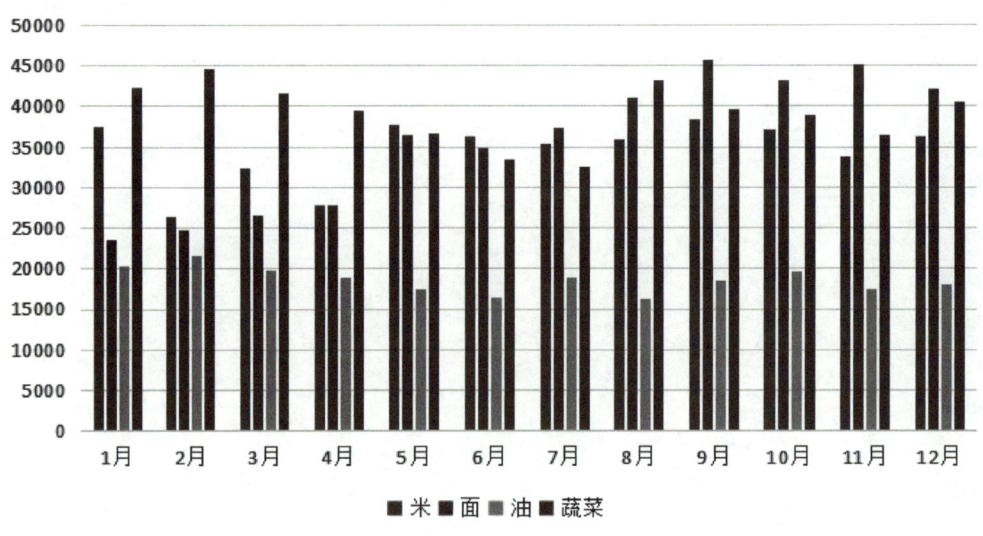

图 4-71 柱形图

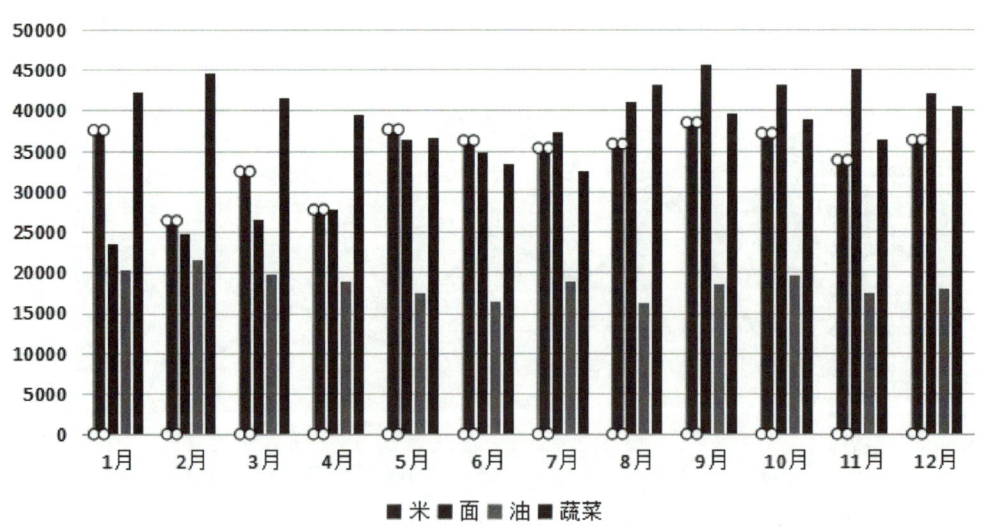

图 4-72 选择一个数据柱体的图表

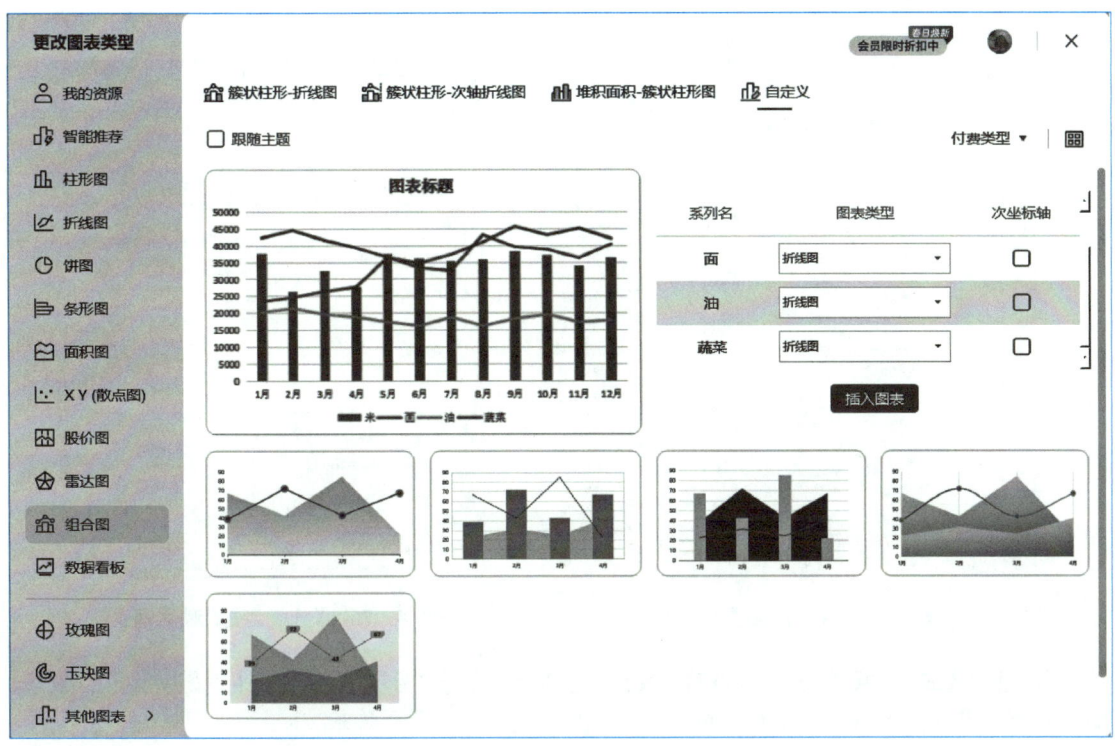

图 4-73 "自定义组合"对话框

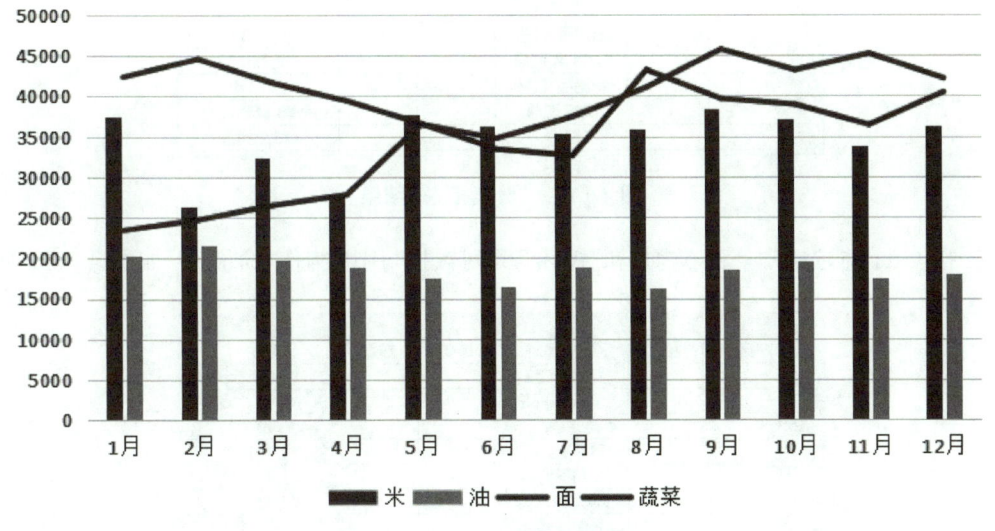

图 4-74 "组合图表"效果

② 选择"数据"选项卡,单击"排序"按钮,对"产品类别"进行排序。如图 4-75 所示。

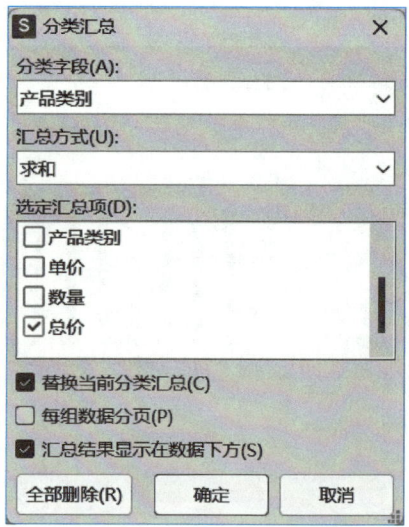

图 4-75 按"产品类别"排序　　　　图 4-76 "分类汇总"对话框

③ 选择数据区域 A1:F78,选择"数据"选项卡,单击"分类汇总"按钮,按"产品名称"分类,对"总价"进行求和。"分类汇总"对话框设置,如图 4-76 所示。

④ 单击"确定"按钮后,"分类汇总"结果如图 4-77 所示。

	A	B	C	D	E	F
1	产品代码	产品名称	产品类别	单价	数量	总价
15			点心 汇总			¥1,496.31
28			调味品 汇总			¥497.55
36			谷类/麦片 汇总			¥777.75
49			海鲜 汇总			¥1,481.62
61			日用品 汇总			¥1,033.90
68			肉/家禽 汇总			¥2,230.17
74			特制品 汇总			¥413.45
86			饮料 汇总			¥3,363.75
87			总计			¥11,294.50

图 4-77 "分类汇总"结果

⑤ 按 Ctrl 键,选择"产品类别"和"总价"两列数据,用以制作"饼图"。如图 4-78 所示。

	A	B	C	D	E	F
1	产品代码	产品名称	产品类别	单价	数量	总价
15			点心 汇总			¥1,496.31
28			调味品 汇总			¥497.55
36			谷类/麦片 汇总			¥777.75
49			海鲜 汇总			¥1,481.62
61			日用品 汇总			¥1,033.90
68			肉/家禽 汇总			¥2,230.17
74			特制品 汇总			¥413.45
86			饮料 汇总			¥3,363.75
87			总计			¥11,294.50

图 4-78 选择"饼图"数据区域

⑥ 选择"插入"选项卡中的"饼图"。

⑦ 选择"图表工具",单击"添加元素","添加数据标签"。将"图表标题"设为"产品销售总额"。完成后如图 4-79 所示。

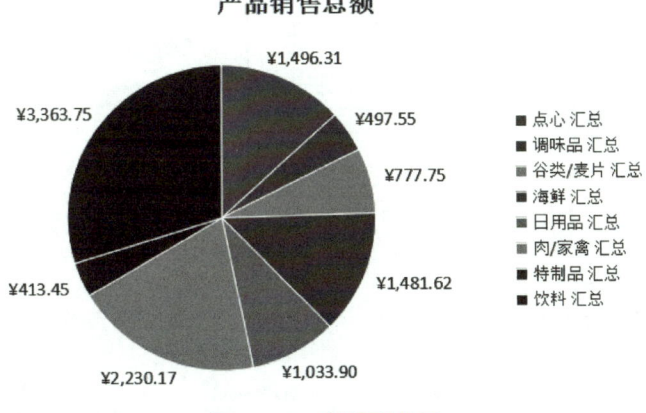

图 4-79 "饼图"效果

（5）页面设置

① 打开工作簿"实验 6",选择"页面设置"工作表。

② 选择"页面布局"选项卡,单击该选项卡右下角的按钮,调出"页面设置"对话框,在对话框中选择"页面"选项卡,设置方向为纵向,纸张类型为 A4,如图 4-80 所示。

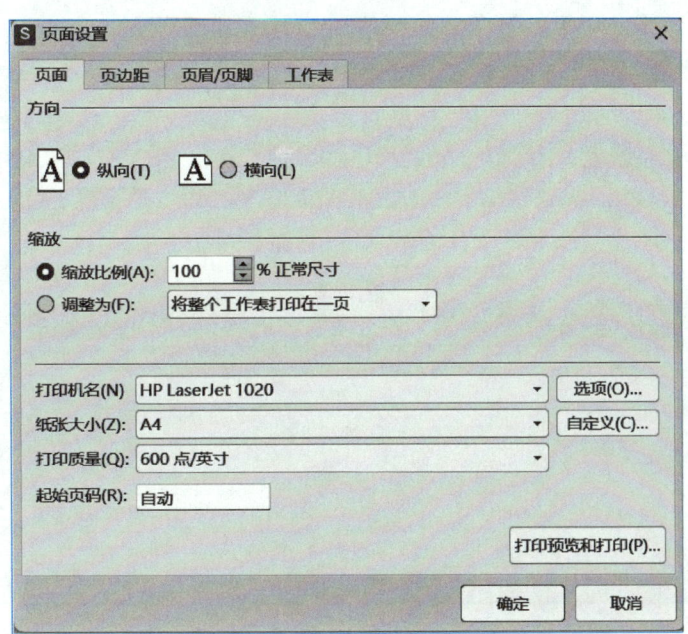

图 4-80 "页面"设置对话框

③ 在对话框中选择"页边距"选项卡,在对话框中进行边距的设置。如图 4-81 所示。

④ 在对话框中选择"页眉/页脚"选项卡,在对话框中进行页脚的设置,单击"自定义页脚"添加"页码"。如图 4-82 所示。

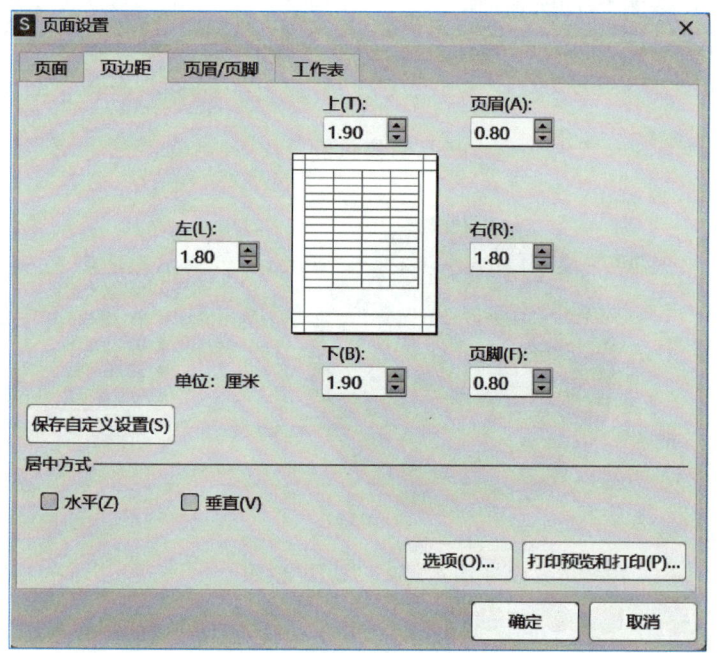

图 4-81 "页边距"设置对话框

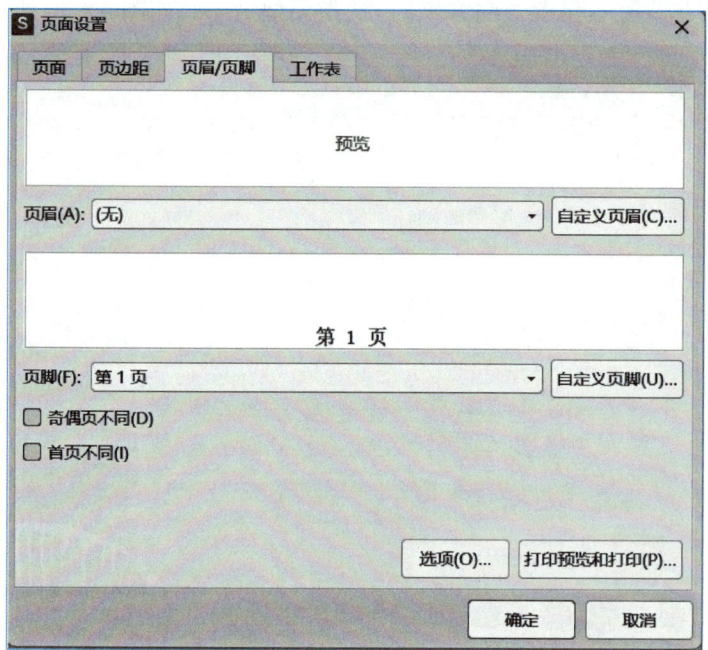

图 4-82 "页眉/页脚"设置对话框

⑤ 当打印内容在 2 页或 2 页以上时,为了增加资料的可读性,打开"页面设置"对话框中的"工作表"选项,设置"打印标题"中的"顶端标题行",如图 4-83 所示。通过单击"打印预览"就可以看到设置的打印效果。

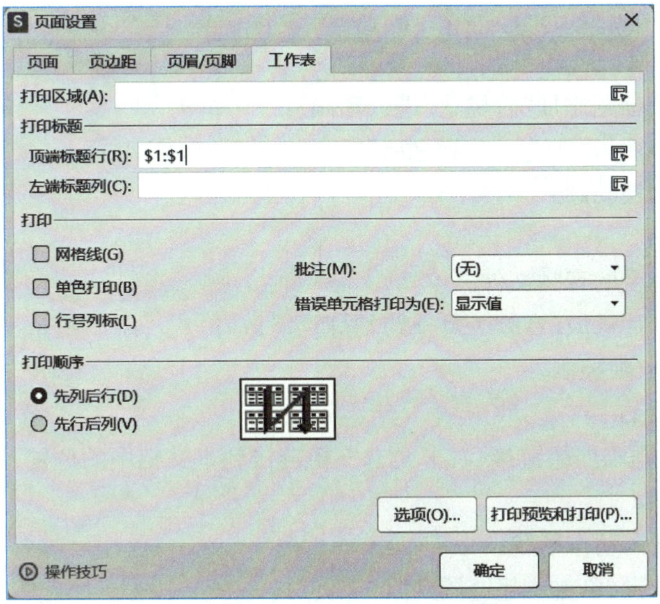

图 4-83 "工作表"顶端标题的设置对话框

4.3 WPS 演示文稿应用

在掌握了 WPS 文字与 WPS 表格的基础操作后,读者可以开启全新的创作之旅。请精心挑选一个具有吸引力的 WPS 演示案例,充分发挥自己的创意与探索精神。在完成案例选择后,需要自行收集与该案例主题相关的丰富素材,包括文字资料、图片、图表、音频或视频等,这些素材将为演示文稿增添生动的细节与直观的展示效果。接下来,按照既定的要求,将这些素材巧妙地整合到 WPS 演示文稿中,精心设计每一页的内容布局、色彩搭配以及动画效果等,力求打造出结构清晰、内容充实、视觉效果出色的演示文稿,充分展示你对 WPS 演示软件的运用能力和对案例主题的深刻理解。

实验 7 WPS 演示 7(我的家乡)

实验目的

1. 掌握主题与模板应用。
2. 幻灯片设计技巧。
3. 掌握幻灯片高级交互设计。

实验任务及要求

1. 实验任务

(1) 母版与版式设置。
自行下载并应用模板。
(2) 图文混排操作。
自行查找图片素材。插入本地图片(操作路径:插入→图片→本地图片)。

(3) 动画与切换效果。

设置目录页动画：

① 为 4 个导航标题添加"阶梯状"进入动画。

② 调整动画顺序为"在上一动画之后"。

③ 配置页面切换动画。

插入背景音乐：

① 嵌入代表家乡的音频文件。

② 设置跨幻灯片播放（音频工具→跨幻灯片播放）。

(4) 超链接与放映控制。

创建交互式目录：

为每个章节标题添加超链接（右击文本→超链接到本文档中的位置）。

制作返回按钮：

① 在内容页插入动作形状。

② 添加动作设置（单击→超链接到"目录页"）。

③ 复制按钮到所有内容页。

参考效果如下图所示。

2. 实验要求

(1) 主题选择"我的家乡"：以自己的家乡为主题，任选美食、美景、人文等一个方向进行介绍。演示文稿由封面、目录、内容构成，不少于 6 页幻灯片。

(2) 正确创建并保存 WPS 演示文件(.dps 格式)。

(3) 使用指定命名规则：班级＋姓名＋家乡名称。

(4) 设置母版(包含家乡标志性元素)。

(5) 每套模板使用不超过 3 种字体。

(6) 至少包含 3 种动画类型(进入＋强调＋退出)。

(7) 设置自动换片时间(5～8 秒/页)。

(8) 插入并裁剪本地图片。

(9) 嵌入背景音乐且控制播放范围。

(10) 创建目录页超链接。

(11) 设置返回按钮。

实验内容及操作指导

(1) 围绕主题收集演示文稿素材。

① 母版包含家乡标志性元素。

② 符合"我的家乡"主题类模板。

③ 为"我的家乡"配套图片。(文旅官网、景区宣传网页、各类社交媒体高质量图集)

(2) 以德阳为例，创建一个演示文稿，按 Ctrl＋S 保存如为"2025 级＊＊班＋张三＋德阳.dps"。

创建演示文稿的标题幻灯片：设置标题字体为微软雅黑，右下角添加页码。

制作应用版式(封面为标题幻灯片，其他页面任选)。

创建演示文稿的标题幻灯片，效果如图 4-84 所示。

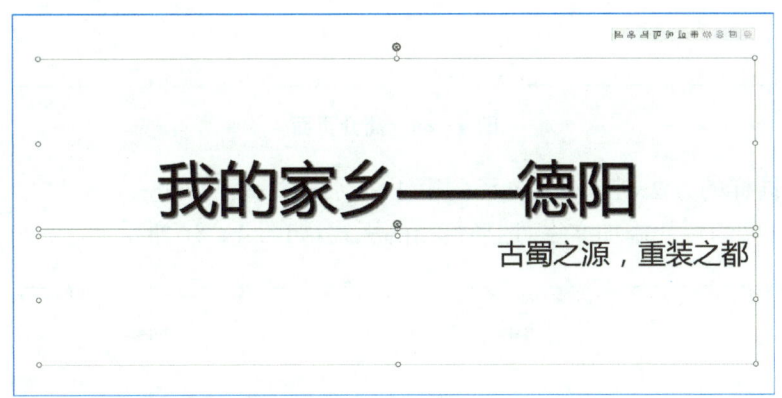

图 4-84 封面内容

(3) 创建演示文稿的第 2 张幻灯片。

创建目录效果如图 4-85 所示。

(4) 创建演示文稿的第 3 张幻灯片。

效果如图 4-86 所示。

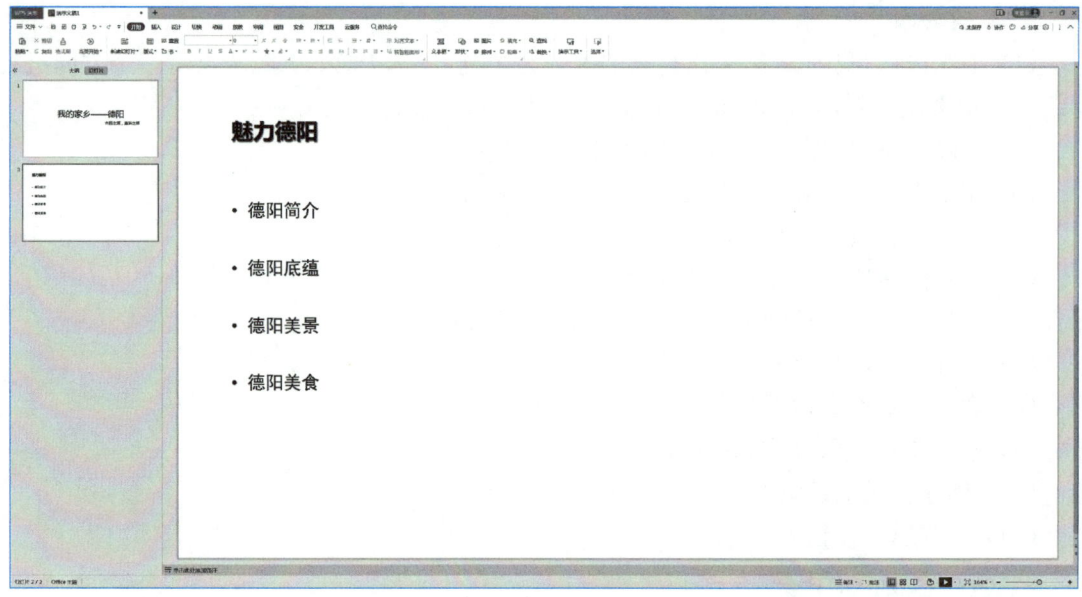

图 4-85　目录内容

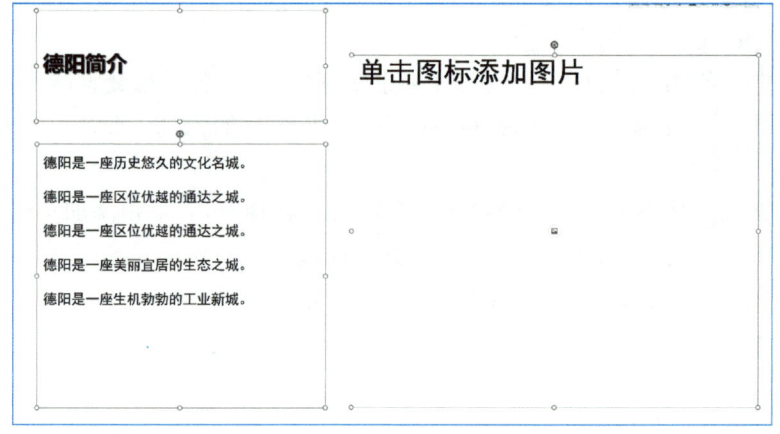

图 4-86　简介页面

（5）使用同样的方法创建演示文稿的第 4～6 张幻灯片。

为第 4～6 张幻灯片添加文字，选择恰当的版式，如图 4-87 所示。

图 4-87　内容页面示意

(6) 为演示文稿应用设计模板。

自行下载符合主题的模板,为演示文稿应用模板。幻灯片的效果如图 4-88 所示。

图 4-88　应用模板

(7) 为演示文档的母版添加徽标。

徽标图片自行下载。单击文件,选择"视图"→"幻灯片母版",插入徽标图片,设置图片透明色,效果如图 4-89 所示。

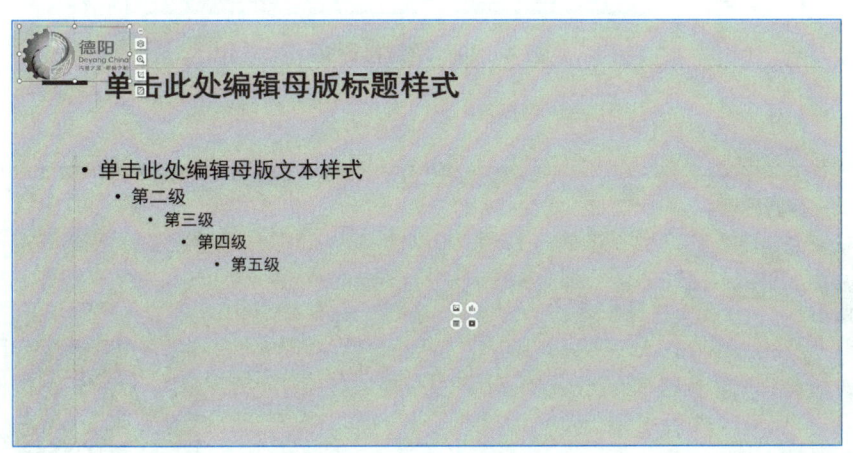

图 4-89　母版中插入徽标

(8) 为演示文档设置超级链接。

选择第二张幻灯片,为各个项目建立到相应幻灯片的超链接。设置如图 4-90 所示。设置返回按钮,如图 4-91 所示。

(9) 为演示文档添加多媒体对象,为第一张幻灯片插入声音文件"＊＊＊.mp3"。设为背景音乐,跨幻灯片播放至最后一页。效果如图 4-92 所示。

(10) 自行搜索相关图片,为幻灯片各页插入图片,调整图片大小及位置。效果如图 4-93 所示。

(11) 为文字和图片设置不少于 3 种动画效果(进入＋强调＋退出)。

(12) 演示文档设置放映效果。

设置幻灯片的切换效果为"平滑";切换速度为"1.75";在"换页方式"框中勾选"单击鼠标换页"并单击"应用到全部"。

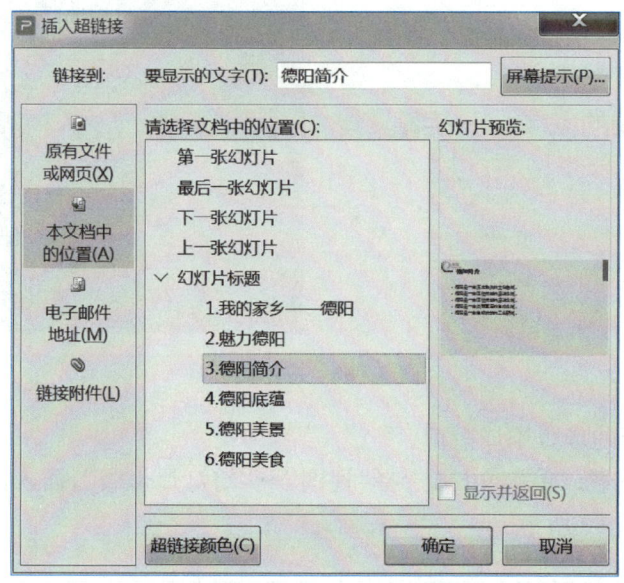

图 4‑90 超链接设置

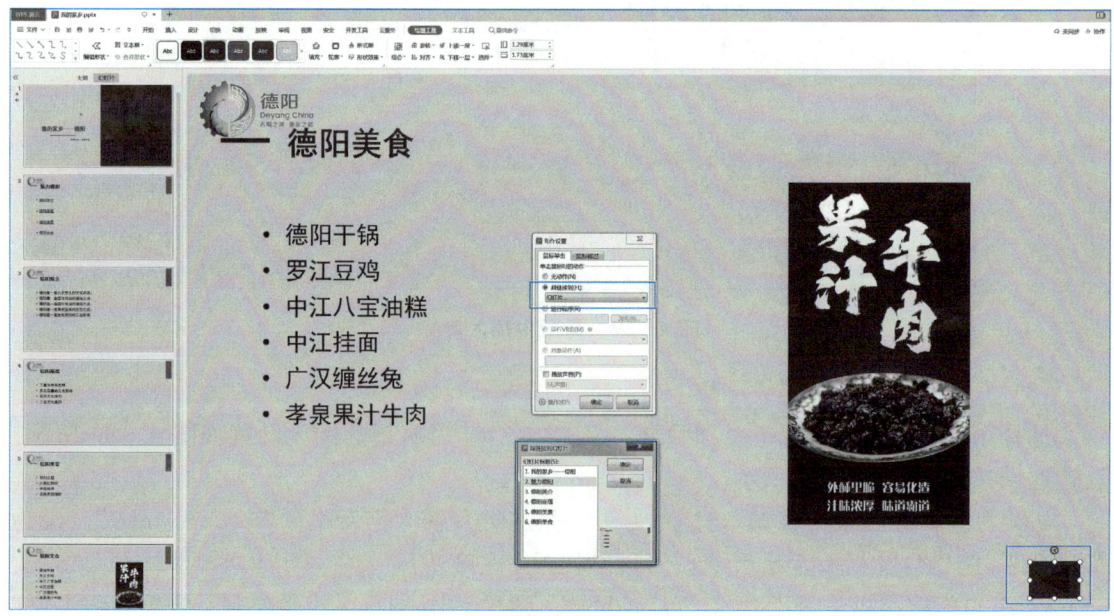

图 4‑91 返回按钮

第4章 信息技术应用

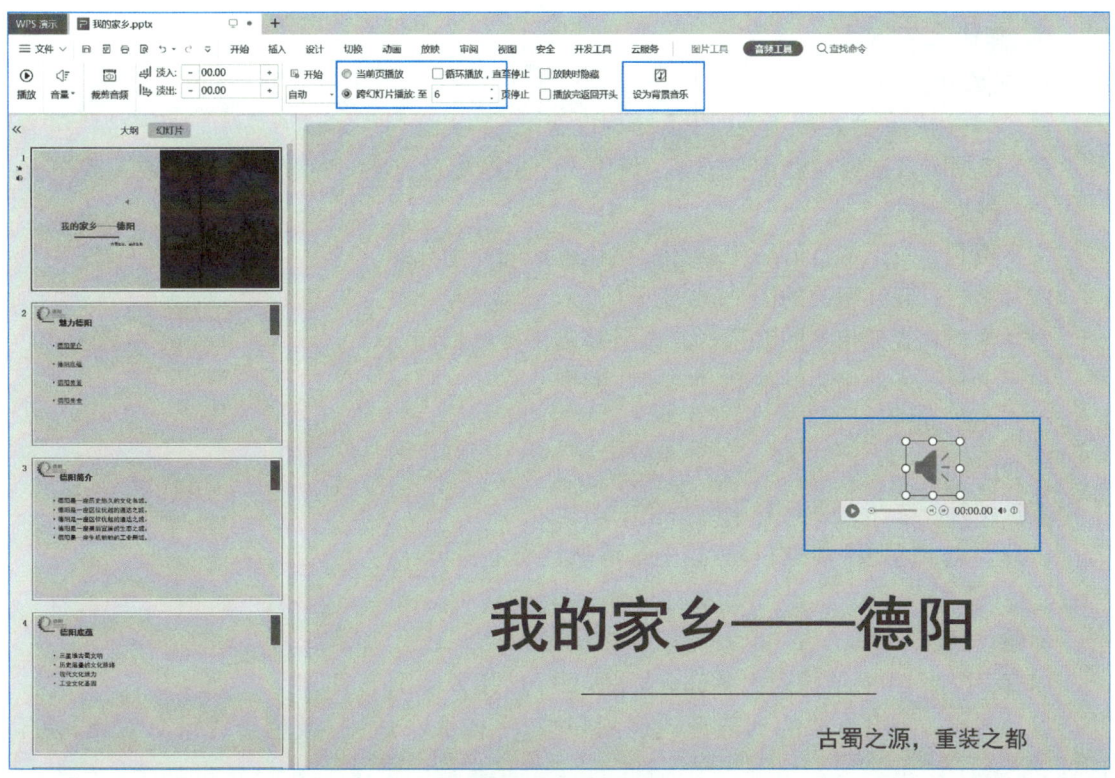

图 4-92 声音设置

图 4-93 插入图片效果

实验 8　WPS 演示 8(主题班会)

实验目的

1. 掌握 AI 工具生成主题文案的方法。
2. 掌握 AI 工具生成演示文稿的方法。
3. 掌握内容修改的方法:
   动画与切换效果的高级应用。
   视频与音频的嵌入与控制。

实验任务及要求

1. 实验任务

(1) AI生成主题文案,确定PPT结构框架。

(2) 依据节日选择主题配色方案:使用一个主题配色方案,可使用AI模板或下载模板。

(3) 收集素材。

文字资料:关于节日的历史、习俗、文化意义的详细介绍。

图片素材:节日相关的图片,如粽子、饺子、舞龙等。

音频素材:节日相关的音乐,如《离骚》《恭喜发财》等。

视频素材:节日相关的视频,如祭拜、醒狮等。

(4) 设计PPT页面。

① 封面页。

背景图片:选择一张具有主题特色的图片。

设计要点:标题字体醒目,背景图片清晰且与主题契合。

② 目录页。

标题:目录。

内容:按照PPT结构列出各部分标题,目录使用智能图形或形状。

设计要点:使用简洁的列表形式展示目录,字体大小适中,颜色与背景有对比,便于阅读。

③ 正文设计。

围绕主题展开介绍。

设计要点:文字内容分点展示,图片与文字内容对应,增强视觉效果。

弘扬文化内涵:通过各种方式弘扬传统节日的文化内涵。

④ 动画效果设置。

动画效果:为文字和图片添加适当的动画效果,如阶梯状、飞入等,增强演示的趣味性。

⑤ 切换效果设置。

切换效果:为页面添加适当的切换效果,如淡出、推入等,使页面之间的过渡更加自然。

(5) 为演示文稿设置背景音乐,音乐为自动播放,声音由小变大。

(6) 插入传统文化礼仪、风俗等相关视频,配合文字图文并茂。

可以参考下图所示的中国传统节日。

文化元素资源参考：
故宫博物院官网。

2. 实验要求

(1) 以中国传统节日为主题制作演示文稿，进行风俗、饮食、传统的介绍。演示文稿由封面、目录、内容构成，不少于 8 张幻灯片。

(2) 页面布局合理：整体风格统一，页面元素（文字、图片、图表等）布局协调，避免过于拥挤或过于稀疏。

(3) 色彩搭配和谐：符合中国传统节日的特点，选择合适的色彩搭配。

(4) 文字简洁明了：文字内容精炼，重点突出，避免长篇大论。标题和正文的字体大小、颜色要有区分，确保阅读清晰。

(5) 图片和图表清晰：插入的图片和图表要与内容相关，分辨率高，无模糊或变形现象。图片和图表应有适当的说明文字。

(6) 动画和切换效果恰当：合理使用动画和页面切换效果，增强演示的趣味性和吸引力，避免过度使用，以免分散观众注意力。

(7) 内容完整且有逻辑性：按照一定的逻辑顺序组织内容，使观众能够轻松跟随讲解，理解中国传统节日的文化内涵和意义。

(8) 合理利用模板和 AI 工具。

实验内容及操作指导

1. 围绕主题收集演示文稿素材

(1) 主题节日的文字素材。

(2) "中国传统节日"配套图片（文旅官网、各类社交媒体高质量图集）。

(3) "中国传统节日"主题的短视频和背景音乐。

2. 利用 DeepSeek 或豆包，生成演示文稿文案

对文案进行对比修改并精简。效果如图 4-94、图 4-95 所示。

3. 生成演示文稿

选择符合主题的模板如图 4-96 所示，生成演示文稿如图 4-97 所示。

4. 目录制作

内容：按照 PPT 结构列出各部分标题，目录使用智能图形。使用简洁的列表形式展示目录，字体大小适中，颜色与背景有对比，便于阅读。智能图形如图 4-98 所示。效果图如图 4-99 所示。

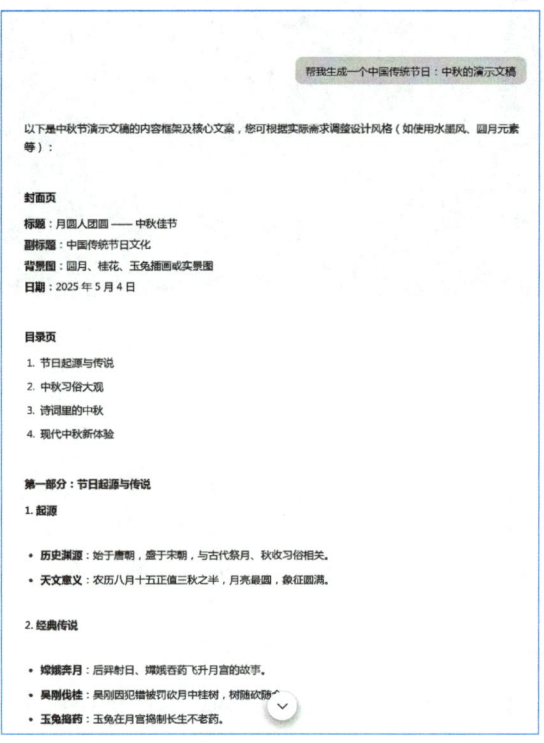

图 4‑94　豆包生成演示文稿文案内容

图 4‑95　DeepSeek 生成演示文稿文案内容

图 4‑96　选择模板

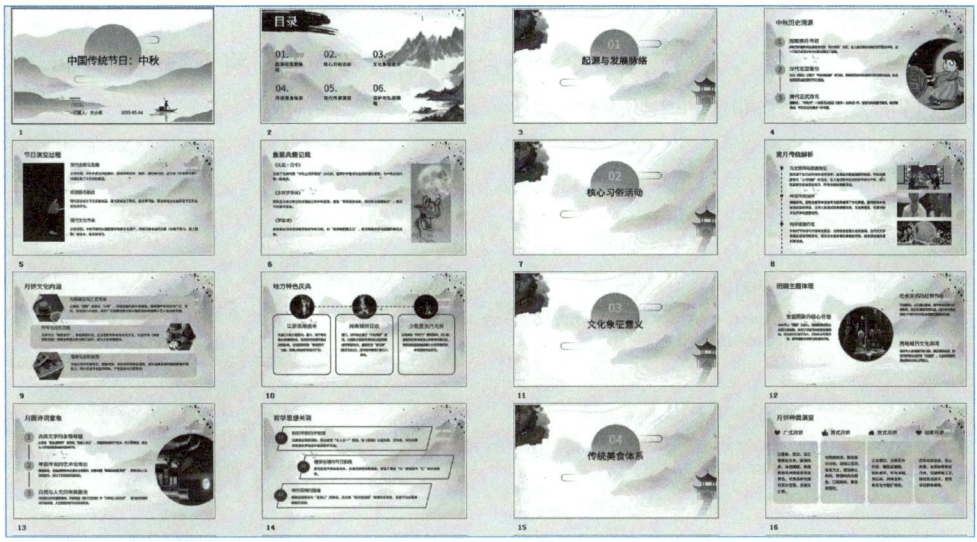

图 4-97　AI 生成演示文稿

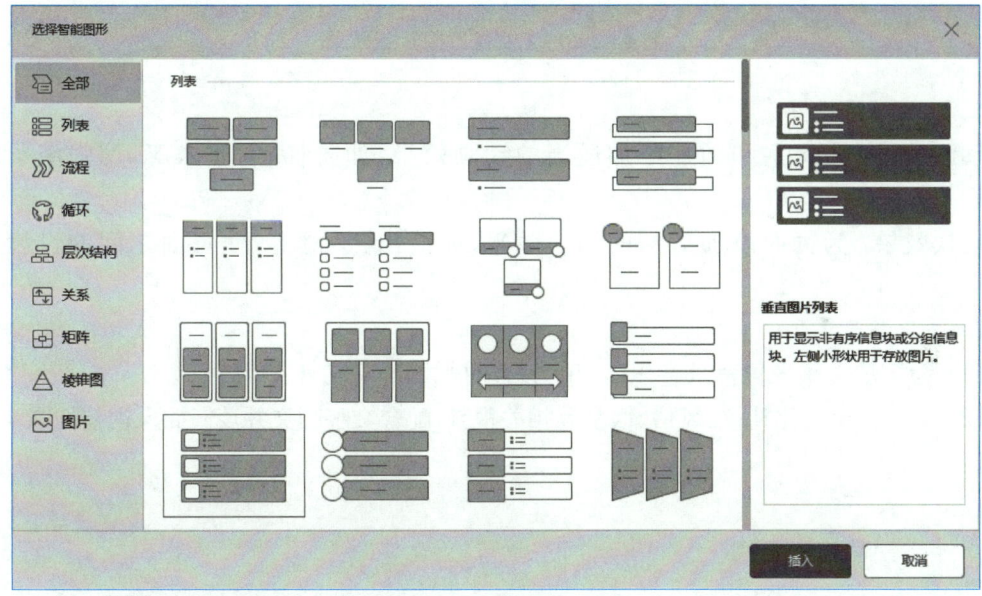

图 4-98　智能图形页面

图 4-99　目录效果

5. 正文设计

围绕主题展开介绍。删除冗余文字和不合适的幻灯片内容。将下载的图片和文字补充完善并进行演示。效果如图 4-100 所示。

图 4-100　正文修改图片后效果

6. 动画效果设置

动画效果：为文字和图片添加适当的动画效果，如阶梯状、飞入等，增强演示的趣味性。

切换效果：为页面添加适当的切换效果，如淡出、平滑等，使页面之间的过渡更加自然。

7. 美化演示文稿

（1）为演示文稿设置背景音乐，音乐为自动播放，声音由小变大。

（2）插入传统文化礼仪、风俗、饮食等相关视频，配合文字图文并茂。插入视频如图 4-101 所示。

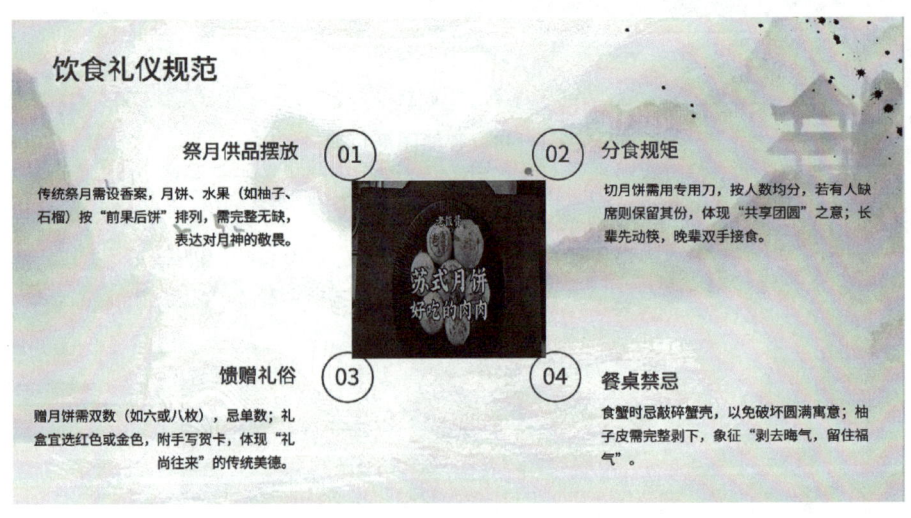

图 4-101　插入视频效果

4.4　WPS的未来发展方向与学习建议

1. 深度集成AI技术

智能写作辅助：通过AI提供语法检查、内容生成、润色等功能。

智能排版与设计：利用AI算法自动优化文档和演示文稿的排版与设计。

数据分析与可视化：结合AI实现更智能的数据分析和图表生成。

2. 云协作与多平台融合

实时协作功能的增强：支持更多用户同时在线协作，提升团队效率。

跨平台无缝同步：进一步优化移动端、桌面端和网页端的同步体验。

3. 功能拓展与个性化

插件生态系统：提供更多第三方插件支持，满足不同用户需求。

个性化定制：允许用户根据自己的工作习惯定制界面和功能。

4. 安全与隐私保护

增强权限管理：提供更细致的文档权限设置，保护数据安全。

数据加密与备份：确保用户数据的安全性和可靠性。

5. 学习建议

关注WPS官方文档和社区，获取最新的学习资源和技巧。

将所学的高级功能应用到实际工作中，通过实践提升技能。

尝试使用宏、VBA等功能，解决复杂问题。

学习如何利用WPS中的AI功能（如智能写作、数据分析）。

关注AI在办公软件中的最新应用案例，拓宽思路。

拓展阅读

WPS中嵌入AI(DeepSeek)实践

本 章 小 结

本章通过三个文字案例，三个表格案例和两个演示案例系统完整地展示了WPS工具的基本功能，高级应用及与大学生活联系的应用场景等。学生通过上机练习可以初步掌握WPS的操作，同时通过扩展案例也可以熟悉相关功能。最后推荐了人工智能工具和WPS的结合，助力读者全方位了解其在多领域的实践成果、未来走向及相关职业能力要求。

课后习题4

一、WPS文字高级应用

1. 单选题

（1）在WPS文字中，要快速新建文档，可以使用组合键（　　）。

A. Ctrl+A　　　B. Ctrl+N　　　C. Ctrl+S　　　D. Ctrl+O

(2) 如果想在 WPS 文字中插入页码,应该在(　　)选项卡中操作。
　　A. 开始　　　　　B. 插入　　　　　C. 视图　　　　　D. 页面布局
(3) 在 WPS 文字中,以下视图模式中,(　　)可以显示文档的分栏效果。
　　A. 阅读视图　　　B. 页面视图　　　C. 大纲视图　　　D. 草稿视图
(4) 下列关于 WPS 文字中的"查找和替换"功能说法正确的是(　　)。
　　A. 只能查找文本内容,不能查找格式　　B. 不能使用通配符
　　C. 可以查找特定字体格式的文本　　　　D. 不能查找图片
(5) 在 WPS 文字中,要将文档中的文字设置为加粗,可以使用组合键(　　)。
　　A. Ctrl+B　　　　B. Ctrl+I　　　　C. Ctrl+U　　　　D. Ctrl+P
(6) 如果要将文档的纸张大小设置为 A4,应该在(　　)选项卡中操作。
　　A. 开始　　　　　B. 插入　　　　　C. 页面布局　　　D. 审阅
(7) 在 WPS 文字中,(　　)方法不能插入图片。
　　A. 使用"插入"选项卡中的"图片"按钮
　　B. 使用"复制"和"粘贴"功能
　　C. 使用"文件"选项卡中的"打开"功能
　　D. 使用"插入"选项卡中的"在线图片"功能
(8) 在 WPS 文字中,要将文档中的文字设置为居中对齐,可以使用组合键(　　)。
　　A. Ctrl+E　　　　B. Ctrl+J　　　　C. Ctrl+R　　　　D. Ctrl+L
(9) 下列关于 WPS 文字中的目录功能说法错误的是(　　)。
　　A. 目录可以自动生成　　　　　　　　B. 目录中的页码会自动更新
　　C. 目录中的标题级别不能修改　　　　D. 可以更新目录
(10) 在 WPS 文字中,在文档的字体对话框中设置字体,可以使用组合键(　　)。
　　A. Ctrl+F　　　　B. Ctrl+G　　　　C. Ctrl+H　　　　D. Ctrl+D

2. 多选题

(1) 在 WPS 文字中,以下哪些操作可以实现文字的复制?(　　)
　　A. 使用"开始"选项卡中的"复制"按钮　　B. 使用快捷键 Ctrl+C
　　C. 右键单击选中的文字,选择"复制"　　　D. 使用"文件"选项卡"编辑"菜单中的"复制"功能
(2) 在 WPS 文字中,以下哪些格式可以被查找和替换?(　　)
　　A. 字体　　　　　B. 字号　　　　　C. 段落缩进　　　D. 行距
(3) 在 WPS 文字中,以下哪些视图模式可以显示页眉和页脚?(　　)
　　A. 阅读视图　　　B. 页面视图　　　C. 大纲视图　　　D. 全屏显示
(4) 在 WPS 文字中,以下哪些方法可以插入表格?(　　)
　　A. 使用"插入"选项卡中的"插入表格"按钮
　　B. 使用"开始"选项卡中的"表格"按钮
　　C. 使用"文件"选项卡中的"表格"功能
　　D. 使用"插入"选项卡中的"绘制表格"功能
(5) 在 WPS 文字中,以下哪些操作可以实现文字的对齐方式设置?(　　)

A. 使用"开始"选项卡中的"对齐方式"按钮
B. 使用组合键 Ctrl+E,Ctrl+J,Ctrl+R,Ctrl+L
C. 右击选中的文字,选择"段落"设置对齐方式
D. 使用"页面布局"选项卡中的"对齐方式"按钮

(6) 在 WPS 文字中,以下哪些功能可以用于文档的审阅?(　　)
　　A. 批注　　　　B. 修订　　　　C. 字数统计　　　D. 比较
(7) 在 WPS 文字中,以下哪些格式可以被清除?(　　)
　　A. 字体格式　　B. 段落格式　　C. 样式格式　　　D. 图片格式
(8) 在 WPS 文字中,以下哪些操作可以实现文档的打印?(　　)
　　A. 使用"文件"选项卡中的"打印"功能　　B. 使用组合键 Ctrl+P
　　C. 右击文档,选择"打印"　　　　　　　　D. 使用"开始"选项卡中的"打印"按钮
(9) 在 WPS 文字中,以下哪些功能可以用于文档的排版?(　　)
　　A. 分栏　　　　B. 段落缩进　　C. 行距　　　　　D. 字体颜色
(10) 在 WPS 文字中,以下哪些方法可以插入超链接?(　　)
　　A. 使用"插入"选项卡中的"超链接"按钮
　　B. 右击选中的文字,选择"超链接"
　　C. 使用组合键 Ctrl+K
　　D. 使用"开始"选项卡中的"超链接"功能

3. 判断题

(1) 在 WPS 文字中,文档的字体大小单位只能是"磅"。　　　　　　　　　　(　　)
(2) 在 WPS 文字中,可以使用"插入"选项卡中的"符号"按钮插入特殊符号。(　　)
(3) 在 WPS 文字中,文档的纸张方向只能是纵向。　　　　　　　　　　　　(　　)
(4) 在 WPS 文字中,可以使用"开始"选项卡中的"字体"组设置文字的字体、字号和颜色。　　　　　　　　　　　　　　　　　　　　　　　　　　　　　　　(　　)
(5) 在 WPS 文字中,文档的页码只能从 1 开始编号。　　　　　　　　　　　(　　)
(6) 在 WPS 文字中,可以使用"页面布局"选项卡中的"分栏"按钮将文档分成多栏。
　　　　　　　　　　　　　　　　　　　　　　　　　　　　　　　　　　(　　)
(7) 在 WPS 文字中,文档的页边距不能调整。　　　　　　　　　　　　　　(　　)
(8) 在 WPS 文字中,可以使用"插入"选项卡中的"表格"按钮插入表格。　　(　　)
(9) 在 WPS 文字中,文档的字体格式只能设置一次,不能修改。　　　　　　(　　)
(10) 在 WPS 文字中,可以使用"文件"选项卡中的"打印"功能打印文档。　(　　)

4. 填空题

(1) 在 WPS 文字中,要新建文档,可以使用组合键_____。
(2) 在 WPS 文字中,要将文档的纸张大小设置为 A4,可以在_____选项卡中操作。
(3) 在 WPS 文字中,要将文档中的文字设置为加粗,可以使用组合键_____。
(4) 在 WPS 文字中,要将文档的字体设置为"宋体",可以使用组合键_____。

(5) 在 WPS 文字中,要将文档中的文字设置为居中对齐,可以使用组合键_____。

(6) 在 WPS 文字中,要插入页码,可以在_____选项卡中操作。

(7) 在 WPS 文字中,要插入表格,可以在_____选项卡中操作。

(8) 在 WPS 文字中,要将文档的纸张方向设置为横向,可以在_____选项卡中操作。

(9) 在 WPS 文字中,要插入图片,可以在_____选项卡中操作。

(10) 在 WPS 文字中,要打印文档,可以使用组合键_____。

二、WPS 表格应用

1. 单选题

(1) 在 WPS 表格中,用于快速求和的组合键是(　　)。
　　A. Ctrl+C　　　B. Alt+=　　　C. Ctrl+V　　　D. Shift+Enter

(2) 以下函数可用于统计非空单元格数量是(　　)。
　　A. COUNT　　　B. COUNTA　　　C. SUM　　　D. AVERAGE

(3) 在 WPS 表格中,若需冻结首行和首列,应选择(　　)。
　　A. 视图→冻结窗格→冻结首行　　　B. 视图→冻结窗格→冻结首列
　　C. 视图→冻结窗格→冻结拆分窗格　　　D. 视图→冻结窗格→取消冻结窗格

(4) 以下数据格式可以限制输入内容为特定范围(如 1~100)的是(　　)。
　　A. 文本格式　　　B. 数值格式(自定义)
　　C. 日期格式　　　D. 货币格式

(5) 在 WPS 表格中,若需将 A1:C10 区域的数据按"销售额"降序排序,应选择(　　)。
　　A. 数据→排序→升序
　　B. 数据→排序→降序(主关键字选择"销售额")
　　C. 开始→条件格式→突出显示单元格规则
　　D. 插入→图表

(6) 以下函数用于返回当前日期是(　　)。
　　A. TODAY()　　　B. NOW()　　　C. DATE()　　　D. TIME()

(7) 在 WPS 表格中,若需隐藏某列,应进行的操作是(　　)。
　　A. 右键列标→隐藏　　　B. 开始→字体→隐藏
　　C. 数据→筛选→隐藏　　　D. 视图→隐藏列

(8) 以下图表类型适合展示数据占比关系的是(　　)。
　　A. 折线图　　　B. 柱状图　　　C. 饼图　　　D. 散点图

(9) 在 WPS 表格中,若需将公式"=A1+B1"复制到 C2 单元格并自动调整为"=B2+C2",应使用(　　)。
　　A. 绝对引用(如 A1)　　　B. 相对引用(默认)
　　C. 混合引用(如 A$1)　　　D. 名称引用

(10) 以下功能用于快速筛选出满足条件的数据的是(　　)。
　　A. 数据→排序　　　B. 数据→分类汇总
　　C. 数据→筛选　　　D. 插入→表格

2. 多选题

(1) 以下哪些属于 WPS 电子表格的常用函数类别？（　　）

　　A. 数学与三角函数　　　　　　B. 文本函数

　　C. 日期与时间函数　　　　　　D. 逻辑函数

(2) 在 WPS 表格中，以下哪些操作可实现数据分列？（　　）

　　A. 数据→分列(按固定宽度)　　B. 数据→分列(按分隔符号)

　　C. 开始→合并后居中　　　　　D. 视图→分页预览

(3) 以下哪些方法可用于保护 WPS 工作表？（　　）

　　A. 审阅→保护工作表(设置密码)　B. 审阅→允许编辑区域

　　C. 文件→加密文档　　　　　　D. 开始→隐藏单元格

(4) 以下哪些属于 WPS 电子表格的图表类型？（　　）

　　A. 折线图　　　　　　　　　　B. 雷达图

　　C. 气泡图　　　　　　　　　　D. 组织结构图

(5) 在 WPS 表格中，以下哪些操作可实现数据有效性验证？（　　）

　　A. 数据→数据验证→设置输入范围　B. 数据→数据验证→自定义公式

　　C. 开始→条件格式→数据条　　D. 插入→超链接

(6) 以下哪些快捷键或组合键可用于单元格编辑？（　　）

　　A. F2(进入编辑模式)　　　　　B. Ctrl+D(向下填充)

　　C. Ctrl+R(向右填充)　　　　　D. Ctrl+Z(撤销)

(7) 在 WPS 表格中，以下哪些功能可用于数据汇总？（　　）

　　A. 数据→分类汇总　　　　　　B. 数据→合并计算

　　C. 插入→数据透视表　　　　　D. 开始→查找与选择

(8) 以下哪些方法可用于快速定位到特定单元格？（　　）

　　A. 名称框输入单元格地址(如 A100)　B. Ctrl+G(定位)

　　C. 开始→查找与选择→转到　　D. 视图→缩放到选定区域

(9) 以下哪些属于 WPS 表格的格式设置选项？（　　）

　　A. 字体颜色　　　　　　　　　B. 边框样式

　　C. 条件格式　　　　　　　　　D. 页面布局→打印标题

(10) 在 WPS 表格中，以下哪些操作可实现多表合并？（　　）

　　A. 数据→合并计算　　　　　　B. 插入→数据透视表(多表合并)

　　C. 开始→合并后居中　　　　　D. 视图→新建窗口

3. 判断题

(1) WPS 表格中，组合键 Ctrl+Z 用于撤销上一步操作。（　　）

(2) 在 WPS 表格中，若需冻结首行和首列，需分别操作 2 次冻结窗格。（　　）

(3) VLOOKUP 函数只能从左向右查找数据。（　　）

(4) 在 WPS 表格中，数据透视表无法动态更新数据源。（　　）

(5) COUNT 函数会统计空单元格的数量。（　　）

(6) 在 WPS 表格中,若需隐藏行,可通过右击行标并选择"隐藏"选项。 (   )

(7) WPS 表格的图表标题无法动态引用单元格内容。 (   )

(8) 在 WPS 表格中,数据有效性验证可限制输入内容为日期范围。 (   )

(9) SUM 函数会忽略文本格式的数字。 (   )

(10) 在 WPS 表格中,若需打印标题行,需通过"页面布局→打印标题"设置。 (   )

4. 填空题

(1) 在 WPS 表格中,若需快速填充序列(如 1,2,3,…),可输入前两个数字后选中区域,再按_____。

(2) VLOOKUP 函数的语法为:VLOOKUP(查找值,数据区域,列序号,[匹配类型]),其中匹配类型为_____表示精确匹配。

(3) 在 WPS 表格中,若需将公式"=SUM(A1:A10)"复制到其他单元格并保持引用区域不变,应使用_____引用(如 A1:A10)。

(4) 在 WPS 表格中,若需筛选出"销售额>1 000"的数据,应选择"数据→筛选→输入条件_____"。

(5) 在 WPS 表格中,若需合并多个单元格内容(如 A1 和 B1),可使用公式_____。

(6) 在 WPS 表格中,若需将数据透视表的值字段设置为"求和",应在值字段设置中选择_____。

(7) 在 WPS 表格中,若需将工作表另存为 PDF 格式,应选择"文件→_____→PDF"。

(8) 在 WPS 表格中,若需删除重复行,应选择"数据→_____→删除重复项"。

(9) 在 WPS 表格中,若需在图表中添加数据标签,应右键图表→"添加数据标签",或通过_____选项卡设置。

(10) 在 WPS 表格中,若需将单元格格式设置为百分比(如 0.1 显示为 10%),应在设置单元格格式中选择_____类别。

三、WPS 演示文稿高级应用

1. 单选题

(1) 在 WPS 演示中,要快速新建一个演示文稿,可以使用组合键(   )。
  A. Ctrl+A　　　B. Ctrl+N　　　C. Ctrl+S　　　D. Ctrl+O

(2) 如果想在 WPS 演示中插入一张新的幻灯片,应该在(   )选项卡中操作。
  A. 开始　　　　B. 插入　　　　C. 设计　　　　D. 切换

(3) 在 WPS 演示中,以下视图模式可以预览整个演示文稿的播放效果的是(   )。
  A. 普通视图　　　　　　　　　B. 幻灯片浏览视图
  C. 阅读视图　　　　　　　　　D. 幻灯片放映视图

(4) 在 WPS 演示中,要将文字设置为斜体,可以使用组合键(   )。
  A. Ctrl+B　　　B. Ctrl+I　　　C. Ctrl+U　　　D. Ctrl+P

(5) 在 WPS 演示中,要设置幻灯片的切换效果,应该在(   )选项卡中操作。
  A. 开始　　　　B. 插入　　　　C. 切换　　　　D. 动画

(6) 在 WPS 演示中,以下方法不能插入图片的是( )。
　　A. 使用"插入"选项卡中的"图片"按钮
　　B. 使用"复制"和"粘贴"功能
　　C. 使用"文件"选项卡中的"打开"功能
　　D. 使用"插入"选项卡中的"截屏"功能
(7) 在 WPS 演示中,要将文字设置为下画线,可以使用组合键( )。
　　A. Ctrl+U　　　　B. Ctrl+I　　　　C. Ctrl+B　　　　D. Ctrl+P
(8) 在 WPS 演示中,要设置幻灯片的背景颜色,应该在( )选项卡中操作。
　　A. 开始　　　　B. 设计　　　　C. 切换　　　　D. 动画
(9) 在 WPS 演示中,以下格式不能直接应用于文字的是( )。
　　A. 字体颜色　　B. 字体大小　　C. 百叶窗效果　　D. 段落缩进
(10) 在 WPS 演示中,要将幻灯片的切换速度设置为"中速",应该在( )选项卡中操作。
　　A. 开始　　　　B. 插入　　　　C. 切换　　　　D. 动画

2. 多选题

(1) 在 WPS 演示中,以下哪些操作可以实现文字的复制?( )
　　A. 使用"开始"选项卡中的"复制"按钮
　　B. 使用组合键 Ctrl+C
　　C. 右击选中的文字,选择"复制"
　　D. 使用"文件"选项卡"编辑"菜单中的"复制"功能
(2) 在 WPS 演示中,以下哪些格式可以被设置为文字格式?( )
　　A. 字体　　　　B. 字号　　　　C. 字体颜色　　　D. 动画效果
(3) 在 WPS 演示中,以下哪些视图模式可以显示幻灯片的缩略图?( )
　　A. 普通视图　　　　　　　　B. 幻灯片浏览视图
　　C. 阅读视图　　　　　　　　D. 幻灯片放映视图

3. 判断题

(1) 在 WPS 演示中,幻灯片的切换效果只能设置为一种。　　　　　　　　　(　)
(2) 在 WPS 演示中,可以使用"插入"选项卡中的"符号"按钮插入特殊符号。 (　)
(3) 在 WPS 演示中,幻灯片的背景颜色只能设置为一种颜色。　　　　　　　(　)
(4) 在 WPS 演示中,可以使用"开始"选项卡中的"字体"组设置文字的字体、字号和颜色。　　　　　　　　　　　　　　　　　　　　　　　　　　　　　(　)
(5) 在 WPS 演示中,幻灯片的切换速度只能设置为"慢速"。　　　　　　　　(　)
(6) 在 WPS 演示中,可以使用"设计"选项卡中的"主题"按钮更改幻灯片的主题。
　　　　　　　　　　　　　　　　　　　　　　　　　　　　　　　　　　(　)
(7) 在 WPS 演示中,幻灯片的页边距不能调整。　　　　　　　　　　　　　(　)
(8) 在 WPS 演示中,可以使用"插入"选项卡中的"表格"按钮插入表格。　　(　)

(9) 在 WPS 演示中,幻灯片的动画效果只能设置为一种。 ( )

(10) 在 WPS 演示中,可以使用"文件"选项卡中的"打印"功能打印幻灯片。 ( )

4. **填空题**

(1) 在 WPS 演示中,要新建一个演示文稿,可以使用组合键_____。

(2) 在 WPS 演示中,要插入一张新的幻灯片,可以在_____选项卡中操作。

(3) 在 WPS 演示中,要将文字设置为斜体,可以使用组合键_____。

(4) 在 WPS 演示中,要设置幻灯片的切换效果,可以在_____选项卡中操作。

(5) 在 WPS 演示中,要将文字设置为下画线,可以使用组合键_____。

(6) 在 WPS 演示中,要插入图片,可以在_____选项卡中操作。

(7) 在 WPS 演示中,要设置幻灯片的背景颜色,可以在_____选项卡中操作。

(8) 在 WPS 演示中,要设置幻灯片的切换速度,可以在_____选项卡中操作。

(9) 在 WPS 演示中,要插入表格,可以在_____选项卡中操作。

(10) 在 WPS 演示中,要打印幻灯片,可以使用组合键_____。

模块二
人工智能基础及应用

第5章　人工智能概述
第6章　人工智能的应用
第7章　算法与程序设计
第8章　Python 编程与人工智能应用实践

第5章 人工智能概述

本 章 导 读

人工智能是一门研究用于模拟、延伸和扩展人类智能的理论、方法及应用的综合性交叉学科。其核心目标是通过计算机技术实现感知、学习、推理、决策及交流等类人智能行为。自 20 世纪中叶其概念被提出以来，人工智能已从逻辑推理系统演进为融合大数据、深度学习和云计算的前沿领域。

本 章 要 点

- 人工智能的发展历程
- 人工智能核心技术
- 人工智能的研究方向
- 人工智能的挑战与未来发展趋势

三维教学目标

- **知识目标**
  - 了解人工智能发展过程中的重大事件。
  - 认识人工智能的主要应用领域，能够列举出一些常见的人工智能应用产品。
  - 理解人工智能的关键技术基础。
- **能力目标**
  - 能够对身边的人工智能应用进行分析，识别出其背后可能使用的人工智能技术。
  - 能够判断人工智能应用的优势和局限性。
- **素质目标**
  - 鼓励学生关注人工智能领域的最新研究动态，培养持续学习和探索新技术的精神。
  - 培养学生在使用和开发人工智能技术时，要遵循伦理道德原则，尊重人类的基本权利和价值观，树立负责任的人工智能应用意识。

5.1 人工智能的发展历程

人工智能(Artificial Intelligence,AI)是研究、开发用于模拟、延伸和扩展人的智能的理论、方法、技术及应用系统的一门新技术科学。当前人工智能的发展依赖于三大驱动力:计算力的指数级提升支撑了复杂模型的训练,海量数据为机器学习提供了必要的"燃料",算法创新则不断拓展人工智能的能力边界。目前,人工智能技术已从实验室阶段进入产业化阶段,正在重塑医疗、金融、制造、自动驾驶等领域的基础架构。这一变革在提升效率的同时,也引发了对人类认知、人机协作及伦理等问题的哲学反思。

人工智能的发展历程每一个阶段都标志着技术的显著进步和理论的重大突破,共同构成了人工智能从萌芽到成熟的完整演进轨迹。

第一阶段:起步与初步探索。

在20世纪五六十年代,人工智能研究的核心聚焦于符号逻辑与推理领域,其目的在于通过确立精确的规则体系,以模拟人类的思维模式。1943年,沃伦·麦卡洛克与沃尔特·皮茨共同创建了首个神经网络模型。1950年,艾伦·图灵撰写了具有里程碑意义的论文《计算机器与智能》,并提出了图灵测试,用以评估机器是否具备智能。1956年,达特茅斯会议首次使用了"人工智能"这一术语,标志着AI正式成为一个独立的研究领域。

第二阶段:基于规则的繁荣期。

20世纪七八十年代,人工智能研究主要聚焦于基于规则的知识表示和推理,专家系统成为主要的研究方向。然而,由于知识获取的困难以及计算能力的局限,人工智能的发展遭遇了"AI寒冬"。

第三阶段:统计学习与机器学习的复兴。

20世纪90年代,随着统计学和机器学习技术的进步,人工智能迎来了新的发展机遇。数据驱动的算法(如支持向量机、决策树等)逐渐占据主导地位,应用范围也不断扩大。

第四阶段:深度学习与大规模预训练的崛起。

2010年至今,人工智能的发展轨迹从符号逻辑到数据驱动,再到如今的深度学习与大规模预训练,展现出一条从规则到统计、从专用到通用的演变路径。2012年,深度学习在图像识别等领域的突破性进展,极大地推动了人工智能的进步。2018年,BERT和GPT等大规模预训练语言模型的出现,开启了自然语言处理的新时代。2022年,ChatGPT的发布进一步激发了大语言模型的研究热潮,使人工智能向更加智能化和通用化的方向发展。

5.2 人工智能的核心技术

人工智能的核心技术涵盖了多个领域,从基础算法到实际应用,涉及机器学习、深度学习、自然语言处理、计算机视觉等方向。

5.2.1 机器学习

1. 机器学习的概念及其类型

机器学习(Machine Learning)是人工智能的一个分支,专注于研究如何使计算机系统能够从数据中自动学习和改进。它通过算法和统计模型,使计算机能够在特定任务上表现出色,而无须显式编程。

人工智能、机器学习、深度学习、神经网络

随着数据量的爆炸式增长,机器学习能够从海量数据中提取有价值的信息,支持更明智的决策。机器学习为人工智能提供了自动学习和适应环境的能力,是实现智能系统的关键技术。它使得机器能够不断从经验中学习,逐步提高性能,从而推动人工智能在各个领域的应用和发展。

机器学习的主要包括以下几种类型。

- 监督学习(Supervised Learning)是从标记好的训练数据中学习,建立映射关系以进行预测。训练数据包含输入特征和对应的输出标签,模型通过学习输入与输出之间的关系,能够在新的未见过的输入数据上进行准确的预测。常见算法包括:线性回归、逻辑回归、决策树、支持向量机等。主要的应用示例:图像分类(如区分猫和狗的图片)、垃圾邮件检测(判断一封邮件是否为垃圾邮件)等。
- 无监督学习(Unsupervised Learning)中的数据没有预先定义的输出标签,模型通过分析数据的内在特性,自动发现数据中的隐藏模式和关联关系。常见算法包括:聚类算法(如K-Means)、降维技术(如PCA)等。主要的应用示例:客户细分(如根据客户购买行为将客户分为不同群体)、异常检测(如发现信用卡欺诈行为)等。

强化学习(Reinforcement Learning)通过与环境互动并根据反馈进行学习,以最大化累积奖励。智能体(agent)在环境中采取行动,根据环境反馈的奖励信号,不断调整自己的行为策略,以达到长期累积奖励最大化的目标。常见算法包括:Q-Learning、策略梯度方法等。主要的应用示例:机器人控制(如学习如何行走、抓取物体)、游戏AI(如AlphaGo通过强化学习击败人类棋手)等。

2. 机器学习的基本流程

(1) 数据收集与预处理

数据收集:确定合适的数据源,收集相关数据。数据源可以是数据库、文件系统、网络爬虫等,需要根据具体问题和应用场景选择合适的数据收集方式。

数据清洗:处理缺失值、噪声和异常值,确保数据质量。例如,对于缺失值,可以采用填充、删除等方法;对于噪声数据,可以进行平滑处理。

特征工程:选择和提取有意义的特征,进行特征缩放等预处理操作。特征工程对于模型性能至关重要,良好的特征能够显著提高模型的准确性和效率。

(2) 模型选择与训练

模型选择:根据任务选择合适的模型,即考虑问题类型(如分类、回归、聚类等)、数据特点(如数据规模、维度等)等因素选择适当的算法。例如,对于线性可分的数据,可以优先考虑线性模型;对于复杂非线性关系,可以选用神经网络等复杂模型。

模型训练:使用训练数据对模型进行训练,调整模型参数以最小化误差。通过优化算法不断更新模型参数,使模型在训练数据上取得最佳性能。

(3) 模型评估与优化

评估指标:根据任务选择合适的评估指标,如准确率、召回率、F1 分数、均方误差等。不同的评估指标适用于不同的问题,需要根据具体任务选择最能反映模型性能的指标。

交叉验证:通过交叉验证等方法评估模型的泛化能力。将数据集划分为多个子集,轮流作为训练集和测试集,多次训练和测试模型,以获得更稳定和可靠的评估结果。

模型优化:调整超参数、进行正则化等操作以提高模型性能。例如,通过网格搜索、随机搜索等方法寻找最优的超参数组合;通过 L1 和 L2 等参数正则化技术防止模型过拟合。

5.2.2 深度学习

深度学习(Deep Learning)是机器学习的子集,擅长处理高维数据(如图像、语音等)。深度学习基于神经网络,通过构建具有多个层次的神经网络模型(如 CNN、RNN、Transformer 等)来模拟人脑进行数据处理和模式识别,以实现对复杂数据的学习和理解。

深度学习最初是受到生物学中人脑神经元(Neuron)结构的启发。1904 年生物学家知晓的神经元组成结构如图 5-1 所示。

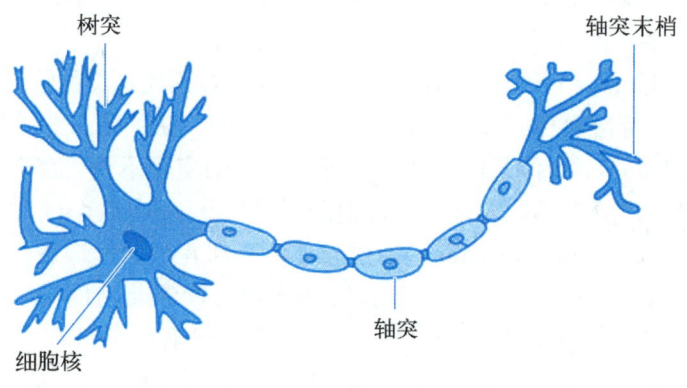

图 5-1 神经元组成结构

一个神经元通常具有多个树突(Dendrite),主要用来接受传入信息;而轴突(Axson)只有一条,轴突尾端有许多轴突末梢可以给其他多个神经元传递信息。轴突末梢跟其他神经元的树突产生连接,从而传递信号。

根据人脑神经元结构设计的神经网络模型如图 5-2。

神经网络的基本组成单元就是神经元模型。在生物神经网络中,每个神经元都与其他若干个神经元相连,神经元有多条树突作为信号的输入,一条轴突作为信号的输出。当"输入信号"导致神经元的电位超过一个阈值(Threshold)时,它就会被激活,并向其他神经元传递信号。

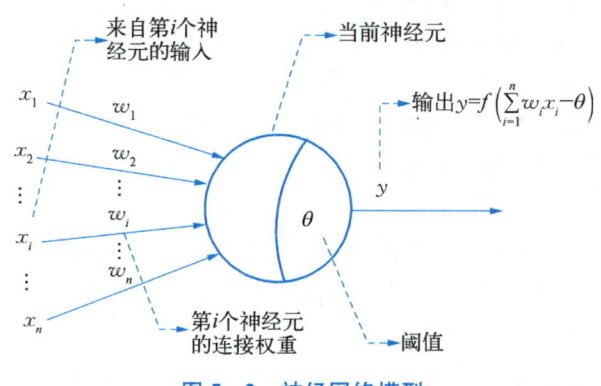

图 5-2 神经网络模型

在早期阶段,深度学习面临诸多技术瓶颈,如计算能力不足等,限制了其发展。然而,随着计算机硬件技术的飞速进步,尤其是GPU(Graphics Processing Unit,图形处理器)在并行计算方面的优势被发现,深度学习得到了极大的推动。GPU能够快速处理深度学习模型中大量的矩阵运算,使得模型训练时间大幅缩短,模型规模也能够不断扩大。

5.2.3 大规模语言模型

大规模语言模型(Large Language Models,LLM)是深度学习在自然语言处理(Natural Language Processing,NLP)领域的典型应用,基于Transformer架构(如GPT、BERT),通过海量文本数据训练而成。

2019年大规模语言模型呈现爆发式的增长,特别是2022年11月ChatGPT(Chat Generative Pre-trained Transformer,聊天生成式预训练转换器)发布后,更是引起了全世界的广泛关注。用户可以使用自然语言与系统交互,从而实现包括问答、分类、摘要、翻译、聊天等从理解到生成的各种任务。大规模语言模型展现出了强大的对世界知识掌握和对语言的理解能力。

国内外典型的大规模语言模型介绍见表5-1。

表5-1 国内外典型的大规模语言模型介绍

模 型	机 构	参数量/(B[①])	特 点
GPT-4	OpenAI	1 800	多模态[②](支持图像输入),强推理能力
Gemini 1.5 Pro	Google	175	长上下文窗口(百万token),多模态能力突出,适合跨模态任务
LLaMA—3.1	Meta	405	开源,轻量化
Qwen 2.5-72B	阿里巴巴	72	中文任务评测超GPT-4,支持音频理解
DeepSeek-V3	深度求索	671	全面开源,包括权重、训练数据集及完整训练代码等,擅长中文处理

注:① 模型参数量的单位"B"是"Billion"(十亿)的缩写,用来表示模型参数的数量级。
② 大模型逐步向多模态技术发展,也就是能理解不同模态的数据(如图像、文字、音频、视频等)。

5.3 人工智能的研究方向

人工智能技术已经广泛而深入地渗透到社会生活的各个领域,其应用范围之广、影响之深前所未有。为了更清晰地展示人工智能的多元应用和发展趋势,以下将详细列举其主要的研究方向。

5.3.1 自然语言处理

自然语言处理是人工智能领域的重要分支,专门研究如何让计算机能够理解人类语言的含义、生成自然流畅的文本、回答问题、总结信息、翻译语言等,从而实现人机之间无障碍的沟通。

自然语言处理技术路线图如图5-3所示。

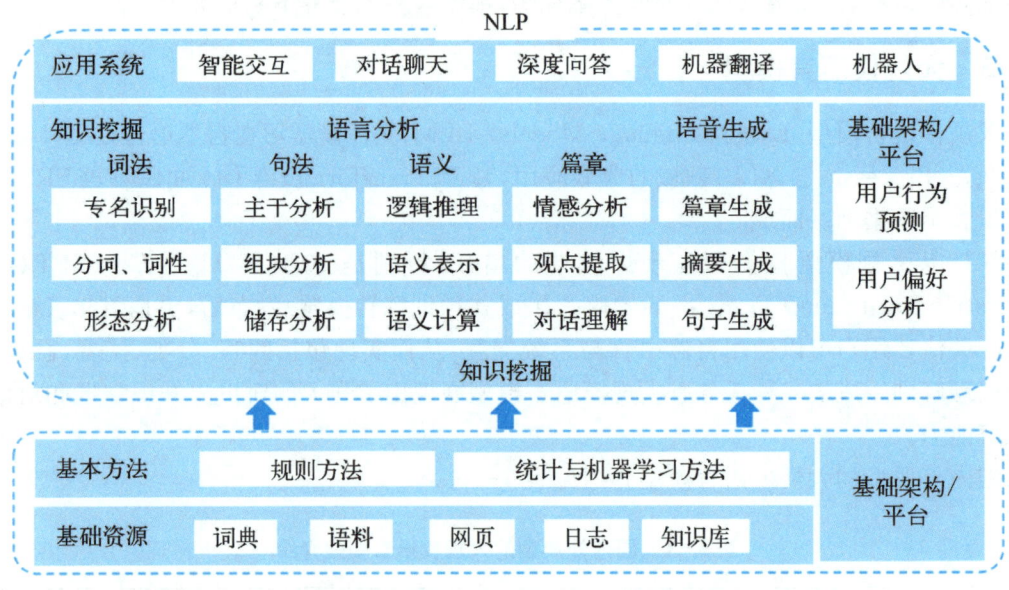

图5-3 自然语言处理技术路线图

5.3.2 语音处理

人工智能语音处理旨在使计算机能够自动识别和理解人类语音,并能够生成自然流畅的语音输出,以实现人机之间的高效语音交互。它涵盖语音信号的采集、分析、识别、合成和处理等多个环节,是自然语言处理(NLP)和语音技术的结合。

语音处理技术路线图如图5-4所示。

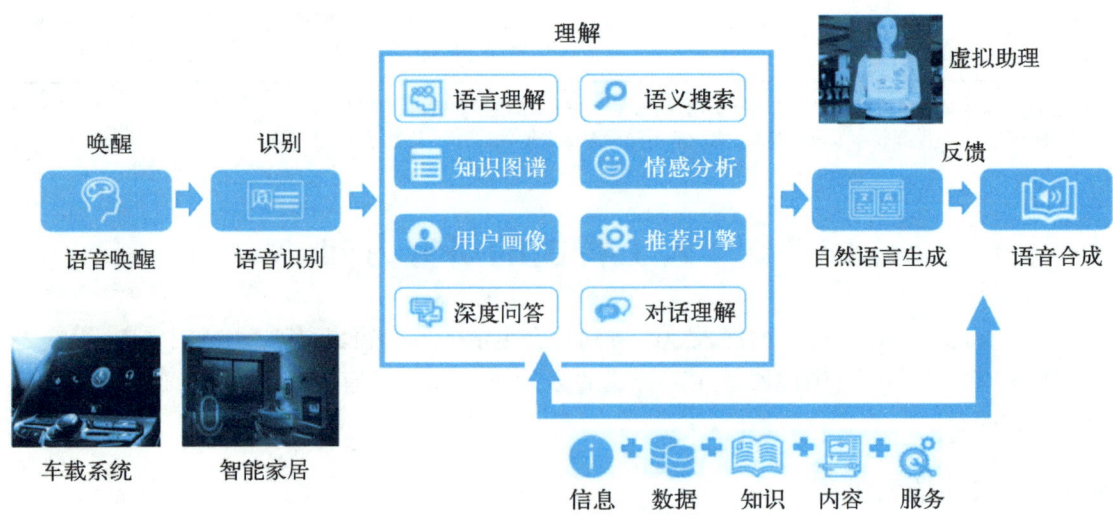

图5-4 语音处理技术路线图

语音处理的主要任务包括如下几点。

(1) **语音识别**（Automatic Speech Recognition，ASR）：将人类的语音转化为文本信息，是人机交互的重要环节，应用于智能语音助手、语音输入等领域。

(2) **语音合成**：又称文本-语音转换（Text To Speech，TTS）将文本信息转化为自然流畅的语音输出，广泛应用于语音播报、智能客服、有声读物等场景。

(3) **语音生成**：自动生成自然流畅的语音内容，如自动生成新闻播报、创作音乐、虚拟场景中的对话等。

5.3.3 计算机视觉

计算机视觉（Computer Vision）旨在赋予计算机类似人类的视觉能力，使它们能够从数字图像和数字视频中提取有意义的信息，并基于这些信息执行各种任务。其目标包括让计算机能够识别物体、理解场景、检测事件、跟踪目标等，从而实现对视觉世界的智能感知和分析。其主要应用场景如图5-5所示。

图5-5 机器视觉的主要应用场景

计算机视觉的主要任务包括如下几点。

(1) **图像分类**：将图像归类到预定义的类别中，例如区分猫和狗的图片。它是计算机视觉的基础任务之一，常用于内容过滤、图像搜索等场景。

(2) **目标检测**：不仅识别图像中的物体类别，还确定它们在图像中的位置，通常用边界框标注目标。广泛应用于安防监控、自动驾驶等领域，例如在自动驾驶中检测交通标志、行人和车辆。

(3) **语义分割**：对图像中的每个像素进行分类，以区分不同的物体类别。在医学影像分析中，可用于分割出肿瘤等病变组织；在自动驾驶应用中，可帮助车辆理解道路的可行驶区域。

(4) **实例分割**：在语义分割的基础上，进一步区分同一个类别中的不同个体，例如识别出图像中每只猫的轮廓。对于复杂场景的理解，如机器人在拥挤环境中导航，实例分割能够提供更细致的物体信息，帮助机器人更好地规划路径，避免碰撞。

(5) **目标跟踪**：在视频序列中跟踪特定目标的运动轨迹，广泛应用于视频监控、体育分析等场景。例如在体育比赛中，通过跟踪运动员的动作，实现自动化的动作分析和战术评估。

(6) **人脸识别**：用于身份验证和识别，广泛应用于智能手机解锁、门禁系统等。除了基本的身份识别，还可以进行面部属性分析，如判断年龄、性别、表情等，应用于市场调研、智能安防等领域。

(7) **姿态估计**：用于分析人体、动物或物体的姿势和动作，广泛应用于动作捕捉、人机交互等领域。例如在虚拟现实（Virtual Reality，VR）和增强现实（Augmented Reality，AR）中，通过精确估计用户的姿态，为用户提供一些沉浸式的交互体验，如根据用户的动作实时生成相应的虚拟角色动作。

5.3.4 数据挖掘

数据挖掘（Data Mining）是从大量的、不完全的、有噪声的、模糊的、随机的数据中提取隐含在其中的，人们事先不知道但又是潜在有用的信息和知识的过程。它结合了数据库技术、统计学、机器学习和人工智能等多领域的技术。

数据挖掘的主要任务包括如下几点。

(1) **关联规则挖掘**：通过发现数据集中不同项之间的关联关系，找出频繁模式和关联规则，例如在购物篮分析中发现哪些商品经常一起购买。

(2) **分类算法**：如决策树、支持向量机、神经网络等，用于将数据划分到不同的类别中，可用于信用评估、垃圾邮件过滤等场景。

(3) **聚类分析**：将相似的数据对象自动分组到不同的簇中，帮助发现数据的内在结构和分布规律，常用于客户细分、图像压缩等领域。

(4) **异常检测**：识别数据集中显著偏离正常模式的异常数据点，可用于欺诈检测、网络入侵检测等方面。

5.3.5 智能决策

智能决策（Intelligent Decision Making）是指利用人工智能、数据挖掘等技术，结合领域知识和经验，通过对大量数据的分析和建模，自动或辅助人类进行决策的过程。它能够提高决策的科学性、准确性和效率，降低人为因素带来的不确定性。

智能决策的主要任务包括如下几点。

(1) **决策支持系统**：基于计算机的人机交互信息系统，能够为决策者提供数据、模型和分析工具，帮助其解决半结构化和非结构化的决策问题，如企业资源规划（Enterprise Resource Planning，ERP）系统。

(2) **优化算法**：如线性规划、遗传算法、模拟退火等，用于在复杂的决策空间中寻找最优或近似最优的解决方案，可用于生产调度、物流配送等优化问题。

(3) **预测分析**：通过对历史数据的分析和建模，预测未来的趋势和事件，为决策提供依据，例如市场需求预测、股票价格预测等。

(4) **多准则决策分析**：考虑多个决策准则或目标，对不同的方案进行综合评价和排序，帮助决策者在多个冲突的目标之间做出权衡,如评估投资项目的风险和收益。

5.4 人工智能的挑战与未来发展趋势

人工智能是当今科技领域前沿且具影响力的技术之一,正深刻改变人类社会各方面。从智能制造、医疗健康到金融服务、教育文化,其应用场景不断拓展,潜力和价值巨大。然而,人工智能技术飞速发展的同时,却面临诸多挑战,涉及技术难题以及伦理、法律、社会等多领域问题。同时,其未来发展趋势备受关注,将朝更智能化、高效化、人性化方向迈进,为人类创造更多机遇和可能。

微课视频

人工智能伦理的挑战

5.4.1 数据困境:稀缺与质量问题

数据短缺的现状与影响:在医疗、法律等专业领域,获取大量且准确标注的高质量数据难度大,限制了模型训练及性能提升。比如,医疗影像数据标注需专业医生耗费大量时间,且数据多样性和代表性难以保证。

突破方向:一方面,加强隐私计算技术应用,在保护数据隐私前提下实现数据共享与协同训练,提高数据利用效率。另一方面,通过数据增强技术变换、扩充现有数据,生成更多训练样本;同时,利用生成对抗网络等技术合成高质量数据,弥补数据量不足。此外,研发高效、准确的数据标注工具与方法,如半自动标注、弱监督学习等,降低人工标注成本与时间,提高数据标注质量与效率。

5.4.2 算法困境:多方面的待解难题

可解释性差的困境:复杂的深度学习模型如神经网络,其决策过程和逻辑难以理解和解释,这在一些对安全性、可靠性要求较高的领域,如医疗诊断、司法决策等,限制了其应用和推广。

泛化能力不强的局限:当前的人工智能模型在面对新环境、新任务或数据分布变化时,泛化能力仍不足,容易出现过拟合或性能下降的情况,如自动驾驶汽车在不同天气条件、道路状况下的表现可能不稳定。

实时性不足的问题:在一些需要快速响应的场景中,如工业控制、机器人实时决策等,现有算法的计算效率可能无法满足实时处理和响应的要求。

算法偏见的潜在危害:由于训练数据可能存在偏差或不完整,导致算法学习到有偏见的模式,从而在决策过程中产生不公平或歧视性的结果,如在招聘、贷款审批等领域可能对某些群体造成不公平待遇。

突破方向:对于可解释性差问题,从算法设计层面研究和开发具有可解释性的机器学习算法,如基于规则的机器学习方法、符号主义学习方法等,同时利用模型解释工具和技术,对模型的决策过程进行解释和分析;为增强泛化能力,在模型训练过程中采用数据增强、正则化等技术,并利用迁移学习、元学习等方法使模型快速适应新任务和新环境;针对实时性不足的问题,优化算法结构和计算流程,减少计算复杂度和资源消耗,利用硬件加速技术加速算法计算过程;对于算法偏见,确保数据收集和预处理阶段数据的多样性和代表性,在算法设计和训练阶段采用公平性约束、对抗训练等方法,并建立算法审计和评估机制。

5.4.3 算力与能耗困境：资源与环境的双重挑战

算力需求与供给的不均衡现状：随着人工智能模型规模的不断增大和复杂度的提高，对计算资源的需求呈爆发式增长，而目前算力的分布和供给存在不均衡的问题，大型科技企业和研究机构能够获得大量的算力资源，但一些中小企业和科研团队可能面临算力短缺的困境。

能耗问题的严峻性：人工智能模型的训练和推理过程需要消耗大量的能源，数据中心的能耗不断攀升，这不仅增加了成本，也对环境造成了较大的压力。

突破方向：一方面，加强算力基础设施建设，提高算力的供应能力和覆盖范围，如建设更多的数据中心、云计算中心等。另一方面，推动算力资源的共享和优化配置，通过云计算、边缘计算等技术，实现算力资源的灵活调配和共享。同时，研发更加高效、节能的硬件设备和计算架构，如采用新型的芯片技术、冷却技术等，降低数据中心的能耗。此外，优化算法和模型结构，减少模型的计算量和存储需求，提高能源利用效率，并探索利用可再生能源为数据中心和计算设备提供能源。

5.4.4 伦理与安全困境：复杂的社会问题

伦理问题的多层面呈现：随着 AI 技术的广泛应用，AI 伦理问题逐渐成为社会关注的焦点，涉及多个层面，包括数据隐私、算法公正性、人机关系、国际合作与治理等。例如，在人工智能的协助下，网络上充斥着大量伪造图片、音频和视频，网络攻击者可以随时随地对特定目标轻易发起针对性和隐蔽性很强的进攻。

安全风险的多样性和危害性：人工智能面临数据窃取、网络攻击、经济安全、军事安全等风险，如"数据投毒"可能导致智能汽车系统出现交通事故，或者在舆论宣传中传播负面思想等。

突破方向：政府应制定和实施一系列针对性的政策，包括加强对 AI 技术的监管、推动 AI 技术的普及和应用等。例如，2024 年全国网络安全标准化技术委员会发布的《人工智能安全治理框架》提出了一系列科学合理的治理原则，如包容审慎，确保安全，风险导向，敏捷治理等，为人工智能的安全发展提供了全面且系统的指导。AI 技术的开发者应致力于改进算法，减少算法偏见和歧视，确保 AI 系统在应用过程中能够公平地对待所有社会群体。社会各界应积极参与到 AI 技术的应用和监管中，通过公众讨论、社会监督和政策建议等方式，推动 AI 技术的公平应用。各国政府和国际组织应加强合作，共同应对 AI 技术带来的社会公平挑战，共同制定国际 AI 伦理准则，推动 AI 技术的公平应用。同时，加强数据安全保护技术的研发和应用，建立网络安全防护体系，制定相关法律法规和政策，加强国际合作。

5.4.5 未来发展趋势展望

人工智能是推动科技跨越发展、产业优化升级的重要战略资源。中国人工智能发展已被纳入国家战略体系，通过制定系列政策文件，推动人工智能与经济社会融合，助力高质量发展。根据《国家人工智能产业综合标准化体系建设指南（2024 版）》（以下简称指南）中的建设思路，人工智能标准体系结构包括基础共性、基础支撑、关键技术、智能产品与服务、赋能新型工业化、行业应用、安全/治理等 7 个部分，如图 5-6 所示。

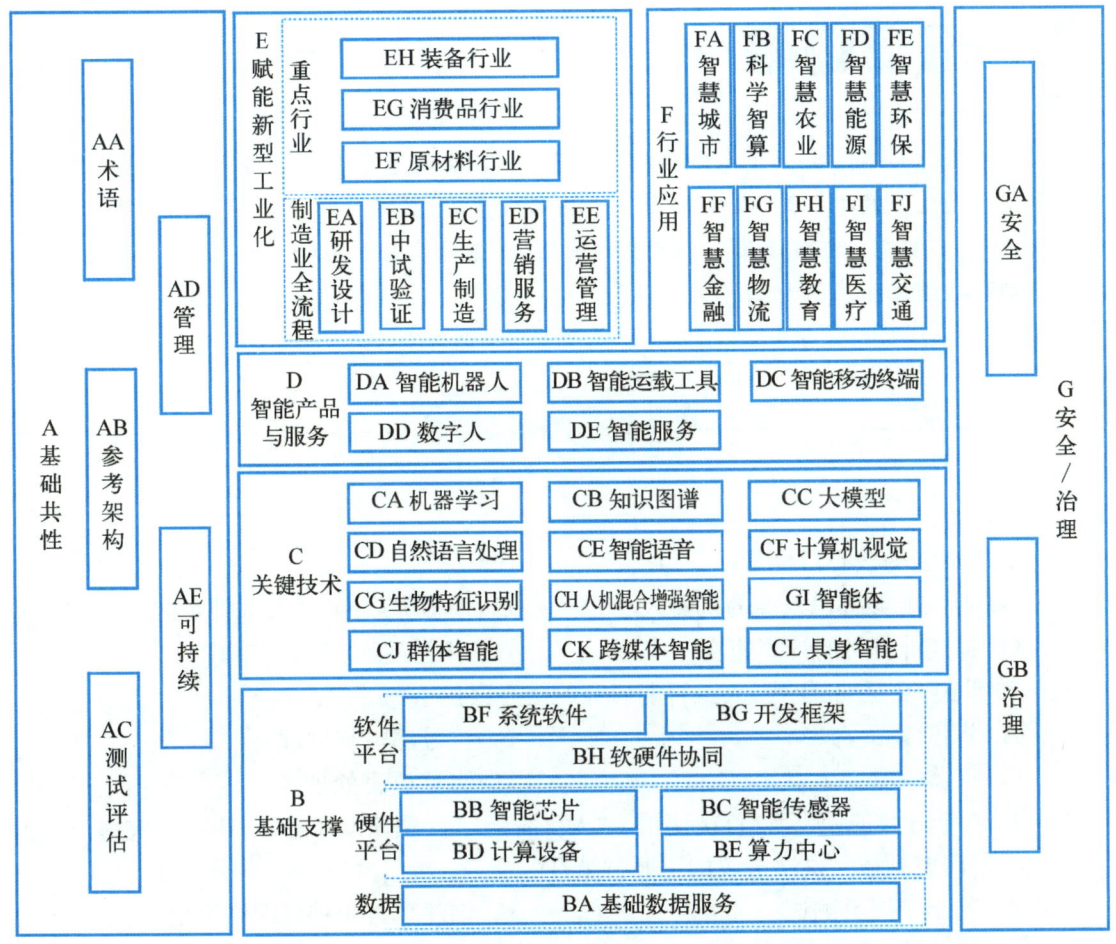

图 5-6 人工智能标准体系结构

指南明确提出我国人工智能产业标准与科技创新的联动水平要持续提升,新制定多项国家标准和行业标准,为人工智能产业的发展提供了清晰的技术标准指引,助力企业提升产品质量,增强市场竞争力,推动产业朝着规范化方向发展。

此外,《教育强国建设规划纲要(2024—2035 年)》中也明确要求以教育数字化开辟发展新赛道、塑造发展新优势,其中重点之一是促进人工智能助力教育变革,包括构建相应课程教材体系、推动教学改革、转变人才培养模式等。

未来,人工智能将步入与人类文明深度交织的新纪元。技术上,它与量子计算、脑机接口等尖端技术融合,催生变革成果。应用范畴拓展上,融入医疗、交通、教育等领域,提升行业效率与服务品质。模型架构向小型化、多模态演化,优化效能与精准度。人机关系进入协同进化阶段,助推人类文明,激发生产力与文化创造力。同时,数据隐私保护、算法公平性等伦理议题凸显,相应政策与法规需持续完善,强化企业社会责任。硬件领域,专用芯片等基础设施的发展为人工智能运算提供动力。生态格局上,围绕技术、平台、数据、应用等构建人工智能生态,推动人工智能从专业领域走向大众生活,开启智能化新篇章。

本章小结

人工智能作为第四次工业革命的核心技术,正深刻地重塑全球经济和社会结构。该技术不仅是推动生产效率提升、催生新产业的关键力量,而且极大地改善了人们的生活质量。展望未来,人工智能将继续深化在各行业的应用,深刻地改变人类社会的生产、生活方式,并持续推动科技进步和产业升级。

课后练习 5

1. 单选题

（1）人工智能的核心目标是（   ）。
    A. 开发能够替代人类的机器人　　　B. 模拟、延伸和扩展人类智能
    C. 提高计算机的计算速度　　　　　D. 研究人类大脑的结构

（2）20 世纪 50 至 60 年代,人工智能研究的核心聚焦于（   ）。
    A. 深度学习　　　　　　　　　　　B. 符号逻辑与推理
    C. 机器学习　　　　　　　　　　　D. 自然语言处理

（3）1956 年,达特茅斯会议首次使用了"人工智能"这一术语,标志着 AI 正式成为一个独立的研究领域。这次会议的主要贡献是（   ）。
    A. 提出了图灵测试　　　　　　　　B. 创建了首个神经网络模型
    C. 确定了 AI 的研究方向　　　　　D. 发布了第一款专家系统

（4）机器学习的主要类型不包括以下哪一种（   ）。
    A. 监督学习　　B. 无监督学习　　C. 强化学习　　D. 自适应学习

（5）深度学习是机器学习的子集,其主要特点是（   ）。
    A. 基于神经网络　　　　　　　　　B. 只能处理低维数据
    C. 不需要大量数据　　　　　　　　D. 依赖于符号逻辑

（6）大规模语言模型（LLM）是基于（   ）架构。
    A. Transformer　　B. CNN　　　　C. RNN　　　　D. LSTM

（7）自然语言处理（NLP）的主要任务不包括（   ）。
    A. 语音识别　　B. 图像分类　　　C. 机器翻译　　D. 情感分析

（8）计算机视觉的主要任务之一是（   ）。
    A. 语音合成　　B. 图像分类　　　C. 数据挖掘　　D. 智能决策

（9）数据挖掘的主要任务之一是（   ）。
    A. 图像识别　　B. 语音合成　　　C. 关联规则挖掘　　D. 自然语言处理

（10）智能决策的主要任务之一是（   ）。
    A. 图像分类　　B. 语音识别　　　C. 决策支持系统　　D. 数据挖掘

2. 多选题

(1) 人工智能的发展历程可以细分为以下哪些阶段？（　　）
　　A. 起步与初步探索　　　　　　　　B. 基于规则的繁荣期
　　C. 统计学习与机器学习的复兴　　　　D. 深度学习与大规模预训练的崛起

(2) 机器学习的主要类型包括（　　）。
　　A. 监督学习　　　　B. 无监督学习　　　C. 强化学习　　　　D. 自适应学习

(3) 深度学习的主要应用领域包括（　　）。
　　A. 图像识别　　　　B. 语音识别　　　　C. 自然语言处理　　D. 数据挖掘

(4) 自然语言处理的主要任务包括（　　）。
　　A. 语言理解任务　　B. 语言生成任务　　C. 语音识别　　　　D. 图像分类

(5) 计算机视觉的主要任务包括（　　）。
　　A. 图像分类　　　　B. 目标检测　　　　C. 语义分割　　　　D. 目标跟踪

(6) 数据挖掘的主要任务包括（　　）。
　　A. 关联规则挖掘　　B. 分类算法　　　　C. 聚类分析　　　　D. 异常检测

(7) 智能决策的主要任务包括（　　）。
　　A. 决策支持系统　　B. 优化算法　　　　C. 预测分析　　　　D. 多准则决策分析

(8) 人工智能面临的挑战包括（　　）。
　　A. 数据困境　　　　　　　　　　　　B. 算力与能耗困境
　　C. 伦理与安全困境　　　　　　　　　D. 算法困境

(9) 人工智能的未来发展趋势包括（　　）。
　　A. 技术与量子计算、脑机接口等尖端技术深度融合
　　B. 模型架构向小型化、多模态方向演化
　　C. 应用范畴不断拓展，深度融入医疗、交通、教育等关键领域
　　D. 数据隐私保护、算法公平性等伦理议题将愈发凸显

(10) 人工智能的伦理问题包括（　　）。
　　A. 数据隐私　　　　B. 算法公正性　　　C. 人机关系　　　　D. 国际合作与治理

3. 填空题

(1) 人工智能是一门研究、开发模拟、延伸和扩展人类智能的理论、方法及应用的_____交叉学科。

(2) 1950年，艾伦·图灵撰写了具有里程碑意义的论文《_____》，并提出了图灵测试。

(3) 机器学习的主要类型包括监督学习、_____和强化学习。

(4) 深度学习是机器学习的子集，擅长处理_____数据。

(5) 大规模语言模型(LLM)是基于_____架构的。

(6) 自然语言处理的主要任务包括语言理解任务、语言生成任务和_____。

(7) 计算机视觉的主要任务包括图像分类、目标检测、_____、实例分割、目标跟踪、人脸识别和姿态估计。

(8) 数据挖掘的主要任务包括关联规则挖掘、分类算法、_____和异常检测。

(9) 智能决策的主要任务包括决策支持系统、优化算法、_____和多准则决策分析。

(10) 人工智能的未来发展趋势包括与量子计算、_____等尖端技术深度融合。

4. **判断题**

(1) 人工智能的发展历程可以分为4个阶段：起步与初步探索、基于规则的繁荣期、统计学习与机器学习的复兴、深度学习与大规模预训练的崛起。（　　）

(2) 机器学习是人工智能的一个分支，专注于研究如何使计算机系统能够从数据中自动学习和改进。（　　）

(3) 深度学习是机器学习的子集，主要基于神经网络。（　　）

(4) 大规模语言模型（LLM）是基于CNN架构的。（　　）

(5) 自然语言处理（NLP）的主要任务包括语音识别和图像分类。（　　）

(6) 计算机视觉的主要任务之一是语音合成。（　　）

(7) 数据挖掘的主要任务之一是关联规则挖掘。（　　）

(8) 智能决策的主要任务之一是决策支持系统。（　　）

(9) 人工智能面临的挑战包括数据困境、算法困境、算力与能耗困境和伦理与安全困境。（　　）

(10) 人工智能的未来发展趋势包括与量子计算、脑机接口等尖端技术深度融合。（　　）

第6章 人工智能的应用

本章导读

在当今数字化时代,人工智能深度融入各行业,深刻改变着人们的生活与工作方式。它如何赋能教育、医疗、交通、智能制造和金融服务等领域?未来又有怎样的应用趋势?人工智能工程师需要具备哪些能力?本章将围绕这些重要议题展开探讨,揭示人工智能在各行业的应用现状、未来走向及相关职业能力要求。

本章要点

- 人工智能在教育、医疗、交通、智能制造和金融服务领域的应用场景、关键技术与典型案例
- 多模态大模型的核心架构、关键技术创新方向及跨领域应用场景革新
- 人工智能工程师的核心能力框架(技术能力与工程能力)、行业专项技能(计算机视觉、自然语言处理、机器人算法相关技能)及能力提升路径

三维教学目标

- **知识目标**
  ◎ 熟悉人工智能在多行业的应用模式、关键技术及典型案例。
  ◎ 理解多模态大模型的架构、技术创新点和跨领域应用。
  ◎ 掌握人工智能工程师的能力体系构成及各部分内涵。
- **能力目标**
  ◎ 能够分析不同行业中人工智能应用的原理和优势。
  ◎ 可以结合实际需求,运用多模态大模型技术解决问题。
  ◎ 具备根据人工智能工程师能力框架进行自我提升规划的能力。
- **素质目标**
  ◎ 培养跨领域思考和创新能力,探索人工智能在不同行业的新应用。

◎ 强化技术与行业融合的意识,推动人工智能技术落地实践。
◎ 树立持续学习和适应技术发展的理念,紧跟人工智能技术前沿。

本章知识点学习

6.1 人工智能的行业应用场景

6.1.1 人工智能在教育领域的应用

AI在教育领域的应用

在数字技术与教育深度融合的当下,人工智能正凭借机器学习、自然语言处理等核心技术,系统性革新教育生态。教学实践中,智能系统通过分析学生行为数据,精准识别其学习风格与薄弱点,动态调整教学内容,如智能题库与虚拟助手;课堂互动上,AI打破时空限制,智能录播优化辅助教学,VR/AR营造沉浸式场景,多语言翻译技术支持跨国学习与无障碍教育;管理评价方面,大数据平台能够预测学业风险,自动化系统可以实现多维度客观评分。不过,AI应用也存在数据隐私、算法偏见等问题。教育以人为本,只有平衡技术赋能与人文关怀,才能让AI推动教育从经验驱动转向数据驱动,实现个性化育人。

1. AI赋能教育的典型应用场景

(1)教学环节的智能化革新

人工智能正通过技术赋能,重塑教师的教学流程与课堂形态,推动教学从"经验驱动"向"数据驱动"转型。如图6-1所示,展现了人工智能协助教师掌握学生学习情况的场景。

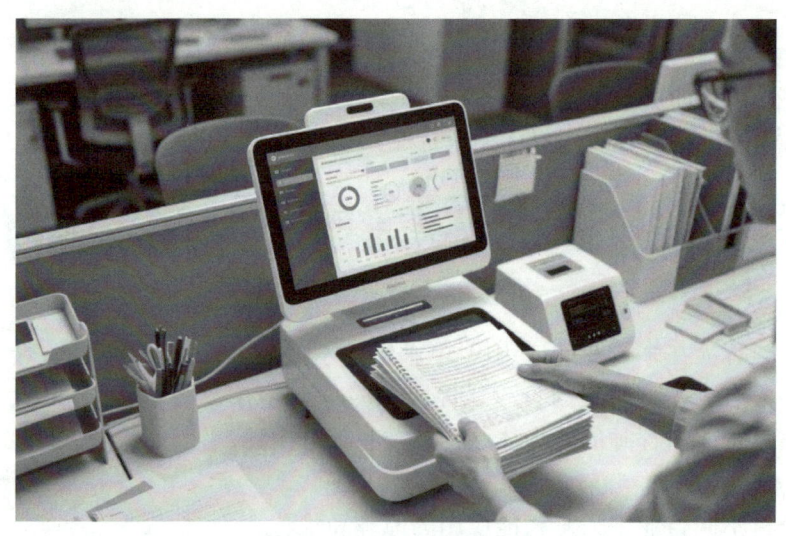

图6-1 人工智能协助教师掌握学生学习情况的场景

通过自然语言处理与机器学习算法,人工智能(如DeepSeek)能够自动化生成结构化教案,依据课程标准与学生认知水平,设计融合多学科知识的跨领域课程方案。以"《红楼梦》整本书阅读+历史美学融合"教学设计为例,系统可整合文学分析、历史背景、美学理论等多维度内容,构建沉浸式学习场景。

在数学与物理等理科教学场景中,人工智能(如 WolframAlpha)具备公式解析与可视化能力,通过符号计算系统拆解复杂公式逻辑,并以动态图形、交互模型呈现抽象概念。同时,其自动答案验证模块基于知识图谱与推理引擎,可评估题目解答的合理性与完整性。此外,智能题库系统能够依据布鲁姆教育目标分类理论,生成基础巩固、能力提升、竞赛拓展等阶梯式练习题,满足差异化教学需求。

在教学创新层面,人工智能(如文心一言)可自动生成包含真实情境与问题导向的课程案例,并设计探究式学习任务,如"三角函数分析贝多芬音乐节奏",将数学原理与艺术鉴赏相融合,激发学生跨学科思维。值得注意的是,人工智能还集成教学伦理审查模块,通过预设伦理准则与风险评估模型,对教学设计中的价值观引导、数据隐私、算法偏见等问题进行自动化审查,确保教育实践的合规性。

微课视频

AI + 教育能让学习更高效吗?

(2)学习模式的自适应变革

在教育领域中,凡是能够关注并满足学习者个体需求的教学形式,均被定义为"自适应"学习。而在人工智能与教育深度融合的背景下,"自适应"学习被赋予了新的内涵——依托人工智能自适应技术构建的学习系统。该系统以学习者为中心,致力于打造契合其多样化学习需求的环境,为学习者量身推荐个性化学习内容、定制独特的学习路径、提供高效的学习策略,从而全方位满足学习者的个性化需求。

从本质来看,人工智能自适应学习是一种基于教育大数据的可规模化的个性化学习模式。其核心运作流程可概括为三个关键步骤:首先,通过大数据挖掘与分析技术,从海量教育数据中筛选并整理出训练样本;其次,运用这些样本数据对基于人工智能算法构建的模型进行训练,使其不断优化与完善;最后,借助训练成熟的模型,对自适应学习的各个环节进行精准预测与智能推荐,以实现学习过程的个性化与智能化。

在整个教育流程中,教学环节对学习效果起着决定性作用,同时也是最为核心、复杂且极具挑战性的环节。相比之下,测评与练习环节则相对简单、易于操作。基于这一特性,自适应学习产品率先在测评和练题场景中实现应用落地。

自适应教学产品的研发也面临着严峻的数据获取难题。一方面,在自然教学状态下,教学过程所产生的数据多为非结构化数据,缺乏统一的格式与标准,这使得数据的整理与分析难度大幅增加;另一方面,教学数据涵盖的维度极为丰富,不仅包括传统的测试成绩、作业完成情况等表层数据,还涉及学习路径、学习内容偏好、学习速度、学习规律等深层次数据,这无疑对数据挖掘与分析技术提出了更高要求。此外,不同数据点之间的关系错综复杂,相互关联、相互影响,进一步加大了数据处理的难度。

随着人工智能技术向认知智能方向不断演进,机器有望实现对教学环节中师生互动内涵的深度理解。通过情感分析技术,机器能够解读学生表情所传达的情感状态,通过特定算法对教师授课态度进行量化评估,从而实现基于教学过程和师生交互层面的精细化教学。

展望未来,随着人工智能技术的持续突破以及社会对人才评价标准的革新,人工智能自适应教育领域将迎来内容体系的重大变革。实践式教学、沉浸式教学等先进理念所催生的新型学习方式,将深度融入自适应学习系统,为学习者带来更加丰富、多元、高效的学习体验,推动教育教学向更高质量、更加个性化的方向发展。

2. AI赋能教育的关键技术支撑

（1）自然语言处理技术

自然语言处理是实现人机语言交互的核心技术，通过算法解析理解和生成人类语言，在教育领域主要应用于智能批改与多语言学习场景。

智能批改系统依托自然语言处理与深度学习技术，构建起覆盖文本语义理解、逻辑结构分析的自动化评估体系。通过预训练语言模型捕捉词汇语义关联，结合依存句法分析与篇章连贯性算法，系统可实现对议论文等长文本的论点提取、论据支撑关系识别，以及段落间逻辑衔接质量的量化评估。然而，中文文本的动态语义特征与复杂语境依赖性，导致长文本连贯性分析仍存在技术瓶颈，特别是在处理隐含逻辑关系、跨段落论证线索时，模型易出现语义断层误判。

多语言学习助手通过语音交互与机器翻译技术，构建沉浸式语言学习环境。其技术架构包含语音交互模块与机器翻译模块。语音交互模块由 ASR（自动语音识别）和 TTS（文本转语音）技术组成，支持实时对话练习；机器翻译模块基于神经机器翻译（NMT）技术，支持多种语言互译，并针对不同场景构建专用术语库（如数学公式、化学元素名称的精准翻译）。

（2）计算机视觉技术

计算机视觉（CV）通过图像和视频分析，实现教育场景中的非接触式监测与智能引导，核心应用于课堂行为分析与实验教学。

课堂行为分析系统通过摄像头采集学生图像数据，借助深度学习模型实现多维评估。多目标检测算法（如 YOLO v7）可实时跟踪学生头部姿态、手部动作等，统计抬头率、笔记频率等指标，量化课堂专注度；情感识别模型（如 Micron-BERT）可分析微表情（如皱眉、微笑）并以此判断知识理解程度，教师可根据实时反馈调整教学节奏。如图 6-2 所示，展现了人工智能指导学生进行实验的场景。

图 6-2　人工智能指导学生进行实验的场景

实验操作指导，AR/VR 技术与计算机视觉的结合，革新了实验教学模式。例如，动作捕捉技术（如 Stacked Hourglass Networks）可通过骨骼关键点识别，纠正实验操作偏差；在化学实验中,系统可实时检测滴定管握持角度、药品称量精度等,误差超过阈值时自动触发警报。

(3)机器学习与推荐算法

机器学习通过数据建模挖掘学习规律,实现教育过程的个性化优化,核心应用于学习路径规划与知识漏洞诊断。

自适应学习路径规划:系统通过知识图谱构建学科知识点关联网络,并结合深度 Q 网络(Deep Q-Network,DQN)动态调整学习顺序。贝叶斯知识追踪(Bayesian Knowledge Tracing,BKT)算法通过概率模型预测学生对知识点的掌握概率,进而推荐相应的练习题目。

知识漏洞诊断:矩阵分解(Matrix Factorization,MF)技术可将学生答题数据分解为"学生能力-知识点难度"矩阵,定位具体薄弱点;图神经网络(Graph Neural Network,GNN)可构建"知识点-错误类型"关联网络,预测潜在知识漏洞,如发现学生频繁出错于"一元一次不等式应用题",系统可推断其可能对"不等关系建模"存在隐性缺陷,进而推荐相关学习内容。

3. 典型实践案例

人工智能在教育领域应用的典型实践案例见表 6-1。

表 6-1 人工智能在教育领域应用的典型实践案例

应用场景	典型案例	技术实现
个性化学习系统	松鼠 Ai 智能老师通过多模态大模型动态生成学习路径,针对薄弱点推送微课和习题	知识图谱构建+自适应算法,实时分析错题数据
虚拟仿真实验	北京大学口腔虚拟仿真智慧实验室支持力反馈操作和自动化评估	VR 技术+智能物联系统,结合多模态数据采集
智能教学助手	清华大学基于 GLM4 大模型开发课程专属 AI 助教,实现自动出题和答疑	千亿参数大模型微调,集成慕课资源与教学数据

6.1.2 人工智能在医疗健康领域的应用

人工智能与医疗健康的融合正在重塑医疗服务的底层逻辑,通过技术创新与场景深耕,形成覆盖全产业链的智能化解决方案。本小节从核心应用场景、关键技术突破、典型实践案例 3 个维度,系统介绍人工智能在医疗领域的理论框架与实践应用。

微课视频

人工智能赋能医疗领域

1. 核心应用场景

人工智能在医疗健康领域的应用已形成"全周期管理—精准诊断—研发创新"的立体化应用矩阵,其核心应用场景体现为对医疗流程的系统性重构。如图 6-3 所示,展现了人工智能用于生命体征监测的场景。

(1)智能诊疗系统——全周期健康管理的中枢

智能诊疗系统以大模型为核心引擎,构建"预防—诊断—治疗—康复"闭环,推动医疗模式从被动治疗向主动健康转变。

医联 MedGPT 是中国首款大模型驱动的 AI 医生,采用大模型技术,基于医疗知识图谱提供丰富、准确、结构化的医疗知识,并收集整理接近 20 亿条真实医患沟通对话、检验检测

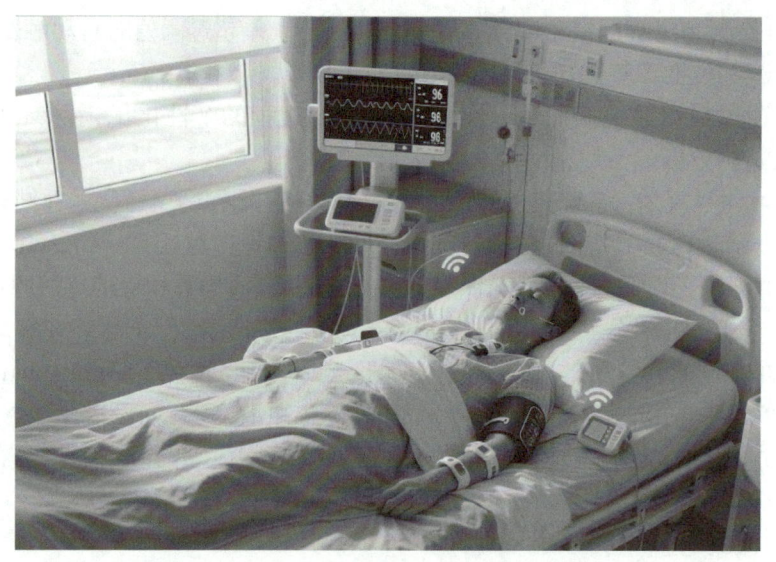

图6-3 人工智能用于生命体征监测的场景

和病例信息进行深度训练学习。它首次突破了 AI 医生无法与真实患者连续自由对话的难点，并在医疗问诊场景中支持多模态的输入和输出，在疾病的预防、诊断、治疗、康复等 4 个重要环节全面实现智能化，这为其实现解析电子病历文本数据、结合多源数据构建动态健康风险评估模型等功能提供了技术基础。

（2）医学影像分析——从辅助工具到决策中枢

深度学习技术推动医学影像进入"精准识别-智能分析-手术规划"的全链条智能化阶段。如图 6-4 所示，展现了人工智能在医学影像中的应用场景。

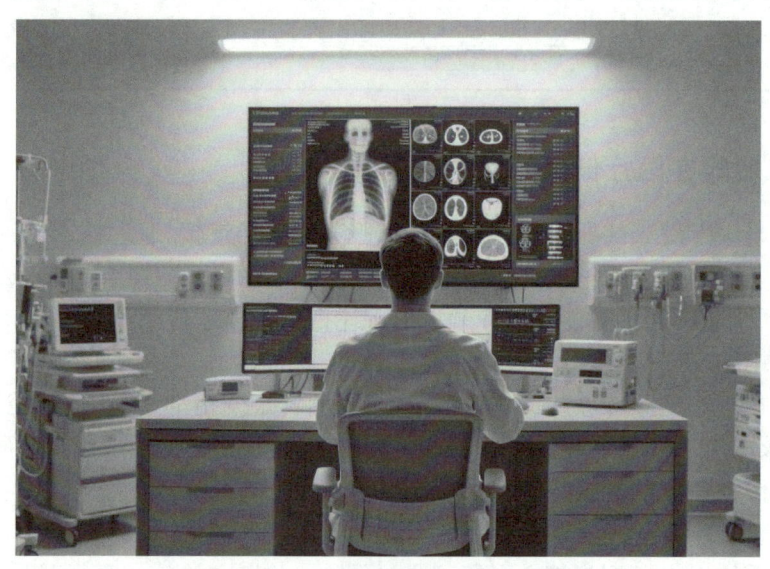

图6-4 人工智能在医学影像中的应用场景

微软使用 GPT-4，基于 VisionTransformer 和 Vicuna 语言模型，在 8 块英伟达 A100 GPU 上对 LLaVA-Med 进行训练，其中包含"每个图像的所有预分析信息"，用于生成有关图像的问答,以满足"可用自然语言回答有关生物医学图像问题"的需求。在学习过程中,模型主要围绕"描述此类图像的内容"以及"阐述生物医学概念"而展开。据微软称,该模型最终具有"出色的多模式对话能力"。

联影医疗 uAI 影智大模型是联影集团在医疗垂直领域的大模型基座。uAI 能辅助医生高效、智能化地进行图像标注,还可应用于电子病历书写、跨院医疗资料数字化等场景。基于 uAI 影智大模型研发的 uAI Avatar 智能医疗数字人,具有多轮对话交互、医学知识问答、手术环境中设备操纵和信息调阅等功能。在日常医疗场景中,可与医生通过多轮对话分析病情并提供专业医学信息。此外,uAI Avatar 融入多元手术治疗平台 uAI MERITS,升级为 uAI MERIT+,能调动 uAI Vision 智能之眼将术前扫描影像投射到患者身上,辅助定位手术区域,并在术中接收语音指令操控手术设备。

2. 关键技术突破

(1) 医疗机器人技术迭代

浙江大学控制科学与工程学院的研发团队成功地开发了一种人工智能辅助驾驶支气管镜机器人。这款机器人可以使新手医生熟练地进行肺部检查,从而显著降低对资深专业医生的依赖。这将有助于提高欠发达地区肺部疾病的诊断能力,让更多人获得及时、准确的医疗服务。

华中科技大学国家脉冲强磁场科学中心与电气与电子工程学院的研发团队成功研制微型磁控胶囊机器人系统(胶囊本体最小尺寸仅 5.8×13 mm),通过创新胶囊机器人内部磁化结构与外部驱动策略,赋予了胶囊机器人主动靶向输运、定点采样、多重给药等功能,为胃肠道疾病无创诊疗提供了全新的解决方案。

(2) Agent Hospital 智能体系统

Agent Hospital 智能体系统能诊断超 300 余种疾病,涵盖内科、外科、呼吸科、心血管科等 20 多个科室,提供高效疾病识别和分析。如图 6-5 所示,展现了人工智能协助疾病诊断流程的场景。

图 6-5 人工智能协助疾病诊断流程的场景

3. 典型实践案例

人工智能在医疗健康领域应用的典型实践案例见表6-2。

人工智能医疗诊断案例

表6-2 人工智能在医疗健康领域应用的典型实践案例

应用领域	案 例 名 称	具 体 内 容
医学影像诊断	肺部CT影像AI分析系统	对肺部CT影像进行分析,识别肺部结节并判断其是否为恶性肿瘤
辅助诊疗决策	IBM Watson for Oncology 肿瘤治疗方案推荐	分析临床指南与文献,为癌症患者和医生提供适合患者的癌症治疗建议与方案
AI医生	医联 MedGPT	实现从疾病预防、诊断、治疗到康复的全流程智能化

AI在交通领域的应用

6.1.3 人工智能在交通领域的应用

人工智能正推动交通领域向"智能化、网联化、绿色化"转型,通过数据驱动的决策优化与自主化技术革新,重构交通系统的运行逻辑。本小节从核心应用场景、自动驾驶技术、智慧物流与自动驾驶出行3个方面,系统介绍人工智能在交通领域的理论框架与实践进展。

1. 核心应用场景

人工智能在交通领域的应用已形成"智能管理-自主驾驶-智慧服务"的立体化体系,覆盖交通系统的全要素与全流程。

(1) 智能交通管理系统——从数据感知到决策优化

智能交通管理系统通过AI技术破解城市交通"蛛网式"复杂难题,实现流量预测、信号控制与拥堵疏导的精准化。

交通流量预测与信号优化:采用长短期记忆网络(Long Short-Term Memory,LSTM)、Transformer等时序模型,融合历史流量数据(如过去7天同时段车流)、环境数据(如实时天气、PM2.5浓度)与事件数据(如体育赛事、道路施工),构建多变量预测模型,实现交通流量预测和智能信号灯控制。如图6-6所示,展现了人工智能优化交通信号的场景。

(2) 自动驾驶技术——从环境感知到行为决策

自动驾驶技术通过多模态感知与智能决策,逐步实现"解放人力"的交通革命,其核心技术链包括感知、决策与执行3个环节。如图6-7所示,展现了自动驾驶技术的应用场景。

自动驾驶系统一般可以分为三大模块:感知层、决策层和执行层。

感知层负责收集车辆周围环境的信息,包括道路、交通标志、其他车辆和行人等,为后续的决策和控制提供数据支持。该模块主要使用激光雷达、毫米波雷达、摄像头、超声波传感器等传感设备。通过传感器融合技术将来自不同传感器的数据进行融合处理,以提高感知的准确性和可靠性。

图 6-6 人工智能优化交通信号的场景

图 6-7 自动驾驶技术的应用场景

决策层基于感知层提供的信息,对车辆的行驶路径、速度、动作等进行决策,以实现安全、高效的自动驾驶。利用深度学习算法,如卷积神经网络(Convolutional Neural Network, CNN),对摄像头图像和激光雷达点云数据进行处理,识别出各种目标物体,如行人、车辆、交通标志和信号灯等,并确定它们的位置和姿态。而后根据环境感知和路径规划的结果,制定车辆的控制策略,包括速度控制、转向控制和制动控制等。

执行层根据决策层的指令,控制车辆的各个部件,实现车辆的实际行驶动作,如加速、减速、转向和换挡等。

(3) 智慧物流与自动驾驶出行——效率革命与模式创新

AI 技术正在重塑物流与出行的产业形态,推动"人力密集型"向"智能高效型"转型。如图 6-8 所示,展现了人工智能在物流领域中的应用场景。

图6-8 人工智能在物流领域中的应用场景

无人配送系统的规模化应用：2025年京东物流在无人机配送领域取得了突破性进展，推出了全新一代JDX20"京鹊"多旋翼智慧物流无人机。该无人机配备了高精度毫米波雷达，具备全向环境感知能力，能够在零下20℃至50℃的温度范围，以及中雨、中雪、6级大风等复杂天气和夜晚环境下正常飞行，集成BIT（Built-in Test，机内自检测）技术，可自动完成货物称重、货仓安全检测及一键调度放飞。

AI赋能下的无人驾驶出租：萝卜快跑是百度基于Apollo技术推出的自动驾驶出行服务平台。目前，萝卜快跑已在北京、武汉、上海、广州、深圳等城市开放示范运营。在武汉，萝卜快跑的服务面积超3 000平方千米，覆盖人口超770万。

2. 关键技术突破

交通领域的AI技术进步依赖计算机视觉、强化学习、车路协同等方面的底层创新，以下为其核心方向。

（1）计算机视觉与高精地图——构建数字孪生基石

BEV+Transformer感知架构：BEV（Bird's Eye View，鸟瞰视角）能将多传感器（如摄像头、激光雷达、毫米波雷达）的2D/3D数据转换为以车辆为中心的俯视3D坐标系，消除视角畸变，提供全局环境感知；Transformer是一种基于自注意力机制的深度学习模型架构，在BEV+Transformer架构中，负责将BEV视角中的特征图信息转化为高层次的语义信息，通过自注意力机制捕捉BEV特征中的长距离依赖关系，分析不同位置特征之间的关系，从而实现目标检测、语义分割和轨迹预测等任务。

目前，BEV+Transformer技术已经被应用于多家车企的NOA（Navigate on Autopilot，自动辅助导航驾驶）中。

（2）智能网联路侧单元操作系统

智路OS（图6-9）是全球首个开源开放的智能网联路侧单元操作系统，由系统软件平台和功能软件平台共同构成完整的操作系统布局，为行业提供统一的车路协同开发环境。智路OS全面接入网联场景，可实现信号灯绿波通行、起步提醒、闯红灯预警、倒计时预知等功能；具备超视距车道级事件播发能力，能实现最优路径规划；拥有多端触点，数据精度更高，覆盖更广;具有强大的 AI 感知与学习能力,不断丰富交通事件场景覆盖;统一信号数据和协议,兼容多品牌、多种类信号机。

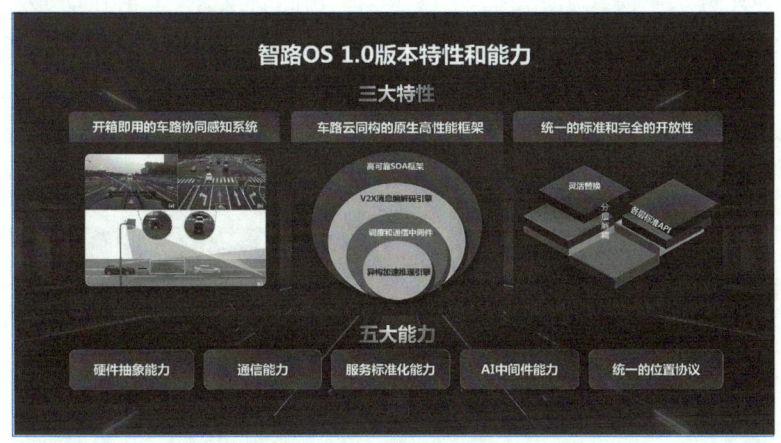

图 6-9　智能 OS

3. 典型实践案例

人工智能在交通领域应用的典型实践案例见表 6-3 所示

表 6-3　人工智能在交通领域应用的典型实践案例

案例类型	案例名称	技　术　亮　点
国内标杆	百度 Apollo	L4 级自动驾驶全栈技术,安全运营超 600 万公里
城市大脑	ET 城市大脑	通过高德、交警微波、视频数据的融合,对交通现状做全面评价,精准的分析和锁定拥堵原因,通过对红绿灯配时优化实时调控全城的信号灯,降低区域拥堵
技术颠覆	特斯拉 FSD	汽车驾驶辅助系统软件,采用端到端的神经网络算法,将车辆的视觉感知到决策控制的整个过程,都交由一个统一的神经网络系统完成

6.1.4　人工智能在智能制造领域的应用

人工智能与先进制造技术的深度融合,正在重塑制造业的价值链,推动产业从"规模化生产"向"智能化、柔性化、绿色化"转型。本小节从核心应用场景、关键技术突破及典型实践案例 3 个维度,系统介绍人工智能在智能制造领域的理论框架与实践进展。

1. 核心应用场景

人工智能在智能制造领域的应用已形成覆盖"生产优化-质量控制-设备管理"的全链条解决方案,推动制造系统向自主化、协同化发展。

(1) 智能工厂

智能工厂通过数字技术打通物理世界与虚拟空间的壁垒,构建实时联动的生产体系。

AI 在智能制造领域的应用

数字孪生驱动的全流程生产优化：利用数字孪生技术，通过创建物理实体的虚拟数字化副本，对生产过程进行全面监控、仿真分析和决策优化，以提高生产效率、产品质量和企业经济效益的一种先进生产模式。数字孪生参考架构由目标实体、孪生互动、数字实体以及服务应用4部分组成。目标实体是建模和数据交互对象；数字实体包括数字模型和孪生数据；孪生互动指目标实体和数字实体之间信息交互过程；服务应用主要包括可视化、仿真、分析、预测、优化、决策等6类支撑应用，为数字孪生系统设计和开发提供统一框架。如图 6-10 所示，展现了智能工厂的生产场景。

图 6-10　智能工厂的生产场景

基于 AI 框架的智能工厂正推动制造业向智能化、自适应化转型。基于 AI 框架的智能工厂总体技术架构分为多个层次，感知层负责收集工厂运行数据，包括设备状态、生产数据等；算法层运用机器学习、深度学习等 AI 算法对数据进行分析处理；认知层基于算法分析结果，实现对工厂运行的认知和理解；平台层提供基础云、智能云等支撑环境，以及 AI 开放平台，集成自然语言处理、知识图谱等技术。通过这些层次的协同工作，实现数据驱动决策、实时监控与预警、数字化建模等功能。利用 AI 和大数据技术建立工厂数字化模型，实现真实工厂与虚拟工厂融合，提升工厂管理和运营的智能化水平。

（2）智能检测与质量控制

智能检测与质量控制是当前工业制造和质量管理领域的重要技术方向，主要通过人工智能、物联网和大数据等技术实现生产过程的自动化监控与质量优化。

智能检测技术是指利用计算机技术、传感器技术、信号处理技术、机器学习算法等，实现对产品质量的实时、高效、准确检测的技术。其主要包含以下 3 个关键技术。

- 机器视觉技术：通过摄像头采集图像信息，利用图像处理算法对图像进行分析和处理，识别产品的外观缺陷、尺寸偏差等。例如，在电子元器件生产中，利用机器视觉检测芯片的引脚是否有变形、缺漏等问题。
- 传感器技术：利用各种传感器，如压力传感器、温度传感器、超声波传感器等，实时监测生产过程中的物理量，以发现潜在的质量问题。例如，在汽车发动机生产中，通过压力传感器检测缸体的密封性。
- 深度学习算法：基于深度学习的神经网络模型，如卷积神经网络(CNN)，可以对大量的检测数据进行学习和训练，自动提取特征并识别缺陷类型，不断提高检测的准确率和泛化能力。

质量控制理论框架是通过对质量控制过程的系统分析，构建一套能够有效指导实际质量控制工作的理论体系。该框架主要包括质量控制目标、质量控制原则、质量控制体系、质量控制方法4个部分内容。

(3) 设备健康管理与预测性维护

设备健康管理与预测性维护系统(Equipment Health Management System，EHMS)通过实时监控设备状态、收集和分析数据，来预测潜在故障并提前安排维护活动，从而避免突发故障导致的停机，提高设备的可靠性和效率。其实现方式如下。

- 传感器部署：在设备上安装各种类型的传感器，如振动传感器、温度传感器、压力传感器等，用以采集设备运行时的各项参数。
- 数据分析：采用大数据分析技术和机器学习算法处理传感器收集的数据，建立设备正常工作模式模型，并据此判断当前设备是否偏离正常范围。
- 预警机制：当检测到异常信号时，系统会自动生成警报通知相关人员，同时提供详细的故障原因分析报告。
- 维护建议：根据历史数据和预测结果给出最优维护策略，比如何时需要更换零件或者进行检修作业。

设备健康管理与预测性维护系统不仅能够显著降低企业的运维成本，还能大幅提高设备的使用寿命和安全性，为各行业的高效稳定运行提供了坚实保障。

2. 关键技术突破

智能制造领域的 AI 技术突破集中在算法创新、机器人控制、边缘计算等方面，用以支撑应用场景的落地。

(1) 工业 AI 算法

图神经网络(GNN)是一种专门用于处理图结构数据的神经网络，它能够对图中的节点、边和整个图进行表示学习，在多个工业领域有着广泛的应用。GNN 的核心思想是通过聚合节点自身的特征以及其邻居节点的信息来更新节点的表示。它将图中的节点和边都视为可学习的对象，通过一系列的信息传播和变换操作，让每个节点都能捕获到图中的全局结构信息和局部邻域信息。

循环神经网络(Recurrent Neural Networks，RNN)具有记忆功能，能处理序列数据，其隐藏层的状态会随时间步长更新，用于处理具有时间序列特征的数据。长短期记忆网络(LSTM)和门控循环单元(Gated Recurrent Unit，GRU)是 RNN 的改进版本，通过门控机制解决了 RNN 中的长期依赖问题。

这些工业 AI 算法在设备健康管理(振动信号分析)、生产流程优化(工艺参数调控)、质量检测(表面缺陷分类)等方面都有广泛应用。

(2) 机器人智能控制

协作机器人：一种用于与人类在共享工作空间中直接交互和协作的机器人。与传统工业机器人不同，它们具有一些特殊的功能和特性，旨在确保在与人类共同工作时的安全性和高效性。如配备有先进的传感器技术,能够实时感知周围环境和与人类的接触,具备安全控制机制,当检测到与人类有潜在碰撞风险或异常情况时,会自动停止或调整动作。同时,协作机器人还具有灵活的编程和交互方式,易于操作和部署,可广泛应用于制造业、服务业、医疗保健等多个领域,帮助人类完成各种任务,提高生产效率和质量,降低劳动强度。

多机器人系统:由多个具有一定自主性和决策能力的机器人组成,用以完成复杂任务的系统,其采用分布式控制架构,通过无线或有线等通信方式进行信息交互,利用任务分配与调度、协同控制等关键技术实现紧密协作,具有灵活性、鲁棒性和协同性等特点,广泛应用于工业制造、物流仓储、搜索救援等多个领域。

(3) 边缘智能

边缘智能是人工智能与边缘计算深度融合的创新技术,通过在靠近数据源或用户端的网络边缘侧进行数据处理与智能分析,极大地提升了数据处理效率与应用响应速度。

边缘智能具有的显著特点:一是低延迟,能在毫秒级内完成数据处理,满足自动驾驶、工业自动化等对实时性要求极高的场景;二是本地处理,在边缘设备直接分析数据,仅将关键信息上传云端,大幅降低网络带宽压力;三是隐私保护,避免敏感数据远程传输,保障用户隐私安全。

边缘智能的关键技术涵盖边缘计算、优化后的人工智能算法以及物联网技术。边缘计算提供本地算力;人工智能算法经优化后适配边缘设备资源;物联网则实现设备互联互通与数据采集。

在应用层面,边缘智能已广泛渗透到多个领域。工业领域中,它主要助力设备故障预测与质量检测;

3. 典型实践案例

人工智能在智能制造领域应用的典型案例见表 6-4。

表 6-4 人工智能在智能制造领域应用的典型案例

案例名称	应用场景	技术方案
ABB YuMi 协作机器人	汽车零部件精密装配	采用双臂 7 轴协作机器人,集成视觉识别与力控算法,支持人机共融作业。通过深度学习优化轨迹规划,实现复杂扭转动作的精准执行
西门子 SiePA 预测性分析系统	工业设备健康管理	基于 LSTM 神经网络与自动编码器,融合振动、温度等多源数据,构建设备故障预测模型。通过联邦学习解决数据孤岛问题,实现跨企业模型训练
阿里巴巴犀牛智造	服装行业数字化柔性制造	提供端到端的云端制造解决方案,借助物联网(IoT)和工业软件等实现按需制造和实时响应市场需求

微课视频
AI 在金融服务领域的应用

6.1.5 人工智能在金融服务领域的应用

人工智能正深刻改变金融服务的底层逻辑,通过数据驱动的风险管控、智能化的投资决策与高效的基础设施建设,推动金融行业向"精准化、自动化、合规化"转型。本小节从核心应用场景、关键技术突破及典型实践案例3个维度,系统介绍人工智能在金融领域的理论框架与实践进展。

微课视频

AI 应用——
金融风险管理

1. 核心应用场景

人工智能在金融服务领域的应用已形成"风险管控-投资服务-基础设施"的立体化体系,覆盖金融业务的全流程与全场景。

(1)市场风险预测

人工智能凭借强大的数据处理、模型构建及动态分析能力,在市场风险预测中占据关键地位。在数据处理与分析方面,面对海量繁杂的市场交易、宏观经济等多源数据,人工智能的神经网络等算法可高效挖掘数据中隐藏的模式规律,同时借助自然语言处理技术融合社交媒体、新闻资讯等多渠道数据,通过情感分析把握市场情绪,为风险预测提供更丰富信息。如图 6-11 所示,展现了人工智能在市场风险预测中的应用场景。

图 6-11 人工智能在市场风险预测中的应用场景

在模型构建与预测环节,人工智能突破传统线性模型局限,运用支持向量机、RNN、LSTM 等算法构建复杂非线性模型,精准捕捉数据复杂关系与时间序列特征,实现对市场风险真实分布的良好拟合,通过持续优化参数,及时适应市场变化,输出精准的风险预测结果。如在信用风险评估中综合多维度信息预测违约概率;在情景分析与压力测试中,通过对抗网络等技术助力生成多样市场情景,帮助金融机构与投资者认知风险多样性,并且在极端市场压力测试下,准确评估机构风险承受能力。

实时监控与动态调整方面,机器学习算法可实时监测交易数据,迅速捕捉异常信号并预警,人工智能模型还能依据监控结果与市场变化,自动调整风险预测模型与管理策略,灵活优化投资组合,提升风险管理的有效性与适应性,全方位提升市场风险预测与管理水平。

(2)资产管理与智能投顾

资产管理是金融机构受托对投资者资产提供投资运作服务,涵盖证券、基金等金融产品投资，贯穿资产交付、集合运用、组合投资及基础金融工具创设等环节。服务内容包括投资组合管理、风险管理和绩效评估等。从分类看，广义资产管理覆盖有形与无形资产，狭义则聚焦金融市场内的资产委托管理。当前，资产管理行业规模扩大但增速趋缓，竞争激烈且头部集中，业务模式多元但创新不足，风险管理能力有待提升。

智能投顾是资产管理领域的创新应用，依托金融数字化转型与人工智能发展，为投资者带来更精准高效的服务，提升投资体验与资产配置效率，降低成本。同时，智能投顾也为资产管理行业带来机遇与挑战，推动行业向数字化转型升级，促使传统资产管理模式不断革新，以适应市场变化与投资者需求。如图6-12所示，展现了智能投顾的应用场景。

图6-12　智能投顾的应用场景

（3）合规与监管科技

合规与监管科技（RegTech）是金融与科技深度融合的创新领域，旨在运用先进技术优化金融合规和监管流程。其起源于金融危机后，面对日益严苛的监管要求，传统合规管理成本高、效率低，促使金融机构与监管机构寻求智能化解决方案。

RegTech通过大数据、机器学习、区块链、云计算等关键技术，实现诸多核心功能。大数据用于整合分析海量合规数据；机器学习自动识别和预测风险；区块链增强合规管理的安全性与透明度；云计算提供高效的数据处理能力。凭借这些技术，RegTech具备数字化、快速敏捷、实时监控、数据共享和智能化等特点，能实时监控金融交易行为，自动化生成并提交监管报告，助力金融机构满足法规要求。如图6-13所示，展现了人工智能在市场监管中的应用场景。

在应用层面，RegTech广泛应用于反洗钱、反欺诈、客户尽职调查等领域，有效降低金融机构合规风险与成本，提升监管效率。例如，在反洗钱领域中，实时监测异常交易行为；在客户尽职调查时，快速核验客户身份信息。

RegTech是金融科技发展的必然产物，解决了传统合规管理的痛点，为监管机构提供了有力工具。随着技术进步与监管要求持续升级，RegTech未来将拓展至更多领域，加速金融行业数字化转型与升级，在维护金融稳定、促进金融创新等方面发挥更为关键的作用。

图 6‑13 人工智能在市场监管中的应用场景

2. 关键技术突破

金融服务领域的 AI 技术突破集中在大语言模型、隐私计算、可解释性等方面，用以解决行业特有的数据安全与监管挑战。

(1) 金融大语言模型(Financial Larqe Language Model，FinLLM)

金融大语言模型是聚焦金融领域的专业化自然语言处理系统，致力于为用户提供专业、智能且全面的金融咨询服务。它具备高度专门化的特性，通过深度学习技术对海量金融文本数据进行训练，精准捕捉金融语言的复杂模式与语义关系，结合自然语言处理技术，实现对金融文本信息的高效解析、理解与生成。

FinLLM 通常由多个功能模块构成服务矩阵。金融咨询模块可围绕中国金融场景与用户深度对话、解读专业知识；金融文本分析模块能完成信息抽取、情感判断等 NLP 任务；金融计算模块集成丰富工具满足各类运算需求；金融知识检索与问答模块则化身"金融专家"输出专业建议。这使其广泛应用于智能客服、市场趋势预测、风险管理、报告生成及合规检查等场景，从个性化服务到策略制定、文本审查，全方位赋能金融业务。

在技术实现上，FinLLM 多以 BERT、GPT 等预训练模型为基础，经金融数据微调适配行业需求，借助 Transformer、LSTM 等深度学习算法，融合文本分类、情感分析等 NLP 技术，实现对金融文本的深度处理。然而，其发展仍面临诸多挑战，金融数据的高敏感性要求强化隐私安全保护，同时需提升模型的可解释性与预测准确性，以获取从业者信任。但随着人工智能技术的持续进步，FinLLM 前景广阔，将成为推动金融机构服务升级、效率革新与金融科技创新发展的重要力量。

(2) 联邦学习与隐私计算

联邦风控体系：联邦风控体系是一种分布式协作建模机制，它允许多家银行在不共享原始数据的情况下，共同训练一个风控模型，通过联邦学习技术，各参与方的原始数据不出本地，仅在本地进行模型训练，然后上传模型参数进行聚合，从而有效保护数据隐私。风控体系能够随着数据的不断更新和模型的持续训练，实现动态优化和改进。

隐私计算是指在处理和分析数据时，采用一系列技术手段来保护数据的隐私和安全，确保数据在不泄露敏感信息的前提下进行计算和分析。常见的隐私计算技术包括多方安全计算、同态加密、差分隐私等。

联邦学习和隐私计算的出现,为在数据隐私得以保护的前提下实现数据的共享和价值挖掘提供了有效途径,有助于推动金融等各行业在大数据时代的创新和发展。

3. 典型实践案例

人工智能在金融服务领域应用的典型案例见表6-5。

表6-5 人工智能在金融服务领域应用的典型案例

案例类型	案例名称	具 体 应 用
风控标杆	蚂蚁集团CTU风控系统	主要从偏好、账户、身份、交易、设备、位置、关系、行为这8个维度来进行风险决策,以确保支付生态系统的安全性
风险评估	Zest AI	一个人工智能驱动的信贷评估平台,帮助贷款机构更好地评估传统上被认为"高风险"的人群,降低信贷风险

6.2 未来应用趋势与职业能力需求

6.2.1 未来应用趋势——多模态大模型驱动跨领域融合创新

多模态大模型(Large Multimodal Models,LMMs)通过整合文本、图像、语音、视频等多元数据,构建跨模态语义关联的统一表征体系,推动人工智能从单一模态处理向复杂场景综合推理跃迁。本小节系统解析多模态大模型的核心架构、关键技术创新方向及跨领域应用场景革新。

1. 多模态大模型的核心架构

多模态大模型的核心架构围绕跨模态数据融合与协同推理展开,主要由业务层、工程层和融合算力引擎层构成。

业务层是整个架构的核心应用场景实践区域,在实际应用过程中,不同的业务场景对模型性能指标有着差异化的需求,这些指标主要涵盖模型精度、实时性以及算力成本3个维度。以智能眼镜的户外旅游实时翻译功能为例,当用户需要眼镜对路牌、菜单等进行实时翻译时,要求模型必须具备极低的延迟,能够在短时间内快速完成视觉信息的理解和文本内容的生成,这对模型的实时性和视觉理解能力提出了极高要求。而在短视频创作领域,AI影像技术需要自动生成故事板并匹配合适的配乐,此时则更加注重模型高质量的图像、视频生成能力,以及对不同创作风格的迁移能力,以此来满足多样化的创作需求。

工程层在架构体系中承担着构建Agent完整技术栈的关键任务,其核心目标是确保模型能够在各类设备和平台上实现高效运行。在技术实现方面,工程层通过统一异构模态的嵌入空间,将不同类型的数据(如文本、图像、音频等)映射到同一空间维度,便于后续处理。同时,采用标准化协议对数据进行格式化和预处理,使数据符合模型输入要求。此外,工程层还具备动态扩展能力,能够灵活应对新模态数据类型的出现,保证架构的适应性和扩展性。

融合与算力引擎层作为多模态大模型的核心处理单元,如同人类的"大脑",主要负责跨模态特征对齐和跨模态生成任务。在技术架构上,通过 Transformer 架构替代传统的 CNN(卷积神经网络)和 LSTM(长短期记忆网络)分治模式,有效实现了跨模态特征对齐。以蚂蚁集团的 Ming-lite-omni 模型为例,该模型采用了 MoE(混合专家)架构,通过共享 220 亿参数,成功实现了模态无关编码,打破了不同模态之间的数据壁垒,显著提升了多模态数据处理的效率和准确性。

2. 关键技术创新方向

多模态大模型的发展日新月异,进一步突破技术瓶颈,拓展应用边界。在多个维度上正涌现出极具潜力的关键技术创新方向。

(1) 跨模态对齐与融合

深度语义对齐:当前多模态模型在处理复杂语义对齐时仍存在不足,未来将探索更先进的方法,如基于对比学习、互信息最大化等技术,增强不同模态在语义层面的精准对齐,让模型更好地理解多模态数据间的内在联系。例如,通过构建大规模多模态对比数据集,强化图像、文本、音频等模态之间语义的一致性映射。

动态自适应融合:研发能够根据不同任务和数据特点,动态调整融合策略的技术。比如,在处理图文信息时,对于需要强调视觉细节的任务,模型自动加大图像特征的融合权重;而对于侧重于文本语义理解的任务,则突出文本特征的作用。

(2) 轻量化与高效计算

模型压缩与剪枝:研究针对多模态大模型的压缩算法,通过剪枝、量化等手段,减少模型参数和计算量,使其能够在资源受限的设备(如手机、边缘设备)上高效运行。例如,采用结构化剪枝技术,去除对模型性能影响较小的神经元连接。

稀疏计算与动态推理:探索稀疏化计算方法,在推理过程中仅对关键信息进行计算,避免冗余操作。同时,基于任务需求和数据特征实现动态推理,智能调整计算资源的分配,提升模型的运行效率。

除此之外,架构设计创新、生成能力强化、动态扩展与自适应学习也是多模态大模型关键技术的热点创新方向。

3. 跨领域应用场景革新

多模态大模型正在重塑医疗、教育、工业制造、智能安防、消费娱乐等领域的生产力工具,推动"感知-认知-决策"全链条智能化。

在医疗领域,多模态大模型整合医学影像与病历文本数据,构建智能化诊断分析体系,显著提升疾病诊断的精准度与治疗方案的有效性。同时,通过融合病理切片图像与基因序列数据,为罕见病的早期诊断与创新药物研发提供了全新的技术路径,加速医学研究与临床应用的进程。如图 6-14 所示,展现了多模态大模型在医疗领域的应用场景。

在教育领域,多模态大模型基于文本、图像、音频等多维度数据,生成个性化学习内容,实现对学生学习过程的动态分析与精准反馈,推动教育模式向智能化、个性化方向发展。其搭载的语音交互技术,打造出多语言实时互动的虚拟教学助手,为师生提供更加便捷高效的教学互动体验。

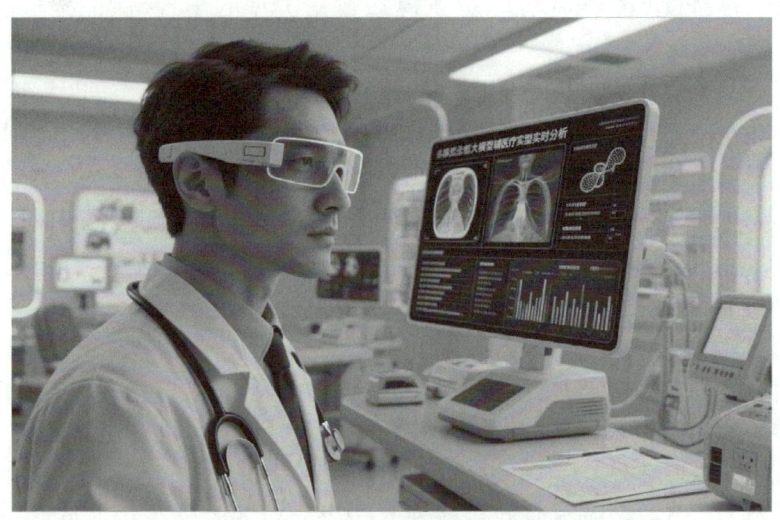

图 6-14　多模态大模型在医疗领域的应用场景

在工业制造领域,多模态大模型通过融合设备传感器数据、操作日志、图像信息等,助力企业优化生产流程、强化质量管控。一方面,实现对高端装备制造过程的智能监测与故障预警,降低设备故障率;另一方面,通过视觉检测与文本指令协同,自动识别产品缺陷并生成修复方案,提升生产效率与产品质量。

在智能安防领域,多模态大模型实时分析监控视频、语音等多模态数据,精准识别异常行为并及时预警,有效提升公共安全防控能力。同时,跨模态检索技术的应用,实现了不同模态信息之间的快速关联与精准查询,为案件侦破和目标追踪提供有力支持。

在消费娱乐领域,多模态大模型催生出全新的内容创作与消费模式。它支持文本到图像、视频的高效生成,极大丰富了内容供给。同时,基于用户行为数据的跨模态分析,实现个性化内容推荐,提升用户体验。此外,多模态交互的智能客服,实现了与用户的自然流畅沟通,显著提升服务效率与用户满意度。

6.2.2　人工智能工程师能力需求

在当今科技飞速发展的时代,人工智能领域展现出了巨大的潜力和无限的可能。人工智能工程师作为推动这一领域发展的核心力量,需要具备全面且专业的能力。本小节将深入剖析人工智能工程师所需的能力,旨在为有志于投身该领域的学习者提供清晰的能力框架和提升路径。

人工智能工程师能力图谱如图 6-15 所示。

1. 核心能力框架

核心能力框架是人工智能工程师能力体系的基石,它为工程师在复杂的人工智能世界中搭建起坚实的基础。这一框架主要涵盖技术能力和工程能力两个重要方面。

(1) 技术能力

技术能力是人工智能工程师进行算法研究、模型开发和数据分析的关键支撑。它包括数学基础、编程技能以及算法与模型的掌握 3 个核心模块。

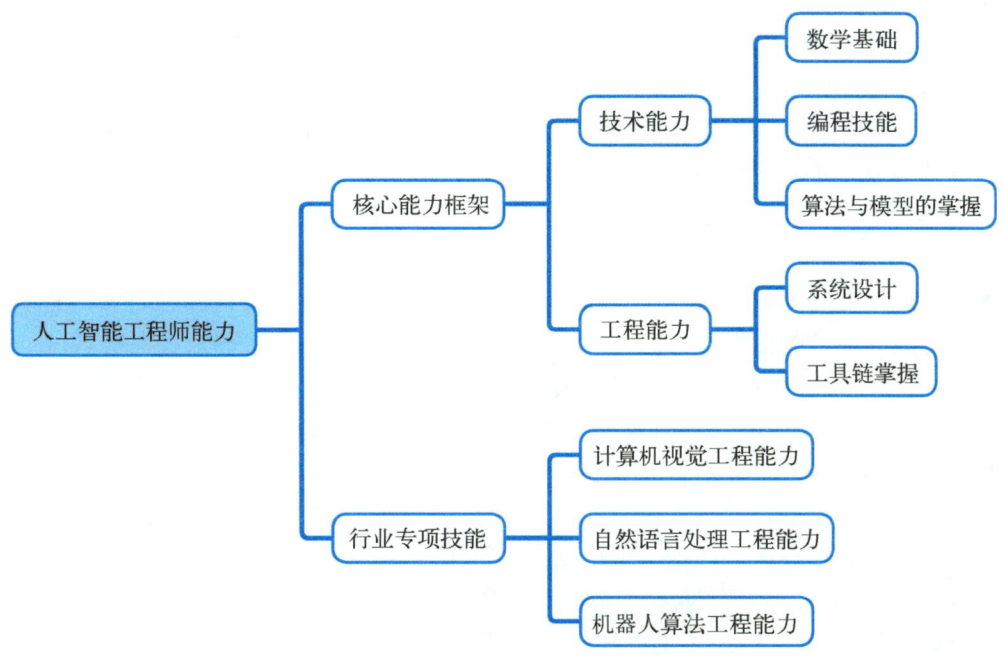

图 6-15 人工智能工程师能力图谱

① 数学基础

数学是人工智能的灵魂,它为各种算法和模型提供了理论依据和分析工具。

线性代数:线性代数在人工智能中扮演着至关重要的角色。矩阵运算,如矩阵的加法、乘法、转置等,是处理大规模数据和进行高效计算的基础。在深度学习中,神经网络的权重矩阵就是通过矩阵运算来更新和优化的。特征值分解则有助于理解矩阵的性质和结构,在降维算法(如主成分分析 PCA)中,特征值分解可以帮助找到数据的主要特征方向,从而实现数据的压缩和可视化。掌握线性代数中的矩阵运算和特征值分解,对于理解和实现许多人工智能算法至关重要。

概率论与统计:概率论与统计为处理不确定性和随机性提供了有力的工具。贝叶斯定理是一种基于概率推理的方法,它可以根据先验知识和新的证据来更新对事件发生概率的估计。在自然语言处理中,贝叶斯分类器就是基于贝叶斯定理实现的,它可以用于文本分类、垃圾邮件过滤等任务。假设检验则用于判断样本数据是否支持某种假设,在模型评估和比较中,可以使用假设检验来确定不同模型之间的性能差异是否显著。

优化理论:优化理论的目标是找到最优的解决方案,在人工智能中,经常需要通过优化算法来调整模型的参数,以最小化损失函数或最大化目标函数。梯度下降是一种常用的优化算法,它通过迭代地沿着损失函数的负梯度方向更新模型参数,逐步逼近最优解。凸优化则是研究凸函数的优化问题,凸函数具有良好的性质,可以找到全局最优解。在许多机器学习算法中,如支持向量机,凸优化理论被用于设计和求解优化问题。

② 编程技能

编程技能是将数学理论和算法转化为实际应用的桥梁。不同的编程语言和工具在人工智能开发中具有各自的优势和适用场景。

- Python：Python 是人工智能领域最受欢迎的编程语言之一，它具有简洁易读的语法和丰富的库和框架。NumPy 是 Python 中用于科学计算的基础库，它提供了高效的多维数组对象和各种数学函数，可以方便地进行数值计算和矩阵运算。Pandas 则是用于数据处理和分析的强大工具，它提供了数据结构（如 DataFrame）和数据操作方法，可以轻松地进行数据清洗、转换和分析。TensorFlow 是一个开源的深度学习框架，它提供了丰富的工具和接口，可以方便地构建、训练和部署深度学习模型。
- C++：C++ 是一种高性能的编程语言，在需要处理大量数据和进行实时计算的场景中具有显著的优势。在高性能计算场景中，如自动驾驶、机器人控制等，C++ 可以通过优化代码，利用硬件资源实现高效的计算和实时响应。许多深度学习框架也提供了 C++ 接口，可以将训练好的模型部署到 C++ 环境中，以提高模型的运行效率。
- SQL：SQL（Structured Query Language，结构化查询语言）是用于管理和操作关系型数据库的标准语言。在人工智能项目中，通常需要处理大规模的数据，而关系型数据库是存储和管理这些数据的常用工具。SQL 可以进行数据的查询、插入、更新和删除等操作，同时可以对数据进行统计和分析。掌握 SQL 可以更好地管理和利用大规模数据，为人工智能模型的训练和评估提供有力的支持。

③ 算法与模型的掌握

算法与模型是人工智能的核心，它们是解决各种实际问题的具体方法和工具。人工智能领域的核心算法与模型可分为 3 大类：机器学习基础算法、深度学习架构及前沿大模型技术

机器学习基础算法：在机器学习的基础算法体系中，监督学习与无监督学习构成 2 大核心范式。监督学习依托标注数据集构建输入与输出间的映射关系，通过对标记样本的学习来训练模型实现对未知数据的精准预测。以支持向量机（Support Vector Machine，SVM）为例，其通过求解最优超平面实现数据分类，凭借结构风险最小化原则展现出优异的泛化性能；决策树算法则以树状结构对特征空间进行递归划分，通过特征条件判断实现分类与回归任务。与之相对，无监督学习专注于处理未标注数据，旨在揭示数据隐含的分布规律与结构特征。如聚类分析通过相似度度量将数据划分为具有内聚性的簇；降维技术则通过主成分分析（PCA）等方法，在保留关键信息的前提下降低数据维度，有效提升数据可视化能力与算法计算效率。这两类算法通过不同的学习机制，共同支撑起机器学习领域的理论研究与工程应用。

深度学习架构：深度学习是近年来人工智能领域取得重大突破的关键技术，它基于神经网络模型，通过多层神经元的组合和训练，自动学习数据的特征和模式。卷积神经网络（CNN）是一种专门用于处理图像和视频数据的深度学习模型，它通过卷积层、池化层和全连接层的组合，自动提取图像的特征，从而实现图像分类、目标检测等任务。Transformer 是一种基于注意力机制的深度学习模型，它在自然语言处理领域取得了巨大的成功，如在机器翻译、文本生成等任务中表现出色。

前沿大模型技术：作为人工智能领域的核心突破点，前沿大模型通过超大规模参数训练与海量数据驱动，展现出卓越的泛化能力与跨领域迁移性能，深刻变革了传统 AI 任务的解决路径。在技术架构层面，基于 Transformer 的预训练大语言模型通过自监督学习范式，

从大规模文本语料中挖掘语言表征规律,构建通用化知识体系;多模态融合模型通过创新的统一架构设计,实现图像、文本、音频等异构数据的语义对齐与协同推理,突破单模态信息处理的局限性;具身智能模型则强调感知、决策与行动的深度融合,通过与物理环境的持续交互学习,赋予智能体复杂任务的自主执行能力。这些技术创新不仅推动了学术研究的范式革新,更在产业应用中展现出巨大的落地潜力。

(2) 工程能力

工程能力是将人工智能算法和模型转化为实际产品和系统的关键能力,它包括系统设计和工具链掌握 2 个方面。

① 系统设计

系统设计是构建大规模人工智能系统的重要环节,它需要考虑系统的整体性能及可扩展性、可靠性等因素。系统设计包括分布式计算和模型部署两个方面。

- 分布式计算:随着数据量的不断增加和计算任务的日益复杂,分布式计算成为处理大规模数据和进行高效计算的必要手段。Spark 是一个开源的分布式计算框架,它提供了高效的数据处理和分析能力,支持多种编程语言和数据格式;Flink 是一个流式处理框架,它可以实时处理数据流,适用于实时监控、实时推荐等场景。掌握分布式计算框架可以构建高效、可扩展的人工智能系统。
- 模型部署:模型部署是将训练好的模型应用到实际生产环境中的过程,它需要考虑模型的部署方式、运行环境、资源管理等因素。Docker 是一个开源的容器化平台,它可以将应用程序及其依赖项打包成一个独立的容器,实现环境的隔离和部署的一致性;Kubernetes 是一个开源的容器编排平台,它可以自动化地管理和调度容器的部署、扩展和故障恢复。掌握模型部署技术可以将人工智能模型快速、稳定地部署到生产环境中。

② 工具链掌握

工具链是提高开发效率和质量的重要手段,它包括学习框架和可视化工具 2 个方面。

- 学习框架:利用学习框架可以快速搭建和开发人工智能模型,提高开发效率和质量。TensorFlow 是由 Google 开发并开源的学习框架,具备强大的灵活性和可扩展性,适合进行大规模分布式训练。TensorFlow 拥有丰富的工具和库,支持多种深度学习模型,如卷积神经网络(CNN)、循环神经网络(RNN)等;PyTorch 是一个开源的深度学习框架,它具有动态图机制和丰富的工具包,可以方便地进行模型的构建、训练和调试;MindSpore 是华为推出的开源深度学习框架,它具有全场景、高性能、易开发等特点,支持多种硬件平台和编程语言。掌握学习框架可以更加高效地进行人工智能开发。
- 可视化工具:可视化工具可以让使用者直观地理解和分析数据与模型,提高开发效率和质量。TensorBoard 是 TensorFlow 提供的可视化工具,它可以实时展示模型的训练过程和性能指标,帮助监控和优化模型;Matplotlib 是 Python 中用于数据可视化的常用库,它提供了丰富的绘图函数和工具,可以方便地绘制各种图表和图形。掌握可视化工具可以让用户更加直观地了解数据和模型的特点和性能。

2. 行业专项技能

行业专项技能是人工智能工程师在不同行业领域中应用人工智能技术的关键能力,主要包括计算机视觉、自然语言处理和机器人算法3个领域。

(1) 计算机视觉领域

计算机视觉是研究如何使计算机能够理解并处理图像和视频数据的学科,计算机视觉工程师需要具备相关的核心技能和完成典型任务的能力。

- 核心技能

➢ OpenCV 图像处理:OpenCV 是一个开源的计算机视觉库,它提供了丰富的图像处理和计算机视觉算法,如图像滤波、边缘检测、特征提取等。掌握 OpenCV 可以进行图像的预处理、特征提取和分析,为后续的目标检测、图像分类等任务提供基础。

➢ 目标检测:目标检测是计算机视觉中的一个重要任务,它的目标是在图像或视频中检测出特定目标的位置和类别。YOLO(You Only Look Once)和 Faster R-CNN 是 2 种常用的目标检测算法,它们具有较高的检测速度和准确率。掌握目标检测算法可以实现安防监控、自动驾驶等应用。

- 典型任务

安防监控:在安防监控领域,计算机视觉技术可以用于实时监控和分析视频图像,实现目标检测、行为分析、事件预警等功能。海康威视是全球领先的安防产品和解决方案提供商,它在安防监控项目中广泛应用了计算机视觉技术,通过目标检测算法可以实时检测出监控画面中的人员、车辆等目标,并进行行为分析和事件预警,提高了安防监控的效率和准确性。

(2) 自然语言处理领域

自然语言处理是研究如何使计算机能够理解和处理人类语言的学科,自然语言处理工程师需要具备相关的核心技能和完成典型任务的能力。

- 核心技能

➢ BERT/GPT 模型微调:BERT 和 GPT 是 2 种基于 Transformer 架构的预训练语言模型,它们在自然语言处理任务中取得了巨大的成功。通过对这些预训练模型进行微调,可以将其应用到具体的自然语言处理任务中,如文本分类、情感分析、机器翻译等。

➢ 文本生成与摘要:文本生成是指根据给定的输入生成自然语言文本的任务,如自动写作、对话生成等;文本摘要则是指从长篇文本中提取关键信息,生成简短摘要的任务。掌握文本生成与摘要技术可以辅助实现智能客服、新闻摘要等应用。

- 典型任务

智能客服:智能客服是自然语言处理技术在客服领域的应用,它可以通过对话管理和意图识别技术,自动回答用户的问题,提供服务和支持。阿里小蜜是阿里巴巴推出的智能客服系统,它基于自然语言处理技术,能够理解用户的问题并提供准确的回答,提高了客户服务的效率和质量。

(3) 机器人算法领域

机器人算法是研究如何使机器人能够自主地感知、决策和行动的学科,机器人算法工程师需要具备相关的核心技能和完成典型任务的能力。

- 核心技能

➢ SLAM 技术与 ROS 框架:SLAM(Simultaneous Localization and Mapping,即时定位与地图构建)是一种机器人在未知环境中同时进行自身定位和地图构建的技术;ROS(Robot Operating System,机器人操作系统)是一个开源的机器人操作系统,它提供了丰富的工具和库,使得用户可以方便地开发和实现机器人算法。掌握 SLAM 技术和 ROS 框架可以辅助实现机器人的自主导航和环境感知。

➤ 运动规划:运动规划是指让机器人在给定的环境中规划出一条从起始点到目标点的可行路径的技术。RRT(Rapidly-exploring Random Trees,快速遍历随机树)算法是一种常用的运动规划算法,它具有快速收敛和全局最优的特点,RRT*是其改进版本。掌握运动规划算法可以实现机器人的自主运动和任务执行。

● 典型任务

仓储机器人:在仓储物流领域,机器人可以用于货物的搬运、分拣和存储等任务,提高仓储物流的效率和自动化程度。极智嘉(Geek+)是一家专注于智能物流机器人的公司,它的仓储机器人方案基于 SLAM 技术和运动规划算法,实现了机器人的自主导航和货物搬运,提高了仓储物流的效率和准确性。

本章小结

本章围绕人工智能的应用展开全面且深入的探讨,助力读者全方位了解其在多领域的实践成果、未来走向及相关职业能力需求。

在行业应用场景方面,人工智能在教育、医疗、交通、智能制造和金融服务等领域均展现出巨大潜力。教育领域中,它革新教学流程,推动学习模式自适应变革,借助自然语言处理、计算机视觉等技术实现智能教学、精准学习分析;医疗领域中,人工智能构建智能诊疗系统,提升医学影像分析能力,推动医疗机器人技术迭代;交通领域中,人工智能优化交通管理,推进自动驾驶发展,重塑物流与出行模式;智能制造领域中,人工智能助力智能工厂建设,强化质量控制与设备管理;金融服务领域中,人工智能提升风险管控能力,创新投资服务模式,推动合规监管智能化。

关于人工智能未来的应用趋势,多模态大模型成为关键驱动力。其核心架构涵盖业务、工程、融合与算力引擎等层面,在跨模态对齐融合、轻量化计算等方向不断创新,广泛应用于医疗、教育、工业等领域,推动各行业智能化升级。

在职业能力培养上,人工智能工程师需构建完善的能力体系。核心能力包括技术能力(数学基础、编程技能、算法与模型的掌握)和工程能力(系统设计、工具链掌握);行业专项技能主要涉及计算机视觉、自然语言处理、机器人算法等领域。此外,还可通过学习经典教材、参与在线课程及竞赛等方式提升自身在人工智能领域中的相关能力。

通过本章的学习,读者可以深入理解人工智能应用,把握行业趋势及规划职业发展,也为进一步探索人工智能技术在各领域的创新应用筑牢基础。

课后练习 6

1. 单选题

(1) 交通领域中,百度 Apollo 的自动驾驶出行服务平台是(   )。

A. 萝卜快跑　　　B. 京鹊无人机　　　C. 特斯拉FSD　　　D. ET城市大脑
（2）在智能制造领域,用于设备健康管理的边缘智能技术不包括(　　)。
　　　A. 振动传感器　　B. 联邦学习　　　C. 温度传感器　　　D. 压力传感器

2. 填空题
（1）人工智能在教育领域的核心技术包括自然语言处理、计算机视觉和_____。
（2）在智能制造领域,预测性维护系统通过_____实时监控设备状态并预测故障。
（3）多模态大模型的关键技术创新方向包括跨模态对齐与融合和_____。

3. 判断题
（1）自适应学习系统的核心是基于教育大数据的可规模化个性化学习模式。（　）
（2）自动驾驶技术的感知层主要依靠激光雷达、摄像头等设备收集环境信息。（　）
（3）金融大语言模型(FinLLM)无须针对金融数据微调即可直接应用。（　）
（4）多模态大模型在工业制造中可通过融合传感器数据实现故障预警。（　）
（5）多模态大模型的轻量化计算技术可降低边缘设备的运行成本。（　）

第 7 章 算法与程序设计

本 章 导 读

在人工智能时代,算法与程序如同驱动数字世界的"双引擎"。算法是解决问题的逻辑灵魂,程序则是将其落地的实践载体。本章以"理解算法思想—掌握 Python 基础实践"为主线,系统拆解算法与 Python 语言的基础知识体系,助力读者建立从逻辑抽象到代码落地的完整能力框架。

本 章 要 点

- 算法的基础知识
- 算法描述方法
- Python 基础知识
- Python 控制结构

三维教学目标

- **知识目标**
  - 理解算法的定义及其 5 大特征。
  - 掌握流程图、伪代码、自然语言等算法描述方法的规则与适用场景。
  - 了解 Python 语言的核心特性。
  - 掌握 Python 基础知识。
  - 掌握 Python 3 种控制结构的语法规则和执行逻辑。
- **能力目标**
  - 能通过经典案例将实际问题转化为算法模型,并用流程图或伪代码描述。
  - 能正确运用 Python 控制结构编写程序。
- **素质目标**
  - 形成对算法效率的敏感性。

- 培养逻辑严谨性。
- 通过经典算法案例,体会算法设计的创新性思维。
- 通过操作实践,认识程序设计在数据处理中的实际价值。
- 培养团队协作能力。

本章知识点学习

7.1 算法的基础知识

7.1.1 算法的概念与特征

1. 概念

算法(Algorithm)一词源自波斯数学家阿尔·花拉子米(Al-Khwarizmi)的名字,用来指代他著作中的解题步骤。今天,算法被定义为一组明确且有限的步骤,是计算机科学和人工智能领域的核心基础,用于解决某一特定问题或实现某一特定任务。它类似于日常生活中完成任务的操作指南,例如烹饪食谱、乐高拼搭说明书或导航路线规划。算法的本质是通过有限的步骤将输入数据转化为预期的输出结果,是连接问题抽象与程序实现的关键桥梁。

2. 特征

一个完整的算法需具备以下 5 个核心特征。

(1) 有穷性(Finiteness)

算法必须在有限步骤、有限时间内终止。例如,计算圆周率的算法若要求"无限精确",则违背有穷性;而限定"精确到小数点后 10 位"则符合要求。

(2) 确定性(Definiteness)

每一步骤的含义必须唯一,无二义性,算法的描述必须是清晰的、准确的、无歧义的。例如,"将面粉和水混合"需明确比例和搅拌方式,而非笼统描述。

(3) 输入项(Input)

算法通常需要接收零个或多个输入项。输入项用于刻画运算对象的初始情况,是算法的基础。例如,排序算法的输入项是待排序的数组,而生成随机数的算法可能无须显式输入。

(4) 输出项(Output)

算法必须产生至少一个输出结果,以反映算法对输入数据加工的结果。例如,图像识别算法的输出可能是分类标签,搜索算法的输出是目标数据的位置。

(5) 可行性(Effectiveness)

所有步骤均需在现有计算资源下可执行。例如,若要求"用纸牌搭建百米高塔",则受到物理上的限制是不可行。

3. 算法与程序的区别

算法是解决问题的逻辑抽象,独立于编程语言。例如,排序算法可以用自然语言或伪代码描述。

程序是算法的具体实现,是依赖特定编程语言的语法和工具。例如,快速排序算法可用 Python 或 C++编写为代码。

4. 算法在人工智能中的应用

算法是人工智能系统的"大脑",其应用场景包括如下几个方面。

- **数据处理**:如数据清洗、特征提取中的排序与聚类算法。
- **模型训练**:如梯度下降算法优化神经网络参数。
- **决策推理**:如 A* 算法用于路径规划,决策树算法用于分类。

7.1.2 算法描述方法

1. 概念与类型

算法描述是将算法的逻辑流程清晰、准确地表达出来,以便理解和实现。常见的算法描述方法包括自然语言、流程图、伪代码、N-S 图和程序设计语言。

(1) 自然语言

自然语言即使用人类语言(如中文、英文)直接叙述算法的步骤。

自然语言具有如下特点。

- **直观易懂**:适合初学者快速理解算法逻辑。
- **灵活性高**:无须严格语法,可结合逻辑和实例说明。
- **易产生歧义**:自然语言的模糊性可能导致不同解读。
- **语句烦琐、冗长**:描述包含选择和循环结构的算法时,不太方便。

(2) 流程图

流程图即通过图形符号(如矩形、菱形、箭头等)表示算法的控制流程,是描述算法的常用工具。

流程图具有如下特点。

- **可视化强**:直观展示分支、循环等逻辑结构。
- **适合复杂逻辑**:能清晰表达多条件判断和嵌套流程。
- **绘制耗时**:手工绘制效率低,需借助工具(如 Visio、Draw.io)。

流程图的核心符号见表 7-1。

表 7-1 流程图的核心符号

符号名称	图 形	功 能
起止框	⬭	表示算法开始与结束
处理框	▭	表示操作步骤(如计算、赋值)
判断框	◇	表示条件分支(如"是否满足条件?")

续 表

符号名称	图　形	功　能
输入/输出框	▱	表示数据输入或结果输出
流向线	→	表示算法执行方向

(3) 伪代码

伪代码即结合自然语言和程序设计语言的结构化描述方法,忽略语法细节,聚焦算法逻辑,是一种用于概述算法核心逻辑的非正式编程语言。"伪"意味着假,因此用伪代码写的算法是一种假代码——不能被计算机所理解,但便于转换成某种语言编写的计算机程序。

伪代码具有如下特点。

- **简洁高效**:比自然语言更严谨,比编程语言更灵活。
- **语言无关**:可快速转换为 Python、Java 等代码。
- **需逻辑训练**:要求读者具备基础的编程思维。

伪代码有如下常用约定。

- 使用关键字:IF‐ELSE、WHILE、FOR 表示控制结构。
- 每个算法以 Begin 开始,以 End 结束,若仅表示部分代码,可以省略 Begin 和 End。
- 算法的输入/输出以 Input/Output 后加参数的形式表示。
- 用←或=表示赋值操作。
- 用//添加注释。

(4) N‐S 图(盒图)

N‐S 图的核心设计理念是完全去除传统流程图中的流向线,将算法步骤全部封装在矩形框内,并通过嵌套矩形框表示程序结构。

N‐S 图具有如下特点。

- **简化流程图**:去掉了流程图中的流向线。
- **结构化表示**:采用顺序结构、选择结构、循环结构等表示。
- **模块化清晰**:每个矩形框可包含子框,支持多层嵌套,便于分解复杂逻辑为独立模块,提升可读性。

N‐S 图的基本结构包括顺序结构、选择结构、当型循环结构和直到型循环结构,如图 7‐1 所示。

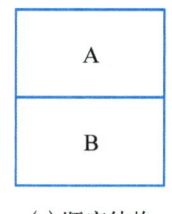
(a) 顺序结构

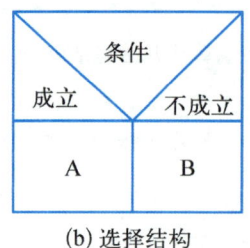
(b) 选择结构

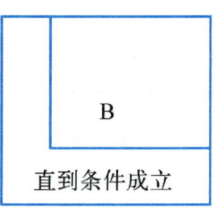
(c) 当型循环结构　　(d) 直到型循环结构

图 7‐1　N‐S 图的基本结构

(5) 程序设计语言

程序设计语言即使用具体编程语言(如 Python、C++)实现算法,这是算法描述的最直接方法,是可以直接编译或解释成机器能执行的代码。

程序设计语言具有如下特点:
- **可执行性**:可直接运行验证结果。
- **语法约束**:需遵循语言规范(如缩进、分号)。
- **工程化导向**:适合实际开发,但可能掩盖算法核心逻辑。

2. 各类算法描述方法的对比与选择原则

(1) 对比

各类算法描述方法的对比见表 7-2。

表 7-2 各类算法描述方法的对比

方 法	优 点	缺 点	适用场景
自然语言	无须学习成本,易于理解	易歧义,不适用于复杂逻辑	初步设计、简单逻辑
流程图	可视化图形,适合流程分析	绘制耗时,修改不便	系统设计、逻辑验证
N-S图	强制结构化,逻辑层次清晰	灵活性差,嵌套复杂时难阅读	结构化编程、复杂算法设计
伪代码	简洁严谨,语言无关	风格不统一,需有编程基础	算法研究、论文描述
程序设计语言	可执行性强,直接验证结果,支持调式优化	语法限制,细节冗余	工程实现、性能优化

(2) 选择原则

设计阶段:优先使用自然语言或流程图梳理逻辑。

学术交流阶段:使用伪代码能兼顾严谨性与可读性。

开发实践阶段:直接编写程序代码,并结合注释说明核心逻辑。

7.1.3 经典案例

1. 冒泡排序

(1) 基本概念

冒泡排序是一种简单的排序算法,通过重复遍历待排序的列表,比较相邻元素并在顺序错误时交换它们,直到整个列表按顺序排列。

(2) 算法思路及示例

假设有 5 个垂直排列的数需按从小到大的顺序排序,首先需要比较最上方 2 个数,将较大的数调到下面,再比较第 2 个数和第 3 个数,又将较大的数调到下面,经过 4 次比较和调换,最大的数已经放到最底端,较小的数像气泡一样上浮了,这样就完成了第一趟排序。接

冒泡排序

下来再把剩余的 4 个数以同样的方式进行排序,如图 7-2 所示。

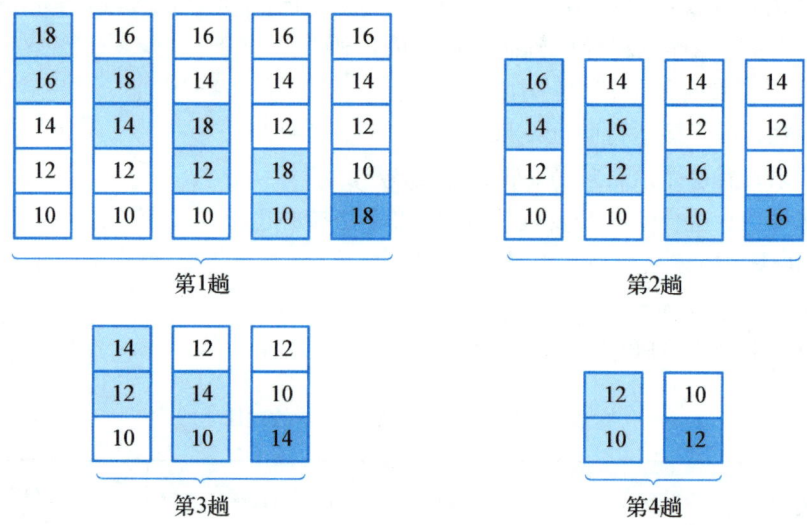

图 7-2 冒泡排序示例

二分查找法

2. 二分查找法

(1) 基本概念

二分查找法(Binary Search)也叫折半查找法,是一种在有序数组中查找特定元素的高效算法。它的基本思想是通过每次将搜索范围减半来快速定位目标元素。

(2) 算法思路及示例

使用 low,high 和 mid 来表示有序数组的下界、上界和中间位置。设置 low 的初始值为 1,high 的初始值为 n(n 等于该数组元素的个数),则查找某一元素的步骤如下。

步骤 1:确定数组的中间位置:mid=(low+high)/2。

步骤 2:将目标值与中间值比较:

如果相等,则返回中间位置;

如果目标值小于中间值,则在左半部分继续查找,修改上界值,high=mid-1;

如果目标值大于中间值,则在右半部分继续查找,修改下界值,low=mid+1。

步骤 3:重复上述过程直到找到目标值或搜索范围为空。

例:假设在一个有序数组[2,4,6,10,14,21,35,59,85,102]查找数字 21,若存在,则返回其位置。

步骤 1:low=1,high=10,mid=5,array[5]=14,21>14,待查找元素在范围的右半部分,修改下界值,low=mid+1=6;

步骤 2:low=6,high=10,mid=8,array[8]=59,21<59,待查找元素在范围的左半部分,修改上界值,high=mid-1=7;

步骤 3:low=6,high=7,mid=6,array[6]=21,21=21,查找到数字 21,返回位置为 6。

3. 递归算法

(1) 基本概念

递归算法是一种通过函数调用自身来解决问题的编程技术,它将复杂问题分解为多个相似的子问题,直到达到可以直接解决问题的简单情况。

（2）递归算法的核心要素
- 递归条件(Recursive Case)：将问题分解为更小的同类子问题。
- 基线条件(Base Case)：最简单的可直接解决的情况,用于终止递归。

（3）工作原理

递归算法的工作原理即遵循"分而治之"的策略：
- 将大问题分解为小问题；
- 解决小问题；
- 将小问题的解合并成大问题的解。

（4）示例

① 阶乘计算

阶乘的定义为

$$n! = n*(n-1)*(n-2)*\cdots*1,$$

其中 n 为非负整数,并且 $0!=1$。可以使用递归算法来计算一个数的阶乘。用 Python 程序编写,代码如下：

```
def factorial(n):
    if n == 0:
    return 1
    else:
    return n * factorial(n - 1)
```

执行过程(计算 4 的阶乘)：

a. factorial(4)→4×factorial(3)
b. factorial(3)→3×factorial(2)
c. factorial(2)→2×factorial(1)
d. factorial(1)→1(基线条件)
e. 回溯：2×1=2→3×2=6→4×6=24

所以 4 的阶乘结果为 24。

② 斐波那契数列

斐波那契数列的定义为

$$F(n) = F(n-1) + F(n-2),$$

其中 $F(0)=0, F(1)=1, n \geqslant 2$。递归算法可以方便地生成斐波那契数列的第 n 项。用 Python 程序编写,代码如下：

```
def fibonacci(n):
    if n == 0:
        return 0
    elif n == 1:
```

```
        return 1
    else:
        return fibonacci(n - 1)+ fibonacci(n - 2)
```

计算斐波那契数列的第 10 项：result=fibonacci(10)，result 的值为 55。

③ 二叉树遍历

对于二叉树的前序遍历(根节点、左子树、右子树)、中序遍历(左子树、根节点、右子树)和后序遍历(左子树、右子树、根节点)，都可以使用递归算法实现。以下是一个简单的二叉树节点类定义和前序遍历的递归实现，用 Python 程序编写，代码如下：

```
class TreeNode:
    def __init__(self, value):
        self.value = value
        self.left = None
        self.right = None
def inorder_traversal(node):
    if node:
        inorder_traversal(node.left)
        print(node.value)
        inorder_traversal(node.right)
```

二叉树遍历的特点是递归地处理左子树、当前节点和右子树。

7.2　Python 简介

7.2.1　Python 语言概述

Python 是一种高级、解释型、通用的编程语言，由荷兰程序员吉多·范罗苏姆(Guido van Rossum)于 1991 年首次发布。它以简洁易读的语法和强大的功能而闻名，易于学习和使用。此外，Python 还拥有一个庞大的标准库和丰富的第三方库生态系统，这使得开发者可以轻松地利用现成的工具来完成各种复杂的任务，能够快速开发出各种类型的程序，因此，在 Python 开发领域流传这样一句话"人生苦短，我用 Python"。Python 标识如图 7-3 所示。

图 7-3　Python 标识

7.2.2　Python 的特点

Python 作为一门高级编程语言，发展迅速，是目前最受欢迎的编程语言之一。它也和其他编程语言一样,有自己的优点和缺点。

1. Python 语言的优点

(1) 语法简单

Python 的语法设计非常简洁,代码风格优雅,遵循"可读性很重要"的设计哲学,丢掉了分号以及花括号等东西。相较于其他编程语言如 C,C++等,Python 提高了开发者的开发效率,降低了工作复杂度。实现同样的功能,Python 使用的代码量可能只有其他语言的 $\frac{1}{5} \sim \frac{1}{3}$。

(2) 开源、免费、跨平台

开源:即是开放源代码,其源代码完全公开,任何人都可以在 Python 的官方代码仓库中查看 Python 解释器的实现代码。

免费:可以从 Python 官方网站免费下载 Python 的各个版本,涵盖 Windows,macOS,Linux 等主流操作系统。任何人都能零成本获取并安装 Python,并可以无限制的使用。

跨平台:可以在多种操作系统上运行 Python,包括 Windows,Linux,macOS 等。这意味着开发者可以在一个平台上编写代码,然后在其他平台上运行,而无须对代码进行大量修改。

(3) 丰富的库和框架

标准库强大:Python 自带了丰富的标准库,涵盖了文件操作、网络编程、数据处理、图形界面开发等多个领域。

第三方库众多:Python 拥有庞大的第三方库生态系统,如用于科学计算、工程计算的 NumPy,SciPy,用于数据可视化的 Matplotlib,用于数据处理和分析的 Pandas,用于机器学习的 Scikit-learn,TensorFlow,PyTorch,用于 Web 开发的 Django,Flask,用于网络爬虫的 Scrapy,用于 HTML 和 XML 解析的 Beautiful Soup 等。这些库和框架可以帮助开发者快速实现各种功能,提高开发效率。

(4) 动态类型和解释执行

动态类型:Python 是动态类型语言,在编写代码时无须声明变量的类型,解释器会在运行时自动确定变量的类型。这使得代码编写更加灵活,提高了开发效率。

解释执行:Python 是解释型语言,代码在运行时无须进行编译,可以逐行解释并执行。这使得开发过程更加高效,开发者可以快速修改代码并立即看到运行结果。同时,也降低了开发门槛,无须掌握复杂的编译过程。

(5) 面向对象和函数式编程支持

面向对象:Python 支持面向对象编程,提供了类、对象、继承、多态等面向对象的特性。通过面向对象的编程方式,可以将代码组织成更加模块化、可复用的结构,提高代码的可维护性和可扩展性。

函数式编程:Python 也支持函数式编程,允许将函数作为参数传递、返回函数等。函数式编程的特性可以使代码更加简洁、灵活,适合处理一些复杂的逻辑。

2. Python 语言的缺点

(1) 运行速度慢

由于 Python 是解释型语言,代码在运行时需要逐行解释执行,相比于编译型语言(如 C,C++,Java),执行速度会慢一些。对于一些对性能要求极高的应用场景,如大规模数据处理、实时系统等，Python 的执行速度可能成为瓶颈。不过，对于大多数应用场景，Python 的执行速度是可以接受的，而且可以通过使用 Cython、Numba 等工具来提高 Python 代码的执行速度。

(2) 内存消耗大

Python 在运行时需要占用较多的内存。这是因为 Python 的数据类型（如列表、字典等）是动态的，并且 Python 解释器本身也需要一定的内存来运行。

(3) 多线程限制

Python 的 GIL(Global Interpreter Lock，全局解释器锁)限制了多线程的性能。GIL 确保了在任何时刻只有一个线程可以执行 Python 字节码，这使得在多核 CPU 上无法充分利用多核优势来提高多线程程序的性能。

(4) 弱类型可能导致潜在错误

虽然动态类型给 Python 带来了灵活性，但也可能导致一些潜在的错误。由于变量类型在运行时确定，在代码编写过程中可能会出现类型不匹配的问题，而这些问题在编译时无法被发现，只有在运行时才会暴露出来，增加了调试的难度。

3. Python 的应用

Python 凭借其简洁的语法、丰富的库和强大的功能，在众多领域都有广泛的应用，以下是一些主要的应用场景。

(1) 网站开发

众多优秀的 Web 框架和大型网站均为 Python 开发，如 Youtube、Dropbox、豆瓣、知乎、饿了么、美团等，典型 Web 框架有 Django、Flask、Pyrmid、Bottle、Tornado 等。

(2) 科学运算

Python 被广泛应用于数据科学领域，可以用于数据清洗、数据转换、数据分析、数据可视化等任务。例如，金融行业可以用 Python 分析股票市场数据，医疗行业可以用 Python 分析患者数据。典型支持库有 NumPy、SciPy、Matplotlib、Pandas 等。

(3) 人工智能和机器学习

Python 在人工智能和机器学习领域占据主导地位，可以用于开发各种智能应用，如图像识别、自然语言处理、语音识别、推荐系统等。例如，Google 的许多产品都使用 TensorFlow 进行机器学习。典型的支持库有 TensorFlow、Keras、PyTorch、scikit-learn 等。

(4) 游戏开发

虽然 Python 不是游戏开发的主流语言，但也可以用于开发一些小型游戏或游戏原型。例如，一些教育类游戏可以用 Python 开发。典型的支持库有 Pygame、Panda3D 等。

(5) 网络爬虫

Python 是网络爬虫开发的首选语言之一。爬虫即为自动提取网页的程序，可以用于爬取网站数据，如新闻、商品信息、用户评论等。例如，电商平台可以用 Python 爬虫获取竞争对手的商品价格信息。典型的支持库有 Scrapy、Beautiful Soup 等。

7.3　Python 基础知识

本节将介绍 Python 的基础知识，包括注释、缩进规则以及数据类型。这些基础知识是构建复杂 Python 程序的基石,理解并熟练运用它们,能够编写出规范、易读且高效的代码。

7.3.1 Python 注释

注释是代码中用于解释或说明的部分,它不会被 Python 解释器执行。注释可以帮助开发者理解代码的功能和逻辑,提高代码的可读性。

(1) 单行注释

单行注释以"#"开头,"#"后面的内容被视为注释,直到该行结束。单行注释可以作为单独的一行放在被注释代码行上面,也可以放在语句或者表达式的后面。例如:

```python
# 这是一个单行注释
print("Hello, Python!")   # 输出欢迎信息
```

(2) 多行注释

多行注释可以使用成对的三引号'''或"""来定义。三引号中的内容被视为注释,可以包含多行。例如:

```python
'''
这是一个
多行注释示例
用于说明函数的功能和参数
'''
def add(a, b):
    return a + b
```

多行注释常用于对函数、类或一段较长的代码块进行详细的功能说明和文档注释。

7.3.2 Python 缩进规则

Python 使用缩进来表示代码块的层次结构。缩进是 Python 语法的一部分,它替代了其他语言中的大括号"{}"。正确的缩进是 Python 代码能够正确运行的关键。缩进规则如下。

(1) 通常使用 4 个空格作为一个缩进级别,不建议使用制表符(Tab)进行缩进,因为不同的编辑器对制表符的显示宽度可能不同,容易导致缩进混乱。

(2) 同一代码块内的所有语句必须保持相同的缩进级别。例如在循环结构、条件结构中,属于该结构的代码都要按照统一的缩进标准书写。例如:

```python
length = 5                    # 长方形的长
width = 6                     # 长方形的宽
c = 2*length + 2*width        # 长方形的周长
if c > 30:
    print("这个长方形周边较长")
```

在 Python 中,常用的集成开发环境(IDLE,PyCharm 等)都有自动缩进机制,如在英文冒号":"后面按 Enter 键,接下来的代码会自动缩进。

缩进在选择结构(if,elif,else)、循环结构(while,for)、函数定义(def)和类定义(class)中都可以使用。

7.3.3　Python 数据类型

1. 基本数据类型

Python 提供了 6 种数据类型,包括数字、字符串、列表、元组、字典和集合。其中数字、字符串是基本数据类型,列表、元组、字典和集合是组合数据类型。这些数据类型是 Python 编程的基础。

(1) 数字

Python 支持多种数字类型,包括整数(int)、浮点数(float)、复数(complex)和布尔值(bool)。

① 整数。表示整数值,没有小数部分。在 Python 中,整数包括正整数、负整数和 0,如 5,−5,0 等。在 Python 中,整数的取值范围不受限制(仅受计算机内存限制)。按照进制不同,整数还可以划分为二进制、八进制、十进制和十六进制整数。

② 浮点数。表示带有小数部分的数字,如 3.14,1.9e4 等。浮点数可以通过直接书写小数,或者使用科学记数法来表示。

③ 复数。复数由实部和虚部组成,可以用 a+b(j)或 complex(a,b)表示。复数的实部和虚部都是浮点数,如 5.23+6.35j。

④ 布尔值。布尔值只有两个取值:True 和 False,用于表示逻辑判断的结果。空对象、值为零的任何数字或者对象 None 的布尔值为 False。在 Python 3.x 中,布尔值是作为整数的子类型实现的,布尔值可以转换为数值,True 的值为 1,False 的值为 0,从而可以进行数值运算。

(2) 字符串

字符串是由字符组成的序列,用于表示文本数据。在 Python 中,字符串可以使用单引号(')、双引号(")或三引号(''',""")括起来。

例如:'Hello,Python!',"这是一个双引号字符串","""大数据技术"""等都是合法的字符串,空字符串可以表示为"",'''''',""" """。

2. 组合数据类型

在 Python 中,组合数据类型是处理复杂数据结构的核心工具。与基本数据类型(如整数、浮点数等)只能存储单一值不同,组合数据类型可以将多个值组织在一起,方便进行批量处理与逻辑操作。Python 4 种重要的组合数据类型包括:列表、元组、字典和集合,它们又被称为"序列"。

(1) 列表

列表(List)是一种有序、可变的数据集合,使用方括号表示,内部元素以英文逗号分隔。列表中的元素可以是不同类型的数据,包括数字、字符串、布尔值,甚至其他列表(嵌套列表)。在创建列表时,用赋值运算符"="将一个列表赋值给变量,例如:

```
fruits = ["苹果", "banana", "cherry"]          # 字符串列表
numbers = [1, 2, 3, 4.5]                      # 混合数字类型列表
m_list = [10, "hello", True, [1, 2]]          # 嵌套列表
```

需要注意的是,尽管一个列表中可以放入不同类型的数据,但为了提高程序的可读性,一般建议一个列表中只使用一种数据类型。

(2) 元组

元组(Tuple)是一种有序、不可变的数据集合,使用圆括号表示。与列表相比,元组一旦创建,其元素不能被修改、删除或添加。创建元组时,只需要在圆括号内添加元素,并使用英文逗号将这些元组分开,例如:

```
# 创建一个空元组
my_tuple = ()
# 创建一个包含多个元素的元组
fruits = ('苹果', 'banana', 'cherry')
numbers = (1, 2, 3, 4, 5)
m_tuple = (1, 'hello', 3.14, True)
```

(3) 字典

字典(Dictionary)是一种无序的键值(key-value)对集合,使用花括号"{}"表示。每个键必须唯一,且只能是不可变类型(如字符串、数字、元组),值可以是任意数据类型。创建字典时,可以使用dict()函数,也可以使用花括号,花括号中应包含多个键值对,键与值之间用英文冒号隔开,多个键值对之间用英文逗号隔开。例如:

```
# 创建一个空字典
my_dict = {}

# 创建一个包含多个键值对的字典
student = {"name": "李雯", "age": 12, "scores": [85, 90, 95]}
```

(4) 集合

集合(Set)是一种无序、不重复的数据集群,使用花括号"{}"或set()函数创建。集合中的元素必须是不可变类型,且自动去重。例如:

```
nums = {2,7,8,9,9,3,7,8}       # 自动去重,结果:{2,7,8,9,3}
empty_set = set()              # 创建空集合,不能用{}({}表示空字典)
```

7.4 Python 控制结构

控制结构是编程语言中用于控制程序执行流程的语法结构。通过合理运用控制结构，开发者能够编写出复杂且功能强大的程序，实现从简单的数据处理到复杂业务逻辑的各种需求。Python 提供了 3 种最常用的控制结构：顺序结构、选择结构和循环结构。

7.4.1 顺序结构

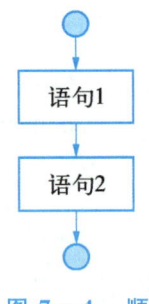

图 7-4 顺序结构的流程图

顺序结构是程序中最基本、最简单的控制结构。在顺序结构中，程序按照语句出现的先后顺序依次执行，没有分支和跳转。

顺序结构常用于执行一系列有先后顺序要求的简单操作，比如数据的初始化、按步骤输出信息等。在一些数据处理程序中，可能会先读取数据文件，然后对数据进行简单的预处理，最后将处理后的数据保存到新的文件中，这些操作就可以使用顺序结构依次完成。顺序结构的流程图如图 7-4 所示。代码示例如下：

```
01  print("第一步：输出欢迎信息")
02  a = 10
03  b = 20
04  c = a + b
05  print("第二步：计算两数之和为", c)
```

7.4.2 选择结构

选择结构又称为分支结构，用于根据条件的真假来决定程序的执行路径。Python 提供了 if, elif 和 else 语句来实现条件控制。

选择结构在编程中应用广泛，常用于根据不同的条件执行不同的操作。例如，在一个用户登录系统中，需要根据用户输入的用户名和密码判断是否允许用户登录；在一个成绩管理系统中，需要根据学生的成绩进行等级评定等，这些场景都需要使用选择结构来实现。选择结构的流程图如图 7-5 所示。

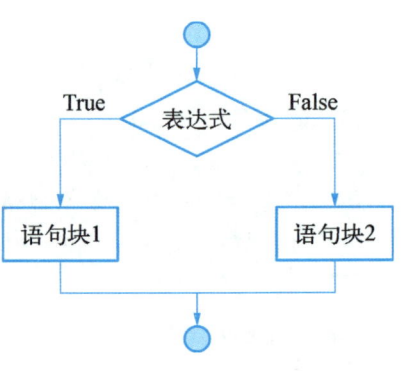

图 7-5 选择结构的流程图

1. if 语句

if 语句用于判断一个条件是否为真，如果条件为真，则执行相应的代码块。语法格式如下：

```
if 条件表达式：
    语句块
```

其中，条件表达式是一个返回布尔值（True 或 False）的表达式。如果条件表达式的值为 True，则执行缩进的语句块；如果值为 False，则跳过该语句块，继续执行后面的代码。例如，判断是否成年，代码如下：

```
01    age = 18
02    if age >= 18:
03        print("你已经成年了")
```

在上述代码中，age >= 18 是条件表达式，由于 age 的值为 18，该条件表达式的值为 True，因此会执行 print("你已经成年了")语句。

2. if-else 语句

当需要在条件为 True 和 False 时分别执行不同的语句块时，可以使用 if-else 语句，语法格式如下：

```
if 条件表达式：
    语句块 1
else：
    语句块 2
```

如果条件表达式的值为 True，执行语句块 1；否则执行语句块 2。例如：判断成绩在 90 分以上的为优秀，其余为合格，代码如下：

```
01    score = 75
02    if score >= 90:
03        print("成绩优秀!")
04    else:
05        print("成绩合格!")
```

在上述代码中，score >= 90 是条件表达式，由于 score 的值为 75，该条件表达式的值为 False，因此会执行 else 后面的语句，即 print("成绩合格!")。

3. if-elif-else 语句

当存在多个条件判断时，可以使用 if-elif-else 语句，它可以对多个条件进行依次判断，语法格式如下：

```
if 条件表达式 1：
    语句块 1
elif 条件表达式 2：
    语句块 2
```

```
............
else：
    语句块 n
```

程序会从 if 开始，依次判断每个条件表达式的值，当某个条件表达式的值为 True 时，执行对应的语句块，然后跳出整个 if-elif-else 结构；如果所有条件表达式的值都为 False，则执行 else 后的语句块。例如：评判成绩为 90 分以上为优秀，80 分以上为良好，70 分以上为中等，60 分以上为及格，否则为不及格。代码如下：

```
01  score = 85
02  if score >= 90:
03      print("优秀")
04  elif score >= 80:
05      print("良好")
06  elif score >= 70:
07      print("中等")
08  elif score >= 60:
09      print("及格")
10  else:
11      print("不及格")
```

上述代码是一个多分支判断，由于 score 的值为 85，会判断条件表达式 elif score >= 80:的值为真，随即执行其后的 print("良好")语句。

7.4.3 循环结构

循环语句用于重复执行一段代码，直到满足某个条件为止。Python 提供了 for 循环和 while 循环 2 种循环结构。

循环结构适用于需要重复执行相同或相似操作的场景。例如，批量处理数据文件、生成大量测试数据、在游戏中不断更新游戏画面等。在数据处理中，可能需要对一个列表中的每个元素进行某种计算或操作，这时就可以使用循环结构来实现。循环结构的流程图如图 7-6 所示。

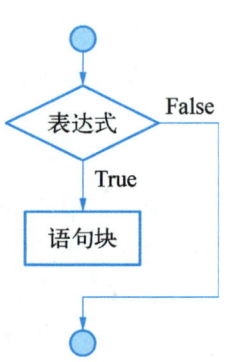

图 7-6 循环结构的流程图

1. while 循环

while 循环用于在满足某个条件时重复执行一段代码，直到条件不再满足为止。语法格式如下：

```
while 条件表达式：
    语句块
```

只要条件表达式的值为 True,就会不断执行缩进的语句块,直到条件表达式的值变为 False。例如,计算 1 到 100 的累加和,代码如下:

```
01   sum = 0
02   i = 1
03   while i < = 100:
04       sum = sum + i
05       i = i + 1
06   print("1 到 100 的累加和为", sum)
```

2. for 循环

(1) 基本语法

for 循环通常用于遍历可迭代对象(如列表、元组、字符串、字典等),并依次执行循环体中的代码。语法格式如下:

```
for 变量 in 可迭代对象:
    语句块:
```

在每次循环中,变量会依次取到可迭代对象中的每个元素,然后执行缩进的语句块。例如,遍历列表并输出每个元素,代码如下:

```
# 遍历列表
01   courses = ["信息技术基础", "高等数学", "大学语文"]
02   for course in courses:
03       print(course)
# 结果
信息技术基础
高等数学
大学语文

# 遍历字符串
for char in "Python":
    print(char)
# 结果
P
y
t
h
o
n
```

(2) range()函数

range()函数常用于生成一系列连续的整数,配合for循环使用非常方便。range()函数有如下3种常用形式。

- range(stop):生成从0到stop-1的整数序列。例如,for i in range(5):会循环5次,i的值依次为0,1,2,3,4。
- range(start, stop):生成从start到stop-1的整数序列。例如,for i in range(2, 6):会循环4次,i的值依次为2,3,4,5。
- range(start, stop, step):生成从start开始,每次增加step,直到stop-1的整数序列。例如,for i in range(1, 10, 2):会循环5次,i的值依次为1,3,5,7,9。

3. break 和 continue 语句

在循环中,还可以使用break和continue语句来控制循环的执行。

(1) break语句:用于跳出当前循环,即提前终止循环,无论循环条件是否为True。

(2) continue语句:用于跳过本次循环中剩余的代码,直接开始下一次循环。

```
# 使用 break
01  for i in range(10):
02      if i == 5:
03          break
04      print(i)
# 结果
0
1
2
3
4
```

```
# 使用 continue
01  for i in range(10):
02      if i % 2 == 0:
03          continue
04      print(i)
# 结果
1
3
5
7
9
```

4. 嵌套控制结构

控制结构可以嵌套使用,即在一个控制结构内部再使用另一个控制结构。例如,可以在if语句中嵌套for循环,或在for循环中嵌套if语句。

例如:使用循环嵌套打印一个金字塔,代码如下。

```
01  # 外层循环控制行数
02  for i in range(1, 6):     # 假设打印5行
03      # 内层循环打印空格
04      for j in range(5 - i):
05          print(" ", end="")    # 打印空格,对齐金字塔
06      # 内层循环打印星号
07      for k in range(2 * i - 1):
```

```
08      print("* ", end= "")  # 打印星号
09    print()  # 每打印完一行换行
# 结果：
  *
  ***
  *****
  *******
  *********
```

本 章 小 结

本章从算法相关知识引入，进而介绍Python语言的基础知识。

算法作为计算机科学的核心，是解决问题的系统性步骤，其具有有穷性、确定性等特征，可通过自然语言、流程图等多种方式描述，冒泡排序、二分查找法等是经典的算法案例。这些案例蕴含的算法思想，广泛应用于数据处理、模型训练、决策推理等人工智能领域，以及各类程序开发场景，是编程逻辑构建和问题解决的基石。

Python是最受欢迎的编程语言之一。它是一种高级、解释型、通用的编程语言，语法简单，开源免费且跨平台，拥有丰富的库和框架。在本章中详细介绍了Python的基础知识，通过本章的学习，读者可以进行基础的Python程序设计。

课后练习7

1. 单选题

(1) 以下算法描述方法最适合工程实现的是(   )。
    A. 自然语言   B. 流程图   C. 伪代码   D. 程序设计语言
(2) 下列不属于算法的特征的是(   )。
    A. 无限性   B. 确定性   C. 可行性   D. 有穷性
(3) 二分查找法在数组[2,5,8,12,16,23,38,56,72,91]中查找56,需要(   )次比较。
    A. 1   B. 2   C. 3   D. 4
(4) 在冒泡排序中,每完成一趟排序,最大的数会移动到(   )。
    A. 数组的最前面   B. 数组的最后面
    C. 数组的中间位置   D. 不确定
(5) Python的创始人是(   )。
    A. 詹姆斯·高斯林   B. 吉多·范罗苏姆
    C. 布伦丹·艾奇   D. 林纳斯·托瓦兹

(6) 以下不属于 Python 的优点的是（　　）。
　　A. 运行速度快　　B. 语法简洁　　C. 跨平台性　　D. 丰富的第三方库
(7) 安装 Python 时，需勾选（　　）选项以添加环境变量。
　　A. Add Python to PATH　　　　B. Install for all users
　　C. Customize installation　　　　D. Precompile standard library
(8) 下列属于 Python 组合数据类型的是（　　）。
　　A. 整数　　B. 字符串　　C. 元组　　D. 浮点数
(9) Python 中用于生成连续整数序列的函数是（　　）。
　　A. list()　　B. range()　　C. tuple()　　D. set()
(10) 以下开发工具中，（　　）是 Python 自带的集成环境。
　　A. PyCharm　　B. VS Code　　C. IDLE　　D. Jupyter Notebook
(11) Python 中用于跳出当前循环的语句是（　　）。
　　A. continue　　B. break　　C. pass　　D. return
(12) 下列关于 Python 缩进的说法正确的是（　　）。
　　A. 缩进用花括号表示　　　　B. 缩进可选，不影响代码执行
　　C. 通常使用 4 个空格缩进　　D. 制表符和空格可混合使用

2. 多选题

(1) 以下哪些属于算法的应用场景？（　　）
　　A. 数据清洗　　　　B. 神经网络参数优化
　　C. 路径规划　　　　D. 图片像素修改
(2) 流程图的核心符号包括（　　）。
　　A. 起止框　　B. 处理框　　C. 判断框　　D. 输入/输出框
(3) 伪代码的特点包括（　　）。
　　A. 语言无关　　　　B. 可直接运行
　　C. 比自然语言严谨　　D. 需遵循严格语法
(4) 递归算法的工作原理包括（　　）。
　　A. 分解大问题为子问题　　B. 直接求解大问题
　　C. 合并子问题的解　　　　D. 终止于基线条件
(5) 下列关于算法与程序的描述正确的是（　　）。
　　A. 算法是逻辑抽象，程序是具体实现　　B. 算法必须用编程语言编写
　　C. 程序可以没有输出项　　　　　　　　D. 算法可以用伪代码描述
(6) Python 的应用场景包括（　　）。
　　A. 人工智能开发　　B. 网络爬虫　　C. 游戏开发　　D. 科学计算
(7) 以下属于 Python 缺点的是（　　）。
　　A. 运行速度慢　　　　B. 内存消耗大
　　C. 多线程受 GIL 限制　　D. 语法复杂
(8) Python 的基本数据类型包括（　　）。
　　A. 数字　　B. 列表　　C. 字符串　　D. 字典

(9) Python 支持的编程范式包括（　　）。
　　A. 面向对象编程　　B. 函数式编程　　C. 过程式编程　　D. 逻辑编程
(10) 下列属于 Python 循环结构的是（　　）。
　　A. for 循环　　　B. while 循环　　C. do-while 循环　　D. repeat-until 循环
(11) Python 中字典的特点包括（　　）。
　　A. 无序的键值对　　　　　　　　B. 键必须唯一
　　C. 值可以是任意类型　　　　　　D. 键可以是列表

3. 判断题

(1) 算法可以没有输入项，但必须至少有一个输出项。　　　　　　　　　（　　）
(2) 自然语言描述算法的优点是直观易懂，但容易产生歧义。　　　　　　（　　）
(3) 程序是算法的具体实现，因此算法必须依赖特定编程语言。　　　　　（　　）
(4) 二分查找法在查找失败时，搜索范围会变为空（low＞high）。　　　　（　　）
(5) 二分查找法适用于无序数组。　　　　　　　　　　　　　　　　　　（　　）
(6) Python 是编译型语言，需提前编译为机器码。　　　　　　　　　　（　　）
(7) Python 的列表是不可变数据类型。　　　　　　　　　　　　　　　（　　）
(8) GIL（全局解释器锁）会导致 Python 多线程无法充分利用多核 CPU。（　　）
(9) Python 的缩进必须使用 4 个空格，不能用制表符。　　　　　　　　（　　）
(10) 元组使用花括号（{}）表示，列表使用方括号（[]）。　　　　　　　（　　）
(11) break 语句用于跳过本次循环，continue 用于终止循环。　　　　　（　　）
(12) Python 的字符串可以用单引号、双引号或三引号定义。　　　　　　（　　）
(13) if-elif-else 语句可以依次判断多个条件，执行首个为真的分支。　　（　　）

4. 填空题

(1) 算法的 5 个核心特征包括有穷性、确定性、输入项、输出项和_____。
(2) 冒泡排序的核心逻辑是通过重复比较相邻元素并_____，使较小元素逐步"上浮"。
(3) 二分查找法要求数据必须是_____的数组。
(4) N-S 图的设计理念是完全去除传统流程图中的_____，通过嵌套矩形框表示程序结构。
(5) Python 的设计哲学强调"_____很重要"。
(6) Python 中表示复数的类型是_____。
(7) 组合数据类型包括列表、元组、_____和集合。
(8) Python 的循环结构包括 for 循环和_____循环。
(9) 用于注释多行代码的符号是_____或"""。
(10) range(2,10,2)生成的序列是_____。
(11) Python 中用于遍历可迭代对象的循环是_____循环。

Python 编程与人工智能应用实践

本 章 导 读

在当今数字化时代，人工智能（AI）与编程技术正深刻改变着人们的生活和工作方式。本章将带领读者深入探索 AI 与 Python 编程的结合应用。通过 Python 编程实践，读者将掌握 Python 环境搭建、控制结构、字符串和函数应用，以及 Python 库与 AI 工具辅助编程，夯实编程根基。在 AI 应用实践部分，将通过生动的实践案例，如 AI 生成图片、数字人播报、AI 制作思维导图等，展示 AI 在创意、教育、设计等领域的强大功能，让读者亲身体验 AI 技术的魅力与潜力，激发创新思维和实践能力。

本 章 要 点

- Python 编程实践
- 人工智能应用实践

三维教学目标

- **知识目标**
  ◎ 系统掌握 Python 编程基础语法与 AI 工具核心原理。
  ◎ 理解各实践项目背后的技术逻辑。
- **能力目标**
  ◎ 能够独立完成 Python 程序编写任务。
  ◎ 学会使用相关工具完成 AI 实践任务。
- **素质目标**
  ◎ 激发对 AI 技术的兴趣，培养团队协作精神，增强对科技发展的责任感和使命感。
  ◎ 培养用技术解决实际问题的创新思维。

本章知识点学习

8.1　Python 编程实践

本节将通过 Python 环境搭建、控制结构、函数及字符串应用，以及高效 Python 编程——库与 AI 工具辅助编程 4 个实验，夯实编程根基。

实验 1　Python 环境搭建

实验目的

1. 掌握 Python 解释器的安装。
2. 掌握 PyCharm 的下载与安装。
3. 掌握 Python 程序的运行方式。
4. 学会使用 PyCharm 编写 Python 程序。

实验任务及要求

1. 下载 Python 解释器并安装。
2. 下载 PyCharm 解释器并安装。
3. 学会使用两个解释器编写并运行 Python 程序。

实验内容及操作指导

1. Python 解释器的安装

在 Python 官方网站下载 Python 解释器，Python 解释器针对不同平台分为多个版本。下面演示如何在 Windows 64 位操作系统中安装 Python 解释器。

（1）访问 Python 官网并进入 Python 下载页面，如图 8-1 所示。

（2）单击"下载"菜单中的"Windows"进入适用于 Windows 的 Python 版本下载页面，如图 8-2 所示。根据自己的 Windows 系统版本选择相应软件包。本书选择下载 Python 3.13.3 版本。

操作演示

Python 解释器的安装

图 8-1　Python 下载页面

图 8-2　适用于 Windows 的 Python 版本下载页面

（3）下载完成后，双击安装包启动安装程序，在安装向导中勾选"Add python.exe to PATH"复选框，如图 8-3 所示，该选项会将 Python 添加到系统的环境变量中，方便后续使用。若不勾选此选项，则在使用 Python 解释器之前需先手动将 Python 添加到环境变量。单击"Install Now"，即开始安装 Python。也可单击"Customize installation"，进行个性化安装，如设置安装路径等，如图 8-4 所示。安装完成后，单击"Close"按钮退出安装向导。

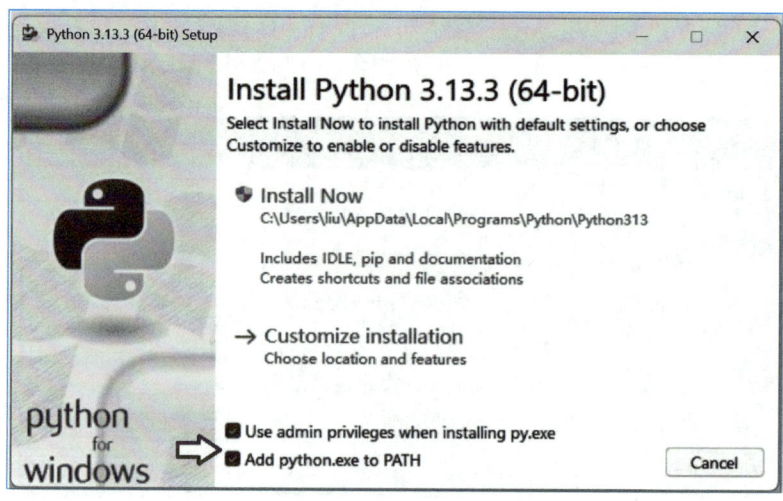

图 8-3　勾选"Add python.exe to PATH"复选框

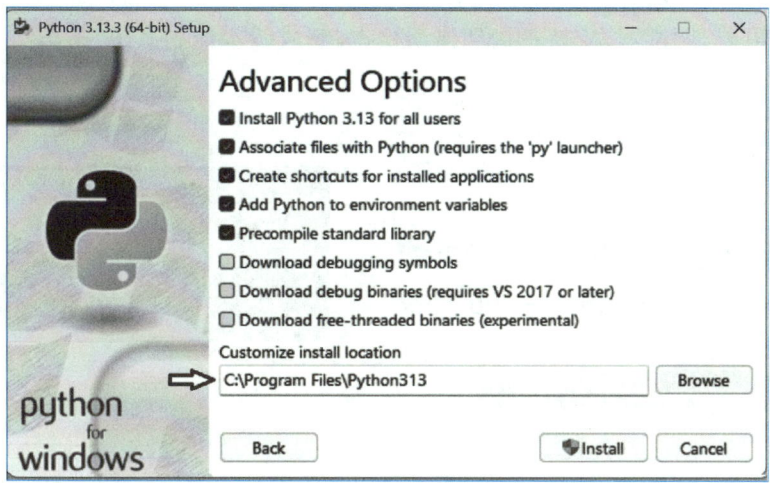

图 8-4　设置安装路径

（4）验证 Python 安装。完成安装和环境变量配置后，需要验证 Python 是否安装成功。打开 Windows 操作系统的命令提示符窗口，进入 Python 安装目录并执行命令"python"来打开 Python 解释器，出现如图 8-5 所示信息，说明 Python 安装成功。

图 8-5　Python 解释器

使用 quit、exit 命令或按组合键 Ctrl+Z 可退出 Python 环境，亦可直接关闭控制台窗口或 Python 解释器窗口以退出 Python 环境。

2. PyCharm 的下载与安装

PyCharm 操作简捷、功能齐全，既适合于编程新手使用，也可满足开发人员的专业开发需求。下面介绍如何下载和安装 PyCharm。

（1）下载 PyCharm

访问 PyCharm 官网下载页面，如图 8-6 所示。

在下载页面中有 Professional 和 Community 2 个版本可供下载，这两个版本的特点如下。

- Professional 版本的特点：
  - 支持 Django，Flask，Google App 引擎，Pyramid 和 web2py。
  - 提供 Python IDE 的所有功能，支持 Web 开发。
  - 支持 JavaScript，CoffeeScript，TypeScript，CSS 和 Cython 等。
  - 支持远程开发、Python 分析器、数据库和 SQL 语句。
- Community 版本的特点：
  - 免费、开源、集成 Apache2 的许可证。

操作演示

PyCharm 解释器的安装

➢ 轻量级的 Python IDE，只支持 Python 开发。
➢ 智能编辑器、调试器、支持重构和错误检查，集成版本控制系统。

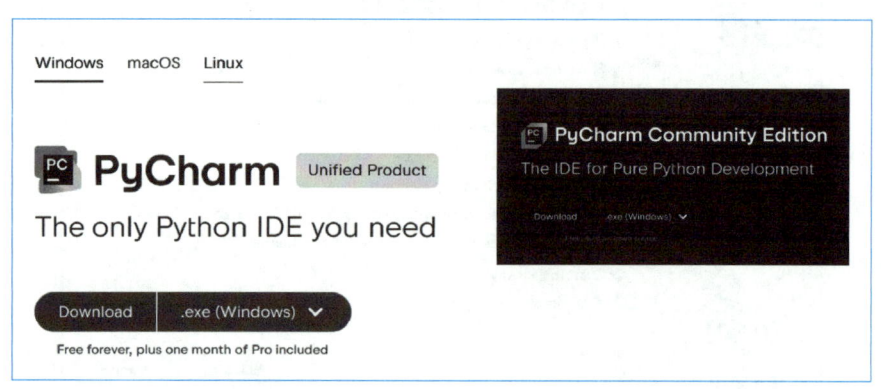

图 8-6　PyCharm 官网下载页面

本书中选择下载 Community 版本。

(2) 安装 PyCharm

下面以 Windows 操作系统为例演示如何安装 PyCharm，具体步骤如下。

① 双击下载好的安装包（pcharm-community-2025.1.2-aarch64exe），打开 PyCharm 安装向导，可看到"欢迎使用 PyCharm Community Edition 安装程序"界面，如图 8-7 所示。

图 8-7　"欢迎使用 PyCharm Community Edition 安装程序"界面

② 单击"下一步"按钮，进入"选择安装位置"界面，在该界面中可设置 PyCharm 的安装路径。此处使用默认路径，如图 8-8 所示。

图8-8 "选择安装位置"界面

③ 单击"下一步"按钮,进入"安装选项"界面,在该界面中可配置 PyCharm 的相关选项,如图8-9所示。

图8-9 "安装选项"界面

④ 勾选如图8-9所示界面中的所有选项,单击"下一步"按钮,进入"选择'开始'菜单文件夹"界面,如图8-10所示。

⑤ 单击"安装"按钮,即进入"正在安装"界面并开始安装 PyCharm,如图8-11所示。

⑥ PyCharm 安装完成界面,如图8-12所示,单击"完成"按钮可结束安装。

图8-10 "选择'开始'菜单文件夹"界面

图8-11 "正在安装"界面

图8-12 安装完成界面

3. 编写并运行Python程序

(1) 输入Python第一个程序,打印"Hello Python!"语句。

代码如下:

```
Print("Hello Python!")
```

① 在IDLE解释器中实现。

在"开始"菜单中找到IDLE(Python3. 13 64-bit),单击进入IDLE窗口,如图8-13所示,在命令提示符">>>"后输入Python代码,按Enter键即可得到结果。

Python验证及IDLE解释器的使用方法

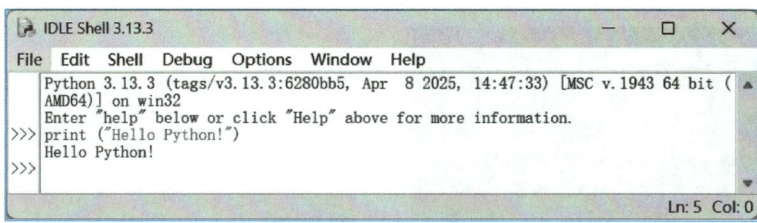

图8-13　IDLE窗口

如果要创建一个代码文件,可以在IDLE窗口中选择"File"菜单中的New File,将出现如图8-14所示的文件窗口,在这里面可以输入Python代码,然后在File菜单中选择Save As,把文件保存为hello.py。

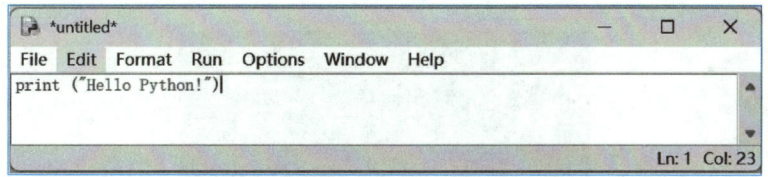

图8-14　文件窗口

如要运行代码文件hello.py,可以在"Run"菜单中选择"Run Module"(或按快捷键F5),这时程序开始运行,运行结果显示在IDLE窗口中,如图8-15所示。

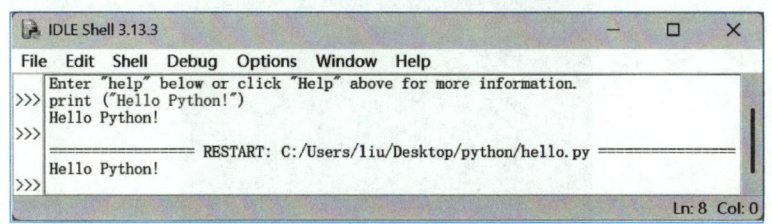

图8-15　程序运行结果

PyCharm解释器的使用方法

② 在Pycharm解释器中实现。

打开Pycharm解释器,右击"项目"菜单中的Python,在快捷菜单中选择"新建"→"Python文件",如图8-16所示。

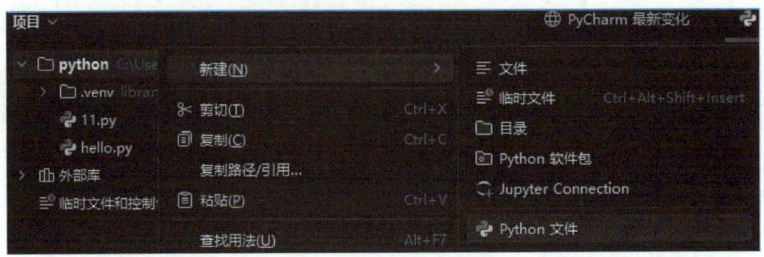

图 8-16　在 PyCharm 解释器中新建一个 Python 文件

在弹出的"新建 Python 文件"对话框中，输入程序的名称，如"第一个 Python 程序"，如图 8-17 所示，按 Enter 键。

图 8-17　对新建 python 文件命名

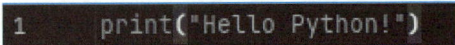

图 8-18　输入程序

然后在程序编写窗口编写程序代码，如打印语句"Hello Python!"，如图 8-18 所示。

程序代码输入完成后，右击程序代码名，在弹出的快捷菜单中选择"运行'第一个 Python 程序'"，如图 8-19 所示。

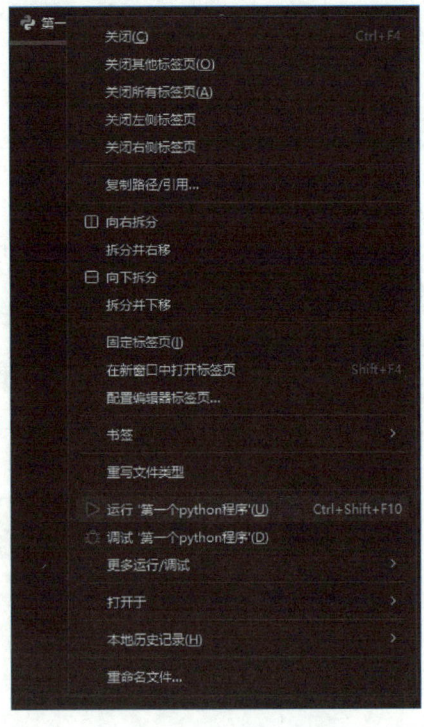

图 8-19　选择运行程序

运行结果在窗口下方显示，如图 8-20 所示。

```
C:\Users\admin\Desktop\python\.venv\Scripts\python.exe C:\Users\admin\Desktop\python\第一个python程序.py
Hello Python!

进程已结束，退出代码为 0
```

图 8-20　运行结果在窗口下方显示

(2) 用户输入 X 和 Y 两个值，然后交换这两个变量的值并输出。

代码如下：

```
# 用户输入
X = input("请输入 X 的值"：)
Y = input("请输入 Y 的值"：)
# 不使用临时变量来交换 X 和 Y 的值
X.Y = Y.X
# 打印交换后的值
print("交换后 X 的值为：",X)
print("交换后 Y 的值为：",Y)
```

请用 IDLE 和 Pycharm 2 个解释器中分别执行上述代码，查看结果。

实验 2　Python 控制结构

实验目的

1. 掌握 if 语句的语法规则，理解 if 嵌套语句。
2. 具有使用 if 语句、if-else 语句、if-elif-else 语句、if 嵌套语句编程的能力。
3. 掌握循环语句的语法规则、执行过程和使用方法，并能理解循环嵌套结构。
4. 具有使用 while 循环、for 循环编程的能力。
5. 掌握 break，continue，pass 等语句的功能。
6. 具有使用 break 语句、continue 语句、pass 语句编程的能力。

实验任务及要求

1. 掌握选择结构在 Python 程序中的应用。
2. 掌握循环结构在 Python 程序中的应用。

实验内容及操作指导

1. 使用 if-else 语句判断输入的年龄是否成年

使用变量 age 定义一个年龄，再用 if-else 语句判断这个年龄是否成年，如果成年的话，输出“成年人”，否则的话输出“未成年人”。具体代码如下：

```
age = 30
if age > = 18:
```

```
        print("成年人")
    else:
        print("未成年人")
```

2. 使用 if-elif 语句来计算某客户在享受折扣后所需支付的金额

某商场做周年庆活动,购物满 1 000 元以上,用户可以享受 9 折优惠;购物满 2 000 元以上,用户可以享受 8 折优惠;购物满 3 000 元以上,用户可以享受 7 折优惠。具体代码如下:

```
amount = float(input("请输入你的购物总金额(元):"))
if amount < 1000:
    print("用户没有折扣,所需支付金额为:",amount)
elif 1000 <= amount < 2000:
    print("用户享受 9 折优惠,所需支付的金额为:",amount* 0.9)
elif 2000 <= amount < 3000:
    print("用户享受 8 折优惠,所需支付的金额为:",amount* 0.8)
elif amount >= 3000:
    print("用户享受 7 折优惠,所需支付的金额为:",amount* 0.7)
```

3. 使用 if-elif-else 语句来模拟交通信号灯颜色并判断是否能够通行

根据十字路口的交通信号灯的颜色来判断是否可以通行。交通信号灯有黄色(yellow)、红色(red)、绿色(green),如果出现其他颜色,则表示信号灯可能出现故障。具体代码如下:

```
light = "green"
if light == "yellow":
    print("黄灯,请稍等")
elif light == "red":
    print("红灯,请停止通行")
elif light == "green":
    print("绿灯,请通行")
else:
    print("信号灯故障")
```

4. 使用 if 语句嵌套模拟招聘过程中人才录取的过程

某应聘者参加某公司招聘,第一步是要报名,第二步是要参加笔试和面试。只有完成报名,并且笔试和面试的成绩均在 60 分以上者,才能被录取。具体代码如下:

```
apply = 1    # 用 1 代表报名,0 代表没有报名
written = float(input("请输入你的笔试成绩: "))
interview = float(input("请输入你的面试成绩: "))
if apply == 1:
    if written >= 60:
        if interview >= 60:
            print("恭喜您,您被录取了!")
        else:
            print("您的面试成绩还差了点,再接再厉!")
    else:
        print("您的笔试成绩没有通过,继续努力!")
else:
    print("您没有网上报名,不能参加招聘考试。")
```

5. 使用 while 循环计算 1~100 之间偶数的和

在整数中,能够被 2 整除的数,叫做偶数。具体代码如下:

```
i = 0
sum_result = 0
while i <= 100:
    if i % 2 == 0:
        sum_result += i
    i += 1
print("1~100 之间的偶数和为: ",sum_result)
```

6. 使用 for 循环嵌套输出 1~100 之间所有的素数

素数的定义是在大于 1 的自然数中,除了 1 和它本身以外不再有其他因数。素数也被称为质数。通过两个 for 循环嵌套,在第一个 for 循环中遍历 1~101 的所有数;在第二个 for 循环中判断数 i 能否被 2~i−1 的任意数整除,如果能被整除,则跳出内层 for 循环,并设置变量 fg 等于 1;如果不能被整除,则输出该数字 i,直至输出 1~100 的所有素数。具体代码如下:

```
for i in range(1,101):          # for 循环 i 属于 1 - 100
    fg = 0                      # 设置一个变量 fg 等于 0
    for j in range(2,i-1):      # for 循环 j 属于 2~i - 1
        if i % j == 0:          # %是求余数
            fg = 1              # 然后执行 fg = 1,给 fg 赋值 1
```

```
            break              # break 退出循环
    if fg == 0:                # 条件判断 fg == 0,为 true 则
        print(i)               # 输出 i,i 就是 100 以内的素数
```

7. 使用 while 循环嵌套,打印九九乘法表

九九乘法表如下。

1×1=1								
1×2=2	2×2=4							
1×3=3	2×3=6	3×3=9						
1×4=4	2×4=8	3×4=12	4×4=16					
1×5=5	2×5=10	3×5=15	4×5=20	5×5=25				
1×6=6	2×6=12	3×6=18	4×6=24	5×6=30	6×6=36			
1×7=7	2×7=14	3×7=21	4×7=28	5×7=35	6×7=42	7×7=49		
1×8=8	2×8=16	3×8=24	4×8=32	5×8=40	6×8=48	7×8=56	8×8=64	
1×9=9	2×9=18	3×9=27	4×9=36	5×9=45	6×9=54	7×9=63	8×9=72	9×9=81

可以使用变量 i 来控制行,变量 j 来控制每行显示的表达式。具体代码如下:

```
i = 1
while i < 10:
    j = 1
    while j <= i:
        print(" %d x %d = %-2d"%(i, j, i*j), end = ' ')
        j += 1
    print("\n")
    i += 1
```

8. 猜数字是一个古老的益智类密码破译小游戏,通常有 2 个人参与。游戏开始后,一个人设置一个数字,一个人猜数字。每当猜数字的人说出一个数字时,由设置数字的人告知是否猜中。若猜测的数字大于设置的数字,设置数字的人提示"很遗憾,你猜大了";若猜测的数字小于设置的数字,设置数字的人提示"很遗憾,你猜小了";若猜数字的人在规定的猜测次数内猜中设置的数字,设置数字的人提示"恭喜,猜数成功"。具体代码如下:

```
guess_num = input("请设定猜数的数值：\n")
for frequency in range(1,6):
    number = input("请输入第"+ str(frequency)+ "次猜测的数字：")
    if number.isdigit() is False:
        print('请输入一个正确的数字')
    elif int(number) < 0 or int(number) > 100:
        print("请输入1—100范围的数字")
    elif int(guess_num) == int(number):
        print("恭喜你用了%d次猜对了" % frequency)
        break
    elif int(guess_num) > int(number):
        print("很遗憾,你猜小了")
    else:
        print("很遗憾,你猜大了")
    if frequency == 5:
        print("很遗憾,%d次机会已用尽,游戏结束,答案为%d" %
              (frequency, int(guess_num)))
```

实验3 Python 函数及字符串应用

实验目的

1. 理解函数的概念。
2. 掌握 Python 语言中声明和调用函数的方法。
3. 学习使用函数的参数和返回值。
4. 学习使用 Python 的运算符。
5. 学习使用字符串截取、获取长度等函数的使用。
6. 学习字符串与数字的类型转换。
7. 学习日期函数的使用。

实验任务及要求

1. 闰年的判断：编写一个 python 函数,输入为年份,如果是闰年返回 true;否则返回 false。调用函数测试该函数逻辑的正确性,比如1996(闰年)、1900(不是闰年)、2000(闰年)。

实验知识：闰年(Leap Year)是为了弥补因人为历法规定造成的年度天数与地球实际公转周期的时间差而设立的。闰年分为普通闰年和世纪闰年。公历年份是4的倍数的,且不是100的倍数,为普通闰年;公历年份是整百数的,必须是400的倍数才是世纪闰年。闰年共有366天(1—12月分别为31天,29天,31天,30天,31天,30天,31天,31天,30天,31天,30天,31天)。

2. 身份证号码处理：输入一个身份证号码,从身份证号码中提取出生日期,根据当前日期计算年龄,判断性别(第 17 位为奇数是男,偶数是女),并验证身份证号码是否有效。

验证身份证号码有效性具体要求:检查长度是否为 18 位;检查前 17 位是否都是数字;检查第 18 位是否是数字或 X/x;校验校验码是否正确;验证出生日期是否有效。

实验知识:身份证校验位的计算规则如下:

(1) 计算前 17 位数字与对应系数(系数从左至右依次为:7,9,10,5,8,4,2,1,6,3,7,9,10,5,8,4,2)相乘的和。

(2) 用得到的和对 11 取模,得到余数。

(3) 根据余数在映射关系表中查找对应的校验码。若身份证号码的第 18 位与此校验码相同,则该身份证号码为有效;否则,为无效。

余数的映射关系见表 8-1。

表 8-1 余数的映射关系

余　　数	校 验 码	余　　数	校 验 码
0	1	6	6
1	0	7	5
2	X	8	4
3	9	9	3
4	8	10	2
5	7		

实验内容及操作指导

1. 闰年的判断

具体代码如下:

```
def is_leap_year(year):
    """
    判断给定年份是否为闰年
    参数:
        year (int): 要判断的年份
    返回:
        bool: 如果是闰年返回 True,否则返回 False
    """
    # 闰年的判断规则:
    # 1. 能被 4 整除但不能被 100 整除的年份是闰年
    # 2. 能被 400 整除的年份也是闰年
```

```
if (year % 4 == 0 and year % 100 != 0) or (year % 400 == 0):
    return True
else:
    return False


# 示例：测试这个函数
years = [1996, 1900, 2000, 2023]
for year in years:
    print(f"{year} 是闰年: {is_leap_year(year)}")
```

2. 身份证号码处理

具体代码如下：

```
import datetime
def validate_id_number(id_number):
    """验证身份证号码是否有效，不使用正则表达式"""
    # 检查长度是否为 18 位
    if len(id_number) != 18:
        return False, "身份证号码必须为 18 位"

    # 检查前 17 位是否都是数字
    for i in range(17):
        if not id_number[i].isdigit():
            return False, "身份证号码格式错误"
    # 检查第 18 位是否是数字或 X/x
    last_char = id_number[17]
    if not (last_char.isdigit() or last_char in ('X', 'x')):
        return False, "身份证号码格式错误"

    # 检查校验码
    factors = [7, 9, 10, 5, 8, 4, 2, 1, 6, 3, 7, 9, 10, 5, 8, 4, 2]
    check_digits = '10X98765432'
    total = 0
    for i in range(17):
        total += int(id_number[i]) * factors[i]
    mod = total % 11
    expected_last_char = check_digits[mod]
    if last_char.upper() != expected_last_char:
```

```python
            return False, "身份证号码校验码错误"

        # 检查出生日期是否有效
        try:
            year = int(id_number[6: 10])
            month = int(id_number[10: 12])
            day = int(id_number[12: 14])
            datetime.date(year, month, day)
        except ValueError:
            return False, "身份证号码出生日期无效"

        return True, ""

def extract_info(id_number):
    """从身份证号码中提取信息"""
    # 提取出生日期
    year = int(id_number[6: 10])
    month = int(id_number[10: 12])
    day = int(id_number[12: 14])
    birthday = datetime.date(year, month, day)

    # 计算年龄
    today = datetime.date.today()
    age = today.year - birthday.year - ((today.month, today.
    day) < (birthday.month, birthday.day))

    # 判断性别(第 17 位为奇数是男性,偶数是女性)
    gender_digit = int(id_number[16])
    gender = "男" if gender_digit % 2 != 0 else "女"

    return {
        "年龄": age,
        "性别": gender
    }

def main():
    id_number = input("请输入 18 位身份证号码: ").strip()
```

```python
    # 验证身份证号码
    is_valid, error_message = validate_id_number(id_number)
    if not is_valid:
        print(f"身份证号码无效: {error_message}")
        return

    # 提取信息
    info = extract_info(id_number)
    print(f"年龄: {info['年龄']}岁")
    print(f"性别: {info['性别']}")

if __name__ == "__main__":
    main()
```

实验 4　高效 Python 编辑——库与 AI 工具辅助编程

实验目的

1. 了解 Python 中的库的简单应用。
2. 会安装库。
3. 会使用库编写简单的程序。
4. 会使用 AI 工具编写 Python 代码并运行。

实验任务及要求

1. 库的安装：使用 pip 安装 Matplotlib。

实验知识：Matplotlib 是 Python 在 2D 绘图领域使用最广泛的绘图库,能让使用者很轻松地将数据图形化,并且提供多样化的输出格式;pip 是一个 Python 包管理工具,提供了对 Python 包的查找、下载、安装和卸载功能。

2. 使用 matplotlib(数据可视化库)和 numpy(数值计算库)绘制心形、花朵图案。
3. 借助 AI 工具 Python 绘制奥运会五环旗。

实验内容及操作指导

1. 库的安装

（1）检查是否安装 pip。

按组合键 Win+R 打开"运行窗口",输入 cmd 并单击"确定"按钮,如图 8-21 所示,打开 Windows 系统的 cmd 窗口。

输入"pip list",按 Enter 键。若已安装 pip,会显示已安装的 pip 版本信息,如图 8-22 所示;若没有显示 pip 的版本信息,说明系统还未安装 pip,建议安装。

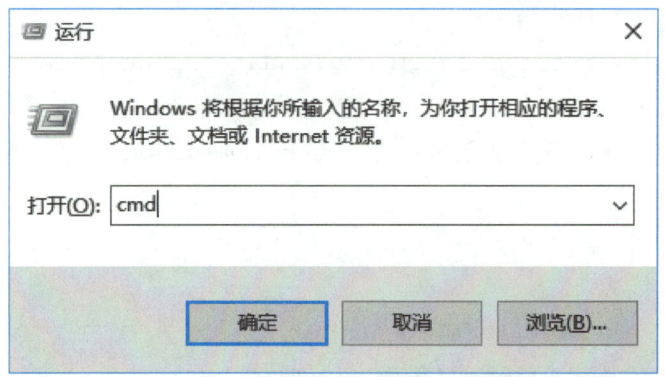

图 8-21 输入 cmd 并单击"确定"按钮

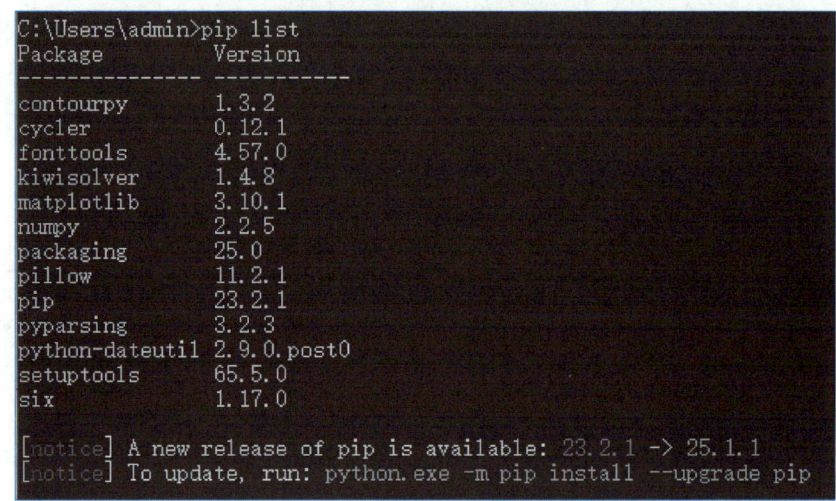

图 8-22 显示已安装的 pip 版本信息

(2) 安装 pip。

去 pip 官方网站下载软件，安装最新版本。

(3) 安装 Matplotlib。

① 在 cmd 窗口中输入命令 python - m pip install -- upgrade pip ，可更新 pip。

② 在 cmd 窗口中输入命令 pip install matplotlib 进行 Matplotlib 的安装，系统会自动下载安装包。末行出现 Successfully 即表示安装成功。可输入 pip list 进行验证。

安装完成之后就可以在 python 里使用命令 import matplotlib 来导入该库。

(4) 在 pycharm 中安装 matplotlib。

① 在 pycharm 界面单击"文件"菜单中的"设置"，如图 8-23 所示。

② 单击设置选项中的"项目：Python"→"Python 解释器"，单击右侧"＋"号，如图 8-24 所示。

③ 搜索 matplotlib，单击下方"Install Package"按钮进行安装。

操作演示

Python 库在 PyCharm 中的安装方法

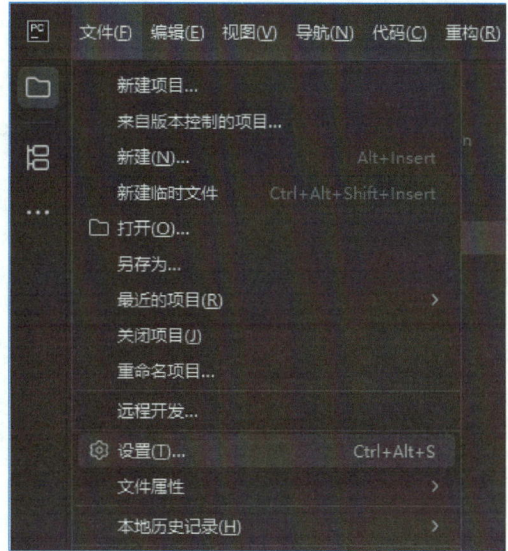

图 8-23　单击"文件"菜单中的"设置"

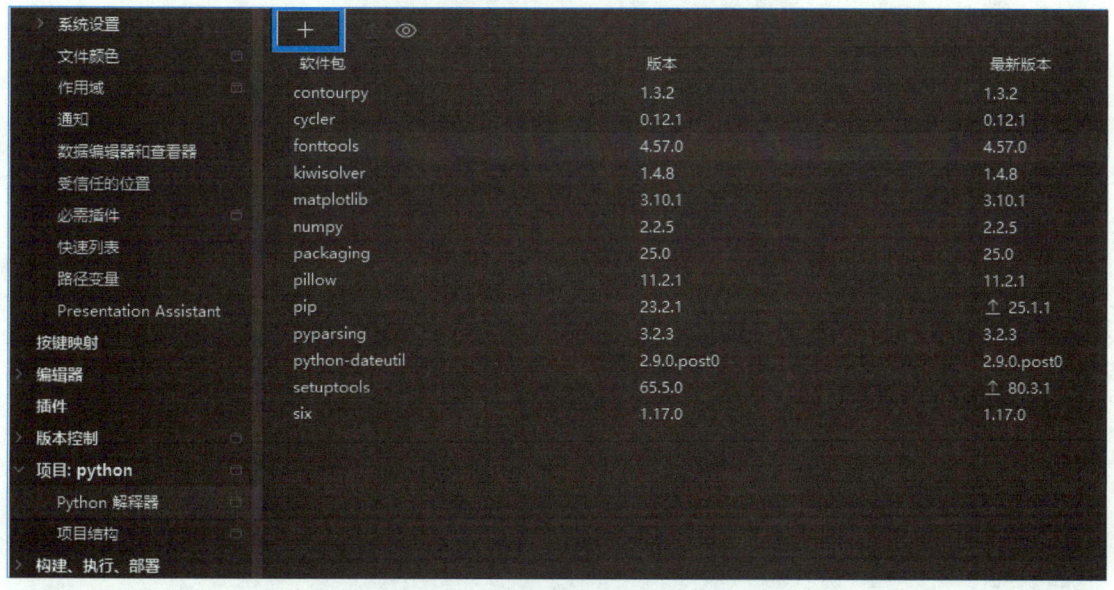

图 8-24　设置选项中的"Python 解释器"设置

2. 绘制心形图案

在 Python 解释器 IDLE 中输入如下代码：

```
# 导入所需库
import matplotlib.pyplot as plt
import numpy as np

# 生成绘制心形所需的数据
```

```
t = np.linspace(0, 2 * np.pi, 1000)
x = 16 * np.sin(t)** 3
y = 13 * np.cos(t)- 5 * np.cos(2 * t)- 2 * np.cos(3 * t)- np.cos(4 * t)
# 绘制心形图案并显示
plt.plot(x, y, color= 'red')
plt.axis('equal')
plt.axis('off')
plt.show()
```

绘制的心形图案效果如图 8-25 所示:

图 8-25 绘制的心形图案效果

3. 绘制花朵图案

在 Python 解释器 IDLE 中输入如下代码:

```
# 导入所需库(若未关闭 Python 环境,则无须重复导入)
import matplotlib.pyplot as plt
import numpy as np

# 生成绘制花朵所需的数据
theta = np.linspace(0, 2 * np.pi, 1000)
r = 5 * np.sin(5 * theta)
x = r * np.cos(theta)
y = r * np.sin(theta)

# 绘制花朵图案并显示
plt.plot(x, y, color= 'purple')
```

```
plt.axis('equal')
plt.axis('off')
plt.show()
```

绘制的花朵图案效果如图 8-26 所示。

图 8-26　绘制的花朵图案效果

4. 借助 AI 工具用 Python 绘制奥运会五环旗

打开 AI 工具，如豆包，Kimi 等，在对话框中输入"请帮我用 Python 绘制一面奥运会的五环旗"，如图 8-27 所示。

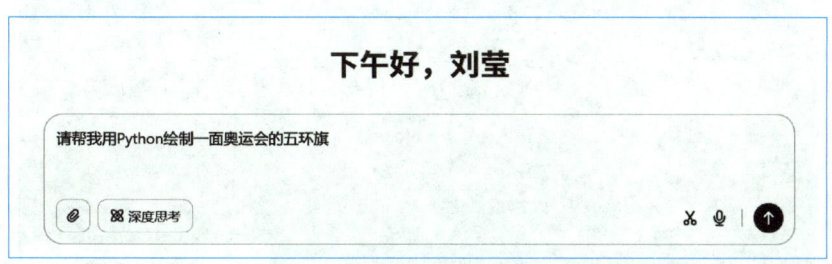

图 8-27　AI 工具对话框

单击"发送"按钮，AI 工具会进行思考，然后给出结果，如图 8-28 所示。

复制代码到 Python 中运行，效果如图 8-29 所示。

代码运行后会发现，绘制的奥运会五环旗并不完善需要修正，此时，可以再跟 AI 工具提出具体修正要求，如图 8-30 所示，让它思考后给出修正的代码。

复制修正后的代码到 Python 中重新运行，效果如图 8-31 所示。

重新绘制的奥运会五环旗还是有些缺陷的，接下来，请思考一下，应该如何再去进行修正。

好的，我将提供一个Python代码示例，使用matplotlib库来绘制奥运会的五环旗。这个示例将确保五个环正确交叠，并且按照正确的顺序和颜色排列。

```Python
positions = [(0, 1), (2.5, 1), (2.5, 0), (0, 0), (1.5, 0)]

# 绘制五个环
for i, (x, y) in enumerate(positions):
    circle = patches.Circle((x, y), 1, fc=colors[i], edgecolor='black', linewidth=2)
    ax.add_patch(circle)

# 设置图形的显示范围
ax.set_xlim(-1.5, 4)
ax.set_ylim(-1, 2)
ax.set_aspect('equal', adjustable='box')

# 隐藏坐标轴
ax.axis('off')

# 添加大洲标签
continents = ['欧洲', '非洲', '美洲', '亚洲', '大洋洲']
for i, (x, y) in enumerate(positions):
    if i < 3:
        ax.text(x, y + 1.2, continents[i], ha='center', va='center', fontsize=10)
    else:
        ax.text(x, y - 1.2, continents[i], ha='center', va='center', fontsize=10)

# 显示图形
plt.show()
```

图 8-28　AI 工具思考后给出结果

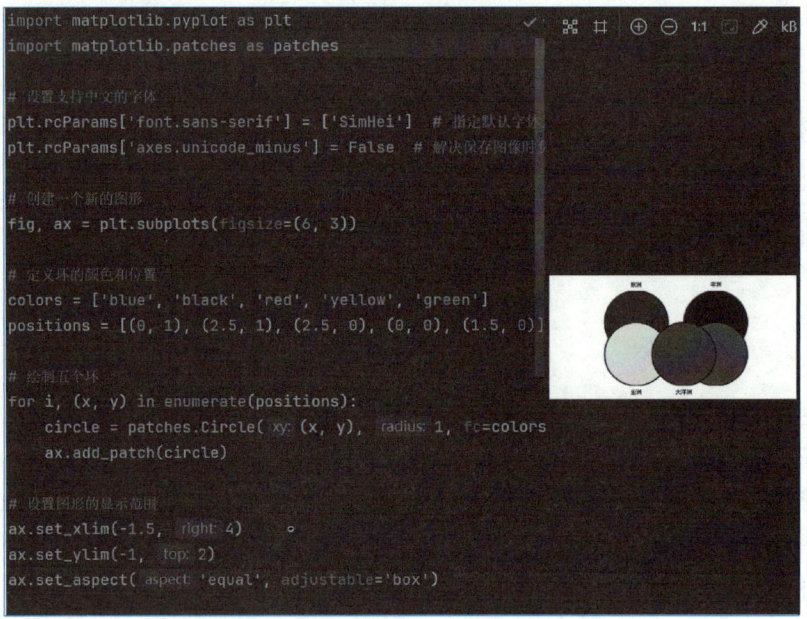

图 8-29　Python 运行代码效果

图 8-30 提出具体修正要求

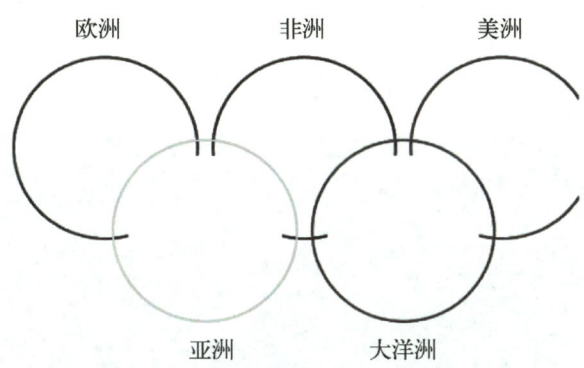

图 8-31 Python 运行修正后的代码效果

8.2 人工智能应用实践

本节将通过生动的实践案例,展示人工智能在各领域的强大功能,让读者亲身体验人工智能技术的魅力与潜力,激发创新思维和实践能力。

实验 5　AI 生成图片

实验目的

1. 学会书写提示词的方法。
2. 学会确定图片参数的方法。

实验任务及要求

1. 使用即梦 AI 生成图片并做适当调整。
2. 使用豆包生成图片并做适当调整。

实验内容及操作指导

1. 使用即梦 AI 生成图片并做适当调整

（1）打开一站式 AI 创作平台即梦 AI。

在浏览器中打开即梦 AI 的官方网站,注册并登录后,进入即梦 AI 界面,如图 8-32 所示,该平台是一款面向所有用户,满足日常需求的国内领先的 AIGC(Artificial Intelligence Generated Content,人工智能生产内容)综合平台。

图 8-32　即梦 AI 界面

（2）进入创作界面。

单击页面上方"AI 作图"栏里的"图片生成"按钮，进入创作界面，如图 8-33 所示，创作部分主要分为图片生成和视频生成。接下来将对"图片生成"的具体操作进行介绍。

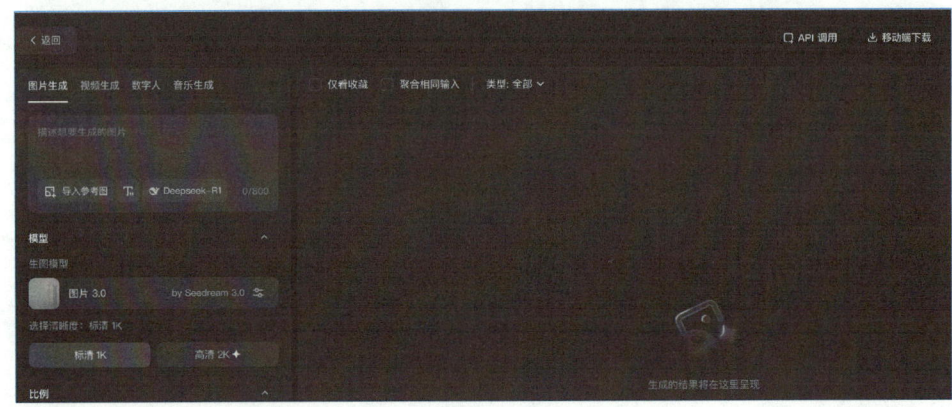

图 8-33　创作界面

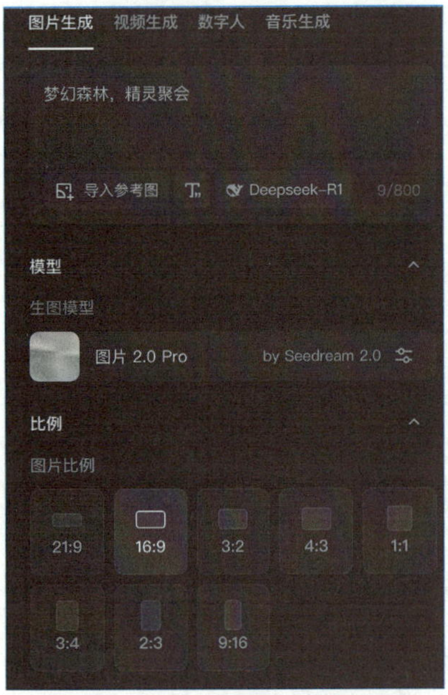

（3）确定主题与提示词。

首先选择一个主题，例如"梦幻森林中的精灵聚会"。然后，编写不同详细程度的提示词，比如，可以使用提示词"一片充满神秘气息的梦幻森林，树木高大且闪烁着奇异光芒，精灵们身着华丽服饰在森林空地上举办热闹聚会，周围有魔法元素环绕"，或者也可以使用比较简单的提示词"梦幻森林，精灵聚会"。

（4）生成图片操作。

在左侧的提示词文本框中输入提示词来描述想要生成的图片，首先输入简略提示词"梦幻森林，精灵聚会"，设置生图模型为"图片 2.0 Pro"，图片比例为"16∶9"，图片尺寸为"1 024×576"px，如图 8-34 所示。

然后单击"立即生成"按钮，稍等片刻后，在页面右方的图片生成区就可以看到新生成的 4 张图，效果如图 8-35 所示。

接下来，更换为较为详细的提示词"一片充满神秘气

图 8-34　输入提示词并设置生成图片参数

图 8-35　生成图片效果

图 8-36　更换为较为详细的提示词后生成图片效果

息的梦幻森林,树木高大且闪烁着奇异光芒,精灵们身着华丽服饰在森林空地上举办热闹聚会,周围有魔法元素环绕",其他参数保持不变,重复上述生成步骤,可以看到重新生成了4张新图,效果如图8-36所示。

更换为更加详细的提示词,具体内容如下:

> 在一片弥漫着古老魔法与无尽神秘气息的梦幻森林深处,高耸入云的树木仿佛直插天际,它们的树干上缠绕着散发着柔和蓝光的藤蔓,树叶则在微风中轻轻摇曳,闪烁着翠绿与银白交织的奇异光芒。月光透过稀疏的树冠,洒下斑驳陆离的光影,为这片森林增添了几分幽静与奇幻。
>
> 森林的中心地带,一块被精心清理过的空地上,正举办着一场热闹非凡的精灵聚会。精灵们身着用自然界最绚烂色彩编织而成的华丽服饰,有的裙摆轻拂过地面,如同绽放的花朵;有的则佩戴着由露珠和星辰碎片制成的饰品,在灯光下熠熠生辉。他们的笑声清脆悦耳,与远处小溪潺潺的水声交织成一首动人的乐章。
>
> 聚会中,各式各样的魔法元素无处不在。空中飘浮着几个小巧的魔法灯笼,它们自动排列成各种图案,为聚会提供柔和而神秘的光源。一些精灵手持魔法杖,轻轻一挥便能召唤出绚烂的烟花或是让周围的花朵瞬间绽放。更有精通音律的精灵以魔法为弦,弹奏出能触动心灵深处的旋律,让整个森林都为之动容。

其他参数保持一致,重复上述生成步骤,效果如图8-37所示。

图 8-37　更换为更加详细的提示词后生成图片效果

(5) 结果分析与对比。观察并对比几组由不同提示词生成的图片。从画面丰富度、元素契合度、艺术感染力等方面进行评估。分析提示词的详细程度、描述准确性如何影响生成图片的质量和内容呈现。从三组提示词结果中分别选取一张较为满意的图片作为对比。

2. 使用豆包生成图片并做适当调整

利用豆包平台的 AI 绘画功能,以"水乡小镇的日常生活"为主题,创作 4 种不同风格的艺术作品。通过输入具体提示词和调整绘画风格,探索 AI 在表现真实生活细节和文化氛围中的潜力。具体作品风格包括:写实风格、中国工笔画风格、摄影风格和动漫风格。

(1) 打开豆包平台"图像生成"功能模块。

在浏览器中打开豆包平台的官方网站,进入如图 8-38 所示的豆包界面。

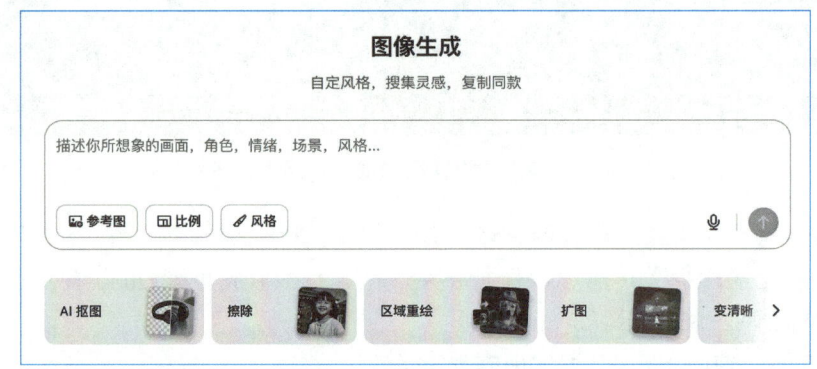

图 8-38　豆包界面

(2) 生成写实风格的作品。

在提示词输入框中输入提示词"江南水乡的小镇,清晨薄雾笼罩,小桥流水,白墙黛瓦的房屋倒映在河面上,居民划着小船,街边有小贩叫卖,画面真实而富有生活气息。写实风格,细节级别高,中等色彩饱和度",单击输入框右侧"发送"按钮,等待作品生成,系统会自动生成 4 张图,效果如图 8-39 所示。

图 8-39　写实风格的作品效果

(3) 生成中国工笔画风格的作品。

在提示词输入框中输入提示词"江南水乡,小桥流水人家,白墙黛瓦,居民划着乌篷船,画面线条细腻,色彩淡雅,展现传统水乡之美。中国传统工笔画风格,线条精细度高,色彩层次清新淡雅"。单击输入框右侧"发送"按钮,等待作品生成,系统会自动生成 4 张图,效果如图 8-40 所示。

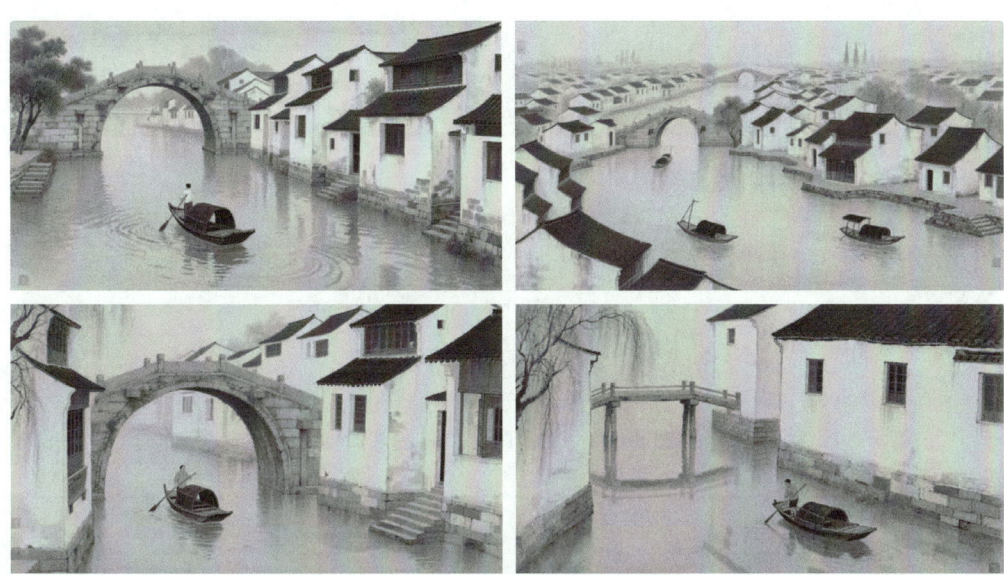

图 8-40　中国工笔画风格的作品效果

依照上述步骤,分别生成摄影风格及动漫风格的作品。

实验 6　使用腾讯智影进行文本配音

实验目的

1. 学会用腾讯智影将文本转成音频,掌握文本配音技能。
2. 提升音频创作能力,熟悉不同音色和配乐选择。
3. 增强对音频内容的编辑和优化能力。

实验任务及要求

使用腾讯智影平台的文本配音功能,将给定文本生成为音频文件。

实验内容及操作指导

1. 注册并登录腾讯智影平台

在浏览器地址栏中打开腾讯智影平台官方网站,进入"腾讯智影"平台。单击"登录",可选择使用微信登录、手机号登录或 QQ 登录,也可以选择"账号密码"登录,如尚未注册,可按照提示完成账号的创建后,再进行登录。

2. 输入文本内容

登录后,在平台的首页,找到"文本配音"工具的入口,如图 8-41 所示。单击"文本配音",打开一个文本转音频的任务界面(图 8-42),其中的文本输入框最高支持 8 000 字以内的文本配音,在此处可以选择粘贴或输入用户想要转换成音频的文本内容,也可以通过导入文件的方式来输入文本内容,导入的文件支持 doc,docx 和 txt 等多种格式。需要注意的是,要确保输入的文本内容清晰、准确,符合创作需求。

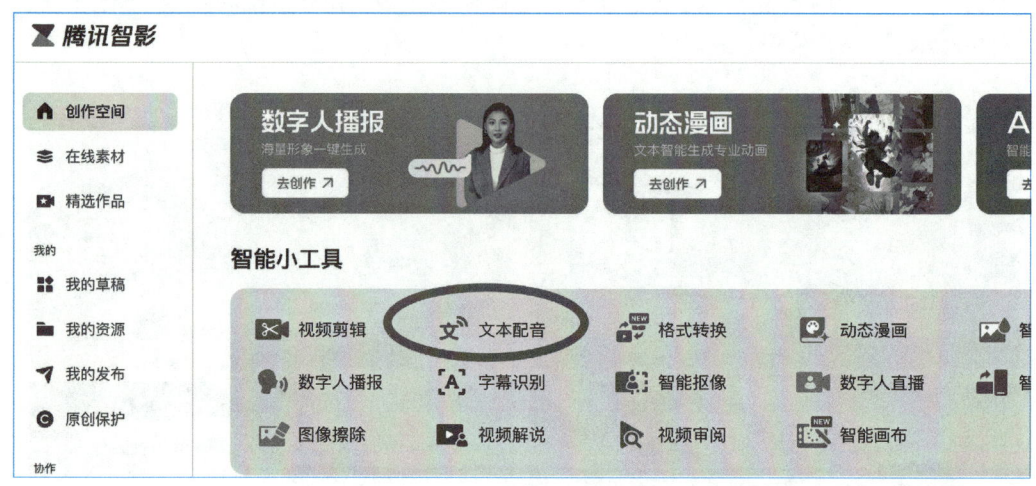

图 8-41　文本配音工具的入口

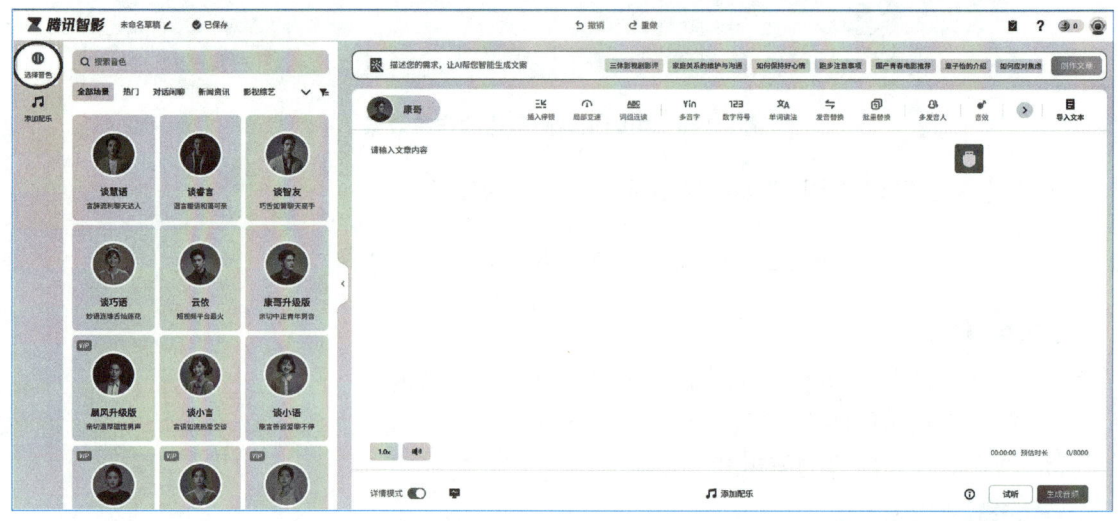

图 8-42　文本转音频任务界面

3. 选择音色

文本输入完成后,在左侧工具栏单击"选择音色",进入全部主播的音色界面,可以单击"全部场景"菜单里的不同场景,选择合适的音色和配音主播,也可以通过音色搜索框来搜索适配的音色,用这个音色来完成配音。其中,在音色场景的功能选择里,支持的场景包括但不限于对话闲聊、新闻资讯、影视综艺、知识科普、游戏动漫、生活 vlog、纪录片,等等,而且可以支持多语种配音。单击每种音色的主播配音进行试听,聆听不同风格的音频样本,根据需求选择最合适的音色。本次配音选择"热门"场景中的"康哥-亲切中正青年男音",来为本段文本配音,如左下图所示。同时,可以根据需要在文本框上方工具栏,调整主播语速、音量等参数,来满足文本配音需求。

4. 试听与微调

选择确认好音色后,单击文本框下方的"试听"按钮,试听配音效果,并可以对"停顿""局部变速""词组连读""多音字""发音替换"等参数进行微调,让配音效果更加生动。

5. 添加配乐

单击文本框左侧的"添加配乐"按钮,为文本添加配乐,并调整背景音乐的音量大小到合适音量。

6. 生成并下载音频

调整完配音参数并添加完配乐后,单击"生成音频"按钮,即可完成音频的生成。音频生成完成后,可以单击"剪刀"图标,在弹出的界面中进行在线音频剪辑,或者也可以直接单击"下载"按钮,下载 MP3 格式的音频文件。最后,播放生成的音频文件,检查音质和内容是否符合预期。如有需要,可以根据需求调整文本或音色风格,并重新生成。

实验 7　腾讯智影生成数字人播报视频

实验目的

1. 掌握数字人视频制作技术:学习使用腾讯智影平台创建数字人播报视频,了解数字人技术在视频制作中的应用。

2. 提高内容创作与编辑能力:通过上传 PPT、编写播报内容和设置字幕样式等操作,提升内容策划与编辑能力。

3. 熟悉多媒体元素的整合应用:学会在视频中合理添加背景、贴纸、音乐等元素,增强视频的表现力和吸引力。

4. 培养对 AI 工具的实践操作能力:通过实际操作腾讯智影的各项功能,熟悉 AI 在多媒体创作中的使用流程和技巧。

实验任务及要求

1. 登录腾讯智影平台,进入"数字人播报"功能界面。
2. 上传"数字人播报 PPT.ppt"文件。
3. 选择"2D 数字人——卓好数字人"形象。
4. 调整数字人位置、大小,避免遮挡文字。
5. 输入播报内容,设置字幕样式及位置。
6. 选择"如云"音色,保存并生成播报。
7. 合成视频,下载并检查效果。

实验内容及操作指导

1. 登录腾讯智影平台

在浏览器中打开腾讯智影官方网站,进入"腾讯智影"平台,单击"登录",可以使用微信扫码、手机号登录或者 QQ 扫码进行登录。登录成功后,单击平台首页"智能小工具"栏目中的"数字人播报"按钮(如图 8-43 所示)或者"智能小工具"上方的"数字人播报"按钮,进入"数字人播报"功能界面。

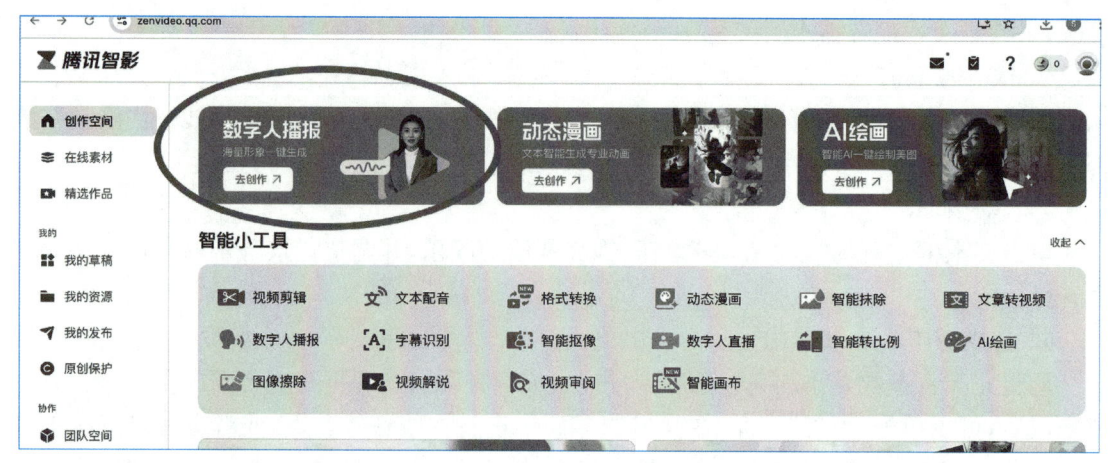

图 8-43 "数字人播报"按钮

2. 上传 PPT

进入"数字人播报"功能界面后,在左侧工具栏,单击"PPT 模式",如图 8-44 所示。平台会出现"上传 PPT 或 PDF"的界面,单击"上传"按钮,上传需要播报的 PPT,这里上传"数字人播报 PPT.ppt"文件。

图 8-44 单击"PPT"模式

3. 选择数字人

PPT 上传完成后,单击左侧工具栏"数字人"按钮,会出现"数字人"设置界面,包括"预置形象"和"照片播报"两大板块。"预置形象"分为"2D 数字人"和"3D 数字人";"照片播报"分为"照片主播"和"AI 绘制主播"。这里选择"预置形象"中的"2D 数字人——卓妤数字人"形象作为 PPT 播报的数字人。

4. 调整数字人的位置、大小和服装类型

选探究数字人后,可以单击 PPT 上的"数字人"按钮,进入"数字人"设置界面,单击"数字人编辑"按钮,对"数字人"进行编辑,可以重新更换服装以及选择数字人出现的"形状";单击"画面"按钮,可以通过坐标设置来调整数字人的位置和大小,也可以单击数字人的边框,通过拖曳鼠标来调整数字人的位置和大小。这里可以根据 PPT 画面的布局来调整数字人的位置和大小,尽量避免数字人遮挡文字。

5. 输入播报内容并设置字幕样式

数字人调整完成后,单击右侧工具栏的"播报内容"按钮,输入播报内容,播报内容可以由 AI 自动生成,也可以手动输入或导入文本文件(字数不超过 5 000 字),这里选择"手动输入"每页 PPT 的播报内容。单击右侧工具栏的"字幕样式"按钮,设置视频字幕的样式并打开字幕显示按钮,通过鼠标拖曳把字幕放置到画面的合适位置。

6. 根据需要添加"背景""贴纸""音乐"并选择播报音色

输入完播报内容并设置好字幕模式后,可以单击左侧工具栏的"背景""贴纸""音乐"等功能按钮,根据需要进行相应添加,这里选择不添加背景、贴纸和音乐。确认后,单击"播报内容"输入框下方的"音色"按钮,选择合适的音色。这里选择"如云"音色作为 PPT 的数字人播报音色。

7. 保存并生成播报

选择完音色后,单击"音色"下方的"保存并生成播报"按钮,选中每一页 PPT,逐一单击"保存并生成播报"按钮,注意,平台此时生成的数字人播报效果预览,暂不支持口型对齐预览,生成播报后可查看完整动态效果。

8. 合成并下载视频

保存并生成每页 PPT 的播报后,单击页面右上方的"合成视频"按钮,然后设置合成视频输出的参数。

设置完成后单击"确认"按钮,系统后台会自动合成数字人播报视频,等待合成结束后,单击"下载"按钮,下载合成的数字人播报视频。最后,播放合成的视频文件,检查视频画面是否符合预期。如有需要,可以根据反馈调整参数,并重新生成。

实验 8　利用 AI 工具制作思维导图与流程图

实验目的

1. 掌握利用 DeepSeek 将电子书内容转换为指定格式的文件。
2. 熟悉 Markdown 格式的应用,增强跨软件内容转换与编辑的能力。
3. 学会利用 XMind 与 ProcessOn 等工具制作思维导图与流程图,提高信息整理与可视化能力。

实验任务及要求

1. 使用 DeepSeek 和 XMind 工具将电子文档内容转换为思维导图。
2. 使用 DeepSeek 和 ProcessOn 工具将电子文档内容转换为流程图。

实验内容及操作指导

1. 思维导图制作实操

(1) 生成 Markdown 格式的内容

登录 DeepSeek 平台,上传电子书,并输入相应提示词。如图 8-45 所示。

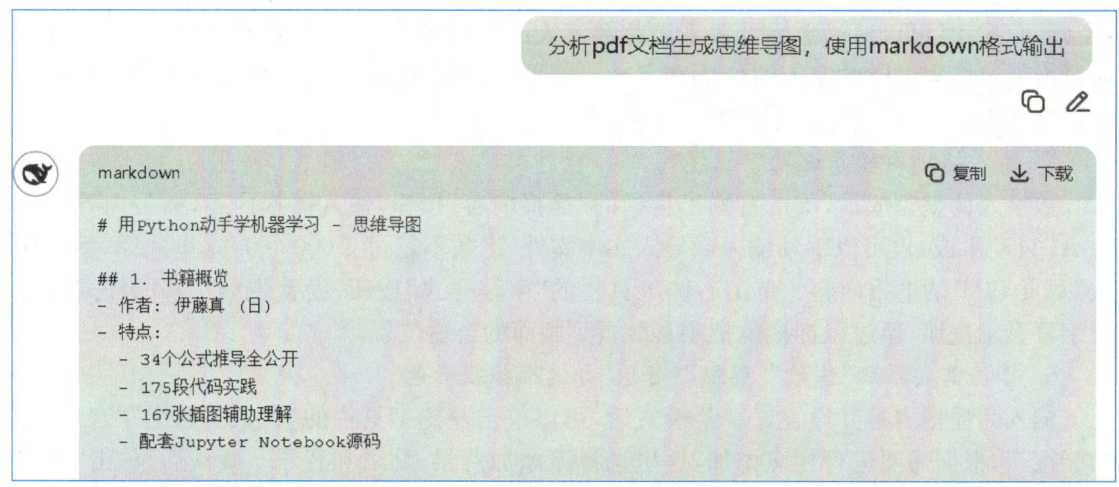

图 8‑45　使用 DeepSeek 分析电子书

单击"下载"链接将内容保存为 Markdown 文件(后缀名为. md)。

说明：Markdown 是一种轻量级标记语言，用于实现计算机"易读易写"的文本格式化。目前，Markdown 格式成为大语言模型(LLMs)的标配导出功能。

(2) 导入 XMind 进行修改

访问 XMind 官方网站并登录，单击"上传文件"将 *. md 格式文件导入 XMind 软件，如图 8‑46 所示。

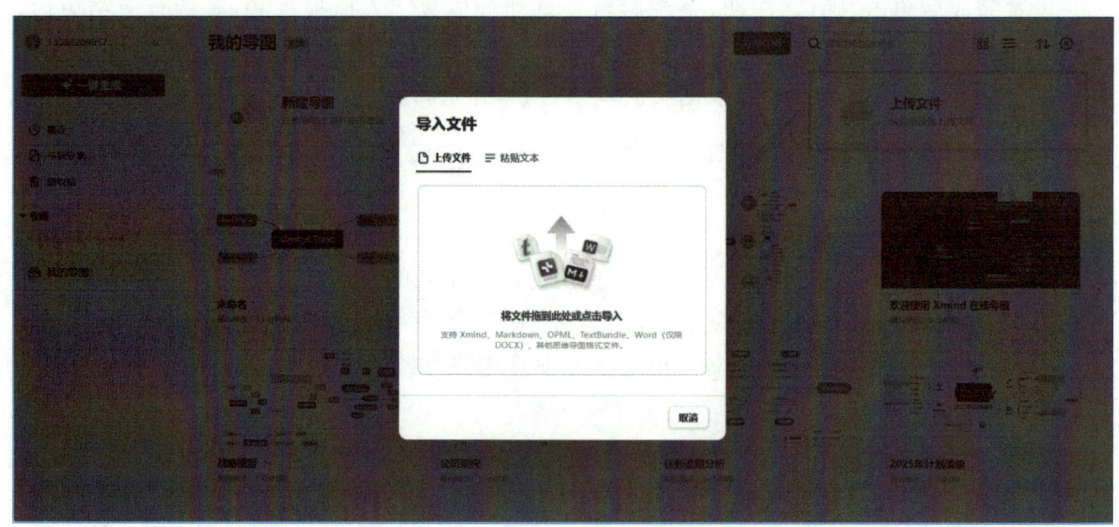

图 8‑46　导入 Markdown 文件

XMind 自动将 Markdown 标题层级转换为思维导图节点，可进一步调整样式(如字体、颜色、分支布局)，生成的思维导图如图 8‑47 所示。

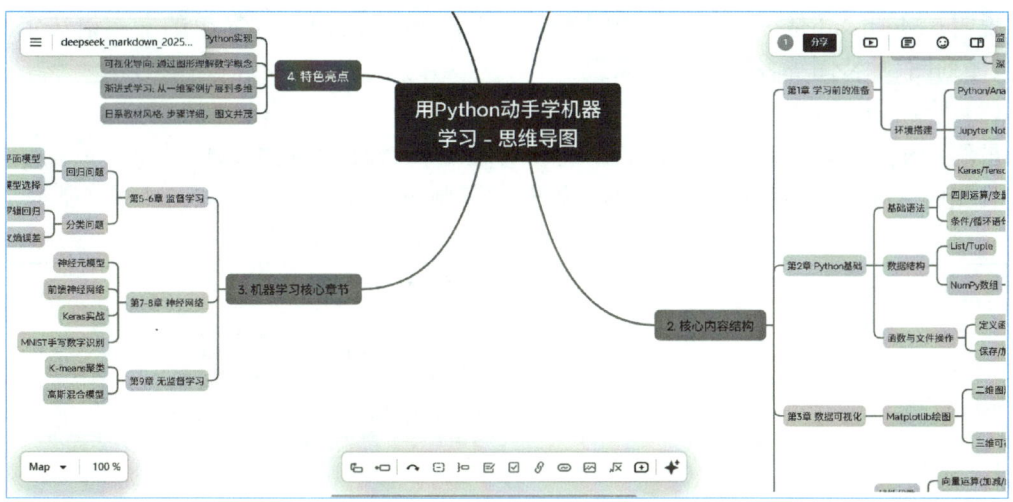

图 8-47　生成的思维导图

2. 流程图制作实操

（1）生成 Mermaid 格式的流程图语法

登录 DeepSeek 平台，输入以下提示词用于生成流程图：

> 请生成一个 Mermaid 流程图语法，描述以下场景：
> 用户提交申请；
> 管理员审核申请；
> 如果审核通过，则进入下一步；
> 如果审核不通过，则返回用户修改。

生成结果如图 8-48 所示。单击"图表"可以直接看到 Mermaid 流程图效果，也可以单击"代码"看到 Mermaid 代码。

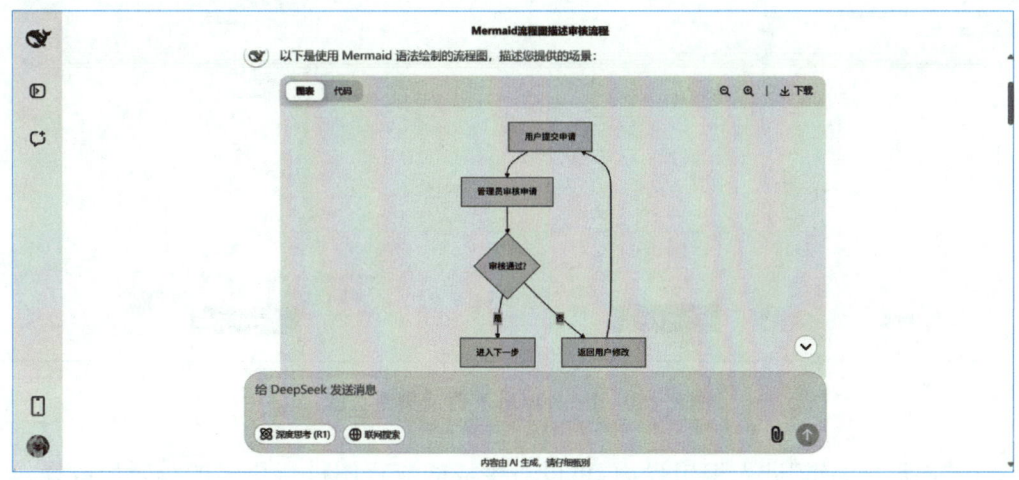

图 8-48　Mermaid 流程图生成结果

说明： Mermaid 是一种轻量级的图表标记语言，允许用户通过简单的文本语法定义流程图、序列图、甘特图等各种类型的图表。

（2）导入 ProcessOn 进行修改

虽然 DeepSeek 可直接生成流程图，但不方便编辑修改，因此可以借助 ProcessOn 等专业工具完成后续优化与编辑操作。单击代码，并复制 Mermaid 代码。如图 8-49 所示。

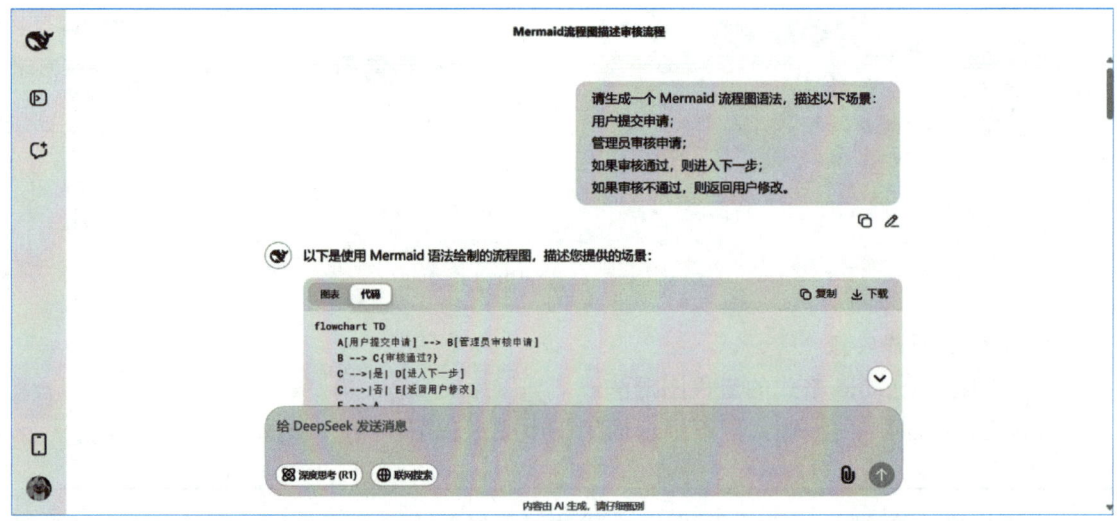

图 8-49　复制 Mermaid 代码

访问 ProcessOn 的 Mermaid 编辑器，将生成的代码内容复制至左侧区域，右侧将实时渲染流程图，如图 8-50 所示。

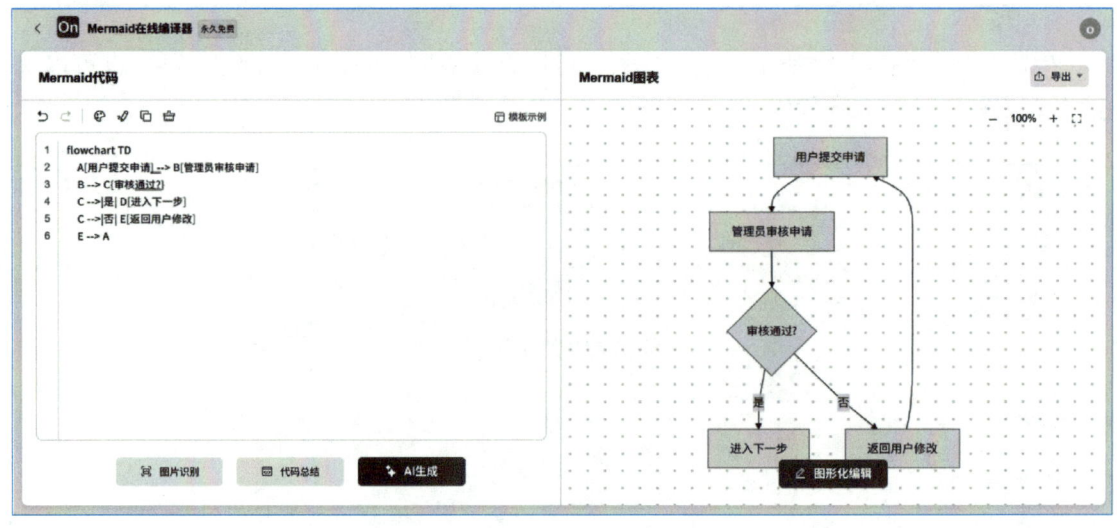

图 8-50　ProcessOn 实时渲染流程图

单击"图形化编辑"进入编辑界面，可以对生成的流程图进行更多的编辑修改操作，如图 8-51 所示。

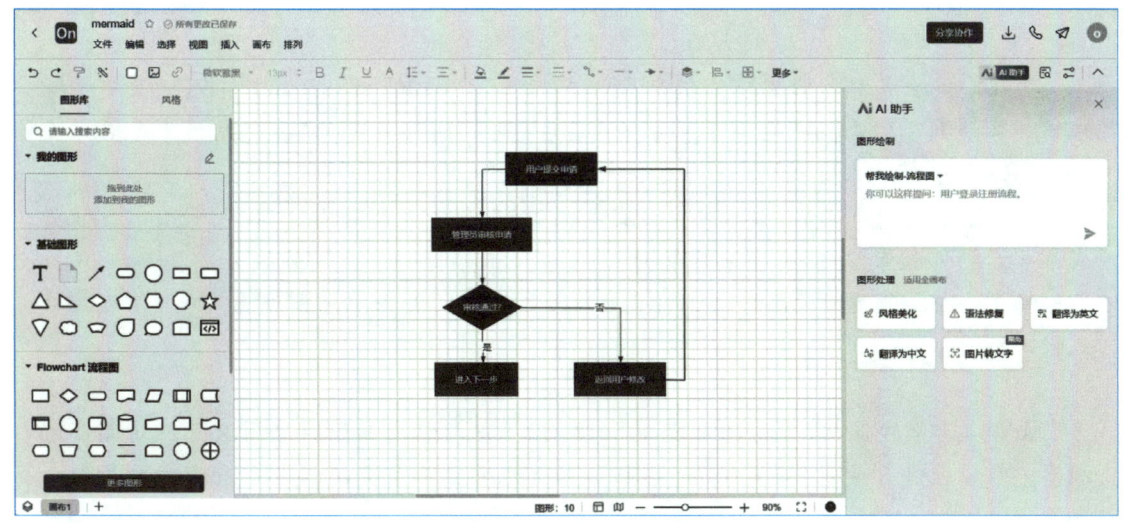

图 8‑51　ProcessOn 编辑界面

实验 9　使用 DeepSeek 制作成都三日游攻略

实验目的

通过使用 DeepSeek，让学生掌握利用人工智能工具规划旅行攻略的方法，深入了解成都的旅游资源，包括景点、美食、住宿等方面，培养学生的信息收集与整合能力。

实验任务及要求

使用联网的计算机或移动设备，安装 DeepSeek 软件或访问 DeepSeek 在线平台。同时需要学生对成都有初步的了解，知道成都的一些著名景点，如大熊猫繁育研究基地、武侯祠等。

实验内容及操作指导

1. 打开并进入 DeepSeek 的交互界面

在设备上启动 DeepSeek 应用程序或在浏览器中打开 DeepSeek 的官方网址，进入 DeepSeek 的交互界面。

2. 提出需求

在 DeepSeek 的输入框中清晰地输入需求指令："帮我规划一个三天两夜的成都旅游攻略，包括每天详细的行程安排，如上午、下午、晚上分别去哪里，推荐参观的旅游景点并附上开放时间和门票价格，提供交通方式，同时推荐不同价位的参考酒店，还要介绍当地特色美食。"

3. 获取攻略信息

DeepSeek 会根据输入的要求指令，生成相应的成都三日游攻略内容。仔细阅读生成的攻略内容，了解整体的行程框架、景点详情、住宿建议和美食推荐等。

4. 分析与整理信息

对 DeepSeek 生成的行程安排进行分析与整理。

行程安排：梳理出每天上午、下午、晚上的具体行程，标注好各个行程之间的衔接时间和交通方式，整理后的行程安排如下。

第一天

上午：前往成都大熊猫繁育研究基地，开放时间 7:30—18:00，门票 55 元。可乘坐地铁 3 号线到"熊猫大道"站 A 出口，出站后在"地铁熊猫大道站"公交站换乘 198 路到"熊猫基地"下车。

下午：参观完熊猫基地后，乘坐公交到文殊院，免费开放时间 9:00—17:00。这里是成都著名的佛教寺院，能感受宁静氛围。

晚上：在文殊院附近品尝成都特色小吃，之后前往九眼桥欣赏夜景，这里是成都夜文化的标志。

第二天

上午：游览武侯祠，开放时间 8:00—18:00。它是纪念三国时期蜀汉丞相诸葛亮的祠堂。乘坐地铁 3 号线到"高升桥"站 D 出口，出站后沿武侯祠大街向东北方向步行约 500 m 即到。

下午：武侯祠出来后，步行几步到达锦里，这里全天开放。在锦里品尝各种小吃，感受古街氛围。

晚上：从锦里出发，乘坐公交 57 路或 109 路到商业街口站下车，步行 900 m 左右到达宽窄巷子。这里全天开放，可体验成都原汁原味的休闲生活方式。

第三天

上午：前往杜甫草堂，夏季开放时间 8:00—18:30，冬季 8:00—18:00。乘坐地铁 4 号线到"草堂北路"站 B 出口，出站后向南步行 800 m 即到。

下午：从杜甫草堂乘坐公交 59 路到青羊宫，开放时间 8:00—18:00。青羊宫是成都一环路上著名的道观，有镇馆之宝铜铸青羊。

晚上：收拾行李，准备返程。

景点信息：整理每个景点的名称、开放时间、门票价格、特色介绍以及适合游玩的时长等。

交通方式：将不同行程之间的交通方式汇总，包括地铁线路、公交路线、换乘站点等，方便后续实际出行参考。

住宿推荐：根据 DeepSeek 推荐的酒店，按照价格区间进行分类整理，如经济型、舒适型、豪华型等，并记录酒店的名称、位置、特色以及大概价格范围。整理后的住宿推荐如下。

经济型：速 8 酒店(成都红牌楼丽都路店)，价格实惠，服务热情周到，房间舒适。

舒适型：全季酒店(成都天府新区二江寺地铁站店)，早餐品种多，餐品丰富，提供免费停车、洗衣房等服务。

豪华型：成都木棉花酒店，由 CCD 设计，私享户外空中花园，具有浓厚的艺术氛围。

美食推荐：列出成都特色美食的名称、大概价格、推荐品尝地点等信息。

5. 补充与完善信息

如果觉得 DeepSeek 生成的旅游攻略中某些信息不够详细或不够符合自己的需求,可以再次向 DeepSeek 提问进行补充。比如:"成都大熊猫繁育研究基地内有哪些必看的场馆?""锦里有哪些特别推荐的小吃店铺?"然后将新获取的信息整合到之前整理的攻略中。

6. 输出攻略

将整理完善后的成都三日游攻略,以文档、表格或思维导图等形式输出。例如,以表格形式呈现的攻略见表 8-2。

表 8-2 成都三日游功略表格形式

日 期	时间	行 程	交 通	门 票	住宿推荐	美食推荐
第一天	上午	成都大熊猫繁育研究基地	地铁 3 号线转 198 路公交	55 元	速 8 酒店(成都红牌楼丽都路店)等	龙抄手等
第一天	下午	文殊院	公交	免费		钟水饺等
第一天	晚上	九眼桥	公交	免费		火锅等
第二天	上午	武侯祠	地铁 3 号线步行	根据实际情况	全季酒店(成都天府新区二江寺地铁站店)等	
第二天	下午	锦里	步行	免费		钵钵鸡等
第二天	晚上	宽窄巷子	公交转步行	免费		三大炮等
第三天	上午	杜甫草堂	地铁 4 号线步行	根据实际情况		甜水面等
第三天	下午	青羊宫	公交	根据实际情况		
第三天	晚上	准备返程				

注意事项:(1) 在使用 DeepSeek 时,要确保输入的指令清晰、准确,避免因指令模糊导致生成的攻略不符合需求。

(2) 对于 DeepSeek 生成的信息,要进行仔细甄别和核实,特别是涉及门票价格、开放时间等可能会变动的信息,建议参考官方网站或旅游资讯平台进行确认。

(3) 在实际旅行过程中,根据当地的实际情况,如交通拥堵、景点临时调整等,灵活调整行程安排。

实验 10 讯飞智文制作 PPT

实验目的

1. 掌握 AI 辅助办公技能:学习使用讯飞智文等 AI 工具快速生成 PPT,提高办公效率。

2. 提升文档处理与转换能力：熟练掌握文档在不同格式间的转换，如从 Word 格式转换为 PDF 格式，为后续的 AI 处理做好准备。

3. 熟悉 AI 生成内容的优化与定制：通过对 AI 生成的 PPT 标题、大纲及模板的选择和调整，培养对内容优化和形式美化的能力。

4. 增强对新兴技术的适应能力：通过实际操作，感受 AI 技术在文档处理领域的应用潜力，提升对新技术的接受和应用能力。

实验任务及要求

利用 AI 生成一篇"成都 3 天 2 夜旅游攻略"，并将相关内容制成 PPT。

实验内容及操作指导

任务一： 使用讯飞智文生成 PPT。

1. 文稿准备

准备一个包含文本内容的 PDF 文件，比如，用 kimi 智能助手生成一个"成都 3 天 2 晚旅游攻略"并保存到一个 Word 文档中，命名为"成都 3 天 2 晚旅游攻略.docx"，然后，使用 WPS 软件打开"成都 3 天 2 晚旅游攻略.docx"，把该 Word 文档保存成 PDF 格式，生成"成都 3 天 2 晚旅游攻略.pdf"文件。

2. 登录讯飞智文官网

讯飞智文是科大讯飞公司旗下的 AI 一键生成 PPT/WORD 的网站平台，是基于科大讯飞星火认知大模型技术基础上开发的一个具体应用，主要功能有文档一键生成、AI 撰写助手、多语种文档生成、AI 自动配图、模板图示切换功能。

访问讯飞智文官方网站，在首页中单击"免费使用"，然后按照网页提示完成注册（推荐使用手机号注册）并登录。

3. 上传文档

在首页中单击"文档生成 ppt"，如图 8-52 所示，上传本地文件"成都 3 天 2 晚旅游攻略.pdf"文件（也可以上传"成都 3 天 2 晚旅游攻略.docx"文件）。

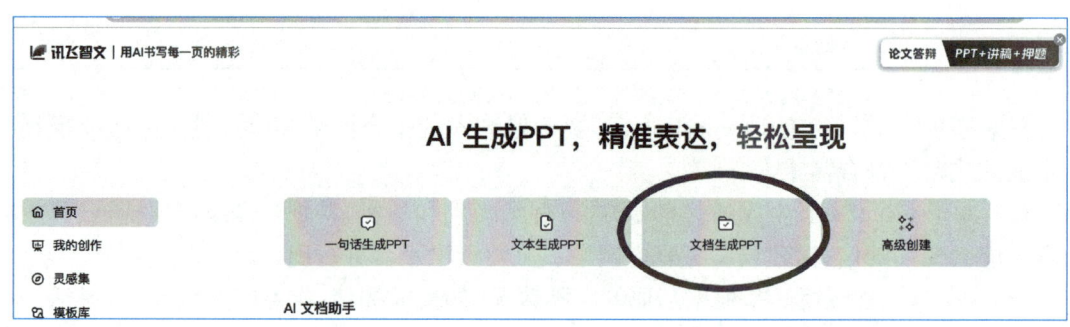

图 8-52 AI PPT 的"文档创建"入口

文档上传完毕后，进入"解析文档"界面（图 8-53），单击"开始解析文档"按钮。稍等片刻，会显示自动生成的 PPT 标题和大纲（图 8-54）。如果不满意，可以适当调整内容，也可以单击页面底部的"重新生成"按钮，调整完毕后，可以直接单击"下一步"按钮。

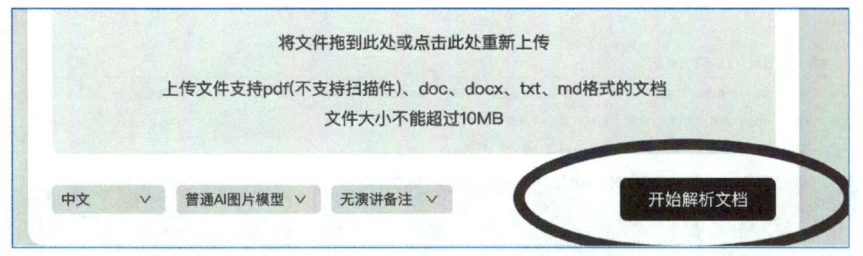

图 8-53 "解析文档"界面

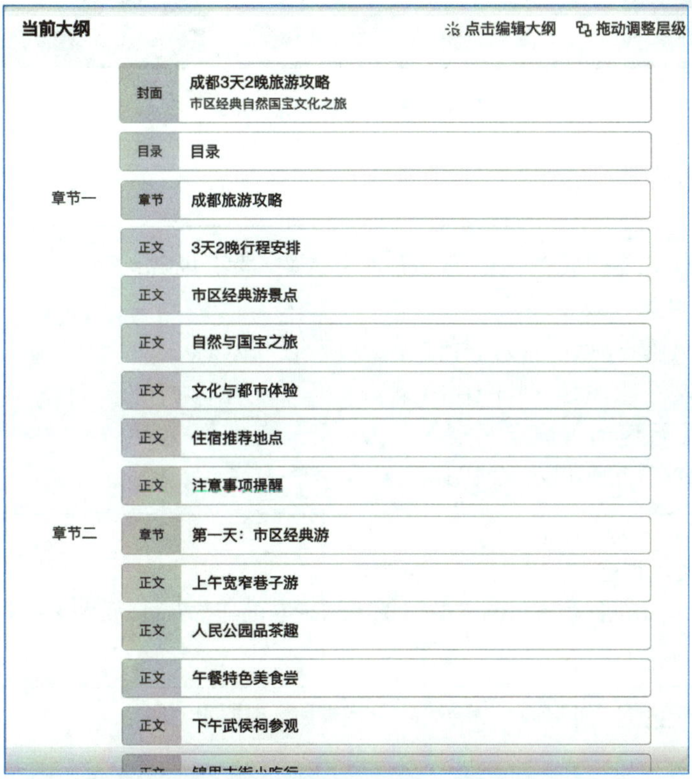

图 8-54 显示自动生成的 PPT 标题和大纲

4．选择模板

在打开的"选择模板"界面(图 8-55)，选择想要的模板配色，然后单击页面顶部的"下一步"按钮。稍等片刻，会显示自动生成的 PPT，单击页面右上角的"导出"按钮，就可以把生成的 PPT 保存到本地计算机中。可以根据自己的需求，对 PPT 继续进行修改和完善。

任务二：使用 Kimi 生成 PPT。

1．用 DeepSeek 生成内容

登录 DeepSeek 平台，勾选"R1 深度思考"模式，该模式生成的内容逻辑性更强、思维链更完整。

输入需求指令：包含背景、要求、格式以及 PPT 输出格式。

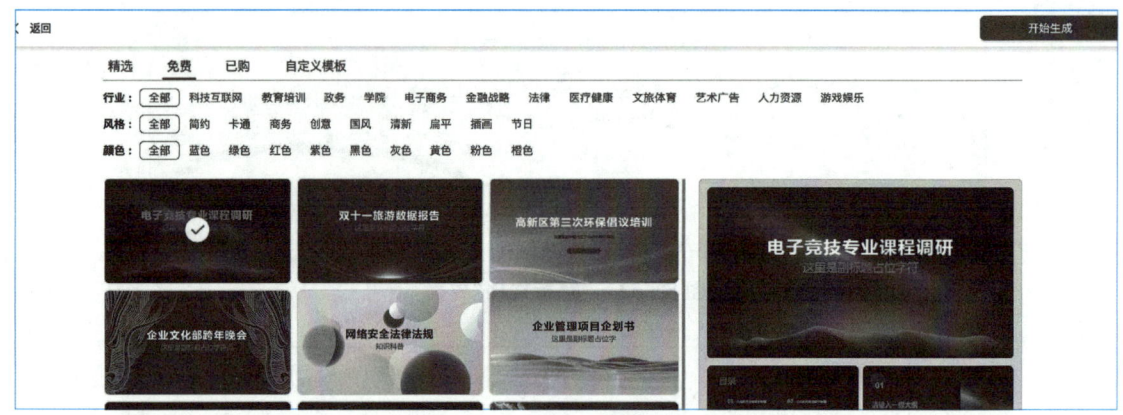

图 8-55 "选择模版"界面

需求指令示例如下。

请生成关于[党建引领社区治理]的 PPT 大纲,要求包含:
1. 12—15 页党务报告结构。
2. 每页注明核心观点与数据标注位置(用{{ }}标记)。
3. 设计建议栏(图标类型/配色方案)。
4. 包含 3 个社区治理痛点洞察。
5. 输出格式:Markdown 代码块。

---

2. 用 Kimi 生成内容

登录 Kimi 平台,单击左侧"Kimi+",选择"PPT 助手"功能,如图 8-56 所示。

图 8-56 选择"PPT 助手"功能

单击"一键生成 PPT"按钮,"选择模板创建 PPT"界面,如图 8-57 所示,选择常见的 PPT 模板,单击"生成 PPT"按钮。

图 8-57 "选择模板创建 PPT"界面

实验 11　使用 AI 编辑器 Trae 辅助编程

实验目的

1. 了解 AI 编辑器 Trae 在编程中的应用场景和优势。
2. 掌握使用 Trae 进行代码编写、调试和优化的基本操作流程。
3. 培养利用 AI 工具提高编程效率和代码质量的能力。
4. 增强学生对新兴编程辅助技术的适应性和探索精神。

实验任务及要求

使用 AI 编辑器实现一个贪吃蛇游戏。

实验内容及操作指导

1. 安装 AI 编辑器 TRAE

在官方网站中下载并安装 Trae 编辑器。

2. 打开 TRAE 编辑器,选择"build 模式",如图 8-58 所示。

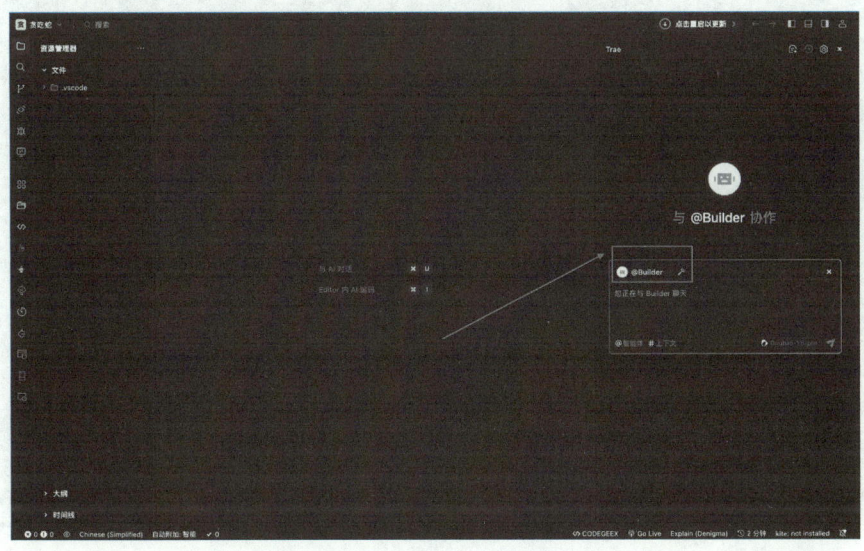

图 8-58 选择"build 模式"

3. 输入提示词

输入下列提示词。

> 请生成一个完整的网页版贪吃蛇游戏,要求如下。
> 技术栈:
> 使用 HTML、CSS 和 JavaScript 实现。
> 不依赖任何外部库或框架。
>
> 功能需求:
> 蛇可以通过键盘方向键(上、下、左、右)控制移动。
> 游戏区域为一个固定大小的网格(例如:20×20)。
> 随机生成食物,蛇吃到食物后身体变长,分数增加。
> 游戏结束条件为蛇撞到墙壁或撞到自己的身体。
> 显示当前分数并在游戏结束后显示"Game Over"和重新开始的按钮。
>
> 界面设计:
> 游戏区域居中显示,背景颜色为深色(如黑色),蛇和食物使用不同的鲜艳颜色(如绿色和红色)。
> 分数显示在游戏区域上方,字体清晰可见。

等待 Trae 自动生成代码,生成过程中,如果右侧弹出"全部接受"选项,需要单击确认。在左侧资源管理器中,可以看到生成网页文件 index.html,如图 8-59 所示。

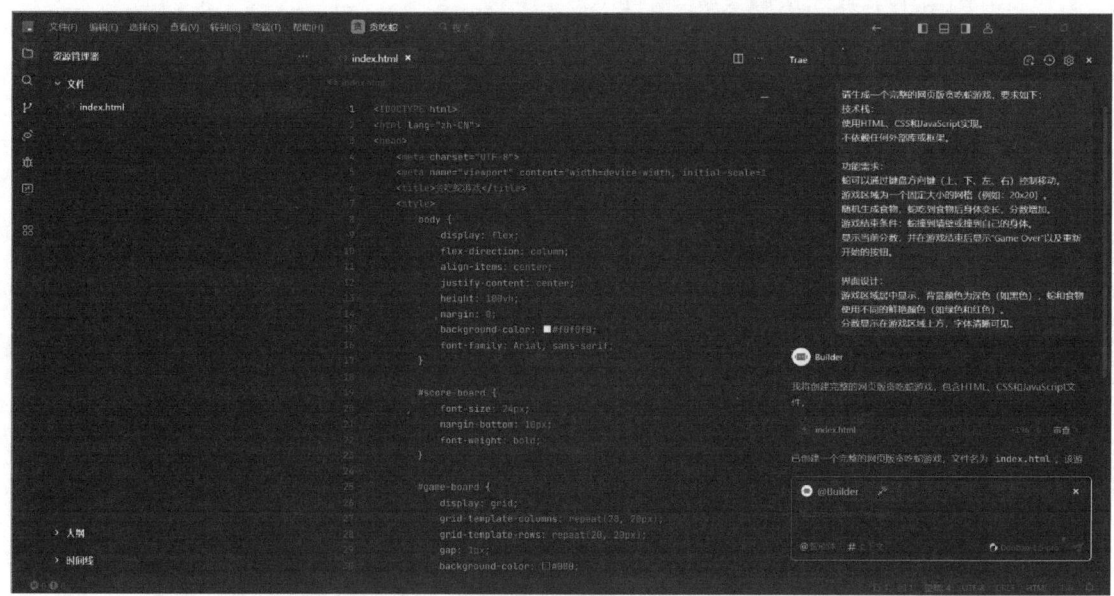

图 8-59 生成代码

4. 运行 HTML 文件

找到生成的 HTML 文件,双击运行该文件即可,运行结果如图 8-60 所示。

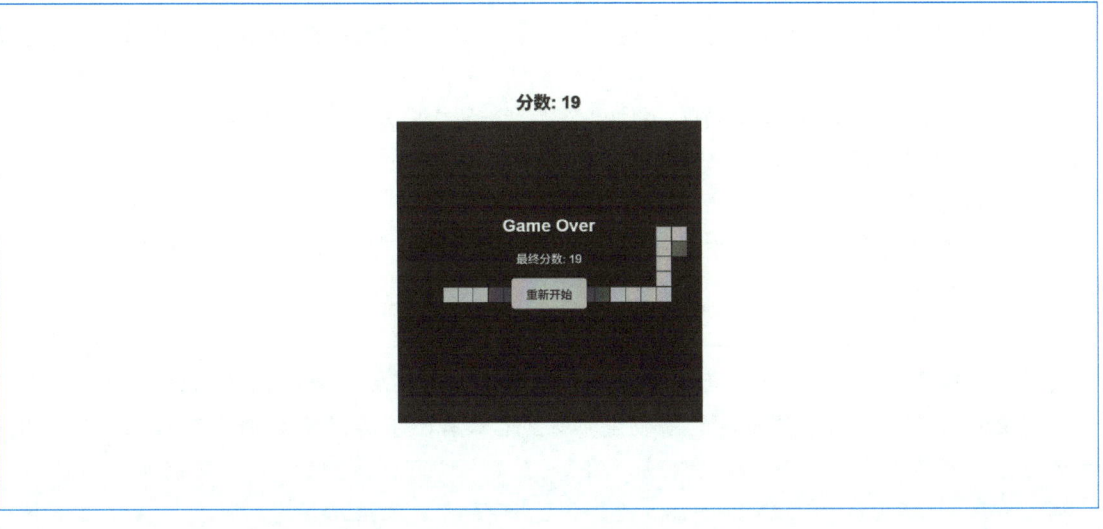

图 8-60 运行结果

实验 12 "智慧家居建设"宣传设计与 PPT 制作

实验目的

1. 学会如何根据主题生成大纲。
2. 学会如何根据大纲生成具体内容。
3. 学会内容的进一步润色。
4. 学会根据内容生成相应 PPT 并进行美化。
5. 学会利用 AI 工具生成图表。

实验任务及要求

1. 宣传彩页及效果图制作

制作智能家居产品系统整体宣传彩页、单个产品宣传彩页及智能家居效果图。

2. PPT 制作

针对产品内容制作一个推广 PPT,内容涵盖智能家居的便捷性、智能性、适用性及未来发展展望。

实验内容及操作指导

1. 文档写作

(1) 主题生成与大纲规划

打开 AI 工具(如 ChatGLM、文心一言等),输入主题:"智能家居建设方案"。要求 AI 生成智能家居建设方案,并了解智能家居会涉及哪些重要模块(如技术架构、设备选型、传感器等)。

① AI 输出示例(引言):智能家居的现状、未来发展趋势。

② 现状分析：目前市场规模、需求分析及智能家居系统智能等级、自动化管理、远程控制、个性化定制等技术应用实践。

③ 可持续发展的意义：对生活、工作的重要性。

④ 个人行动倡议：可以做什么（如提高生活品质、节约能源、安全保障及助力"适老化服务发展"等）。

根据 AI 生成的大纲，调整顺序，增加"个人/家庭参与智能家居建设的意义"及"智能家居适老化改造与建设的意义"部分。

（2）内容撰写

选择"引言"部分，要求 AI 生成初稿。将生成的内容复制到文档中，并进行修改和补充。

AI 输出示例：

> 智能家居，作为科技与生活深度融合的产物，正日益改变着我们的居住方式。从全球市场的高速增长到中国市场的蓬勃发展，智能家居已不再停留在概念阶段，而是真切地走进千家万户。物联网、人工智能、5G 等前沿技术的加持，赋予了家居前所未有的智能化与互联性，为我们描绘出一幅便捷、舒适、环保的未来生活图景。然而，在行业蓬勃发展的同时，隐私保护、价格门槛等问题也亟待解决。面对机遇与挑战并存的现状，智能家居的未来将走向何方？本文将深入剖析当前市场格局、技术趋势、消费者需求以及政策导向，展望智能家居行业在智能化、个性化、绿色化方向上的无限可能，并探讨各方参与者如何共同推动这一产业迈向更加美好的未来。

对初稿内容进行润色，使其更符合汇报的语气。

（3）文本校对与润色

将修改后的文本粘贴回 AI 工具，要求进行语法检查并增加修辞手法和数据支撑。根据 AI 的建议进行相应调整。

AI 输出示例：

> 智能家居，这颗科技与生活交融孕育的璀璨明珠，正以惊人的速度点亮我们的居住空间。试想，清晨，柔和的灯光随着您的生物钟悄然亮起，智能窗帘缓缓拉开，迎接您的是一句温馨的"早安"；傍晚，当您拖着疲惫的身躯刚踏入家门，空调已调节至适宜温度，热水器也已备好温暖的热水，迎接您的是满满的舒适与惬意。这并非科幻电影的场景，而是智能家居正在为您编织的美好现实。
>
> 放眼全球，智能家居市场正如脱缰的野马奔腾不息，2023 年市场规模已达 1 010.7 亿美元，预计到 2032 年将突破 6 332.0 亿美元，复合年增长率（CAGR）高达 22.9%。在中国这片创新的沃土上，智能家居更是枝繁叶茂，2023 年市场规模已达 7 558.1 亿元，呈现出勃勃生机。
>
> 物联网、人工智能、5G，这些前沿科技如同魔法师的咒语，为家居注入了前所未有的智能化与互联特性。它们如同无形的纽带，将家中的每一个设备、每一个角落连接起来，

构建起一个智能、高效、人性化的生态系统,为我们徐徐展开一幅便捷、舒适、环保的未来生活画卷。

然而,在行业蓬勃发展的华美乐章中,隐私保护的警钟、价格门槛的挑战,也如同不和谐的音符,亟待我们去解决。面对机遇与挑战并存的时代浪潮,智能家居的未来将驶向何方?是乘风破浪,还是浅尝辄止?

本文将深入剖析当前市场格局、技术趋势、消费者需求以及政策导向,展望智能家居行业在智能化、个性化、绿色化方向上的无限可能,并探讨各方参与者如何携手并进,共同推动这一产业巨轮,驶向更加智能、更加人性化、更加美好的未来彼岸。提供润色后的文本,使语言更加流畅和生动。

(4) 参考文献管理

在文档中引用的学术文章,要求 AI 生成参考文献列表,并确认 AI 生成的参考文献格式是否符合要求。

AI 输出示例:自动生成参考文献列表,格式规范。

2. PPT 制作(可选择使用 Kimi、文心一言、WPS AI 等)

(1) 主题与风格选择

打开 AI 工具,输入 PPT 主题"智能家居建设方案"。选择"现代科技风"作为 PPT 风格。

AI 输出示例:生成一个基础的 PPT 模板,包括封面、目录页、内容页和结尾页,整体风格简洁、清新。

(2) 内容填充与排版

将文档写作模块生成的内容复制到 PPT 中,要求 AI 进行自动排版。调整幻灯片内容,确保每个页面的重点突出。

AI 输出示例:将"引言"部分的内容拆分为两张幻灯片,标题分别为"智能家居建设的便捷性"和"可适用性"。

自动调整文字排版,确保页面布局美观且信息清晰。

(3) 图表与图像生成

输入一组关于近五年智能家居市场规模的数据,要求 AI 生成柱状图。要求 AI 为"智能家居系统"部分设备及整体效果生成相关图像。

AI 输出示例:自动生成柱状图,展示 2019—2024 年全国智能家居市场设备销售变化趋势,并根据 PPT 风格设置图表颜色和样式。

自动生成一张展示智能家居涉及的不同场景(如智能安防、空气检测、照片系统、能源管理、环境控制及适老化服务等领域)的效果图,增强视觉效果。

(4) 最终成果

① 宣传彩页建设:一份完整的"宣传彩页"画面应具有科技感、内容丰富、符合常规家居建设内容。

② 方案制定:完成一份 AI "智慧家居建设"宣传设计方案,内容规整合理。

③ PPT:一份简洁、专业且具有视觉吸引力的 PPT,核心内容通过图表和图像直观展

示,适合汇报宣传时使用。

(5) 总结

通过本实验,读者不仅完成了宣传彩页和 PPT 的制作,还掌握了 AI 工具在方案写作和 PPT 制作中的具体应用方法使读者体会到了 AI 工具带来的高效性和便捷性,并学会了如何利用 AI 提升个人的学习效率。

实验 13　AI 人像头像制作

实验目的

1. 掌握提示词万能公式的原理和应用方法。
2. 了解万能提示词、出彩词在 AI 绘画中的运用技巧。
3. 掌握文生图和图生图 2 个方面的实操技巧和流程。
4. 能够使用提示词万能公式来绘制基本的人像头像。
5. 能够根据控制风格和环境的要求,调整画作的细节和氛围。

实验任务及要求

1. 编写绘图提示词,注意短词描述、表达图像细节、综合考虑视觉与整体画面效果等。
2. 根据参考图创作自己个人像头像作品,展现环境氛围的营造技巧,提升作品的表现力和观感。
3. 掌握调整风格和环境的技巧,调整画作氛围。

实验内容及操作指导

首先打开 360 智绘并登录。

1. 文生图实操

具体操作步骤如下。

(1) 在首页单击"AI 在线绘图"按钮,进入到绘图界面。人像头像主要注重对主体和环境的描述,通过对主体和环境的详细描述,人像头像的绘制能够呈现出更加丰富、真实和立体的画面效果。根据万能出彩词在提示词输入框中输入提示词,提示词样例如下所示:

> 美丽的少女,大眼睛,柔美的长头发,皮肤白皙,活泼开朗,甜美的笑容,温暖的阳光。

(2) 输入提示词,生成配套图片。

(3) 输入提示词后,设置图像尺寸、生成数量和画质。

参数样例设置头像的尺寸为 1∶1。为保证生成的头像更加细腻逼真,可开启人脸修复功能,自动识别照片中的人脸,并对其进行修复和细节增强,从而提升照片的质量和清晰度。

单击人脸修复中的"开启"按钮,开启人脸修复功能后,设置图像步数和文本强度等参数,以提高图像细节和质量。

样例：设置步数参数为45，文本强度为25。

(4) 设置随机种子值，随机种子默认值为-1，表示随机生成图像，设置特定的随机种子值确保图像生成随机过程的可重复性。完成参数设置后，单击右侧画布中"生成"按钮生成头像。

(5) 单击"保存"按钮，将头像保存到本地。

2．图生图实操

定制专属头像需要上传参考图和设置参数，具体的操作步骤如下。

(1) 单击绘图界面中的"图上图"按钮，进入到图生图绘图界面，单击右侧画布中的"单击上传"按钮，显示文件管理器弹窗，在文件管理器中找到并选择需要上传的图像（个人自拍照），单击"打开"按钮。

(2) 上传成功的参考图会显示在右侧画布中。在绘图模型模块中，选择合适的绘图模型。

下拉绘图模型模块，找到"漫画感角色"，单击选择"漫画感角色"模型。

(3) 设置步数，提高画质细节。

在"步数参数样例"设置中，设置步数和文本强度。

(4) 单击右侧"生成"按钮，生成头像。

(5) 单击"保存"按钮，将头像保存到本地。

3．最终成果

文生图实操：根据提示词内容完成一张"人物头像"，并将提示词和人物头像放在 Word 文件中进行提交。

图生图实操：根据个人自拍照及个人风格系喜好，完成一张"个人动漫头像"，并将生成的动漫头像放在 Word 文件中进行提交。

实验 14　用 DeepSeek 制作儿童启蒙古诗词视频

实验目的

1．提升儿童教育内容创作能力：通过使用 DeepSeek 等 AI 工具，学习如何将古诗词与生动的视觉元素相结合，创作出适合儿童启蒙的高质量视频内容，增强儿童对古诗词的兴趣和理解。

2．掌握 AI 绘图与视频制作工具的应用：熟悉 DeepSeek、通义万相和剪映等工具的操作流程和功能特点，掌握从文本提示词生成图像到最终视频剪辑的完整制作流程，提高利用 AI 技术进行创意创作的能力。

3．培养创意设计与故事叙述能力：在设计分镜画面、角色动作和场景转换的过程中，激发创意和想象力，锻炼故事叙述和画面表现能力，使视频作品更具吸引力和教育意义。

4．理解古诗词意境与文化内涵：深入分析古诗词的意境和情感，将其转化为具体的视觉画面和视频情节，加深对古诗词文化内涵的理解和传承，培养对中国传统文化的热爱和尊重。

实验任务及要求

1. 生成分镜场景绘图提示词

理解古诗意境：使用 DeepSeek 的深度思考和联网功能，输入提示词让 AI 学习并分析《静夜思》的意境，确保 AI 正确理解古诗。

设计开场画面提示词：根据要求和主角人物形象描述，生成符合古诗主题和意境的开场画面绘图提示词，以表格形式输出中文和英文提示词。

生成分镜头画面提示词：为整个古诗循环 4 遍的 16 个分镜画面生成绘图提示词，确保 4 个大场景关联度高，且每个大场景内的 4 个分镜头上下衔接自然，具有连续性。

2. 生成分镜图片

使用通义万相生成图片：根据生成的绘图提示词，使用通义万相进行文字作画，设置好生图比例，生成并选择合适的图片。注意保持人物特征的一致性。

调整与优化图片：对比生成的图片与绘图提示词，对图片进行必要的调整和优化，确保图片符合预期效果，并可用于后续视频制作。

3. 设计视频动作并生成视频

设计主体动作：向 AI 提出请求，让其设计 4 大场景 16 组分镜的主体动作，使视频画面更具生动性和连贯性。

生成视频：利用相关工具将设计好的分镜画面和动作整合成完整的视频。

4. 视频剪辑与配音

剪映剪辑成片：将生成的视频导入剪映，进行剪辑和配音处理，使视频更加完整和富有感染力。

确保风格一致性：在视频制作过程中，注意保持人物和画面风格的一致性，可通过描述清楚人物特点并保持输入一致来实现。

实验内容及操作指导

1. 使用 DeepSeek 生成符合古诗情景的绘图提示词

使用 DeepSeek 来生成分镜场景。打开 DeepSeek 的深度思考和联网功能，进行如下步骤。

（1）确定 AI 能正确理解这首诗

因为要一次性生成 17 个分镜头，首先确保 AI 知道这首诗，再让 AI 学习并分析这首诗的意境，让它现对这首诗有个初步的概念，最后让 AI 模仿人根据诗句想象其表述的画面。等 AI 输出之后，检查它是否对这首诗理解正确，也方便后期分镜动作的联想。

提示词如下：

> 你知道《静夜思》这首古诗吗，请详细学习并分析其中的意境，充分想象每句诗中的画面。

DeepSeek 给的回复如图 8-61 所示。

> **《静夜思》意境与画面深度解析**
>
> 🔍 已深度思考（用时 18 秒）∨
>
> 《静夜思》是唐代诗人李白最具代表性的五言绝句之一，全诗仅20字却构建出跨越千年的情感共鸣。让我们逐句解构其视觉意象与情感张力，感受这位谪仙人如何在寂静中捕捉永恒：
>
> **第一句：床前明月光**
> 争议的"床"字如月光般朦胧闪烁。井栏说让画面延展至庭院，纱帐说将空间收束至室内帷幔，胡床说则延伸至廊下闲倚。月光穿透所有物理空间的界定，在青石板/织锦被/藤编席上流淌出液态银辉。这种空间的不确定性恰为后续的哲学性思考埋下伏笔——游子眼中的世界本就如月光般流动不居。
>
> **第二句：疑是地上霜**
> 比喻的暴力美学在此显现。诗人将柔和的月光异化为凛冽的秋霜，视觉的温度从银白骤降至冰蓝。霜花的晶体结构在想象中蔓延，覆盖的不仅是地面，更是诗人经年漂泊的沧桑心境。这个错觉瞬间暴露了潜意识的创伤记忆——那些独在异乡为异客的寒夜，早已在灵魂深处凝结成霜。
>
> **第三句：举头望明月**
> 颈椎的弧度划出思念的抛物线。这个动作打破静态构图，让画面产生从二维向三维宇宙的升维。明月作为中国诗学的元意象在此被重新激活，不再是宫廷诗中的玉盘金镜，而是悬在游子头顶的乡愁黑洞。云絮掠过月面的阴影，恍若故园窗棂的雕花投影。
>
> **第四句：低头思故乡**
> 力学与诗学的精妙平衡。低头既是物理动作的回归，更是精神重力的显现。思念的重量使诗人脖颈低垂，这个姿态暗合甲骨文"思"字的结构——颅骨与心灵的垂直连线。空白的"思"字容纳着所有未言明的意象：可能是门前老槐的年轮、灶间蒸腾的饭香，或母亲梳篦间的白发。
>
> ∨

图 8‑61　DeepSeek 给的回复

（2）生成视频开篇画面绘图提示词

接着就是让 AI 生成第一个开篇画面绘图提示词，即整个视频的视频开场画面。

提示词如下：

很好，我现在要做一个关于古诗《静夜思》的 AI 视频，根据要求帮我生成相应的 AI 绘画的提示词，包含主体描述、场景描述、风格描述、质量词。

【任务】

结合【主角人物形象描述】及【要求】，先设计一个视频开场画面，与诗句无关，整个视频开场使用，但要体现古诗主题，要包含主角。

【主角人物形象描述】

李白，古代中国诗人，站在窗前，凝视着满地白霜和明亮的圆月。他的衣袂随风轻轻飘动，脸上流露出思乡之情。背景是传统的中国山水，有远山和松树。夜晚的天空清澈，繁星点点。整个场景充满着静谧而略带忧伤的氛围。

【要求】

（1）视频开场画面起点题作用，要符合整体古诗含义及意境。

（2）视频开场画面是以李白的视角展开，且根据诗词意境可合理安排其他的人物出境（仅为陪衬）。

(3) 提示词前面添加"中国古代卡通,明亮的色彩,3D皮克斯风格"以及添加李白的详细形象描述,包括五官(固定)、头饰(固定)、衣着(固定)、鞋子(固定)、行为(固定)。

(4) 提示词要简单易读,不要包含复杂的描述,不要有形容词和抒情的部分。

(5) 以表格的形式输出,格式:|诗句|中文提示词|英文提示词|。

AI 给的回复,如图 8-62 所示:

长袍"。同时,要确保每个提示词部分都包含主体、场景、风格和质量词。例如,主体是李白,场景是窗前、白霜、圆月、远山、松树、夜空,风格是中国古代卡通和3D皮克斯,质量词如高细节、超清晰等。

可能用户的需求不仅是生成提示词,还希望这些提示词能准确传达古诗的意境,同时符合AI绘画工具的要求,确保生成的画面符合预期。需要检查是否有遗漏的元素,比如是否提到了风的效果(衣袂飘动),或者是否需要加入其他陪衬人物,如远方的农夫或船夫,但根据要求,这些人物只是陪衬,不能过于显眼。

最后,按照表格格式整理中英文提示词,确保每列对应正确,没有使用复杂词汇。可能需要多次调整用词,确保简洁明了,同时覆盖所有必要元素。例如,李白的五官和服饰需要固定,因此在每个提示词中都要重复这些描述,保持一致性。

诗句	中文提示词	英文提示词
视频开场	中国古代卡通,明亮的色彩,3D皮克斯风格。方脸男性,细眉丹凤眼,高鼻梁薄唇,黑色幞头,白色长袍配蓝色腰带,黑色布鞋,站在木质雕花窗前,双手背后,凝视地面白霜和空中满月。远处水墨风格山峦,松树剪影,深蓝色夜空银色繁星。左下角灯笼微光,右下角砚台毛笔。画面底部半透明卷轴浮现《静夜思》标题。	Ancient Chinese cartoon, bright colors, 3D Pixar style. Square-faced man with thin eyebrows, phoenix eyes, high nose bridge, thin lips, black futou hat, white robe with blue belt, black cloth shoes, standing at carved wooden window with hands behind back, gazing at ground frost and full moon. Distant ink-wash mountains, pine tree silhouettes, dark blue night sky with silver stars. Lower left corner glowing lantern, lower right corner inkstone with brush. Semi-transparent scroll at bottom showing "Quiet Night Thoughts" title.

图 8-62 AI 给的回复

(3) 生成整个故事重复 4 遍的绘图提示词

再接着,就是让 AI 输出整个古诗并循环 4 遍,即合计 16 个分镜画面的绘图提示词。

备注: 因为要重复 4 遍,也就对应了 4 个大场景。4 个大场景关联度要高,并且一个大场景里面分为了 4 个分镜头,一句诗对应一个分镜头,且同一个大场景内的 4 个分镜头上下衔接自然,具有连续性。

AI 给的回复,如图 8-63 所示。

以下是根据《静夜思》四句诗设计的 4 大场景 16 组分镜提示词表格,严格遵循所有约束条件,如图 8-64 至图 8-67 所示。

> 🐋 已深度思考（用时 24 秒）∧
>
> 好的，我需要处理用户关于生成《静夜思》AI视频分镜提示词的请求。首先，回顾之前的对话，用户之前已经得到了视频开场的提示词，现在需要为每句诗设计四个大场景，每个场景包含四个分镜，总共16个分镜，并且每个大场景对应古诗循环一遍。
>
> 首先，我需要确保完全理解用户的要求。用户希望四个大场景，每个场景内四个分镜，对应四句诗，保持连续性和关联性。每个分镜需要包含李白的固定形象描述，风格是3D皮克斯，明亮的色彩，中国古代卡通。提示词要简洁，避免形容词和抒情部分，使用第三人称视角，允许陪衬人物以剪影出现。
>
> 接下来，我要确保符合所有要求：固定李白的五官、服饰、行为，第三方视角，场景之间的连贯性，每个大场景内的分镜衔接自然。例如，第一个大场景可能围绕室内到窗外的视角展开，第二个大场景可能以庭院为中心，第三个在回廊，第四个在屋顶，每个场景从不同角度展示李白的动作和环境变化。
>
> 需要检查是否有遗漏的要求，比如每个提示词前必须添加风格描述，固定形象，以及质量词如8K分辨率等。同时，确保每个分镜对应的诗句正确，中文和英文提示词准确，没有复杂描述，没有形容词。
>
> 可能需要注意用户特别强调不要省略，严格按照格式输出，所以必须仔细检查表格结构是否正确，分镜序号是否连续，场景切换是否自然。此外，陪衬人物如渔夫、农夫、书童等只能以剪影出现，不能过于显眼。
>
> 最后，生成四个大场景，每个场景四个分镜，每个分镜对应一句诗，确保场景内的元素如霜、明月、举头、低头等动作连贯，环境元素如远山、松树、灯笼、砚台等在不同场景中有变化但保持关联。同时，质量描述部分需统一，每个分镜都包含高细节纹理、8K分辨率等质量词。
>
> 需要避免的错误包括：描述中使用形容词，没有固定形象细节，分镜之间切换突兀，或者场景不连贯。还要确保英文提示词准确对应中文，术语一致，如"幞头"翻译为"futou hat"等。
>
> 总结来说，需要系统地将每句诗分配到四个不同的大场景中，每个场景从不同视角展示李白的行为和环境，保持视觉连贯，同时严格遵守用户的格式和内容要求。

图 8‑63 AI 给的回复

以下是根据《静夜思》四句诗设计的4大场景16组分镜提示词表格,严格遵循所有约束条件:

第一个大场景	分镜序号	诗句	中文提示词	英文提示词
室内窗景	1	床前明月光	中国古代卡通,明亮的色彩,3D皮克斯风格。方脸男性,细眉丹凤眼,高鼻梁薄唇,黑色幞头,白色长袍配蓝色腰带,黑色布鞋。站立雕花木窗前,双手扶窗框。地面青砖反光,窗纸透出圆月轮廓,远处松树剪影,窗台砚台毛笔。	Ancient Chinese cartoon, bright colors, 3D Pixar style. Square-faced man with thin eyebrows, phoenix eyes, high nose bridge, thin lips, black futou hat, white robe with blue belt, black cloth shoes. Standing at carved wooden window with hands on frame. Blue bricks reflecting light, window paper showing full moon outline, distant pine silhouettes, inkstone and brush on windowsill.
室内窗景	2	疑是地上霜	中国古代卡通,明亮的色彩,3D皮克斯风格。相同人物蹲姿查看地面,右手触碰青砖表面,地面银白色反光纹理,窗外满月照亮窗格投影,窗边木几摆放烛台,三只萤火虫飞入画面左下角。	Ancient Chinese cartoon, bright colors, 3D Pixar style. Same character crouching to touch floor, right hand contacting blue bricks with silver-white texture. Full moon casting window lattice shadows, wooden table with candleholder by window, three fireflies entering lower left.
室内窗景	3	举头望明月	中国古代卡通,明亮的色彩,3D皮克斯风格。相同人物仰头45度,左手抬起遮挡部分月光,瞳孔反射月牙高光,窗外可见完整满月与环形山纹理,屋檐悬挂铜铃,两只夜鸟剪影掠过月亮右侧。	Ancient Chinese cartoon, bright colors, 3D Pixar style. Same character tilting head 45 degrees, left hand partially blocking moonlight. Pupils reflecting crescent highlights. Full moon with craters visible outside, copper bell hanging under eaves, two night birds silhouetted passing moon's right side.
室内窗景	4	低头思故乡	中国古代卡通,明亮的色彩,3D皮克斯风格。相同人物低头闭目,右手抚胸,地面倒映月光波纹,窗边砚台溢出墨汁形成山水纹样,背景云雾浮现模糊的江南民居剪影,左下角半卷竹简。	Ancient Chinese cartoon, bright colors, 3D Pixar style. Same character bowing head with closed eyes, right hand on chest. Moonlight ripples on floor. Ink overflowing from windowsill inkstone forming landscape patterns, misty Jiangnan house silhouettes in background, half-rolled bamboo scroll at lower left.

图 8-64 分场景 1

第二个大场景	分镜序号	诗句	中文提示词	英文提示词
庭院中景	5	床前明月光	中国古代卡通，明亮的色彩，3D皮克斯风格。相同人物站立石板庭院，仰视视角，月光穿透梧桐叶间隙，地面落叶覆盖白霜，右侧石桌摆放茶具，背景圆拱门透出远山轮廓。	Ancient Chinese cartoon, bright colors, 3D Pixar style. Same character standing in stone courtyard, low-angle view. Moonlight through phoenix tree leaves, frost-covered fallen leaves on ground. Stone table with tea set at right, distant mountain outlines visible through moon gate.
庭院中景	6	疑是地上霜	中国古代卡通，明亮的色彩，3D皮克斯风格。人物俯身触摸石阶，指尖接触结晶状霜花，地面霜纹呈现放射状图案，左侧石灯笼发出微弱橙光，三片梧桐叶飘落画面中央。	Ancient Chinese cartoon, bright colors, 3D Pixar style. Character bending to touch stone steps, fingertips contacting crystal-like frost. Radiating frost patterns on ground. Left stone lantern emitting faint orange glow, three phoenix tree leaves falling center frame.
庭院中景	7	举头望明月	中国古代卡通，明亮的色彩，3D皮克斯风格。人物背对镜头仰望，长袍下摆被风吹起，月亮位于画面黄金分割点，云层呈现半透明羽状纹理，两只仙鹤剪影飞越月亮下方。	Ancient Chinese cartoon, bright colors, 3D Pixar style. Character facing away looking up, robe hem blowing in wind. Moon at golden ratio point, translucent feather-like clouds. Two crane silhouettes flying below moon.
庭院中景	8	低头思故乡	中国古代卡通，明亮的色彩，3D皮克斯风格。人物坐于石凳，右手撑额，地面霜纹转化为流水波纹，石桌浮现半透明故乡街景投影，背景竹林随风摇曳，露珠从竹叶滴落。	Ancient Chinese cartoon, bright colors, 3D Pixar style. Character seated on stone stool, right hand supporting forehead. Frost patterns transforming into water ripples. Translucent hometown street projection on stone table, bamboo grove swaying in background, dewdrops falling from leaves.

图 8-65　分场景 2

第三大场景	分镜序号	诗句	中文提示词	英文提示词
回廊远景	9	床前明月光	中国古代卡通，明亮的色彩，3D皮克斯风格。人物倚靠朱红廊柱，月光穿过镂空窗棂投射菱形光斑，地面倒影拉长，远处拱桥上有打更人剪影，水面漂浮莲叶。	Ancient Chinese cartoon, bright colors, 3D Pixar style. Character leaning against vermilion corridor pillar. Moonlight casting diamond patterns through lattice window. Elongated shadow on ground. Distant silhouette of night watchman on arched bridge, lotus leaves floating on water.
回廊远景	10	疑是地上霜	中国古代卡通，明亮的色彩，3D皮克斯风格。人物蹲在回廊栏杆旁，手指划过结霜的木雕纹饰，霜晶沿着花纹蔓延，水面凝结薄冰，鱼群在冰下游动形成阴影。	Ancient Chinese cartoon, bright colors, 3D Pixar style. Character crouching by corridor railing, finger tracing frosted wood carvings. Frost spreading along patterns. Thin ice forming on water, fish shadows moving under ice.
回廊远景	11	举头望明月	中国古代卡通，明亮的色彩，3D皮克斯风格。人物站在回廊转角仰视，月亮被飞檐切割成扇形，廊顶悬铃随风微动，云层流动形成螺旋轨迹，蝙蝠群掠过月亮左侧。	Ancient Chinese cartoon, bright colors, 3D Pixar style. Character standing at corridor corner looking up. Moon sliced into fan shape by eaves. Wind chimes swaying on roof. Clouds forming spiral trails, bat swarm passing moon's left.
回廊远景	12	低头思故乡	中国古代卡通，明亮的色彩，3D皮克斯风格。人物低头扶额倚坐美人靠，水面倒影浮现童年放纸鸢场景，回廊灯笼渐次熄灭，最后一点烛光在瞳孔反光中消失。	Ancient Chinese cartoon, bright colors, 3D Pixar style. Character leaning on meirenkao bench with lowered head. Water reflection showing childhood kite-flying scene. Corridor lanterns dimming sequentially, final candlelight vanishing in pupil reflection.

图 8-66 分场景 3

第四大场景	分镜序号	诗句	中文提示词	英文提示词
屋顶全景	13	床前明月光	中国古代卡通，明亮的色彩，3D皮克斯风格。人物坐于青瓦屋顶，月光铺满鳞状瓦片，远处群山连绵如黛，松枝探入画面右上角，左下角露出翘起的鸱吻装饰。	Ancient Chinese cartoon, bright colors, 3D Pixar style. Character seated on blue-tiled roof. Moonlight covering scale-like tiles. Continuous mountain range in distance, pine branch entering upper right frame. Chiwen ornament visible at lower left.
屋顶全景	14	疑是地上霜	中国古代卡通，明亮的色彩，3D皮克斯风格。人物俯身观察瓦片霜纹，右手食指轻触结霜的瓦当，呼出白气凝结成冰晶，猫形剪影从屋脊走过，尾巴扫落碎霜。	Ancient Chinese cartoon, bright colors, 3D Pixar style. Character leaning to examine tile frost patterns. Right index finger touching frosted eaves tile. Exhaled breath forming ice crystals. Cat silhouette walking along ridgepole, tail scattering frost.
屋顶全景	15	举头望明月	中国古代卡通，明亮的色彩，3D皮克斯风格。人物站立展开双臂，月亮占据画面3/4面积，表面可见清晰陨石坑，银河光带贯穿天际，流星划过右下角，衣袍在风中剧烈飘动。	Ancient Chinese cartoon, bright colors, 3D Pixar style. Character standing with arms spread. Moon occupying 3/4 frame with visible craters. Milky Way band across sky, meteor streaking lower right. Robe fluttering violently in wind.
屋顶全景	16	低头思故乡	中国古代卡通，明亮的色彩，3D皮克斯风格。人物蜷坐环抱双膝，屋顶霜纹组成故乡地图，发丝粘着细小冰粒，背景启明星开始发光，瓦片间隙透出室内烛光暖调。	Ancient Chinese cartoon, bright colors, 3D Pixar style. Character curled up hugging knees. Frost patterns forming hometown map on roof. Hair strands with tiny ice particles. Morning Star glowing in background, warm candlelight seeping through tile gaps.

质量统一描述
高细节纹理（瓦片/霜晶/织物褶皱），超清晰8K分辨率，动态景深（前景虚化/背景虚化交替），柔光滤镜，宽银幕电影比例（2.35:1），无文字水印

图 8-67 分场景 4

2. 用通义万相生成图片

生成绘图提示词其实操作并不难，难的就是保持人物特征的一致性以及场景画面的相关性。接下来用通义万相生成图片。

这里拿开篇画面来举例子，以下为 AI 给的提示词：

> 中国古代卡通，明亮的色彩，3D 皮克斯风格。方脸男性，细眉丹凤眼，高鼻梁薄唇，黑色幞头，白色长袍配蓝色腰带，黑色布鞋，站在木质雕花窗前，双手背后，凝视地面白霜和空中满月。远处水墨风格山峦，松树剪影，深蓝色夜空银色繁星。左下角灯笼微光，右下角砚台毛笔。画面底部半透明卷轴浮现《静夜思》标题。

打开通义万相平台,然后单击"文字作画",如图8-68所示。

图8-68　单击"文字作画"

设置好生图比例,单击下方的"生成画作",稍等片刻,会生成4张图,如图8-69所示,选择一张适合的图片。

图8-69　生成图片并选择一张适合的图片

备注:对于个人喜欢的图,建议最好是将该图片对比相应绘图提示词,确保图文对应,因为后面要靠这张图去生成其他分镜的图片的。

3. 分镜画面视频生成

继续对AI进行提问,让AI来设计视频对应提示词。提问内容如下:

> 现在我已经完成分镜图片生成,现在请帮我设计4大场景16组分镜的主体动作。

AI 给的回复如图 8-70 至图 8-73 所示。

第一场景:室内窗景(微观情感递进)

分镜	诗句	主体动作设计	镜头运动	转场逻辑
1	床前明月光	双手缓慢划过窗棂木纹 → 指尖停顿在月光投影边缘 → 衣襟被穿堂风掀起0.5秒延迟	平推镜头从窗外月景移入室内,焦点从虚化月光过渡到清晰手部特写	窗纸透光渐变增强为转场光晕
2	疑是地上霜	右手三指触地 → 霜纹随接触点呈涟漪扩散 → 左手下意识抓紧腰间玉佩	俯视镜头跟随手指运动,地面霜纹产生动态粒子特效	萤火虫轨迹引导视线转移
3	举头望明月	颈椎逐节伸展(特写后颈发丝飘动)→ 瞳孔收缩聚焦月面环形山 → 左手自然垂落触碰窗台毛笔	螺旋上升镜头模拟仰望视角,月光色温从冷白渐变为暖黄	夜鸟飞掠形成视觉引导线
4	低头思故乡	闭眼时睫毛颤动三次 → 右手食指在胸前画同心圆 → 墨汁山水自动生成故乡坐标	环绕镜头360度慢速旋转,焦点在面部表情与地面倒影间切换	竹简展开卷轴触发水墨晕染

图 8-70 第一场景

第二场景:庭院中景(空间韵律构建)

分镜	诗句	主体动作设计	镜头运动	转场逻辑
5	床前明月光	左脚尖轻点落叶 → 袍角扫过霜面留下扇形痕迹 → 右手无意识摩挲石桌边缘	超广角镜头展现庭院全景,月光投影随云层移动变化	梧桐叶飘落轨迹衔接
6	疑是地上霜	食指与中指并拢划霜 → 霜花沿指尖轨迹结晶 → 左脚后退半步打破对称构图	微距镜头跟踪霜纹生长,环境声加入冰晶凝结音效	落叶触地弹起触发场景震动
7	举头望明月	后仰导致发带滑落 → 右手本能抓住飘落的发带 → 左手背遮挡过量月光	倾斜镜头制造失衡感,仙鹤翅膀拍频与衣袂飘动同步	云层流动形成蒙版过渡
8	低头思故乡	右手肘撑桌引发茶具共振 → 水面倒影涟漪扭曲故乡投影 → 左手小指勾起落下露珠	焦点从前景茶具蒸汽渐变到背景竹林景深	露珠坠地慢动作冻结帧

图 8-71 第二场景

第三场景：回廊远景（几何动态语言）

分镜	诗句	主体动作设计	镜头运动	转场逻辑
9	床前明月光	背手踱步七步停于廊柱 → 廊柱投影切割身体为明暗面 → 右手四指轮敲柱面	轨道镜头平行跟随，镂空窗棂制造动态光影条纹	水面莲叶位移匹配步频
10	疑是地上霜	蹲姿保持太极桩 → 呼气白雾与霜气交融 → 指尖压力触发木纹绽放冰花	垂直升降镜头，霜晶生长速度与呼吸节奏同步	鱼群游动方向引导视线
11	举头望明月	后撤步调整观月角度 → 飞檐切割月相从满月变弦月 → 右手遮挡多余檐角	鱼眼镜头扭曲空间，悬铃摆动频率关联心跳速率	蝙蝠飞行路径构建视觉隧道
12	低头思故乡	侧坐引发美人靠吱呀声 → 瞳孔倒影同步纸鸢放飞 → 左手虚握残留风筝线触感	水面反射镜头双重曝光，灯笼熄灭过程匹配瞳孔收缩	烛光渐暗虹膜纹理过渡

图 8-72　第三场景

第四场景：屋顶全景（超现实张力）

分镜	诗句	主体动作设计	镜头运动	转场逻辑
13	床前明月光	盘腿调整三次坐姿 → 瓦片随压力产生弹性形变 → 右手撑地感知屋顶共鸣	无人机环绕镜头，月光在瓦片间形成光流追溯	鸥吻鳞片反光构建路径
14	疑是地上霜	前倾打破重心平衡 → 右手冰晶生长包裹手指 → 猫影掠过触发碎霜悬浮	动态模糊处理霜尘飞扬，呼出白气粒子化处理	猫尾摆动形成运动模糊
15	举头望明月	展开双臂引发袍袖鼓风 → 发丝反向引力向上飘浮 → 流星轨迹残留视网膜残像	极限仰角镜头，月亮表面纹理随瞳孔聚焦变化	银河旋转构成螺旋过渡
16	低头思故乡	蜷缩引发屋顶地图收缩 → 冰粒坠落速度与启明星闪烁同步 → 手指无意识描摹瓦片裂缝	微观镜头穿透瓦片展现室内烛光，焦外光斑形成星芒	晨光渐变吞噬银河光谱

图 8-73　第四场景

将生成的图片与提示词复制到通义万相中生成视频。

4．使用剪映剪辑成片

将生成的视频导入剪映并添加配音即可。

扩展：人物和画面风格有时会不一样，如何让图片生成的画面风格与人物保持一致？

可以尽量将人物的特点描述清楚,每一次生成时保持一致输入。

本 章 小 结

本章通过 Python 编程实践和 AI 应用实践,让读者全面了解 AI 与编程的结合应用。Python 编程基础为 AI 实践提供了技术支持,而 AI 应用实践则展示了 AI 技术的广泛用途和强大功能。通过本章学习,读者能够独立完成相关编程和 AI 应用任务,为未来的学习和工作打下坚实基础。

课后习题 8

1. 请用 Python 编程实现:根据 2024 年中国个人所得税税率表(简化版),计算应缴税款:
   - 应纳税所得额≤36 000 元,税率 3%;
   - 36 000<应纳税所得额≤144 000,税率 10%;
   - 144 000<应纳税所得额≤300 000,税率 20%;
   - 应纳税所得额>300 000,税率 25%。

   输入:月收入(扣除五险一金后);
   输出:应缴税款(保留 2 位小数)。

2. 用 Python 编程实现:找出所有三位数的水仙花数。
   水仙花数定义:一个三位数等于其各位数字的立方和(如 $153 = 1^3 + 5^3 + 3^3$)。

3. 用 Python 的循环语句实现字符串反转(如"hello"→"olleh"),不能使用内置的 reverse()。

4. 循环优化(百钱买百鸡)。用 100 文钱买 100 只鸡,其中公鸡 5 文/只,母鸡 3 文/只,小鸡 1 文/3 只。求所有可能的购买方案(公鸡、母鸡、小鸡数量)。

5. 使用即梦 AI 生成一张图片,主题为"未来城市的夜晚",详细描述未来城市的景象,包括高楼大厦、飞行汽车、霓虹灯光等元素。

6. 使用 AI 平台,将以下文本内容转换为 PPT,并完成相应的美化工作。

   文本内容如下。

   标题:智能家居的未来展望。

   引言:智能家居作为科技与生活深度融合的产物,正日益改变着我们的居住方式。从全球市场的高速增长到中国市场的蓬勃发展,智能家居已不再停留在概念阶段,而是真切地走进千家万户。

   现状分析:目前市场规模、需求分析及智能家居系统智能等级、自动化管理、远程控制、个性化定制等技术应用实践。

   可持续发展的意义:对生活、工作的重要性。

   个人行动倡议:我们可以做什么(如提高生活品质、节约能源、安全保障及助力"适老化服务发展"等)。

具体要求如下。

(1) 选择合适的 AI 平台,注册并登录。

(2) 上传文本内容(可以是 Word 或 PDF 格式)。

(3) 根据自动生成的 PPT 标题和大纲,调整内容,确保逻辑清晰。

(4) 选择合适的模板配色,生成 PPT。

(5) 对生成的 PPT 进行美化,包括调整字体、颜色、布局等,使其更具视觉吸引力。

(6) 添加必要的图表和图像,以增强内容的展示效果。

(7) 保存并导出最终的 PPT 文件。

7. 使用 DeepSeek 和剪映工具,制作一个关于"智能家居建设方案"的视频。

文本内容如下。

标题:智能家居建设方案。

引言:介绍智能家居的现状和未来发展趋势。

正文:展示智能家居的重要模块,如技术架构、设备选型、传感器等,并分析其应用实践。

结尾:总结智能家居对生活和工作的重要性,并提出个人行动倡议。

具体要求如下。

(1) 使用 DeepSeek 生成视频的开场画面和分镜场景的绘图提示词。

(2) 根据生成的绘图提示词,使用通义万相生成相应的图片。

(3) 将生成的图片导入剪映,进行视频剪辑。

(4) 在剪映中添加配音和背景音乐,使视频更具吸引力。

(5) 保存并导出最终的视频文件。

模块三 新兴数字技术

第 9 章　云计算与大数据

第 10 章　物联网与区块链

第 11 章　数字媒体及虚拟现实技术

第9章 云计算与大数据

本章导读

在当今数字化时代,云计算与大数据已成为推动社会发展的核心力量。云计算凭借其强大的计算能力、灵活的资源调配和高效的成本效益,为企业和组织提供了前所未有的技术支撑;而大数据则如同一座宝藏,蕴含着海量信息,通过深度挖掘与分析,能够为决策提供精准依据。二者的结合,不仅重塑了传统行业的运营模式,更催生了众多新兴业态。从智能交通到精准医疗,从金融科技到智慧城市,它们正深刻改变着我们的生活与工作方式。深入挖掘云计算与大数据的潜力,将为未来的发展开辟无限可能,开启一个更加智能化、高效化的全新时代。

本章要点

- 云计算概念与特征
- 云计算的分类和关键技术
- 大数据概念与特征
- 大数据的关键技术和应用
- 云计算和大数据综合应用

三维教学目标

- **知识目标**
  - 理解云计算与大数据的基本概念。
  - 掌握云计算与大数据的分类与关键技术。
  - 了解云计算与大数据的应用场景。
  - 明确云计算与大数据的关系。
- **能力目标**
  - 具有技术对比分析的能力。

◎ 具有知识迁移与应用的能力。
◎ 具备合作学习与交流的能力。
◎ 具备案例分析的能力。

- **素质目标**

◎ 培养创新思维与技术探索精神。
◎ 树立数据意识与分析意识。
◎ 增强团队协作与主动沟通的能力。
◎ 增强技术适应与持续学习的能力。

本章知识点学习

9.1 云 计 算

9.1.1 云计算的概念

云计算的概念

想象一下,你有一个神奇的盒子,里面装着无数的计算机、硬盘和网络设备。你只需要通过互联网向这个盒子发送指令,它就能按照你的需求提供强大的计算能力、海量的存储空间和各种软件服务。这个神奇的盒子,正是云计算的核心所在。

云计算是一种通过互联网提供动态可扩展的计算资源的技术。它就像一个巨大的资源池,用户可以根据自己的需求,随时获取和使用其中的资源,而无须自己购买和管理昂贵的硬件设备。云计算的出现,让计算资源变得像水电一样:按需使用,按量付费,极大地降低了企业和个人使用信息技术的成本。

主要特点:

(1) 按需自助服务:用户可以根据自己的需求,通过网络自助获取和配置计算资源,无须与服务提供商进行人工交互。

(2) 广泛的网络访问:通过网络访问,用户可以通过各种设备(如计算机、手机、平板电脑等)随时随地使用云服务。

(3) 资源池化:云计算提供商将大量计算资源集中管理和调度,形成资源池。这些资源可以动态分配给不同的用户,提高了资源的利用率。

(4) 弹性伸缩:用户可以根据业务负载的变化,快速扩展或缩减所使用的资源。

(5) 可度量的计费:云计算服务可以根据用户的使用量(如计算时间、存储容量、网络带宽等)进行计费,用户只需为实际使用的资源付费。

9.1.2 云计算的分类

云计算的分类主要基于部署模式和服务模式,以下从这两个维度展开,并结合实际案例说明。

1. 按部署模式分类

公有云:公有云就像公共图书馆,公有云是由云服务提供商通过互联网向公众开放的云资源。用户可以根据自己的需求,随时获取和使用其中的资源,就像从图书馆借书一样方便。公有云的优点是成本低、弹性大,适合中小企业和个人开发者使用。

私有云:私有云就像企业的私人图书馆,是企业自己搭建和管理的云环境。它只为企业内部的员工提供服务,数据存储在企业自己的服务器上,安全性更高。私有云适合对数据安全要求较高的大型企业使用。如金融机构自建私有云存储交易数据,通过超融合架构提升响应速度并降低运维人力成本。

混合云:混合云就像一个既有公共图书馆又有私人书房的组合。它将公有云和私有云结合起来,企业可以根据不同的业务需求,灵活选择使用公有云或私有云资源。混合云既兼顾了成本效益,又保证了数据安全,是目前许多企业的首选。如智能车企将用户画像分析存储在公有云,自动驾驶数据存储在私有云,通过混合云实现多地研发数据同步。如图9-1所示。

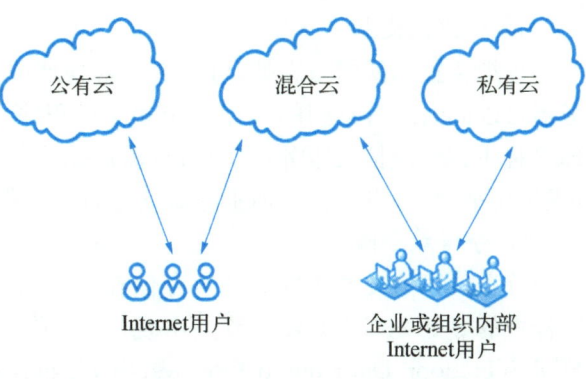

图9-1 基于部署模式的云分类

2. 按服务模式分类

IaaS(基础设施即服务):提供虚拟化计算资源,用户可以像使用自己的计算机一样使用这些资源。如AWS EC2(亚马逊云服务)和阿里云ECS。用户可以根据自己的需求,随时申请或释放虚拟机,就像租用一台计算机一样方便。

PaaS(平台即服务):提供开发环境与工具,用户可以在平台上面开发和运行自己的应用程序,无须关心底层的硬件和操作系统。如Google App Engine和华为云数据库服务。该模式让开发者可以更专注于应用的开发,而非硬件的管理。

SaaS(软件即服务):直接提供应用程序,用户只需要通过互联网访问这些软件,就可以使用其功能。如Office 365和钉钉。用户无须安装或维护软件,只要有网络,就可以随时随地使用这些软件。如图9-2所示。

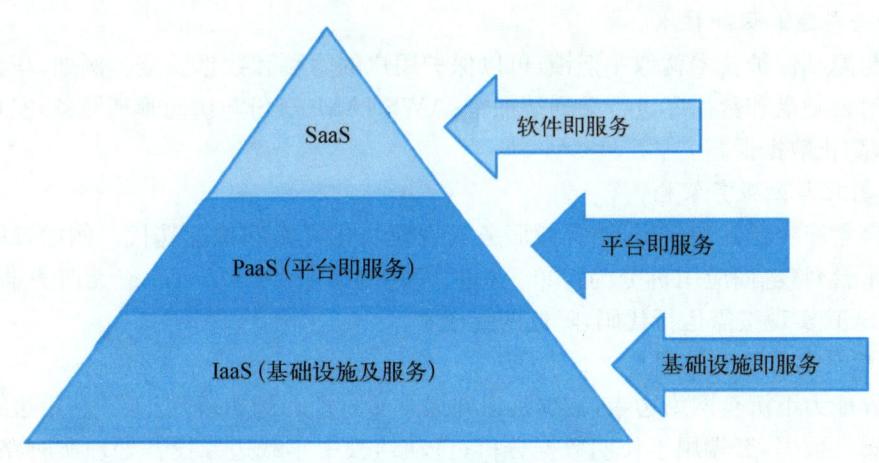

图9-2 基于服务模式的云分类

云计算通过公有云、私有云、混合云的部署模式满足不同场景需求,同时以 IaaS、PaaS、SaaS 分层服务降低技术门槛。

9.1.3 云计算的关键技术

云计算的关键技术是实现其核心功能的基础,涵盖资源管理、弹性扩展、安全保障等多个层面。以下是主要技术及其应用实例。

1. 虚拟化技术

虚拟化技术就像魔术师,可以将一台物理服务器转化为多台虚拟服务器。这些虚拟服务器可以同时运行不同的操作系统和应用程序,大大提高了服务器的利用率。例如,AWS EC2 提供弹性虚拟机服务,用户可按需启动实例并自定义操作系统环境;VMware vSphere(虚拟化平台)可将多台物理服务器整合为统一资源池,降低运维成本。

2. 分布式存储技术

分布式存储技术将数据分散存储在多个节点上,就像把鸡蛋放在不同的篮子里一样。这样做的好处是,即使某个节点出现故障,数据也不会丢失,而且可以快速恢复。例如,HDFS(Hadoop Distributed File System,分布式存储系统)支持海量数据存储与并行计算,适用于大数据分析;Ceph(开源分布式存储系统)提供对象存储、块存储和文件存储的统一接口,应用于云平台后端存储。

3. 弹性伸缩技术

弹性伸缩技术就像弹性带,可以根据业务负载的变化自动调整资源的大小。当业务量增加时,系统会自动增加资源;当业务量减少时,系统会自动减少资源。例如,阿里云 ECS 弹性计算池支持秒级创建千台云服务器,应对"双十一"流量高峰;Azure(微软云计算服务)自动扩展组根据 CPU 利用率动态调整虚拟机数量,保障在线教育平台稳定性。

4. 自动化与编排技术

自动化与编排技术就像智能管家,可以自动管理资源的调度、监控和故障修复。例如,Kubernetes(简称"K8s",开源容器编排平台)自动管理容器化应用的部署、扩缩容和负载均衡;AWS Lambda(亚马逊无服务器计算服务)根据事件触发自动执行代码,用于实时数据处理。

5. 安全与隐私保护技术

安全与隐私保护技术就像一把锁,可以保护用户的隐私和数据安全。例如,华为云数据加密服务对云硬盘和数据库进行端到端加密;AWS IAM(身份与访问管理服务)实现精细化权限控制,防止数据泄露。

6. 容器化与微服务架构

通过轻量级容器封装应用,结合微服务实现模块化开发和快速迭代。例如,Docker(开源容器化平台)将电商应用拆分为订单、支付、库存等微服务;Serverless(无服务器架构)通过腾讯云 SCF 实现按需运行代码,降低闲置成本。

7. 边缘计算与云边协同

将计算能力下沉至网络边缘,减少延迟并提升实时性。例如,智能工厂利用边缘节点实时处理传感器数据,云端用于长期数据分析;自动驾驶中车载边缘设备处理实时路况信息,云端同步更新高精度地图。

云计算的关键技术通过虚拟化、分布式存储、弹性伸缩实现资源高效利用,借助自动化编排和安全技术保障稳定性和合规性,结合容器化和边缘计算推动应用创新。例如,Kubernetes 支撑大规模微服务架构,边缘计算加速工业物联网落地。

9.1.4　云计算的应用

云计算通过弹性资源调度、分布式架构与智能服务能力,已渗透至多个行业场景,以下是典型应用领域及实际案例。

1. 企业 IT 基础设施云化

(1) 核心业务系统迁移:企业将 ERP(企业资源计划)、CRM(客户关系管理)等核心系统迁移至云平台,降低本地服务器维护成本。例如,某跨国零售集团将全球供应链管理系统部署于 AWS EC2,实现跨区域数据实时同步与统一管理,硬件成本降低 60%。

(2) 数据库云托管:云数据库服务支持存储与计算能力的弹性扩展。例如,某银行采用华为云 GaussDB,在"双十一"期间自动扩容至 10 万 QPS(每秒查询率),保障交易系统稳定。

2. AI 大模型训练与推理

(1) 千亿参数模型训练:云计算提供高性能 GPU 集群,加速大模型训练与推理。例如,中国移动云智算平台支撑某科研机构训练千亿参数大语言模型,训练周期从 6 个月缩短至 3 周,算力利用率提升 40%。

(2) 实时 AI 推理服务:结合边缘计算实现低延迟推理。例如,自动驾驶公司通过阿里云 ENS 边缘节点实时处理车载摄像头数据,云端同步更新高精度地图,推理响应时间低于 50 ms。

3. 高并发业务场景支撑

(1) 电商大促弹性扩容:电商平台通过云资源池应对流量洪峰。例如,拼多多使用腾讯云弹性伸缩服务,在"618"期间自动扩容至 2 万台云服务器,峰值流量承载能力达每秒百万级请求。

(2) 票务系统秒杀场景:分布式云服务保障高并发稳定性。例如,铁路 12306 系统基于阿里云 PolarDB 数据库,春运期间单日处理购票请求超 2 000 万次,数据库读写分离架构使吞吐量提升 300%。

4. 教育创新与资源共享

(1) AI 教育云平台:广东省通过"2+1"方案构建省级 AI 教育云,提供标准化课程资源与教师培训服务,覆盖 2 000 所学校,师生 AI 工具使用效率提升 70%。

(2) 在线教育实时协作:腾讯会议(SaaS 服务)支持万人级在线课堂,结合云端音视频处理技术实现低延迟互动,疫情期间单日支撑超 1 亿人次在线学习。

5. 工业物联网与智能制造

(1) 智能工厂数据中台:某汽车制造商通过 Azure IoT Hub(物联网平台服务,实现设备与云端之间的安全通信和管理)构建工厂数据中台,实时采集 10 万台设备传感器数据,云端 AI 分析预测设备故障准确率达 95%。

(2) 供应链可视化:海尔 COSMOPlat 工业互联网平台基于混合云架构,实现全球 2 000 家供应商数据互联,物料库存周转效率提升 30%。

6. 金融行业创新应用

（1）风控模型实时计算：蚂蚁金服采用阿里云 MaxCompute，每天处理 PB 级交易数据，实时识别欺诈行为，风险拦截准确率提升至 99.9%。

（2）区块链金融平台：招商银行基于腾讯云 TBaaS 区块链服务，构建跨境贸易金融平台，单笔交易处理时间从 3 天缩短至 10 分钟。

9.2 大 数 据

9.2.1 大数据的概念

大数据的概念

在这个信息爆炸的时代，数据就像一座巨大的宝藏，隐藏着无数的秘密。大数据（Big Data）就是指那些传统数据处理工具难以高效处理的海量、高增速、多样化的数据集合。它的核心特征可以用 4V 模型来概括。

Volume（大量）：数据规模庞大，从 TB 级到 PB 级甚至 EB 级。例如，抖音每天新增视频数据量超 500 TB，需分布式存储系统支撑。

Velocity（高速）：数据生成与处理速度极快，需实时或近实时响应。例如，股票交易系统每秒处理数十万笔订单数据，延迟需控制在毫秒级。

Variety（多样）：数据类型复杂，包括结构化数据（如数据库中的表格）、半结构化数据（如 JSON 格式的数据）、非结构化数据（如图片、视频）。例如，医院数据包含电子病历（结构化数据）、CT 影像（非结构化数据）、传感器日志（半结构化数据）。

Value（低价值密度）：数据价值高但密度低，需通过分析提取有效信息。例如，监控视频中仅约 0.01% 的画面包含异常行为。

9.2.2 大数据的关键技术

要从大数据这座宝藏中挖掘出有价值的信息，需要一系列关键技术的支撑。下面简要介绍一下大数据的关键技术。

1. 分布式存储与计算

分布式存储与计算通过将数据分片存储在多台服务器上，采用并行处理方式提升效率。例如，Hadoop HDFS 作为典型的分布式文件系统，可支持 PB 级数据存储，常用于银行客户交易历史等大规模数据场景；Spark（大数据处理框架）作为内存计算框架，处理速度较 Hadoop MapReduce（分布式计算框架）提升 100 倍，适用于实时日志分析等对速度要求较高的场景。

2. 数据清洗与预处理

数据清洗与预处理通过去除噪声数据、填补缺失值、统一数据格式来提升数据质量。例如，某车企利用 Python Pandas（数据清洗与分析库）清洗 10 亿条传感器数据，将错误率从 15% 降至 0.3%，显著提升了数据的可用性与准确性。

3. 数据分析与挖掘

数据分析与挖掘技术通过统计建模和机器学习从数据中提取规律。关联规则挖掘如沃尔玛的"啤酒与尿布"案例，通过分析购物篮数据发现商品之间的关联，从而提升销售额；聚类分析则可用于电商平台对用户消费行为进行分类,划分高价值客户群体,实现精准营销。

4. 实时流处理

实时流处理技术对持续生成的数据流进行即时分析,以快速响应动态变化。Apache Flink(实时流处理框架)是该领域的典型工具,例如,电网公司利用 Flink 实时监控千万级智能电表数据,将异常用电检测延迟控制在 1 s 以内,有效提升了电网的运行效率与安全性。

9.2.3 大数据的核心技术

大数据的核心技术贯穿数据全生命周期管理,涵盖采集、存储、处理、分析、治理与可视化等环节,以下分模块详解并配以行业案例。

1. 数据采集与预处理

(1) 多元异构数据采集:通过 Sqoop(批量数据传输工具)实现关系型数据库与 Hadoop 集群的数据迁移;Apache Kafka(分布式消息队列系统)支撑电商平台实时捕获用户单击行为数据;某电商使用 Flume(数据收集与传输工具)采集用户浏览日志并存储至 HDFS 用于行为分析。

(2) 数据清洗与转换:利用 Python Pandas 或 Spark MLlib 填补缺失值,通过 ETL 工具(如 Kettle)将半结构化 JSON 日志转换为结构化数据。某车企通过清洗传感器数据,将错误率从 8% 降至 0.2%,提升数据可用性。

2. 分布式存储技术

(1) 分布式文件系统:HDFS 通过文件分块存储和跨节点冗余备份支持 PB 级数据存储;阿里云 OSS(对象存储服务)用于存储短视频平台用户上传的 4K 视频;某银行采用 HDFS 存储 10 年客户交易数据,支撑风控模型训练。

(2) 非关系数据库(NoSQL):Redis(开源高性能键值存储数据库)缓存社交平台用户关系图谱;MongoDB(开源文档型数据库)存储医院电子病历;某社交 App 使用 Cassandra(分布式列族数据库)存储用户动态,读写吞吐量达百万级/秒。

3. 数据处理与分析技术

(1) 批处理与流处理:Hadoop MapReduce 处理离线日志;Spark Streaming 实时统计直播平台在线人数;某物流公司使用 Flink 处理 GPS 轨迹数据,实时优化配送路径。

(2) 机器学习与 AI 模型:Spark MLlib 提取用户消费行为特征;TensorFlow(开源机器学习框架)训练医疗影像识别模型;医渡科技基于 AI 中台构建疾病风险预测模型,助力慢性病防控科研。

4. 数据可视化与治理

(1) 交互式可视化工具:Tableau(商业智能分析工具)生成零售行业销售热力图;Grafana(开源监控分析平台)监控云服务器集群资源使用率并触发告警;某金融机构使用 Power BI(商业分析工具)生成实时资产配置看板,辅助投资决策。

(2) 数据质量管理:Apache Atlas(开源元数据治理工具)追踪数据血缘关系,保障合规审计;阿里 DataWorks(数据开发治理平台)记录 ETL 流程,快速定位数据异常源头;某航空集团通过数据治理平台统一管理全球航班数据,提升数据一致性。

9.2.4 大数据的应用

大数据技术通过数据采集、存储、分析与智能化处理赋能多领域创新,以下是典型应用场景与行业案例。

1. 智慧城市与公共治理

(1)交通流量优化:通过实时分析道路摄像头数据与GPS轨迹,动态调整红绿灯配时。例如,杭州城市大脑整合10万路摄像头数据,使主干道通行速度提升15%。

(2)疫情预测与防控:融合人口流动数据与医疗资源分布,构建传播模型。例如,百度AI通过搜索数据分析,提前14天预警局部疫情暴发。

2. 医疗健康与精准诊疗

(1)基因测序与疾病预测:基于PB级基因数据识别致病突变位点,例如,华大基因将罕见病诊断时间从2年缩短至1周。

(2)医疗影像AI辅助诊断:利用深度学习算法分析CT/MRI影像,定位病灶区域。例如,某三甲医院采用AI模型使肺结节检出准确率达98%。

3. 金融科技与风险管理

(1)反欺诈与信用评估:整合支付、社交与设备指纹数据训练风控模型。例如,蚂蚁金服实时拦截欺诈交易,准确率超99.9%。

(2)区块链金融平台:通过分布式账本技术保障跨境交易透明性与安全性。例如,招商银行基于区块链技术将单笔交易处理时间缩短至10 min。

4. 工业物联网与智能制造

(1)设备预测性维护:分析传感器振动、温度数据预判设备故障。例如,三一重工预测工程机械故障准确率超90%,维修成本降低30%。

(2)供应链可视化:整合全球供应商数据优化库存周转。例如,海尔工业互联网平台使物料周转效率提升30%。

5. 教育创新与个性化学习

(1)AI教育云平台:分析学生答题行为与知识盲点,生成定制化学习路径。例如,广东省AI教育云覆盖2 000所学校,师生工具使用效率提升70%。

(2)在线教育实时互动:通过云端处理音视频流数据,支持万人级低延迟课堂。例如,腾讯会议单日支撑超1亿人次在线学习。

6. 网络安全与威胁防御

(1)网络攻击实时监测:利用流处理技术(如Apache Flink)分析日志与流量数据。例如,阿里云实时拦截DDoS(分布式拒绝服务攻击)攻击,峰值防护能力达10 Tbps。

(2)威胁情报分析:通过NLP(自然语言处理)技术提取暗网与社交媒体中的攻击线索。例如,某金融机构通过关联分析提前阻断APT(高级持续性威胁)攻击。

9.3 云计算与大数据的关系

9.3.1 云计算与大数据的联系

云计算与大数据的关系可概括为"硬币的正反面",二者相互依存、互为支撑,共同推动数字化转型。

1. 技术互补性：云计算为基，大数据为用

（1）云计算通过分布式文件系统（如 HDFS）与云存储服务（如阿里云 OSS）提供 PB 级存储能力，支持银行客户交易数据存储（超 2PB），同时利用弹性资源池（如 Spark 集群）实现并行计算，助力某物流公司日均处理 10 亿条 GPS 轨迹数据。

（2）大数据应用（如金融反欺诈、医疗影像分析等）依赖云计算资源（如蚂蚁金服实时拦截欺诈交易需调用云算力）。企业通过挖掘用户行为数据（如 Netflix 观影记录）生成商业洞察，云计算为其提供底层技术保障，推动数据资产化。

2. 弹性资源支持：动态扩展应对数据洪峰

（1）云计算可动态调配服务器资源，应对电商大促期间流量激增（如每秒处理 10 万条用户单击日志）。某直播平台通过 Spark Streaming 实时统计在线人数，延迟小于 1 s。

（2）大数据处理常伴随突发性任务（如疫情预测模型训练），云计算的弹性伸缩能力可快速响应算力需求，有效应对浪涌式需求。

3. 成本优化：降低大数据应用门槛

（1）中小企业无须自建数据中心，通过云服务（如 AWS EC2）即可处理海量数据，成本降低 70%，某车企清洗 1 亿条传感器数据时，利用云资源将错误率从 8% 降至 0.2%，节省硬件投入。

（2）云计算通过虚拟化技术整合闲置算力，国家电网监控千万级智能电表数据时资源利用率提升 40%，实现资源高效利用。

4. 技术创新：相互促进迭代升级

（1）为支持 AI 模型训练（如医疗影像识别），云计算平台推出高性能 GPU 实例与分布式训练框架，中国移动"算网大脑 3.0"实现算力、网络与数据的智能调度，支持国产化服务器（如磐石 DPU），推动云计算技术演进。

（2）云计算赋能大数据工具链，云原生数据库（如 MongoDB Atlas）与流处理引擎（如 Flink）优化数据实时分析能力，提升大数据处理效率。

9.3.2 云计算与大数据的核心区别

云计算与大数据虽常被共同提及，但二者在技术定位、核心目标与实现方式等方面存在本质差异。简单来说，云计算是"工具"，大数据是"材料"；云计算注重"资源管理"，大数据注重"数据分析"；云计算是"平台"，大数据是"应用"。以下从七个维度对比解析云计算和大数据的区别，并辅以行业实例说明。

（1）定义与核心目标的区别见表 9-1。

表 9-1 定义与核心目标的区别

维 度	云 计 算	大 数 据
定义	通过互联网按需提供计算资源（服务器、存储、网络等）的服务模式	对海量、高增长、多样化的数据进行采集、存储、分析与挖掘的技术体系
核心目标	降低 IT 资源获取成本，实现弹性扩展与按需付费	从数据中提取价值，支持决策优化、预测分析等场景

续　表

维　度	云　计　算	大　数　据
实例	阿里云 EC2 提供虚拟服务器，企业按小时租用 CPU/内存资源	Netflix（流媒体服务平台）分析用户观影行为，优化推荐算法

（2）技术焦点与核心能力的区别见表 9-2。

表 9-2　技术焦点与核心能力的区别

维　度	云　计　算	大　数　据
技术焦点	资源虚拟化与调度：通过虚拟化技术（如 KVM、Docker）整合物理资源，动态分配	数据全流程处理：涵盖数据采集、清洗、存储、计算、分析、可视化全链路技术
核心能力	弹性伸缩（Auto Scaling） 多租户隔离（Multi-tenancy） 服务模式（IaaS/PaaS/SaaS）	分布式存储（HDFS） 并行计算（MapReduce/Spark） 机器学习（TensorFlow）
实例	腾讯云函数（SCF）根据请求量自动扩容，支撑电商秒杀活动	华大基因使用 Hadoop 集群处理 PB 级基因数据，加速罕见病研究

（3）应用场景与服务对象的区别见表 9-3。

表 9-3　应用场景与服务对象的区别

维　度	云　计　算	大　数　据
典型场景	企业 IT 基础设施上云 开发测试环境快速搭建 高并发 Web 应用托管	用户行为分析 工业设备预测性维护 金融风控模型训练
服务对象	IT 管理者与开发者：提供资源管理工具（如 AWS 控制台）与 API	数据分析师与业务部门：提供数据报表、预测模型与可视化看板
实例	某创业公司通过 AWS Lightsail 1 小时内部署全球可访问的 Web 服务	三一重工基于设备传感器数据预测机械故障，维修成本降低 30%

（4）核心挑战与关键技术的区别见表 9-4。

表 9-4　核心挑战与关键技术的区别

维　度	云　计　算	大　数　据
核心挑战	资源利用率优化 跨云平台兼容性 安全合规（如 GDPR）	数据质量治理 实时处理性能（低延迟） 隐私保护（如匿名化技术）

续 表

维 度	云 计 算	大 数 据
关键技术	容器编排(Kubernetes) 混合云管理(Azure Arc) 零信任安全架构	流计算引擎(Flink) 数据湖(Delta Lake) 联邦学习(Federated Learning)
实例	国家电网通过混合云架构实现核心业务数据本地化存储,边缘节点实时处理	蚂蚁金服使用 Flink 实时分析支付交易流,欺诈检测延迟<100 ms

(5) 技术栈与工具生态的区别见表 9-5。

表 9-5 技术栈与工具生态的区别

维 度	云 计 算	大 数 据
技术栈	虚拟化层:VMware、Xen 云服务:AWS EC2、阿里云 OSS 监控工具:CloudWatch	存储层:HDFS、HBase 计算层:Spark、Hive 分析工具:Tableau、Power BI
工具定位	资源供给型工具:聚焦资源创建、配置与运维	数据驱动型工具:聚焦数据加工、建模与洞察
实例	某游戏公司使用 AWS GameLift 快速部署全球游戏服务器,动态扩容应对玩家峰值	某零售企业利用 Spark ML 训练用户分群模型,精准营销转化率提升 25%

(6) 成本模式与效益衡量的区别见表 9-6。

表 9-6 成本模式与效益衡量的区别

维 度	云 计 算	大 数 据
成本构成	硬件资源租用费(如 CPU/存储/带宽)+服务管理费用	数据采集成本+存储计算资源消耗+算法研发投入
效益衡量指标	资源利用率(如 CPU 使用率) 运维人力节省比例	数据价值转化率(如营销 ROI)模型准确率(如风控拦截成功率)
实例	某中小企业使用 Azure 虚拟机替代自建机房,IT 成本降低 60%	某银行通过大数据风控模型减少坏账损失 1.2 亿元/年

(7) 时间维度与实时性的区别见表 9-7。

表 9-7 时间维度与实时性的区别

维 度	云 计 算	大 数 据
核心时间特性	资源交付即时性:分钟级创建虚拟机/容器实例	数据处理实时性:流计算场景要求毫秒级响应(如金融交易监控)

续表

维度	云计算	大数据
典型技术	快速扩缩容（如 AWS Auto Scaling）	实时计算引擎（如 Apache Flink）
实例	某视频网站双十一期间自动扩容 1 000 台云服务器，活动结束后释放	某证券交易系统使用 Flink 实时监控异常交易，风险事件发现速度从小时级提升至秒级

（8）总结对比

最后将两者区别做一个总结，区别见表 9‑8。

表 9‑8　云计算与大数据的区别总结

维度	云计算	大数据	互补关系案例
本质	资源服务化	数据价值化	云计算为大数据提供弹性资源池（如 Spark 集群），大数据应用验证云计算价值（如阿里云支撑双十一数据分析）
核心输出	虚拟化资源（CPU/存储/网络）	数据洞察（报表/模型/预测）	某车企使用 AWS EC2 运行 Hadoop 集群，分析千万级车辆数据优化自动驾驶算法
技术重心	如何高效分配与管理资源	如何从数据中提取有效信息	腾讯云 TI 平台集成 TensorFlow，提供从模型训练到云上部署的一体化服务

9.3.3　云计算与大数据的综合应用

云计算与大数据技术的深度融合，通过弹性资源供给与智能化数据处理推动多行业创新。以下是典型场景与实例。

1. 金融风控

银行可以用云计算平台存储海量的交易数据，然后用大数据分析技术找出异常交易，防止欺诈行为。例如，蚂蚁金服就是通过云计算和大数据技术，实时拦截欺诈交易，保护用户的财产安全。

2. 医疗影像分析

医院可以用云计算平台存储大量的 CT、MRI 影像数据，然后用大数据和人工智能技术分析这些影像，帮助医生更快地诊断疾病。

3. 工业物联网与智能制造

工厂可以用云计算平台存储设备传感器的数据，然后用大数据技术分析这些数据，预测设备故障，提前维修，减少停机时间。

4. 智慧城市与交通管理

城市可以用云计算平台存储交通摄像头的数据，然后用大数据技术分析这些数据，优化交通信号灯的配时，让交通更顺畅。

本章小结

本章深入探讨了云计算与大数据的核心概念、关键技术、分类、应用场景以及二者之间的关系。云计算作为一种按需提供计算资源的技术,具备按需自助服务、广泛的网络访问、资源池化、弹性伸缩和可度量计费等特点,能够帮助企业降低成本、提高效率。它根据部署模式分为公有云、私有云和混合云,根据服务模式分为 IaaS、PaaS 和 SaaS。大数据则指海量、高增速、多样化的数据集合,其 4V 特征(Volume、Velocity、Variety、Value)决定了需要特殊的处理技术。大数据的关键技术包括分布式存储与计算、数据清洗与预处理、数据分析与挖掘以及实时流处理等,广泛应用于智慧城市、医疗健康、金融科技、工业物联网等领域。云计算与大数据相互依存,云计算为大数据提供了强大的计算和存储资源,大数据为云计算提供了丰富的应用场景。二者结合推动了多行业的创新,如金融风控、医疗影像分析、工业物联网和智慧城市管理等。通过本章的学习,应理解云计算与大数据的基本概念,掌握其分类与关键技术,了解应用场景,并明确二者的关系与综合应用价值。

课后练习 9

1. 单选题

   (1) 云计算的核心是将计算能力转化为像水和电一样的(　　)公共服务。
   A. 按需购买、固定付费　　　　　　B. 按需使用、灵活付费
   C. 长期租赁、固定付费　　　　　　D. 短期使用、高价付费

   (2) 以下云部署模式由第三方服务商通过互联网提供共享资源,用户按需付费的是(　　)。
   A. 私有云　　　B. 混合云　　　C. 公有云　　　D. 社区云

   (3) 以下技术中,(　　)通过软件将物理资源抽象为虚拟资源池,支持多用户共享。
   A. 分布式存储技术　　　　　　　　B. 虚拟化技术
   C. 自动化与编排技术　　　　　　　D. 容器化技术

   (4) 某电商直播平台在带货高峰期使用阿里云 ECS 自动扩容,活动结束后释放资源,这体现了云计算的(　　)特点。
   A. 按需自助服务　　B. 弹性伸缩　　C. 资源池化　　D. 按量计费

   (5) 以下服务模式中,(　　)直接提供应用程序,用户无须安装。
   A. IaaS　　　　B. PaaS　　　　C. SaaS　　　　D. DaaS

   (6) 大数据的 4V 模型中,描述数据生成与处理速度极快的特征是(　　)。
   A. Volume　　　B. Velocity　　　C. Variety　　　D. Value

   (7) 以下技术中,(　　)常用于实时监控千万级智能电表数据并控制异常用电检测延迟在 1 s 以内?
   A. Hadoop HDFS　　　　　　　　B. Spark

C. Apache Flink D. Redis

(8) 在医疗健康领域,AI 模型分析 CT/MRI 影像定位病灶区域的应用属于(　　)。
　　A. 基因测序与疾病预测 B. 医疗影像 AI 辅助诊断
　　C. 疫情预测与防控 D. 工业物联网与智能制造

(9) 以下数据库中,(　　)适合存储医院电子病历。
　　A. MySQL B. MongoDB C. Oracle D. SQL Server

(10) 某车企通过清洗传感器数据将错误率从 8% 降至 0.2%,主要提升了(　　)环节的数据质量。
　　A. 数据采集 B. 数据存储
　　C. 数据清洗与预处理 D. 数据分析

2. 多选题

(1) 云计算的主要特点包括哪些?(　　)
　　A. 按需自助服务 B. 广泛的网络访问 C. 资源池化 D. 弹性伸缩
　　E. 按量计费

(2) 云计算的部署模式包括哪些?(　　)
　　A. 公有云 B. 私有云 C. 混合云 D. 社区云

(3) 以下哪些属于云计算的关键技术?(　　)
　　A. 虚拟化技术 B. 分布式存储技术
　　C. 自动化与编排技术 D. 区块链技术

(4) 以下哪些是 SaaS 服务模式的典型应用?(　　)
　　A. Office 365 B. 钉钉
　　C. AWS EC2 D. Google App Engine

(5) 云计算在金融行业的应用包括哪些?(　　)
　　A. 风控模型实时计算 B. 区块链金融平台
　　C. 智能工厂数据中台 D. 供应链可视化

(6) 大数据的 4V 模型包括以下哪些特征?(　　)
　　A. Volume(大量) B. Velocity(高速)
　　C. Variety(多样) D. Value(低价值密度)

(7) 以下哪些属于大数据的关键技术?(　　)
　　A. 分布式存储与计算 B. 数据清洗与预处理
　　C. 实时流处理 D. 区块链技术

(8) 大数据在金融科技领域的应用包括哪些?(　　)
　　A. 反欺诈与信用评估 B. 区块链金融平台
　　C. 供应链可视化 D. 设备预测性维护

(9) 以下哪些工具可用于数据可视化?(　　)
　　A. Tableau B. Grafana C. Power BI D. Hadoop HDFS

(10) 大数据在智慧城市与公共治理中的应用场景包括哪些?(　　)
　　A. 交通流量优化 B. 疫情预测与防控

C. 医疗影像 AI 辅助诊断　　　　　　D. 工业物联网与智能制造

3. **判断题**

(1) 私有云的数据由第三方服务商管理,用户无须自行维护。　　　　　　　(　)

(2) 混合云结合了公有云和私有云的优势,适用于需要平衡成本与安全的场景。(　)

(3) 分布式存储技术通过将数据分散存储在多个节点,保障高可用性和快速恢复能力。

(　)

(4) Kubernetes 是一种容器化技术,用于管理容器化应用的部署和扩缩容。边缘计算将计算能力下沉至网络边缘,目的是减少延迟并提升实时性。　　　　(　)

(5) 大数据的价值密度通常较高,无须分析即可直接使用。　　　　　　　　(　)

(6) Hadoop MapReduce 比 Spark 快 100 倍,适用于实时日志分析。　　　　(　)

(7) 阿里云 OSS 可用于存储短视频平台用户上传的 4K 视频。　　　　　　(　)

(8) 三一重工通过设备预测性维护将维修成本降低了 30%。　　　　　　　(　)

(9) Apache Atlas 用于追踪数据血缘关系,保障合规审计。　　　　　　　　(　)

4. **填空题**

(1) 云计算通过互联网提供计算资源和服务的模式,用户无须自行购买和维护物理设备,这种模式称为_____。

(2) 云计算的部署模式中,由企业自建或委托搭建的专属云环境称为_____。

(3) 在云计算的服务模式中,提供开发环境与工具的是_____。

(4) 云计算的关键技术中,通过软件将物理资源抽象为虚拟资源池的技术是_____。

(5) 某银行采用华为云 GaussDB,在"双十一"期间自动扩容至 10 万 QPS,这体现了云计算的_____特点。

(6) 大数据的 4V 模型中,描述数据类型复杂的特征是_____。

(7) 某电商使用_____采集用户浏览日志并存储至 HDFS 用于行为分析。

(8) 在金融科技领域,蚂蚁金服通过整合支付、社交与设备指纹数据训练风控模型,实时拦截欺诈交易的准确率超_____。

(9) 某三甲医院采用 AI 模型使肺结节检出准确率达_____。

(10) Apache Flink 是实时流处理技术的典型工具。例如,电网公司利用其监控千万级智能电表数据,将异常用电检测延迟控制在_____以内。

第10章 物联网与区块链

本章导读

在数字时代,物联网与区块链作为信息技术领域的两大核心技术,正深刻改变着人类社会的生产与生活方式。观察身边的生活场景可以发现,各类智能设备日益普及:能刷健康码的手机、自动扫地的机器人、无须插卡的共享单车……本章将从贴近生活的实例出发,分析物联网与区块链的概念与技术。无须怕技术难,通过具体场景拆解,将带您发现信息技术的趣味所在。

本章要点

- 物联网概述
- 物联网的体系结构
- 物联网的关键技术
- 物联网的应用
- 区块链的基本概念
- 区块链的核心技术
- 区块链的应用

三维教学目标

- **知识目标**
  - 理解物联网的定义、发展历程及重要意义,准确说出其在经济、社会和生活方面产生的影响。
  - 掌握物联网的体系结构,了解物联网的关键技术。
  - 熟悉物联网在智能家居、智能交通、智能工业、智能农业和智能医疗等领域的典型应用案例,分析其应用优势。
  - 了解区块链的基本概念、特点,并理解其在信息技术领域的独特魅力。

- ◎ 了解区块链的分类,掌握区块链的核心技术。
- ◎ 了解区块链在金融服务、供应链、物联网和医疗健康等领域的具体应用情况,知道其为各行业带来的创新与价值。

● 能力目标
- ◎ 具备对物联网体系结构进行简单分析与应用规划的能力,能够运用所学的物联网关键技术知识,对常见的物联网应用场景进行技术原理分析。
- ◎ 关注物联网与区块链领域的技术发展趋势,培养技术敏锐度和创新能力,鼓励针对现有应用提出改进方案或新的应用构想。

● 素质目标
- ◎ 激发对物联网和区块链技术的学习兴趣,培养对新兴技术的敏锐度与探索精神,树立终身学习的意识,以适应不断发展的信息技术领域。
- ◎ 增强社会责任感与使命感,培养运用技术为社会发展和人类进步做贡献的价值观。
- ◎ 培养严谨的科学态度与求真务实的精神,注重细节,准确把握技术原理和应用场景,避免浮躁和片面的理解。
- ◎ 培养学生的创新思维和开拓精神,鼓励学生在学习和实践中敢于尝试新的方法和技术,提高学生的综合素质和竞争力。

本章知识点学习

10.1 物 联 网

10.1.1 物联网的定义

物联网(Internet of Things,IoT)是通过各种信息传感器、射频识别技术、全球定位系统、红外感应器、激光扫描器等各种装置与技术,实时采集任何需要监控、连接、互动的物体或过程,采集其声、光、热、电、力学、化学、生物、位置等各种需要的信息,通过各类可能的网络接入,实现物与物、物与人的泛在连接,实现对物品和过程的智能化感知、识别和管理。从本质上看,物联网是将物理世界与数字世界进行深度融合,让万事万物都能"开口说话",传递信息。

微课视频

物联网技术介绍

1. 物联网的发展历程

物联网发展示意图如图 10-1 所示。

物联网的概念最早可追溯到 1999 年美国麻省理工学院(MIT)的 Kevin Ashton 教授首次提出"物联网"概念。同年,MIT 成立了自动识别中心(Auto-ID),提出"万物皆可通过网络互联",当时主要聚焦利用射频识别(RFID)技术实现智能化物流管理,这被视为物联网的早期实践。2005 年,国际电信联盟(ITU)在《ITU 互联网报告 2005:物联网》中,正式提出了物联网的概念,指出无所不在的"物联网"通信时代即将来临,小到牙刷、纸币,大到轮胎、房屋,世界上所有的物体都可以通过互联网主动进行数据交换。此后,随着传感器技术、通信技术、云计算、大数据等技术的快速发展,物联网进入高速发展阶段,在全球范围内掀起了

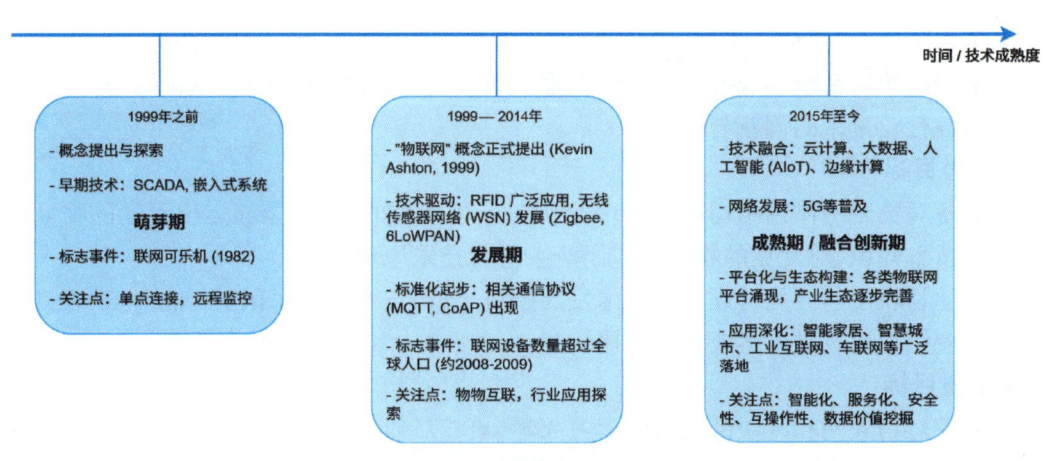

图 10-1 物联网发展示意图

研究与应用的热潮。

2. 物联网的重要意义

物联网的发展对经济、社会和生活产生了深远影响。在经济领域,物联网推动了传统产业的智能化升级,催生出大量新兴产业和商业模式,如智能家居、智能交通、工业物联网等,创造了新的经济增长点。在社会管理方面,物联网技术可应用于城市管理、环境保护、公共安全等领域,提高社会管理的效率和精准度,例如通过智能监测设备实时监控城市环境质量,及时采取环保措施。在日常生活中,物联网让人们的生活更加便捷、舒适和智能,智能家居系统可以实现远程控制家电、自动调节室内环境等功能。

10.1.2 物联网的体系结构

物联网的三层体系结构如图 10-2 所示。

1. 感知层

感知层是物联网的基础,主要功能是实现对物理世界的信息采集和识别。它由各种传感器、执行器和智能终端组成。传感器是感知层的核心设备,用于采集物理世界中的各种信息,如温度传感器可以测量环境温度,压力传感器能检测物体所受压力,图像传感器用于获取图像信息等。执行器则根据接收到的指令对物理世界进行控制,例如在智能家居系统中,电动窗帘执行器可根据环境光线强度自动开关窗帘。智能终端如智能电表、智能水表等,不仅能采集数据,还能实现数据的初步处理与传输。

2. 网络层

网络层负责将感知层采集到的信息进行传输,是物联网的"神经中枢"。它包括各种通信网络,如互联网、移动通信网络、卫星通信网络、蓝牙、ZigBee 等短距离无线通信网络。互联网和移动通信网络是实现远程数据传输的主要方式,适用于需要将数据传输到较远服务器的场景。蓝牙和 ZigBee 等短距离无线通信网络则常用于近距离设备之间的通信,具有低功耗、低成本的特点,在智能家居、工业物联网等领域广泛应用。网络层还涉及网络协议的选择和数据的路由转发等技术,以确保数据能够准确、高效地传输。

3. 应用层

应用层是物联网与用户的接口,根据不同的行业需求和应用场景,开发出各种具体的应

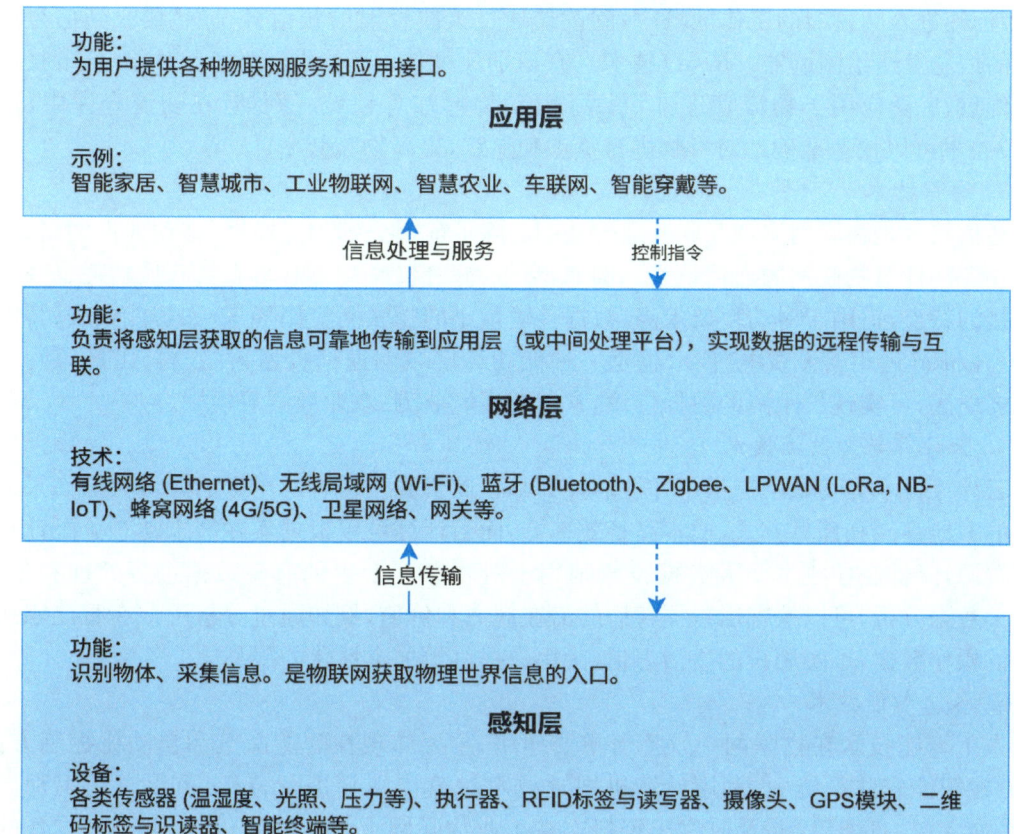

图 10-2 物联网体系结构图

用系统。应用层涵盖了众多领域,如智能农业、智能医疗、智能安防等。在智能农业中,通过物联网技术可以实现对农作物生长环境的实时监测和自动控制,包括土壤湿度、温度、光照等参数的监测,以及自动灌溉、施肥等操作,提高农业生产效率和质量。在智能医疗领域,可实现远程医疗诊断、患者健康监测等功能,例如通过可穿戴设备实时监测患者的心率、血压等生理参数,并将数据传输给医生,以便及时进行诊断和治疗。

10.1.3 物联网关键技术

1. 传感器技术

传感器技术是物联网实现信息采集的关键技术。随着科技的不断发展,传感器技术日益多样化和智能化。从原理上,传感器可分为物理传感器、化学传感器和生物传感器等。物理传感器用于测量物理量,如温度、压力、速度等;化学传感器用于检测化学物质的成分和浓度;生物传感器则利用生物活性物质对生物分子进行检测。在性能方面,现代传感器具有高精度、高灵敏度、低功耗、微型化等特点。例如,MEMS(微机电系统)传感器,它将传感器、执行器和电子电路集成在一个微小的芯片上,广泛应用于智能手机、汽车电子等领域。

2. 射频识别技术

射频识别(RFID)技术是一种非接触式的自动识别技术,通过射频信号自动识别目标对象并获取相关数据。RFID 系统由标签、阅读器和天线组成。标签中存储着目标对象的信息,当标签进入阅读器的工作区域时,阅读器通过天线发射射频信号,标签接收到信号后将存储的信息发送给阅读器。RFID 技术具有识别速度快、可同时识别多个对象、抗干扰能力强等优点,广泛应用于物流管理、门禁系统、动物追踪等领域。例如,在物流仓库中,通过 RFID 技术可以快速准确地对货物进行盘点和追踪,提高物流效率。

3. 通信技术

通信技术是物联网实现互联互通的基础。除了前面提到的互联网、移动通信网络等,还有一些专门针对物联网的通信技术。例如,窄带物联网(NB‐IoT),它具有低功耗、广覆盖、大连接的特点,适用于对功耗要求高、数据传输量小的物联网应用场景,如智能电表、智能水表等。LoRa(远距离无线电)技术也是一种低功耗广域网通信技术,在农村、山区等网络覆盖薄弱地区,可实现长距离的数据传输,常用于环境监测、农业灌溉等领域。

4. 云计算与大数据技术

云计算技术为物联网提供了弹性的计算和存储资源。物联网产生的海量数据如果采用传统的本地存储和计算方式,成本高且效率低,而云计算可以根据实际需求动态分配计算和存储资源,降低企业成本。大数据技术则用于对物联网产生的海量数据进行处理和分析。通过大数据分析,可以挖掘出数据背后的潜在规律和价值,例如通过分析用户在智能家居系统中的操作数据,了解用户的生活习惯,为用户提供更加个性化的服务。

5. 人工智能技术

人工智能技术在物联网中发挥着重要作用,主要体现在智能决策和自动化控制方面。例如,在智能安防系统中,利用计算机视觉技术对监控视频进行分析,可以自动识别异常行为,如入侵、打架等,并及时发出警报。在工业物联网中,机器学习算法可以对设备的运行数据进行分析,预测设备的故障概率,实现设备的预防性维护,减少停机时间和维修成本。

10.1.4 物联网的应用

1. 智能家居

物联网的应用

智能家居是物联网在家庭生活中的典型应用。通过物联网技术,将家中的各种设备如灯光、空调、电视、门锁、安防摄像头等连接起来,实现设备的远程控制和自动化运行。用户可以通过手机 App 远程控制家中的灯光开关和亮度调节,在下班途中提前打开家中的空调,回家就能享受舒适的温度。智能家居系统还可以根据环境条件和用户习惯自动调节设备,例如当检测到室内光线不足时,自动打开灯光;当检测到有人离开房间时,自动关闭电器设备,实现节能,如图 10-3 所示。

2. 智能交通

智能交通利用物联网技术实现交通系统的智能化管理。在道路上安装各种传感器,如交通流量传感器、车辆速度传感器等,实时采集交通信息。通过这些信息,交通管理部门可以优化交通信号灯的配时,缓解交通拥堵。同时,智能交通系统还可以实现车辆的智能导航和调度,例如出租车调度系统可以根据实时交通状况和乘客需求,为司机规划最优路线,提高运营效率。此外,车联网技术也是智能交通的重要组成部分,通过车辆之间、车辆与基础设施之间的通信,实现自动驾驶、碰撞预警等功能,提高行车安全,如图 10-4 所示。

图 10-3 智能家居

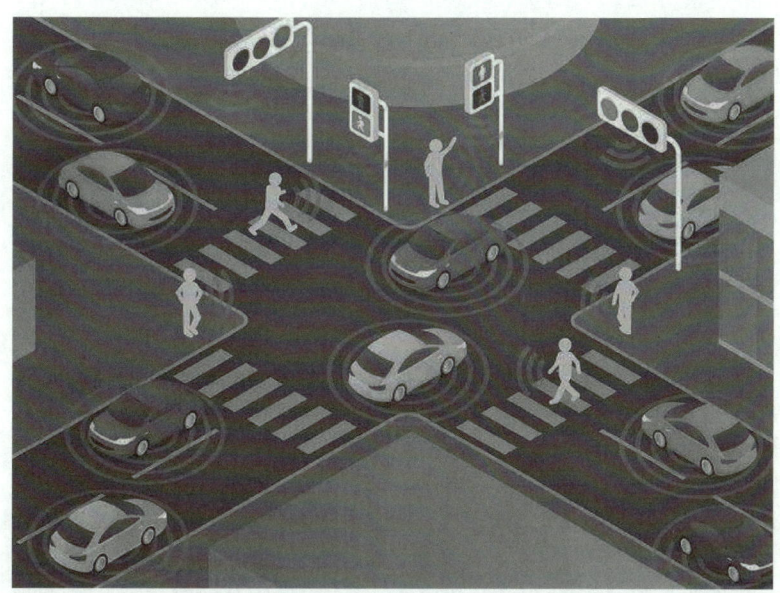

图 10-4 智能交通

3．智能工业

在工业领域，物联网技术推动了工业生产的智能化升级。通过在生产设备上安装传感器，实时采集设备的运行参数，如温度、振动、转速等，企业可以对设备进行远程监控和故障诊断。利用物联网技术还可以实现生产过程的自动化控制，例如在自动化生产线中，根据产品的生产要求自动调整生产设备的参数和运行状态。工业物联网还可以实现供应链的智能化管理，通过对原材料、在制品和成品的实时追踪，优化供应链流程，降低库存成本，如图 10-5 所示。

4．智能农业

智能农业通过物联网技术实现农业生产的精准化和智能化。在农田中部署各种传感

图 10-5 智能工业

器,监测土壤湿度、养分含量、气象条件等信息,根据这些数据自动控制灌溉、施肥等农业操作,实现精准灌溉和精准施肥,提高水资源和肥料的利用效率,减少环境污染。此外,物联网技术还可用于农产品的溯源,通过在农产品上粘贴 RFID 标签或二维码,消费者可以查询农产品的产地、生长过程、农药使用等信息,保障食品安全,如图 10-6 所示。

图 10-6 智能农业

5. 智能医疗

智能医疗利用物联网技术改善医疗服务质量和效率。可穿戴医疗设备如智能手环、智能手表等,可以实时监测用户的心率、血压、睡眠等生理参数,并将数据传输到医疗平台。医生可以通过这些数据对患者进行远程健康监测和诊断,及时发现健康问题并提供相应的治疗建议。在医院内部,物联网技术可以实现医疗设备的管理和监控,例如对大型医疗设备的使用情况进行实时追踪,确保设备的正常运行和合理调配。此外,智能医疗还可以实现远程手术等高端应用,通过高速网络和机器人技术,让专家在远程为患者进行手术操作,如图 10-7 所示。

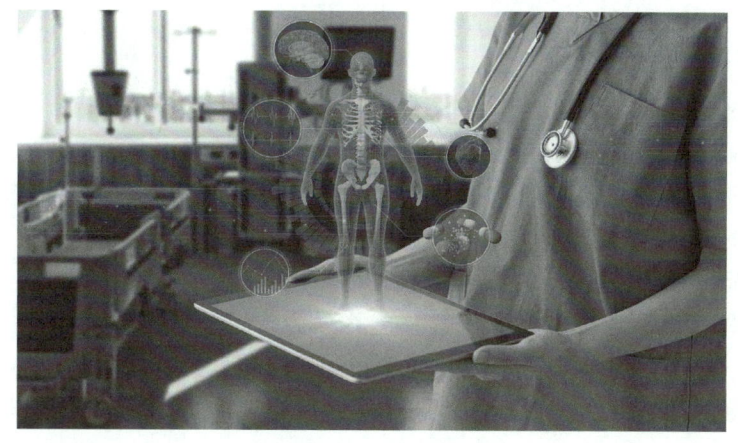

图 10-7　智能医疗

10.2　区 块 链

在数字化浪潮席卷全球的今天,信息技术以前所未有的速度发展和演进。互联网的普及极大地提高了信息的传播效率,但也带来了一些新的问题,例如数据安全与隐私保护、中心化系统带来的潜在风险以及如何在互不信任的个体或组织之间建立有效的协作与信任机制。区块链技术正是在这样的背景下逐渐走进人们的视野。它不仅仅是一种单一的技术,更是一种融合了多种现有技术而形成的新型分布式账本和协作模式。区块链的核心思想是构建一个去中心化、公开透明、不可篡改的数据库系统,使得参与者无须依赖任何中心化的权威机构,即可进行可信的数据交换和价值转移,如图 10-8 所示。

微课视频

区块链基础知识

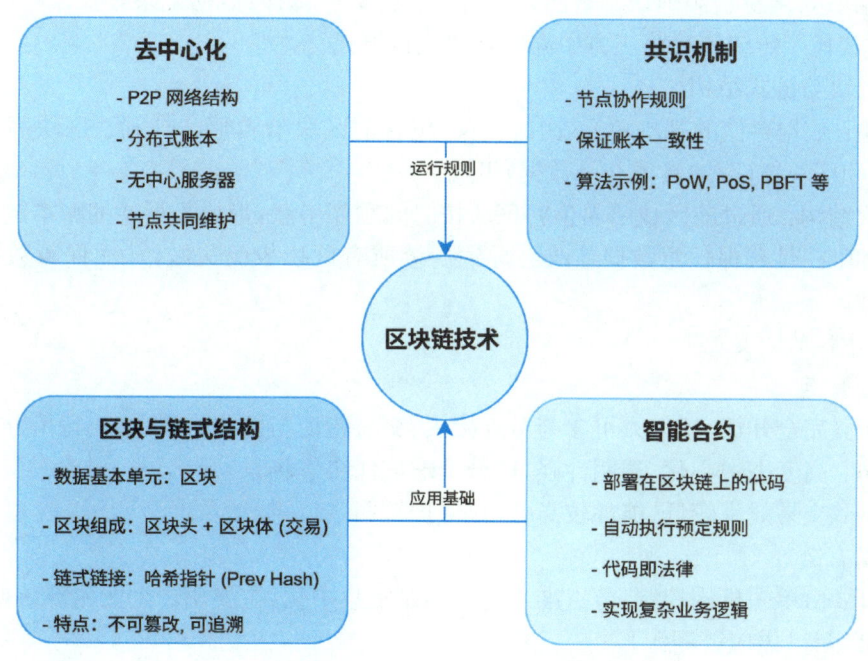

图 10-8　区块链技术基础

10.2.1 区块链的基本概念

1. 基本概念

区块链(blockchain 或 block chain)是一种块链式存储、不可篡改、安全可信的去中心化分布式账本,它结合了分布式存储、点对点传输、共识机制、密码学等技术,通过不断增长的数据块链(Blocks)记录交易和信息,确保数据的安全和透明性。

2. 区块链的特点

区块链被提出以来,区块链技术迅速引起了学术界、工业界乃至各国政府的广泛关注。它被认为是继互联网之后,有望重塑数字经济和社会的关键技术之一,在金融、供应链、物联网、政务等众多领域展现出巨大的应用潜力。理解区块链的工作原理,需要掌握其背后的一些核心特点。

(1) 去中心化

区别于传统中心化系统(如银行服务器、互联网数据中心),区块链采用分布式网络架构,数据分散存储于各节点,无单一控制中心。节点平等参与数据验证与维护,安全性由全网共识机制保障,而非依赖中心机构信用。

(2) 共识机制

作为区块链的"信任引擎",共识机制是节点间就数据有效性达成一致的规则集合。通过算法(如工作量证明 PoW、权益证明 PoS、实用拜占庭容错 PBFT 等),确保去中心化网络中节点对新增区块的一致性认可,维持账本完整性。其设计直接影响系统的性能、安全性与去中心化程度。

(3) 智能合约

基于区块链的自动执行程序,将合约条款编码为可触发的代码逻辑。当预设条件满足时(如时间到达、交易金额确认),智能合约自动执行资产转移、数据记录等操作,全程透明且不可篡改,替代了传统依赖第三方中介的合约执行模式。

(4) 区块与链式结构

- 区块:数据存储的基本单元,由区块头(包含前区块哈希值、时间戳、区块高度等元数据)和区块体(存储具体交易数据)组成。
- 链式结构:通过前区块哈希值将区块按时间顺序串联,形成不可逆的账本链条。哈希值的唯一性确保任意数据篡改会导致后续所有区块校验失败,从而保障数据不可篡改性。

3. 区块链的分类

(1) 公有链

- 特征:完全开放,任何人可参与节点接入、交易验证与区块生成(如比特币、以太坊)。
- 优势:高度去中心化、透明性强,适合全球信任协作场景。
- 局限:交易效率较低、能耗较高、隐私保护较弱。

(2) 私有链

- 特征:由单一机构控制,节点准入与规则制定集中化,主要用于企业内部数据管理(如内部审计、供应链溯源)。
- 优势:高效可控,适合隐私敏感的封闭场景。

- 局限:去中心化程度低,存在单点故障风险。

  (3) 联盟链
- 特征:由多个机构联合管理,节点加入需联盟成员授权(如金融机构跨境支付网络、政务数据共享平台)。
- 优势:兼顾效率与安全性,适合跨机构协作。
- 局限:去中心化程度介于公有链与私有链之间,需预设联盟共识规则。

10.2.2 区块链的核心技术

1. 密码学技术

(1) 哈希函数

哈希函数是一种将任意长度输入映射为固定长度哈希值的单向函数,具备三大特性。
- 单向性:无法通过哈希值反推原始数据;
- 确定性:相同输入必产生相同哈希值;
- 抗碰撞性:难以找到两个不同输入生成相同哈希值,如图 10-9 所示。

哈希函数运算示意图

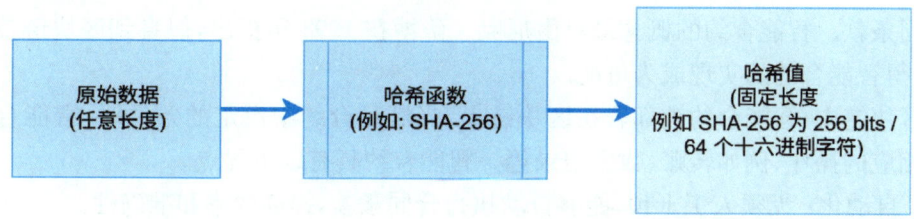

图 10-9 哈希函数运算示意图

在区块链中,哈希函数用于区块链接(前区块哈希值写入当前区块头)、交易验证等。

(2) 非对称加密

非对称加密采用公钥(公开)与私钥(私有)配对的加密技术。
- 签名过程:用户用私钥对交易信息签名,确保交易不可抵赖;
- 验证过程:其他节点用公钥验证签名,确认交易合法性。

区块链中,非对称加密用于用户身份认证与交易完整性校验,常与对称加密结合以平衡效率与安全性。

2. 共识机制技术

以拜占庭容错(BFT)机制为例,解决分布式系统中恶意节点(拜占庭节点)的共识问题。
- 核心原理:通过多轮投票与信息交互,当超过 2/3 节点达成一致时确认交易合法性。
- 典型算法:实用拜占庭容错(PBFT),分为预准备、准备、提交三阶段,节点通过广播消息同步状态,最终达成共识。

3. P2P 网络技术

区块链基于对等网络(P2P)实现去中心化数据传播。
- 架构特点:节点兼具客户端与服务器功能,无中心服务器,数据通过相邻节点逐跳广播。

- 传播流程：当节点生成新区块或交易，立即广播至邻居节点；接收节点验证通过后继续转发，直至全网同步，如图10-10所示。

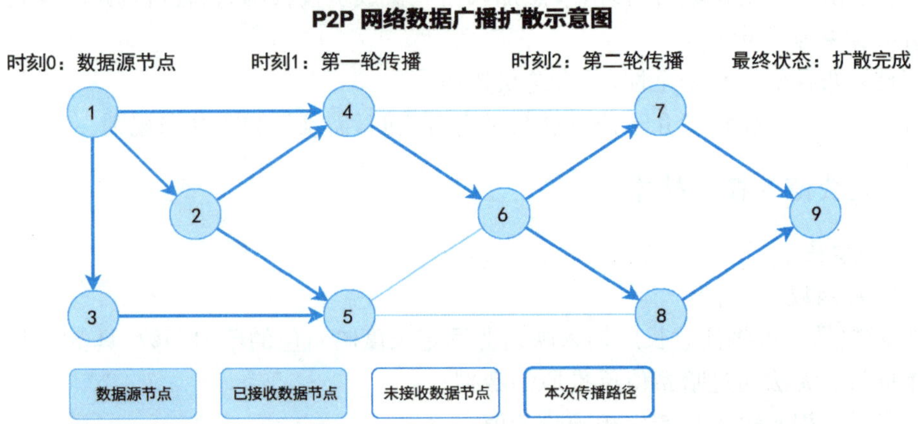

P2P 网络数据广播扩散示意图

时刻0：数据源节点　　时刻1：第一轮传播　　时刻2：第二轮传播　　最终状态：扩散完成

数据源节点　　已接收数据节点　　未接收数据节点　　本次传播路径

图 10-10　P2P 网络数据传输

4. 智能合约技术

智能合约是区块链上的一段自动执行的代码，它能够根据预先设定的规则和条件，自动执行合同条款。智能合约的概念最早由尼克·萨博在 1994 年提出，但直到区块链技术的发展，才使得智能合约的实现成为可能。

在区块链中，智能合约被部署在区块链上，当满足合约中设定的条件时，智能合约会自动触发相应的操作，例如转账、数据记录等。智能合约具有以下优点。

（1）自动化：无须人工干预，能够自动执行合同条款，提高效率和准确性。

（2）去中心化：部署在区块链上，不受任何单一机构的控制，确保合约的执行是公正、透明的。

（3）不可篡改：由于智能合约的代码和执行结果都记录在区块链上，因此一旦部署，就无法被篡改，能够保证合约的可信度和可靠性。

10.2.3　区块链的应用

1. 金融服务领域

（1）数字货币：如中国数字人民币（e-CNY）、欧洲数字欧元，结合区块链的可控匿名性与实时结算能力，重塑支付体系。

（2）资产管理：利用时间戳与不可篡改性，实现知识产权登记、艺术品溯源防伪。

（3）贸易融资：通过智能合约自动执行贸易条款，减少纸质单据流转成本，提升跨境结算效率。

（4）监管科技：商业银行基于区块链可追溯性构建反洗钱系统，实时共享可疑交易数据。

2. 供应链领域

商品溯源，在食品、药品、奢侈品等对产品真实性和质量要求较高的行业，区块链技术可以为商品溯源提供可靠的技术手段。从原材料的采购、生产加工、运输仓储到销售终端的每一个环节，都可以将相关的数据（如产地、生产日期、批次号、运输路径、温度湿度等）记录在区块链上。消费者通过扫描商品上的二维码或访问区块链溯源平台,可以查询到商品的全生命周期信息,确保购买到的商品真实可靠、质量安全。

3. 物联网领域

在物联网环境中,大量的设备(如智能家居设备、工业传感器、智能穿戴设备等)相互连接并进行数据交互,设备的身份认证和安全保障成为关键问题。区块链技术可以为物联网设备提供去中心化的身份认证机制,每个设备可以在区块链上注册一个唯一的身份标识,并通过加密技术对设备的访问权限和数据进行保护。当设备之间进行通信时,可以通过区块链上的身份认证信息进行验证,确保通信双方的真实性和合法性,防止设备被恶意攻击和数据泄露。

4. 医疗健康领域

医疗健康领域有大量的患者电子健康记录(EHR),这些记录分散在不同的医疗机构(如医院、诊所、实验室等),数据格式不统一、共享困难,导致患者在不同医疗机构就诊时,医生难以获取完整的病历信息,影响诊断和治疗。区块链技术可以构建一个去中心化的电子健康记录管理系统,将患者的病历数据加密存储在区块链上,患者拥有对自己健康数据的控制权,可以授权不同的医疗机构在需要时访问和使用其病历数据。通过区块链的智能合约技术,还可以自动执行一些医疗数据共享和处理的规则,如在患者转院时自动将相关病历数据发送给目标医院,提高医疗数据共享的效率和准确性,优化医疗服务质量和效率。

总之,区块链技术作为新兴技术架构,具有去中心化、不可篡改、透明可追溯等重要特性,在多个领域都具有广阔的应用前景。随着技术的不断发展和完善,区块链将逐渐融入我们的生活,为我们带来更多的便利和价值。

 本 章 小 结

本章通过解析物联网与区块链的技术本质与应用生态,展现了前者如何通过"连接"激活物理世界的智能化潜能,后者如何通过"信任"重构数字世界的协作规则。两大技术与人工智能、云计算等前沿领域的交叉融合,正推动"万物智联、价值互联"的未来图景落地,从智能家居的便捷生活到全球供应链的可信协同,全方位改变人类的生产与生活方式。未来,随着6G通信、量子计算等技术的突破,"物理世界数字化、数字世界资产化、资产交易智能化"的愿景将加速实现,从智能家居的便捷生活到全球供应链的可信协同,从远程手术的精准操控到政务数据的安全共享,两大技术正全方位重塑人类的生产、生活与交互方式。全面掌握物联网与区块链的技术逻辑、应用边界及融合趋势,理解其作为数字化转型"基础设施"的战略价值,为深入探索人工智能、元宇宙等前沿领域奠定基础,并在未来产业变革中捕捉创新机遇。

课后练习10

1. 填空题

(1) 物联网是通过射频识别、红外感应器、全球定位系统、激光扫描器等信息传感设备,按约定的协议,把任何物品与_____连接起来,进行信息交换和通信,以实现智能化

识别、定位、跟踪、监控和管理的一种网络。

(2) 物联网三层架构分别为感知层、_____和应用层。

(3) 物联网的核心技术之一_____技术,能够实现设备之间短距离、低功耗的无线通信,常用于智能家居设备连接。

(4) 区块链是一种按照时间顺序将数据区块以_____的方式组合成的链式数据结构。

2. 单选题

(1) 以下不属于物联网在农业领域应用的是(　　)。
　　A. 智能灌溉系统　　　　　　　　B. 农产品质量追溯
　　C. 自动化生产线　　　　　　　　D. 环境监测

(2) 下列技术不属于物联网感知层的关键技术的是(　　)。
　　A. 传感器技术　　B. 二维码技术　　C. 云计算技术　　D. 射频识别技术

(3) 物联网的英文缩写是(　　)。
　　A. IOT　　　　　B. ITU　　　　　C. ISP　　　　　D. iOS

(4) 以下关于区块链的说法,正确的是(　　)。
　　A. 区块链数据可以随意篡改
　　B. 区块链技术只能用于加密货币
　　C. 区块链具有去中心化、不可篡改等特点
　　D. 区块链系统中所有节点存储的数据都不相同

3. 多选题

(1) 物联网中常用的无线通信技术有(　　)。
　　A. Wi-Fi　　　　B. 蓝牙　　　　C. ZigBee　　　　D. 4G/5G

(2) 以下关于物联网的描述,正确的是(　　)。
　　A. 物联网实现了物与物、人与物之间的信息交互
　　B. 物联网能够提高生产效率和管理水平
　　C. 物联网的发展依赖于传感器、通信、云计算等多种技术
　　D. 物联网只能应用于工业领域

(3) 区块链的特点包括(　　)。
　　A. 去中心化　　B. 可追溯性　　C. 匿名性　　D. 集体维护

4. 判断题

(1) 物联网的感知层主要负责数据的传输和处理。　　　　　　　　　　(　　)

(2) 5G技术的高速率、低时延特性为物联网的发展提供了有力支持。　　(　　)

(3) 区块链中的每个节点都参与交易验证和数据存储。　　　　　　　　(　　)

第11章 数字媒体及虚拟现实技术

本 章 导 读

随着科技的飞速发展，人工智能已经渗透到生活的方方面面，而数字媒体与虚拟现实作为其重要的应用领域，正深刻地改变着人们的生活和工作方式。数字媒体以其丰富多样的形式，如文本、图像、音频和视频等，提供了前所未有的信息传播与娱乐体验。而虚拟现实技术则通过创造沉浸式的虚拟环境，让用户能够身临其境地感受不同的场景。本章将探讨数字媒体与虚拟现实的奥秘，了解它们与人工智能的深度融合，以及在教育、娱乐、工业、医疗等众多领域的广泛应用。

本 章 要 点

- 数字媒体的基本概念与技术
- 融媒体的基本概念与技术
- 虚拟现实基本概念与技术
- 人工智能在数字媒体及虚拟现实中的应用
- 数字媒体及虚拟现实的发展趋势

三维教学目标

- **知识目标**
  - ◎ 掌握数字媒体的基本概念。
  - ◎ 熟悉数字媒体技术的核心内容。
  - ◎ 掌握融媒体及技术的基本概念。
  - ◎ 掌握虚拟现实基本概念与技术。
  - ◎ 了解人工智能在数字媒体及虚拟现实中的应用。
  - ◎ 了解数字媒体及虚拟现实的发展趋势。

- **能力目标**
  ◎ 数字媒体内容创作能力。
  ◎ 人工智能技术应用能力。
  ◎ 跨学科综合应用能力。
  ◎ 创新思维与实践能力。
  ◎ 技术分析与问题解决能力。

- **素质目标**
  ◎ 培养创新思维与创造力。
  ◎ 提升技术素养与适应能力。
  ◎ 增强跨学科合作意识。
  ◎ 培养批判性思维与分析能力。
  ◎ 提高信息素养与数字安全意识。
  ◎ 树立伦理道德与社会责任感。

本章知识点学习

数字媒体定义、特点以及应用

11.1 数字媒体与数字媒体技术

11.1.1 数字媒体和数字媒体技术的概念

1. 数字媒体的概念

数字媒体是指以数字形式存储、处理和传播的信息内容,它涵盖了多种类型,包括但不限于文本、图像、音频、视频和动画等。与传统的模拟媒体(如纸质书籍、胶片电影、磁带音乐等)相比,数字媒体具有以下显著特点。

(1) 数字化:数字媒体以二进制代码的形式存储和处理,这意味着它可以被计算机和其他数字设备轻松读取和操作。

(2) 多媒体化:数字媒体可以融合多种信息形式,如文字、图片、声音和视频,提供更加丰富和立体的信息体验。

(3) 交互性:用户可以通过数字媒体进行互动,例如在网页上点击链接、在社交媒体上发表评论或通过虚拟现实设备与虚拟环境互动。

(4) 个性化:数字媒体可以根据用户的偏好和行为提供定制化的内容,满足不同用户的需求。

(5) 易于传播和分享:数字媒体可以通过互联网和其他数字网络快速传播,用户可以轻松地将内容分享给他人。

2. 数字媒体技术的概念

数字媒体技术是指用于创建、处理、存储、传输和展示数字媒体内容的一系列技术手段和工具。它涵盖了多个领域,包括计算机科学、通信技术、图形设计、音频处理和视频编辑等。数字媒体技术的核心内容包括以下几个方面。

(1) 内容创作技术

文本编辑：使用文字处理软件（如 Microsoft Word、WPS Office 等）创作和编辑文本内容。

图像处理：通过图像编辑软件（如 Adobe Photoshop、Illustrator 等）对图片进行编辑、合成和特效处理。

音频制作：利用音频编辑软件（如 Audacity、Adobe Audition 等）录制、编辑和处理声音。

视频剪辑：使用视频编辑软件（如 Adobe Premiere Pro、Final Cut Pro 等）对视频素材进行剪辑、添加特效和字幕。

动画制作：通过动画软件（如 Adobe Animate、Blender 等）创建二维或三维动画。

(2) 内容传播技术

网络传输：通过互联网协议（如 HTTP、FTP 等）将数字媒体内容从服务器传输到客户端。

流媒体技术：实现视频和音频内容的实时传输和播放，用户无须下载完整文件即可观看或收听。

数字版权管理(DRM)：保护数字媒体内容的版权，防止未经授权的复制和传播。

(3) 内容呈现技术

显示设备：如计算机显示器、智能手机屏幕、平板电脑、智能电视等，用于展示数字媒体内容。

交互技术：包括鼠标、键盘、触摸屏、手势识别、语音识别等，用户可以通过这些交互方式与数字媒体内容进行互动。

(4) 人工智能与数字媒体的融合

智能内容创作：利用自然语言处理(NLP)和图像生成技术（如 GANs）自动生成文本、图像和视频内容。

智能内容推荐：通过机器学习算法分析用户行为和偏好，为用户提供个性化的数字媒体内容推荐。

智能交互体验：在虚拟现实(VR)和增强现实(AR)环境中，利用计算机视觉和语音识别技术实现自然的交互体验。

当用户正在用手机浏览社交媒体时，用户在屏幕上看到的文字、图片和视频，听到的声音，都是数字媒体。它们以数字的形式存储在服务器和设备中，通过互联网传输到用户的手机上，并通过屏幕和扬声器展示给用户。

数字媒体技术就是用来制作这些内容，将它们传输到用户的设备上，并能够互动的一系列工具和方法。例如，设计师用软件制作图片和视频，程序员编写代码实现网络高效传输，开发者设计交互界面让用户可以通过触摸屏幕或语音指令与内容互动。这些技术和工具共同构成了数字媒体技术的体系。

通过学习数字媒体和数字媒体技术，更好地理解和利用这些强大的工具，创造出更加丰富、生动和个性化的数字内容，给生活和工作带来更多的便利和乐趣。

11.1.2 融媒体技术的概念与应用

1. 融媒体技术的概念

融媒体是指将传统媒体(如报纸、杂志、广播、电视等)与新兴媒体(如互联网、移动应用、社交媒体等)进行深度融合,形成资源共享、优势互补、协同发展的新型媒体形态。融媒体技术则是实现这种融合的技术手段和工具,它涵盖了内容创作、传播、管理和交互等多个方面。

简单来说,融媒体技术如同一个"超级媒体厨房",在这个厨房里,各种媒体形式(文字、图片、音频、视频)就像不同的食材,而融媒体技术则是烹饪工具和方法,通过这些工具和方法,可以将这些食材加工成更加丰富、多样化的"媒体大餐",满足不同用户的需求。

2. 融媒体技术的核心内容

(1) 内容创作与整合

多模态内容创作:融媒体技术支持多种媒体形式的创作,包括文字、图片、音频、视频和动画等。通过专业的创作工具(如 Adobe 系列软件、Final Cut Pro 等),可以制作高质量的多媒体内容。

内容整合与融合:融媒体技术能够将不同形式的内容进行整合,形成更加丰富和立体的信息呈现。例如,将文字报道与视频、图片相结合,增强信息的吸引力和传播力。

(2) 内容传播与分发

多平台传播:融媒体技术支持内容在多个平台上的传播,包括传统媒体平台(如电视、报纸)和新兴媒体平台(如社交媒体、移动应用)。通过跨平台发布系统,可以实现内容的快速分发和广泛传播。

智能推荐系统:利用人工智能技术,融媒体平台可以根据用户的兴趣和行为习惯,为用户提供个性化的推荐内容,提高内容的传播效率和用户满意度。

(3) 内容管理与运营

内容管理系统(CMS):融媒体技术提供了强大的内容管理系统,用于内容的创建、编辑、审核、发布和管理。通过 CMS,媒体机构可以高效地管理大量内容,确保内容的质量和安全性。

数据分析与反馈:融媒体技术通过数据分析工具,实时监测内容的传播效果和用户反馈,帮助媒体机构优化内容策略,提升用户体验。

(4) 用户交互与体验

多屏互动:融媒体技术支持用户在不同设备(如手机、平板电脑、计算机、电视)之间进行互动,提供无缝的用户体验。例如,用户可以在手机上观看视频,也可通过电视继续观看。

社交互动:融媒体平台集成了社交媒体功能,用户可以通过评论、点赞、分享等方式与其他用户进行互动,增强用户参与感。

3. 融媒体技术的应用

(1) 新闻媒体

多模态新闻报道:融媒体技术使新闻报道不再局限于文字和图片,而是通过视频、音频、动画等多种形式呈现,增强新闻的吸引力和感染力。

实时互动报道:通过社交媒体和移动应用,记者可以实时发布新闻,观众可以随时评论和反馈,形成良好的互动氛围。

个性化新闻推荐:利用人工智能算法,融媒体平台可以根据用户的兴趣和阅读习惯,为用户提供个性化的新闻推荐,提升用户满意度。

(2) 教育领域

在线教育平台:融媒体技术为在线教育提供了丰富的教学资源,包括视频课程、互动课件、在线测试等,满足不同用户的学习需求。

虚拟实验室:通过虚拟现实(VR)和增强现实(AR)技术,用户可以在虚拟环境中进行实验操作,增强学习体验。

个性化学习路径:融媒体平台可以根据用户的学习进度和表现,为其提供个性化的学习路径和资源推荐,提高学习效果。

(3) 娱乐产业

多屏互动娱乐:融媒体技术支持用户在不同设备上观看和互动,例如用手机控制电视游戏,或在平板电脑上观看电影的同时在计算机上查看相关评论。

沉浸式体验:通过 VR 和 AR 技术,用户可以沉浸在虚拟的娱乐场景中(如虚拟演唱会、增强现实游戏等),获得全新的娱乐体验。

个性化内容推荐:融媒体平台可以根据用户的观看历史和偏好,为用户推荐个性化的影视、音乐和游戏内容,提升用户体验。

(4) 企业营销

多渠道营销:融媒体技术使企业可以通过多种渠道(如社交媒体、视频平台、移动应用)进行品牌推广和产品营销,扩大品牌影响力。

用户互动与反馈:企业通过融媒体平台,可以与用户实时互动,收集用户反馈,优化产品和服务。

数据分析与精准营销:融媒体平台通过数据分析工具,帮助企业了解用户行为和偏好,实现精准营销,提升营销效果。

融媒体技术如同一个"超级媒体平台",它把传统媒体(如报纸、电视)和新兴媒体(如微博、抖音等)的优点结合起来,让内容更丰富,传播更迅速,用户体验更有趣。通过融媒体技术,媒体机构可以更好地满足用户的需求,企业可以更有效地进行营销,教育机构可以提供更加生动的教学内容,娱乐产业可以创造更加沉浸式的体验。

通过学习融媒体技术,可以更好地理解和利用这种强大的技术手段,为生活、学习和工作带来更多的便利和乐趣。

11.2 虚拟现实技术

11.2.1 虚拟现实技术的概念

1. 虚拟现实技术的定义

虚拟现实(Virtual Reality,VR)是一种通过计算机生成的虚拟环境,让用户能够沉浸其中并进行交互的技术。它利用计算机图形学、传感器技术、显示技术等手段,创造出一个虚拟的三维世界,用户可以通过特殊的设备(如头戴式显示器、手柄等)进入这个世界,仿佛身临其境。

简单来说,虚拟现实技术如同一个"数字魔法",它通过高科技设备把用户"传送"到一个虚拟的世界里,用户可以在这个世界里自由地走动、触摸,甚至与虚拟环境中的物体和人物互动,就像在现实世界中一样。

2. 虚拟现实技术的关键组成

虚拟现实技术的核心原理是利用计算机图形学、传感器技术、显示技术等多学科知识,通过头戴式显示器(HMD)、数据手套、动作捕捉设备等,将用户与现实世界隔离,同时将虚拟环境的信息呈现给用户。例如,头戴式显示器通过左右眼分别显示略有差异的图像,利用人眼的视差原理,使用户看到具有深度感的立体图像,从而营造出沉浸式的视觉体验。同时,结合传感器技术,系统能够实时捕捉用户的头部、手部等动作,并将这些动作映射到虚拟环境中,使用户能够以自然的方式与虚拟对象进行交互,如抓取、移动、操作等。

(1)硬件设备

头戴式显示器(HMD):这是虚拟现实系统中最关键的硬件设备之一。它通常由两个小型显示器组成,分别对应用户的左右眼,通过光学系统将图像放大并投射到用户眼前。HMD 的分辨率、刷新率、视场角(FOV,Field of View)等参数对虚拟现实体验的沉浸感和舒适度起着至关重要的作用。高分辨率的显示器能够减少画面的颗粒感,使图像更加清晰细腻;高刷新率可以有效减少画面的延迟和拖影现象,让用户在快速移动头部时仍能获得流畅的视觉体验;而较宽的视场角则能让用户看到更广阔的虚拟场景,增强沉浸感。

动作捕捉设备:用于跟踪用户的身体动作和手势。常见的动作捕捉设备包括光学动作捕捉系统、惯性动作捕捉系统和电磁动作捕捉系统等。光学动作捕捉系统通过在用户身上安装多个反光标记点,利用多个摄像头捕捉这些标记点的反射光来计算用户的位置和动作;惯性动作捕捉系统则通过在用户身上安装多个惯性传感器(如加速度计、陀螺仪和磁力计),测量传感器的加速度、角速度和磁场强度等数据,从而推算出用户的身体姿态和动作;电磁动作捕捉系统则是利用电磁场来跟踪用户的位置和动作。这些设备能够将用户的动作实时反馈到虚拟环境中,使用户在虚拟世界中的行为更加自然和真实。

交互设备:除了动作捕捉设备外,还有一些专门用于与虚拟环境进行交互的设备,如数据手套、力反馈设备、空间定位设备等。数据手套可以精确地捕捉用户手指的动作,让用户能够以抓取、捏取等自然手势与虚拟物体进行交互;力反馈设备则能够给用户提供触觉和力觉反馈,例如当用户在虚拟环境中触摸一个物体时,力反馈设备可以模拟出物体的硬度、形状和阻力等感觉,增强用户与虚拟环境的交互体验;空间定位设备用于确定用户在物理空间中的位置,确保用户在虚拟环境中的移动与现实空间中的移动相匹配,避免用户在移动过程中发生碰撞或摔倒等危险情况。

音频设备:虚拟现实中的音频体验同样重要。高质量的立体声耳机或环绕声音响系统能够为用户提供逼真的三维音频效果。通过音频定位技术,系统可以根据虚拟环境中声源的位置和距离,实时调整声音的强度、方向和延迟等参数,使用户能够准确地感知声音的来源方向和距离,进一步增强沉浸感。例如,在一个虚拟的森林场景中,用户可以听到远处传来的鸟鸣声、近处的树叶沙沙声以及周围环境的回声等,这些声音的细节能够帮助用户更好地融入虚拟环境。

（2）软件系统

三维建模与渲染引擎：虚拟现实的核心是构建逼真的三维虚拟环境，这就需要强大的三维建模工具和渲染引擎。三维建模工具用于创建虚拟环境中的各种物体、场景和角色，包括建筑物、地形、人物、道具等。建模师可以通过这些工具使用几何形状、纹理贴图、材质属性等元素来构建出具有丰富细节和逼真外观的三维模型。渲染引擎则负责将这些三维模型实时渲染成用户能够看到的图像。它需要处理复杂的光照计算、阴影效果、纹理映射、反射和折射等图形学问题，以生成高质量的视觉效果。例如，在一个虚拟的室内场景中，渲染引擎需要模拟灯光在墙壁、家具和人物身上的反射和散射效果，使整个场景看起来真实自然。

交互设计与编程：为了让用户能够与虚拟环境进行交互，需要进行精心的交互设计和编程。交互设计包括定义用户与虚拟物体之间的交互方式、操作逻辑和反馈机制等。例如，用户可以通过手势抓取虚拟物体，当用户的手接近物体时，系统需要判断是否触发抓取动作，并且在抓取后如何控制物体的移动和放置等。编程则是将这些交互设计实现为具体的代码逻辑，通过编写脚本或程序来控制虚拟环境中的各种元素的行为和响应。开发人员需要使用虚拟现实开发平台（如 Unity、Unreal Engine 等）提供的编程接口和工具，编写代码来实现用户输入的处理、虚拟物体的物理行为模拟、动画效果的控制等。例如，在一个虚拟的驾驶模拟器中，开发人员需要编写代码来模拟汽车的行驶动力学、方向盘的转向反馈、刹车的制动效果等，让用户能够获得真实的驾驶体验。

内容创作与管理：虚拟现实的内容是用户沉浸体验的核心。内容创作包括制作虚拟场景、设计故事情节、创建虚拟角色和动画等。这需要跨学科的团队合作，包括艺术家、设计师、编剧、程序员等。艺术家负责绘制纹理贴图、设计角色外观和场景布局等；设计师则需要规划虚拟环境的交互流程和用户体验；编剧负责创作虚拟故事的剧情和对话；程序员则将这些内容整合到虚拟现实系统中，并确保其能够正常运行。内容管理则是对这些创作内容进行组织、存储和优化，以便在虚拟现实系统中高效地加载和呈现。例如，在一个大型的虚拟现实主题公园项目中，可能包含多个不同的虚拟场景和游戏关卡，需要通过内容管理系统对这些场景和关卡进行分类、版本控制和资源优化，确保用户在体验过程中能够流畅地切换场景，同时减少加载时间和资源占用。

虚拟现实技术通过硬件设备和软件系统的协同工作，为用户创造了一个沉浸式的虚拟世界。它在游戏、教育、医疗、建筑设计、军事训练等多个领域都有广泛的应用前景。随着技术的不断发展和创新，虚拟现实将为人们带来更加丰富和真实的体验，改变人们的生活和工作方式。

11.2.2 虚拟现实技术的发展历程

虚拟现实（Virtual Reality，VR）技术从诞生到如今的广泛应用，经历了一段漫长而曲折的发展历程。它的发展大致可以分为以下几个阶段，如图 11-1 所示。

微课视频

VR 进化发展史

11.2.3 虚拟现实技术的应用场景

虚拟现实（VR）技术作为一种能够创造沉浸式虚拟环境的技术，已经在多个领域得到了广泛应用。它不仅改变了用户与数字内容的交互方式，还为许多行业带来了创新和突破。以下是一些主要的应用场景。

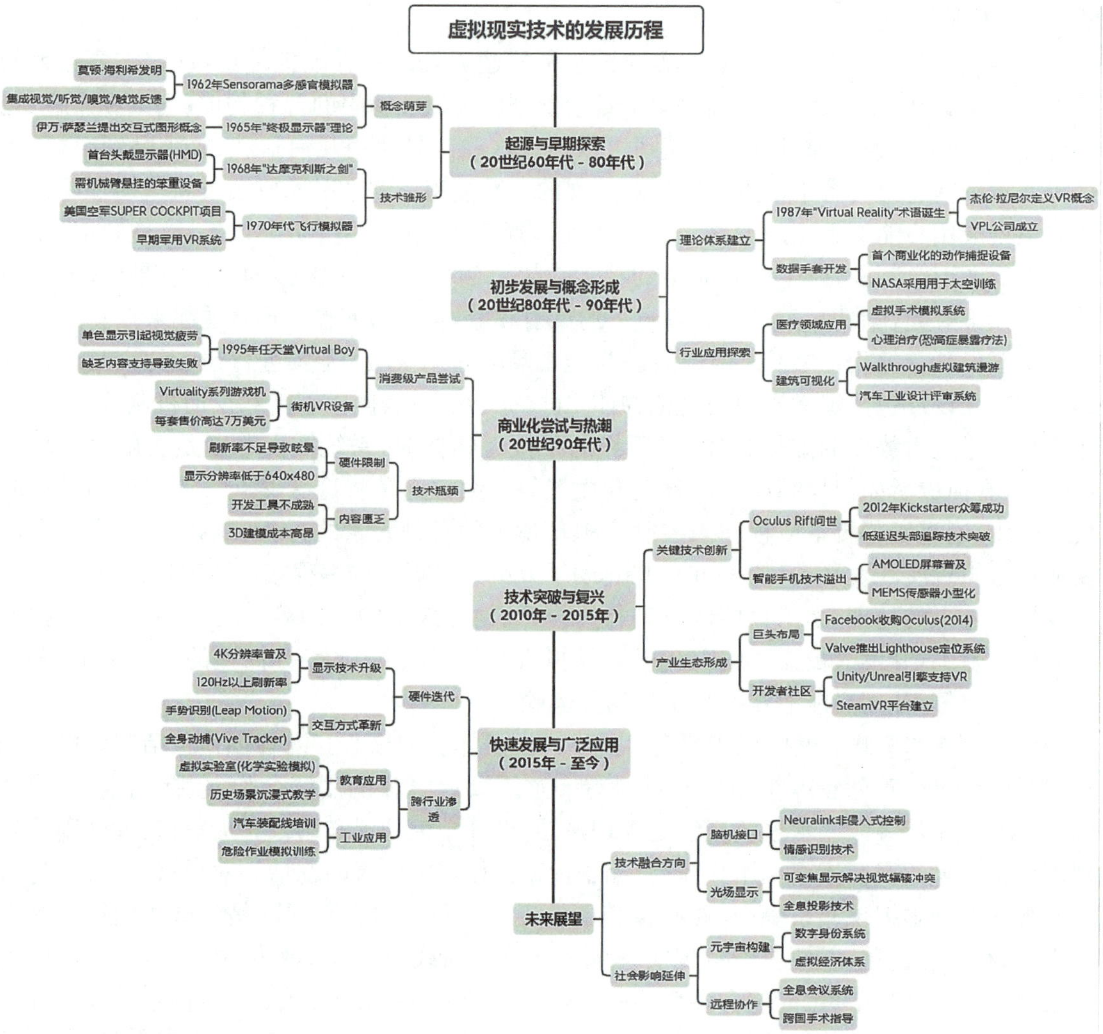

```
虚拟现实技术的发展历程
├── 起源与早期探索（20世纪60年代-80年代）
│   ├── 概念萌芽
│   │   ├── 莫顿·海利希发明 ── 1962年Sensorama多感官模拟器
│   │   ├── 集成视觉/听觉/嗅觉/触觉反馈
│   │   └── 伊万·萨瑟兰提出交互式图形概念 ── 1965年"终极显示器"理论
│   └── 技术雏形
│       ├── 首台头戴显示器（HMD） ── 1968年"达摩克利斯之剑"
│       ├── 需机械臂悬挂的笨重设备
│       ├── 美国空军SUPER COCKPIT项目 ── 1970年代飞行模拟器
│       └── 早期军用VR系统
├── 初步发展与概念形成（20世纪80年代-90年代）
│   ├── 理论体系建立
│   │   ├── 1987年"Virtual Reality"术语诞生
│   │   │   ├── 杰伦·拉尼尔定义VR概念
│   │   │   └── VPL公司成立
│   │   └── 数据手套开发
│   │       ├── 首个商业化的动作捕捉设备
│   │       └── NASA采用用于太空训练
│   └── 行业应用探索
│       ├── 医疗领域应用
│       │   ├── 虚拟手术模拟系统
│       │   └── 心理治疗(恐惧症暴露疗法)
│       └── 建筑可视化
│           ├── Walkthrough虚拟建筑漫游
│           └── 汽车工业设计评审系统
├── 商业化尝试与热潮（20世纪90年代）
│   ├── 消费级产品尝试
│   │   ├── 单色显示引起视觉疲劳
│   │   ├── 缺乏内容支持导致失败 ── 1995年任天堂Virtual Boy
│   │   ├── Virtuality系列游戏机
│   │   ├── 街机VR设备
│   │   └── 每套售价高达7万美元
│   └── 技术瓶颈
│       ├── 硬件限制
│       │   ├── 刷新率不足导致眩晕
│       │   └── 显示分辨率低于640x480
│       └── 内容匮乏
│           ├── 开发工具不成熟
│           └── 3D建模成本高昂
├── 技术突破与复兴（2010年-2015年）
│   ├── 关键技术创新
│   │   ├── Oculus Rift问世
│   │   │   ├── 2012年Kickstarter众筹成功
│   │   │   └── 低延迟头部追踪技术突破
│   │   └── 智能手机技术溢出
│   │       ├── AMOLED屏幕普及
│   │       └── MEMS传感器小型化
│   └── 产业生态形成
│       ├── 巨头布局
│       │   ├── Facebook收购Oculus(2014)
│       │   └── Valve推出Lighthouse定位系统
│       └── 开发者社区
│           ├── Unity/Unreal引擎支持VR
│           └── SteamVR平台建立
├── 快速发展与广泛应用（2015年-至今）
│   ├── 硬件迭代
│   │   ├── 显示技术升级
│   │   │   ├── 4K分辨率普及
│   │   │   └── 120Hz以上刷新率
│   │   └── 交互方式革新
│   │       ├── 手势识别(Leap Motion)
│   │       └── 全身动捕(Vive Tracker)
│   └── 跨行业渗透
│       ├── 教育应用
│       │   ├── 虚拟实验室(化学实验模拟)
│       │   └── 历史场景沉浸式教学
│       └── 工业应用
│           ├── 汽车装配线培训
│           └── 危险作业模拟训练
└── 未来展望
    ├── 技术融合方向
    │   ├── 脑机接口
    │   │   ├── Neuralink非侵入式控制
    │   │   └── 情感识别技术
    │   └── 光场显示
    │       ├── 可变焦显示解决视觉辐辏冲突
    │       └── 全息投影技术
    └── 社会影响延伸
        ├── 元宇宙构建
        │   ├── 数字身份系统
        │   └── 虚拟经济体系
        └── 远程协作
            ├── 全息会议系统
            └── 跨国手术指导
```

图 11-1　虚拟现实技术的发展历程

图 11-2　虚拟现实游戏应用示例

1. 游戏与娱乐领域

这是目前虚拟现实技术应用最广泛、最直观的领域之一。VR 游戏让玩家仿佛置身于游戏世界中，通过头戴式显示器（HMD）和手柄等设备提供沉浸式游戏体验，玩家可以与虚拟环境中的物体和角色进行互动。在虚拟现实电影中，观众仿佛置身于电影场景中，增强观影的沉浸感。如 VR 射击、模拟驾驶，以及虚拟演唱会、互动电影等，如图 11-2 所示。

2. 教育与培训领域

虚拟现实技术通过沉浸式、交互式的 3D 环境，为教育和培训提供了全新的学习方式，能够提升学习效率、降低培训成本，并突破传统教学的限制。例如，学生可以通过 VR 设备"亲临"历史事件现场，或者进入虚拟实验室进行实验，不用担心危险或资源限制。这种沉浸式学习方式可以让学生更好地理解并掌握知识，如图 11-3 所示。

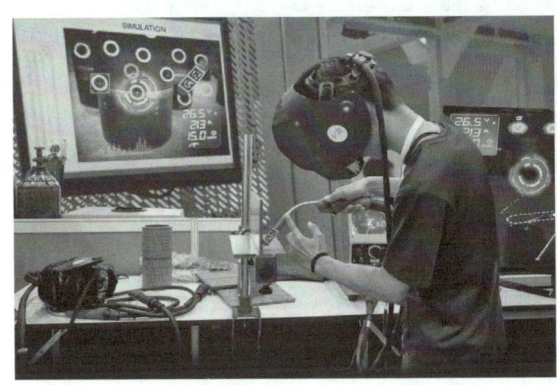

图 11-3 教育与培训应用示例

3. 医疗领域

虚拟现实技术通过沉浸式 3D 模拟、交互式操作和实时反馈，正在深刻改变医疗行业的培训、诊疗和康复方式。其核心优势包括全无风险、可重复训练、精准可视化，适用于外科手术、心理治疗、医学教育等多个场景。例如，医生可以通过 VR 技术进行手术模拟，提前规划手术方案，提高手术的成功率；患者也可以通过 VR 设备进行康复训练，比如在虚拟环境中进行运动游戏，让康复训练变得更加有趣，如图 11-4 所示。

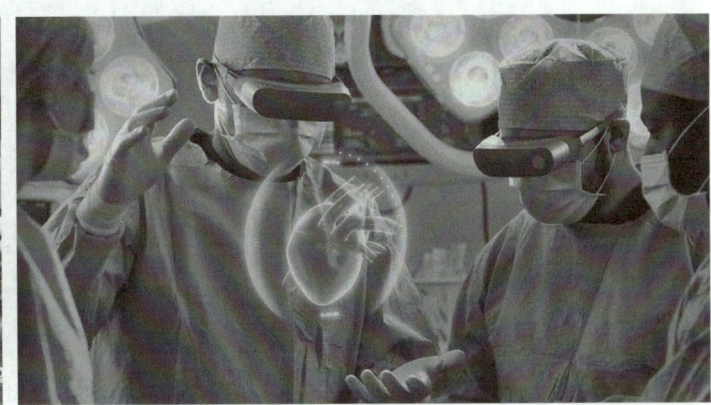

图 11-4 医疗领域应用示例

4. 工业与设计领域

虚拟现实技术正在深刻改变工业制造、产品设计和工程管理的方式。通过沉浸式 3D 可视化、实时协作和模拟验证，VR 帮助企业在产品开发、生产优化和人员培训中大幅提升效率，降低成本。例如，工程师可以通过 VR 设备对产品进行虚拟设计和装配，提前发现和解决潜在问题，提高设计效率和质量。工人也可以通过 VR 设备进行操作培训，熟悉设备的操作流程，提高工作效率和安全性，如图 11-5 所示。

图 11-5　工业与设计领域应用示例

5. 房地产与建筑领域

虚拟现实技术正在深刻改变房地产营销、建筑设计和施工管理的方式,通过沉浸式 3D 体验和数字化模拟,显著提升了行业效率与客户体验。例如,客户可以通过 VR 设备参观虚拟样板房,提前了解房屋的布局和装修效果,甚至可以根据自己的喜好调整房屋的布局和材料,如图 11-6 所示。

图 11-6　房地产与建筑领域应用示例

6. 旅游与文化领域

虚拟现实技术正在重塑人们的旅行方式和文化遗产体验,通过沉浸式数字场景、交互式探索和时空穿越体验,让用户足不出户就能"抵达"世界任何角落,或"穿越"回千年前的历史现场。例如,用户可以通过 VR 设备"游览"世界各地的名胜古迹,感受不同地方的文化和历史。这种虚拟旅游方式在家中就能体验到旅游的乐趣,如图 11-7 所示。

通过学习虚拟现实技术,可以更好地理解和运用这种强大的技术手段,不仅为生活、学习和工作带来更多的便利和乐趣,还为许多行业带来了创新和突破。

图 11-7 旅游与文化领域应用示例

11.2.4 虚拟现实技术的未来趋势

虚拟现实(VR)技术近年来发展迅速,已经在多个领域取得了显著的成果。然而,这仅仅是开始,未来虚拟现实技术的发展将更加令人期待。以下是虚拟现实技术的未来趋势。

1. 硬件设备的持续升级

(1) 更高的分辨率和刷新率

现在的 VR 头显如同一台高清电视,而未来的 VR 头显如同一台超高清的 8K 电视,具备更高的分辨率和刷新率,画面将更加细腻、清晰,动作更加流畅,让用户在虚拟世界中的体验更加逼真。

(2) 更轻便、舒适的设备

现在的 VR 头显戴久了可能会觉得有点沉,不舒服。未来的 VR 头显将更加注重用户体验,减轻设备的重量,像戴一副轻巧的眼镜一样,即使长时间佩戴也不会感到疲劳,显著提升佩戴的舒适度。

(3) 无束缚的体验

现在使用 VR 设备时,线缆可能会限制用户的活动范围,让用户感觉不自由。未来,用户可以通过无线设备在虚拟世界中自由走动,就像在现实世界中一样。

2. 交互方式的自然化与多样化

(1) 自然语言交互

随着语音识别和自然语言处理技术的不断进步,用户只需通过语音就可以和虚拟世界中的角色或系统进行交流,如同与真人对话一样自然,使 VR 环境中的语音交互更加自然和高效。

(2) 手势和肢体语言识别

通过先进的传感器和计算机视觉技术,VR 系统将能够更准确地识别用户的手势和肢体语言,比如挥手或点头,来操作虚拟世界中的物体,从而实现更加自然的交互。

(3) 脑机接口技术

脑机接口(BCI)技术的发展将允许用户通过大脑信号直接与虚拟环境进行交互。未来,用户凭借想法,就可以在虚拟世界中移动、操作物体甚至表达情感,这听起来是不是很酷?

3. 内容创作的丰富化与个性化

(1) 高质量的三维内容创作

随着建模和渲染技术的不断进步,未来的 VR 内容将具备更高的质量和细节,VR 世界将更加真实,用户可以看到更加细腻的场景、更加逼真的角色,获得更加逼真的体验。

(2) 用户生成内容(UGC)的兴起

未来,VR 平台将提供更加便捷的工具,鼓励用户自己创作并分享内容,例如,创建自己的虚拟世界、设计游戏并与朋友分享,从而丰富 VR 内容生态。

(3) 个性化的内容推荐

通过人工智能和大数据技术,VR 平台将能够根据用户的偏好和行为,提供更加个性化的推荐内容。例如,系统会分析用户喜欢的虚拟场景类型、游戏风格,进而推送合适的内容,如同一个贴心的"虚拟管家"一样。

4. 与其他技术的深度融合

(1) 与人工智能的结合

人工智能将在 VR 环境中实现更加智能的虚拟角色和环境交互,带来更加逼真的体验。未来的 VR 游戏中,虚拟角色将更智能,它们可以像真人一样与用户互动,甚至可以根据用户的行为做出反应。

(2) 与物联网的结合

通过物联网技术,VR 设备将能实现与现实世界设备、传感器的交互,实现虚拟与现实的无缝连接。例如,用户可以通过 VR 设备控制家里的智能设备(开关灯、调节空调温度),甚至可以和现实世界中的朋友一起在虚拟世界中互动。

(3) 与 5G 技术的结合

5G 技术的低延迟和高带宽特性将为 VR 内容的快速传输和实时交互提供支撑,使 VR 内容能够更快地传输到用户的设备上,用户在虚拟世界中的体验将更加流畅。

5. 应用场景的拓展

(1) 教育领域的深化应用

VR 技术将在教育领域得到更广泛的应用,从基础教育到高等教育,从理论教学到实践操作,为学生提供更加丰富的学习体验。未来,学生可以通过 VR 设备进入虚拟的历史场景学习历史,走进虚拟的实验室进行科学实验,甚至踏入虚拟的外太空探索宇宙,让学习变得更加直观有趣。

(2) 医疗领域的创新应用

VR 技术将在医疗领域得到更深入的应用,医生可以通过 VR 技术开展更加精准的手术模拟,提高手术的成功率;患者可以通过 VR 设备进行康复训练,还可用于医学教学直观展示人体结构,在疼痛管理、假肢适配等领域亦有突破,推动医疗更高效、人性化。

(3) 工业领域的智能化应用

VR 技术将在工业设计、制造、培训等方面得到更广泛的应用,例如,通过 VR 设备可进行虚拟装配和设计优化,降低生产成本;工人也可以通过 VR 设备进行操作培训,还能结合物联网实现实时数据可视化,提高工作效率与安全性。

(4) 社交与协作的增强

VR 技术将在社交和协作领域得到更广泛的应用,支持多人在线互动和远程协作。例如，用户可以通过VR设备和朋友们在虚拟世界中聚会、玩游戏，甚至和不同国家的伙伴进行远程协作。

未来，虚拟现实技术将变得更加先进、更加智能、更加贴近生活。硬件设备会更加轻便、舒适；交互方式会更加自然、多样化；内容会更加丰富、个性化。同时，虚拟现实技术将与其他新兴技术（如人工智能、物联网、5G等）深度融合，不断拓展其应用场景与范围。无论是教育、医疗、工业还是社交领域，虚拟现实技术都将带来更加沉浸式、更加高效的体验。未来的世界，将因为虚拟现实技术而变得更加精彩！

本章小结

本章系统探讨了数字媒体与虚拟现实的基本概念、技术架构及其广泛应用。数字媒体以其数字化、多媒体化、交互性、个性化和易于传播的特点，为用户提供了丰富多样的信息传播和娱乐体验。融媒体技术则进一步推动了传统媒体与新兴媒体的深度融合，形成了资源共享、优势互补的新型媒体形态。虚拟现实技术则通过创造沉浸式的虚拟环境，让用户能够身临其境地体验多元场景，在游戏、教育、医疗、工业等多个领域展现了巨大的应用潜力。此外，本章还简要介绍了人工智能在数字媒体及虚拟现实中的应用，以及虚拟现实的发展趋势，包括硬件设备的升级、交互方式的自然化与多样化、内容创作的丰富化与个性化等。通过本章的学习，可以全面了解数字媒体与虚拟现实的奥秘，以及它们如何与人工智能等前沿技术相结合，改变人们的生活和工作方式。

课后练习11

1. 单选题

   (1) 数字媒体与传统模拟媒体相比，不具有（　　）特点。
   　　A. 数字化　　　B. 多媒体化　　　C. 不易传播　　　D. 个性化
   (2) 虚拟现实（VR）技术的核心硬件设备是（　　）。
   　　A. 普通显示器　　　　　　　　B. 头戴式显示器（HMD）
   　　C. 智能手机　　　　　　　　　D. 键盘和鼠标
   (3) 融媒体技术的主要应用领域不包括（　　）。
   　　A. 新闻媒体　　B. 教育领域　　C. 传统农业　　D. 娱乐产业
   (4) 以下技术中，不属于数字媒体技术的内容创作技术的是（　　）。
   　　A. 文本编辑　　B. 图像处理　　C. 网络传输　　D. 动画制作
   (5) 虚拟现实技术在医疗领域的应用不包括（　　）。
   　　A. 手术模拟　　　　　　　　　B. 心理治疗
   　　C. 患者康复训练　　　　　　　D. 药物研发

2. 多选题

(1) 数字媒体技术的核心内容包括以下哪些方面？（　　）
　　A. 内容创作技术　　　　　　　　B. 内容传播技术
　　C. 内容呈现技术　　　　　　　　D. 人工智能与数字媒体的融合

(2) 虚拟现实技术的关键组成包括以下哪些部分？（　　）
　　A. 硬件设备　　B. 软件系统　　C. 人工智能算法　　D. 5G 技术

(3) 虚拟现实技术在教育领域的应用包括以下哪些方面？（　　）
　　A. 虚拟实验室　　　　　　　　B. 个性化学习路径
　　C. 在线教育平台　　　　　　　D. 沉浸式历史场景体验

(4) 虚拟现实技术的未来趋势包括以下哪些方面？（　　）
　　A. 硬件设备的持续升级　　　　B. 交互方式的自然化与多样化
　　C. 内容创作的丰富化与个性化　D. 与其他技术的深度融合

(5) 融媒体技术的应用领域包括以下哪些方面？（　　）
　　A. 新闻媒体　　B. 教育领域　　C. 娱乐产业　　D. 企业营销

3. 填空题

(1) 数字媒体以_____的形式存储和处理，可以被计算机和其他数字设备轻松读取和操作。

(2) 虚拟现实(VR)技术通过_____、传感器技术、显示技术等手段，创造出一个虚拟的三维世界。

(3) 融媒体技术的核心内容包括内容创作与整合、内容传播与分发、内容管理与运营以及_____。

(4) 虚拟现实技术在工业领域的应用包括虚拟设计、_____和操作培训。

(5) 虚拟现实技术的未来趋势之一是硬件设备的持续升级，包括更高的分辨率和刷新率、更轻便舒适的设备以及_____。

4. 判断题

(1) 数字媒体技术不包括人工智能技术的应用。（　　）
(2) 虚拟现实技术只能应用于游戏和娱乐领域。（　　）
(3) 融媒体技术的核心是将传统媒体与新兴媒体进行深度融合。（　　）
(4) 虚拟现实技术的交互设备只能通过手柄进行操作。（　　）
(5) 虚拟现实技术的发展趋势之一是与其他技术，如人工智能、物联网、5G 等的深度融合。（　　）

郑重声明

高等教育出版社依法对本书享有专有出版权。任何未经许可的复制、销售行为均违反《中华人民共和国著作权法》,其行为人将承担相应的民事责任和行政责任;构成犯罪的,将被依法追究刑事责任。为了维护市场秩序,保护读者的合法权益,避免读者误用盗版书造成不良后果,我社将配合行政执法部门和司法机关对违法犯罪的单位和个人进行严厉打击。社会各界人士如发现上述侵权行为,希望及时举报,我社将奖励举报有功人员。

反盗版举报电话　（010）58581999　58582371
反盗版举报邮箱　dd@hep.com.cn
通信地址　北京市西城区德外大街 4 号　高等教育出版社知识产权与法律事务部
邮政编码　100120